Informationstechnik
und
Datenverarbeitung

AF872040

Wolfgang Kilian

Personalinformationssysteme in deutschen Großunternehmen

Ausbaustand und Rechtsprobleme

Unter Mitarbeit von Thomas Heissner
und Brigitte Maschmann-Schulz

Springer-Verlag
Berlin Heidelberg New York 1982

Wolfgang Kilian

FB Rechtswissenschaften der Universität Hannover
Hanomagstraße 8, 3000 Hannover 91

Die Erstausgabe erschien in der Reihe
„Informatik Fachberichte, Band 42", Springer-Verlag 1981
ISBN-13:978-3-540-11136-8

ISBN-13:978-3-540-11136-8 e-ISBN-13:978-3-642-68343-5
DOI: 10.1007/978-3-642-68343-5

CIP-Kurztitelaufnahme der Deutschen Bibliothek
Kilian, Wolfgang:
Personalinformationssysteme in deutschen Großunternehmen: Ausbaustand u. Rechtsprobleme; [Informationstechnik u. Datenverarbeitung] / W. Kilian. – 2. Aufl. – Berlin; Heidelberg; New York: Springer, 1982.
ISBN-13:978-3-540-11136-8

Das Werk ist urheberrechtlich geschützt. Die dadurch begründeten Rechte, insbesondere die der Übersetzung, des Nachdruckes, der Entnahme von Abbildungen, der Funksendung, der Wiedergabe auf photomechanischem oder ähnlichem Wege und der Speicherung in Datenverarbeitungsanlagen bleiben, auch bei nur auszugsweiser Verwertung, vorbehalten. Die Vergütungsansprüche des § 54, Abs. 2 UrhG werden durch die „Verwertungsgesellschaft Wort", München, wahrgenommen.

© Springer-Verlag Berlin Heidelberg 1982

2145/3140 - 543210

V O R W O R T

Die vorliegende Untersuchung geht auf ein von mir entwickeltes Forschungsprojekt zurück, das die Stiftung Volkswagenwerk in den Jahren 1976 bis 1978 finanziell unterstützt hat. Bis heute gibt es weltweit keine andere empirische Untersuchung, die auf ähnlich breiter Grundlage durch Vollerhebung den Ausbaustand bei Personalinformationssystemen feststellt und darüber hinaus rechtlich bewertet.

Gewisse zeitliche Verzögerungen gegenüber dem ursprünglichen Zeitplan ergaben sich wegen der Doppelbelastung als Projektleiter und Dekan/ Prodekan in den Jahren 1977 und 1978 sowie aufgrund des gestaffelten Inkrafttretens des Bundesdatenschutzgesetzes zwischen 1977 und 1979. Die neue Rechtslage führte zu Verunsicherungen in der Praxis sowie zu einer Flut von Fachveröffentlichungen und Kommentierungen, die berücksichtigt werden mußten. Ferner ließ es der Umfang des standardisierten Fragebogens angeraten erscheinen, ihn im Interesse einer möglichst hohen Beteiligungsquote bei den Großunternehmen im Rahmen von Interviews beantworten zu lassen. Der zusätzliche Zeitaufwand für Terminabsprachen und Interviews wurde durch den überraschend hohen Beteiligungsgrad nachträglich voll gerechtfertigt. Den beteiligten Unternehmen möchte ich für die große Unterstützung danken.

Ebenfalls danken möchte ich meinen Projektmitarbeitern, Frau Dipl.-Kfm. Brigitte Maschmann-Schulz und Herrn Rechtsanwalt Thomas Heissner. Sie haben während der Laufzeit des Projekts durch ständige Diskussionen das Forschungsvorhaben gefördert, den umfangreichen Fragebogen mitentwikkelt sowie die Interviews und die Grundauszählungen allein durchgeführt. Die schriftliche Darstellung und juristischen Bewertungen der Felduntersuchung für diesen Bericht lagen weit überwiegend beim Projektleiter, da sie infolge der angegegebenen zeitlichen Verzögerungen meist erst nach Ende der Projektlaufzeit abgeschlossen werden konnten. Ebenso war der Projektleiter für die Koordination aller Beiträge und die Redaktion des Buches verantwortlich.

Bei den Schreibarbeiten halfen sehr zuverlässig Ingeborg Buczilowski, Roswitha Büttner, Johanna Kleinegees und Heidi Ledig. Technische Unterstützung leisteten jeweils zeitweise die studentischen Hilfskräfte Marianne Kröning, Sylvia Lindenstruth, Reinhard Naß und Jürgen Taeger. Ihnen allen sei an dieser Stelle ebenfalls für ihre Mithilfe gedankt.

Ganz besonderen Dank schulde ich meiner Frau Sigrid und meinem Sohn Gregor, die mit Geduld und Verständnis die Entstehung des Buches begleiteten, obwohl sie viele Monate sehr zurückstehen mußten.

Wolfgang Kilian

INHALTSVERZEICHNIS

Seite

Seite

1 PROJEKTBESCHREIBUNG

1.1 GEGENSTAND DES FORSCHUNGSPROJEKTS

Die vorliegende Untersuchung analysiert die automatischen Personalinformationssysteme in den größten deutschen Industrieunternehmen nach dem Stand von Anfang 1979. Weder in der Bundesrepublik Deutschland noch im Ausland ist bisher eine Studie veröffentlicht worden, die auf ähnlich breiter Basis einer Vollerhebung die gegenwärtigen Funktionen und Organisationsstrukturen computergestützter Personalinformationssysteme erforscht und darüber hinaus rechtlich beurteilt. Untersucht wurden die Systeme der 220 umsatzstärksten deutschen Wirtschaftsunternehmen (ausgenommen Banken und Versicherungen). Der Gesamtumsatz unserer Probanden (also derjenigen Unternehmen, die sich an der Befragung beteiligten) im Jahre 1978 betrug 448 Milliarden DM, die Zahl ihrer Arbeitnehmer 2,2 Millionen. Mit anderen Worten: In den befragten Unternehmen wurde mehr als doppelt so viel Geld umgesetzt wie der Bundeshaushalt für 1979 ausweist.

Personalinformationssysteme, wie sie unter den Bezeichnungen IPIS, PIS, PAISY, PERSIS, DAZUI, INTERPERS, PDS, PDI, IVIP, PEDATIS, PASS, ISA, MOPSS usw. eingesetzt werden[1], sind aus vielen Gründen heute notwendig.

---

1 Aus der Vielzahl einschlägiger Veröffentlichungen seien hervorgehoben:

Günter Bächler, Einführung eines Personal-Informationssystems bei der IBM Schweiz, in: DSWR 1974, S. 194-200 und 234-241; Johannes Bleil/Horst Korb, Das computerunterstützte Personaldateninformationssystem der Volkswagen AG, in: IBM-Nachrichten Nr. 234 (Februar 1977), S. 23-27; Reinhard Bunselmeyer, Datenbank-Konzepte in der Versicherungswirtschaft, Karlsruhe 1975; Control Data GmbH, Integriertes Personaldaten- und Abrechnungssystem. Einführungsinformation, Frankfurt a.M. (o.J.); Daimler-Benz AG (Hrsg.), Informationssystem Arbeitseinsatz und Arbeitsplatzplanung (ISA), Stuttgart-Untertürkheim 1979; Michel Domsch, Personal-Informationssysteme. Instrumente der Personalführung und Personalverwaltung, 2. A. Hamburg 1977; Harry Gebert, Das integrierte Personalinformationssystem (IPIS) der Ford Werke AG Köln, in: IBM-Nachrichten 1969, S. 919-924; Gesellschaft für Mathematik und Datenverarbeitung (GMD), Zum

(Fortsetzung nächste Seite)

Wären sie nicht vorhanden, dann gäbe es in größeren Unternehmen keine pünktliche und exakt berechnete Lohn- und Gehaltszahlung, keine auf dem jeweils aktuellen Stand befindlichen Personalangaben, keine Sicherheit bei der Erfüllung vielfältiger Dokumentations- und Meldepflichten gegenüber Behörden, Gerichten oder Verwaltungsstellen, keine systematische Personalplanung, keine zuverlässigen Statistiken. Deshalb werden seit Anfang der siebziger Jahre in vielen Großunternehmen EDV-gestützte Informationssysteme aufgebaut. Während in der Bundesrepublik Deutschland in diesen Systemen bis zu 400 Datenelemente pro Arbeitnehmer gespeichert werden, bestehen im Ausland Personaldatenbanken mit bis zu 1000 Datenelementen[2] pro Arbeitnehmer. Die Informationen können über Bildschirmgeräte, Mikrofiches oder Ausdrucke bereitgestellt werden.

Einsatz der elektronischen Datenverarbeitung im Personalwesen. Darstellung des modularen Personalstatistiksystems (MOPSS) der GMD, St. Augustin 1975; R. Hackstein u. a., Ein Analyse-Instrument zur Erfassung und zum Vergleich von Arbeitsplatz-Anforderungs- und Personalfähigkeitsdaten, Forschungsinstitut für Rationalisierung an der TH Aachen 1975; Lutz J. Heinrich/Manfred Pils, Das Aufgabensystem von Personalinformationssystemen, in: Gerhard Reber (Hrsg.), Personalinformationssysteme, Stuttgart 1979, S. 2-28; IBM-Deutschland GmbH (Hrsg.), Der informierte Industriebetrieb. Das Personal-Daten-Informations-System PEDATIS im Hause Volkswagenwerk AG, Stuttgart 1980; Peter Klaus Wolfgang Lehmann, PDS: Das Personal-Informations-System in der Standard Elektrik Lorenz AG (SEL), in: Gerhard Reber (Hrsg.), Personalinformationssysteme, Stuttgart 1979, S. 422-443; Friedrich Rosenkranz/Walter Peter, Einige ausgewählte Modelle zur Unterstützung der Personalplanung, dargestellt am Beispiel einer Großunternehmung der chemischen Industrie (CIBA-GEIGY AG), in: DBW 37 (1977), S. 543-558; Wolfgang Sämann, Personalinformationssysteme. Struktureller Aufbau und Leistungsbreite bestehender Personalinformationssysteme, in: AWV-Fachbericht, Frankfurt a. M. 1976; Herbert Schmidt, Computergestützte Personal- und Arbeitsplatz-Informationssysteme, in: AWV-Schrift Nr. 126, Frankfurt a.M. 1974, S. 7-27; Siemens AG, Integriertes Verarbeitungs- und Informationssystem für Personaldaten (IVIP), München o. J.; Minuro Terasaki, Personaldatenbank im Computer. Beispiel des Fachkräftebestand-Systems der Nippon Electric Company Tokyo, in: Industrielle Organisation 40 (1971), S. 569-571; Hannspeter Voltz, Personalinformationssysteme. PDI - Personaldaten-Informationssystem Telefunken, in: Personalführung 1976, H. 4, S. 87 ff.; Klaus Wolf/Walter Kummer/Günter Nägele, Erfahrungen bei der Einführung des IBM-Personalinformationssystems PERSIS in einem Maschinenbau-Unternehmen, in: IBM-Nachrichten 236 (1977), S. 169-175.

2 Vgl. Christian Hansen, Personalinformationssystem mit RPS/1100 am Beispiel der Ersten Österreichischen Spar-Casse, in: Datascope 30 (1979), S. 44 (47). - Hansen spricht S. 46 mit Recht von einem "betrieblichen Total-Erfassungssystem".

Die stürmische Entwicklung beruht auf mehreren Ursachen:

1. In Wirtschaft und Verwaltung besteht ein Zwang zur Rationalisierung, um Kosten zu sparen und - in der Wirtschaft - um Wettbewerbsvorteile zu erringen oder zu sichern. Durch die Automation vor allem von Routineabläufen werden in großem Umfang kostenintensive Arbeitskräfte frei.

2. Es ist erwünscht, Informationen schneller und umfassender verfügbar zu haben, um die interne Verwaltung und Planung zu verbessern. Als Folge gewinnen alle Phasen, die einer Entscheidung vorausgehen sowie die Organisation des Entscheidungsprozesses an Bedeutung. Deshalb wird das systematische Bemühen, informationelle Ungewißheiten zu reduzieren, zu einem wichtigen Antriebsfaktor für den Aufbau automatisierter Systeme.

3. Die wachsenden Verflechtungen zwischen privaten und staatlichen Instanzen erweitern das Informationsnetz und verlangen einen schnellen und präzisen Informationsfluß. In einer hochdifferenzierten Industriegesellschaft dürften Großunternehmen kaum noch in der Lage sein, ihre Aufgabe ohne Computer zu bewältigen, weil die externen Anforderungen sprunghaft wachsen. Mehr als 100 Gesetze und Verordnungen allein auf Bundesebene[3)] erfordern die Weitergabe personenbezogener Daten von Wirtschaftsunternehmen an andere Stellen. Zu den Adressaten gehören Steuerverwaltungen, Statistische Ämter, Gewerbeaufsichtsämter, Krankenkassen, Sozialversicherungsträger, Gerichte, Arbeitsbehörden, Kirchen, Arbeitgeberverbände, Gewerkschaften und viele andere.

Mit der Menge der gesammelten Informationen, die für innerbetriebliche Entscheidungen herangezogen werden, wachsen nicht nur die Chancen für eine effektivere Verwaltung und Planung, sondern auch die Gefahren einer verbesserten und intelligenteren Informationsverarbeitung. Zu befürchten sind Beschränkungen der Freiheitsräume erfaßter Personen, die Einengung ihres informationellen Selbstbestimmungsrechts, gesteigerte Möglichkeiten zu sozialer Kontrolle, Veränderungen tradierter Entscheidungsprozesse, Verschiebungen in der bisherigen Machtverteilung zwischen Unternehmensleitung und Betriebsrat. Personalinformationen in

---

3 Ein Überblick findet sich bei Wolfgang Kilian, Melde- und Auskunftspflichten des Arbeitgebers im Personalbereich, in: BB 1977, S. 1153-1159.

einer Datenbank stehen prinzipiell als kombinationsfähige Variablen zur Verfügung. Je mehr die Komplexität der Verarbeitungsvorgänge wächst, um so stärker verändern sich die Kontrollmöglichkeiten der Beteiligten. Problematisch erscheint vor allem die Definition von Verarbeitungszwekken unter Verwendung von Informationen, die für andere Zwecke gesammelt worden sind. Andererseits gibt es kaum Rechtsnormen, die vorab zulässige Verarbeitungszwecke exakt festlegen.

Die geschilderten Zusammenhänge machen deutlich, daß der Aspekt des Datenschutzes nur einen Teilbereich des Gesamtproblems erfaßt. Letztlich geht es um die Zulässigkeit von Informationsströmen, Informationsnutzungen und Informationskontrollen, wobei Zielkonflikte zwischen der Funktionsfähigkeit des Unternehmens, Maßnahmen zum Schutz der Arbeitnehmerpersönlichkeit sowie dem Umfang der innerbetrieblichen Mitbestimmung auftreten können.

Betroffen von den Veränderungen sind vor allem die Arbeitnehmer, der Betriebsrat und das Management, jedoch in unterschiedlicher Weise. Während für das Management der Zugang zur Datenbank und die Verwendung der Informationen in Entscheidungsprozessen im Vordergrund steht, überwiegt bei den Arbeitnehmern und dem Betriebsrat die Problematik des notwendigen Umfangs der Datenbasis sowie die Kontrolle ihrer Verwendung. Das Bundesdatenschutzgesetz, das Betriebsverfassungsgesetz und zahlreiche Nebengesetze enthalten Grundsätze, deren Relevanz unter diesen Aspekten jedoch noch nicht geklärt ist. Bis heute gibt es keine einzige höchstrichterliche Entscheidung zu automatisierten Personalinformationssystemen.

Die juristische und rechtstatsächliche Erfassung der Probleme steht offensichtlich in umgekehrtem Verhältnis zu ihrer aktuellen Bedeutung. Eine vorläufige Sichtung des einschlägigen Schrifttums hatte ergeben, daß man den Einsatz von integrierten Personalinformationssystemen, wenn überhaupt, im wesentlichen nur unter den traditionellen Aspekten des Personalaktenrechts und der Auskunftsrechte des Betriebsrats prüfte und dann stets auch für ausreichend geregelt ansah. Die Frage, ob auch qualitative Veränderungen der Informations- und Entscheidungsstrukturen auftreten, welche die privatrechtliche, arbeitsrechtliche und betriebsverfassungsrechtliche Stellung des einzelnen Arbeitnehmers sowie die Rechte seiner Interessenvertretung beeinflussen könnten, wurde bisher kaum gestellt, geschweige denn systematisch analysiert. Dies ist erstaunlich, wenn man bedenkt, daß sich auf breiter Basis strukturelle

Veränderungen anbahnen, die tatsächliche und rechtliche Folgen für die Unternehmen, die Arbeitnehmer und für die Gesellschaft auslösen.

Diese gerade beschriebene Ausgangssituation hat zu dem Plan des hier präsentierten Forschungsprojekts: "Integrierte Personalinformationssysteme - Chancen und Gefahren" geführt, das die Stiftung Volkswagenwerk in den Jahren 1977 und 1978 durch Finanzierung von zwei hauptamtlichen Mitarbeitern und Sachmitteln unterstützte. Das Projekt sollte vor allem der Prüfung dienen,

- welche Ziele vorhandene oder projektierte integrierte Personalinformationssysteme verfolgen,
- welche Methoden dabei Anwendung finden,
- wie stark der Integrationsgrad gegenwärtig vorhandener Personalinformationssysteme ist,
- ob und inwieweit die vom Zivilrecht, Betriebsverfassungsrecht und Datenschutzgesetz zur Verfügung gestellten Instrumente ausreichen, um in einer durch die Anwendung von integrierten Personalinformationssystemen gegebenenfalls veränderten Situation einen ausreichenden Schutz rechtlich bereits anerkannter Interesse zu gewährleisten.

Die Thematik des Vorhabens war damit folgendermaßen umgrenzt:

- In tatsächlicher Hinsicht sollte eine Analyse des Aufbaus und der innerbetrieblichen Funktionen von integrierten Personalinformationssystemen einschließlich ihrer Konsequenzen für die Informationsflüsse sowie der Organisations- und Entscheidungsstrukturen erfolgen.
- In rechtlicher Hinsicht war eine Analyse der vorhandenen oder geplanten gesetzlichen Regelungen zur Erfassung dieser neuen Phänomene vorgesehen.

Insgesamt versprach sich der Projektleiter und Antragsteller Aussagen darüber, unter welchen Bedingungen sich der Einsatz von integrierten Personalinformationssystemen eignet, die empirisch ermittelten Chancen zu realisieren, ohne die angedeuteten Gefahren zu erhöhen.

1.2 A R B E I T S H Y P O T H E S E N

Die Arbeitshypothesen des Forschungsprojektes beruhten auf der Durchsicht in- und ausländischer Veröffentlichungen zur computergestützten Personalplanung, zum Datenschutz sowie auf Vorstudien des Projektleiters[4]) und lauteten:

Arbeitshypothese 1:
Integrierte Personalinformationssysteme erschweren aufgrund der technologischen Einsatzbedingungen tendenziell die Möglichkeit des einzelnen Arbeitnehmers, seine Rechte auf Achtung seiner Privat- und Intimsphäre und auf Einblick in die ihn betreffenden Unterlagen persönlich wahrnehmen zu können.

Arbeitshypothese 2:
Integrierte Personalinformationssysteme verändern quantitativ wie qualitativ betriebliche Organisations- und Entscheidungsstrukturen und können zu einem Interessengegensatz zwischen anerkannten Beteiligungsrechten der Arbeitnehmer und der notwendigen Verbesserung von Planungsinstrumenten führen.

Arbeitshypothese 3:
Integrierte Personalinformationssysteme bieten dann die Chance für eine Kontrolle und eine den bestehenden Mitwirkungsrechten entsprechende Verwaltung der Informationsflüsse, wenn die Entscheidungsstrukturen transparent gehalten werden und sich die innerbetriebliche Informationspolitik dem Automationsgrad anpaßt.

Die Plausibilität der Arbeitshypothesen ergab sich aufgrund folgender Überlegungen:

1. Zahlreiche gesetzliche Vorschriften bezwecken den Schutz des Arbeitnehmers in seiner Persönlichkeit und sozialen Stellung. Informationen zur Person können sich je nach Verwendung positiv oder negativ auswirken. Durch die Kombination persönlicher Daten zu "Persönlichkeitsprofilen" und durch die Verkoppelung individuell-arbeitnehmerbezogener und

---

4 Wolfgang Kilian, Datenschutz in Wirtschaftsunternehmen, in: Wolfgang Kilian/Klaus Lenk/Wilhelm Steinmüller (Hrsg.), Datenschutz, Frankfurt a.M. 1973, S. 289-309; ders., Integrierte Personalinformationssysteme und Mitbestimmung, in: DSWR 1975, S. 322-330; ders., Implications for Equality and Freedom with Regard to the Social and Legal Problems resulting from latest Developments in the Fields of Computer Technology and Information Science, in: Gray Dorsey (ed.), Equality and Freedom, International and Comparative Jurisprudence, New York/Leiden 1977, Vol. II, p. 477-497.

organisatorisch-unternehmensbezogener Daten erhält die betriebliche Personaldatensammlung ein anderes Gewicht, vor allem deshalb, weil die Präzision der Planung und Verwertung der Arbeitskraft zunimmt. Es sollte deshalb geprüft werden, ob und gegebenenfalls wie eine der technischen Entwicklung entsprechende Reorganisation der Einsichts- und Mitwirkungsrechte juristisch möglich oder geboten ist, um die Ausübung bestehender Rechte unter veränderten Rahmenbedingungen zu garantieren.

In der bisherigen Diskussion wurden die damit auftauchenden Probleme im wesentlichen unter den Aspekten des Personalfragebogens, der Vertraulichkeit der Personaldaten und des Begriffes der "Personalakte" behandelt. Die unkritische Übernahme dieser klassischen Problemlösungen dürfte nicht den Schwierigkeiten gerecht werden, die mit dem Einsatz von computergestützten Personalinformationssystemen verknüpft sind. Probleme hinsichtlich der Ausübung des Einsichtsrechts ergeben sich nämlich bereits bei der Verwendung von Personaldatenbanken schon durch die spezifische Art der Repräsentation der Daten im Computer. Die Daten sind nicht mehr unmittelbar einsehbar, sondern müssen mit Hilfe besonderer Techniken erst sichtbar gemacht werden. Dies ist regelmäßig mit methodischen, organisatorischen und psychologischen Problemen verbunden.

Noch problematischer dürfte die Tatsache sein, daß dem Einsichtnehmenden oft verborgen bleibt, in welchen Zusammenhängen, mit welchem Ziel und unter Verwendung welcher Methoden seine Personaldaten verarbeitet werden.

2. Das Betriebsverfassungsgesetz 1972 enthält eine verhältnismäßig detaillierte Normierung der Mitwirkungsrechte der Arbeitnehmervertreter im Betrieb. Welchen Interessen der Gesetzgeber bei der innerbetrieblichen Organisation der Information den Vorrang geben will und ob das Gesetz mehr die Informationen oder mehr die Zurückhaltung von Informationen (etwa § 106 Abs. 2 BetrVG) schützt, läßt sich allerdings mangels eines operationalen Kriteriums, wie dies bei Mitwirkungsrechten die Kompetenzabgrenzung darstellt, nicht ohne weiteres ermitteln. Auch hier mußte die Untersuchung empirisch-vergleichend vorgehen und analysieren, inwieweit die Mitbestimmungschancen beim Einsatz von integrierten Personalinformationssystemen hinter denen bei konventioneller Datenorganisation und Datenvermittlung quantitativ und/oder qualitativ zurückbleiben. Für die rechtliche Bewertung waren insbesondere die Rechte des Betriebsrates bei der Personalplanung (§§ 27; 28; 80 Abs. 2; 87 Abs. 1 Ziff. 3; 6; 10; 90 Ziff. 2; 92 Abs. 1 und 2; 94; 95 Abs. 1; 38; 99 Abs.

1; 102 Abs. 1; 106; 107 BetrVG) zu berücksichtigen.

Schon unabhängig von der Einrichtung integrierter Personalinformationssysteme besteht die Tendenz, die Datenbasis systematisch zu verbreitern, weil sich die betriebswirtschaftlichen Planungsmethoden ständig verfeinern, weil das Streben der Entscheidungsträger zunimmt, Ungewißheiten zu reduzieren, und weil die Erfüllung gesetzlicher und vertraglicher Verpflichtungen eine Ausdehnung des Verwaltungsapparates erfordert. Die Kontroll- und Mitbestimmungsrechte müssen stets in Abhängigkeit von dem zugrundeliegenden Modell des Informationsflusses gesehen werden. Vor allem bei Planungsentscheidungen sind die Instrumente der Planung regelmäßig so strukturiert, daß sie Entscheidungen, die sie erst hervorbringen sollen, weitgehend bereits antizipieren, beispielsweise durch die Beschränkung der Ausgangsdaten oder Zielgrößen. Hierdurch wird das Auffinden von Planungsalternativen erschwert, und es erfolgt eine Einbindung gegenläufiger Interessen in scheinbare Sachzwänge des Unternehmens.

Andererseits wäre es irreal, durch Rechtsvorschriften "unbesehen" die Verwendung moderner Planungstechniken und Hilfsinstrumente erschweren zu wollen. Im Rahmen des Projekts waren daher auch die Gründe für den Einsatz sowie die Möglichkeiten der Auswahl, Strukturierung und Kontrolle computergestützter Personalinformationssysteme zu analysieren.

Ferner erschien im Rahmen der Arbeitshypothese 2 untersuchungswürdig, ob das im Zusammenhang mit der Datenschutzdiskussion häufig vorgetragene Argument der Wirklichkeit entspricht, daß die Automation der Informationsgewinnung und Informationsverarbeitung deshalb keine qualitativ neuen Probleme mit sich bringe, weil sich die gleichen Effekte durch entsprechenden Mehraufwand auch auf konventionellem Wege erreichen ließen. Diesem Argument widersprechen bis zu einem gewissen Grad die relativ hohen Kosten der Einführung und Implementierung computergestützter Personalinformationssysteme sowie die anschließenden innerbetrieblichen Umstrukturierungsprozesse.

3. Die dritte Arbeitshypothese bezog sich auf die Interdependenzen zwischen computergestützten Personalinformationssystemen, Entscheidungsstrukturen und innerbetrieblicher Informationspolitik. Plausibel erschien folgende Überlegung:

Wenn den negativen Effekten aufgrund der Einführung von integrierten

Personalinformationssystemen entgegengewirkt werden soll, dann muß zunächst Transparenz hinsichtlich der Organisation und Funktion des integrierten Personalinformationssystems gewährleistet sein. Eine abgestufte Rangordnung von Auskunfts-, Zugangs-, Beteiligungs- und Kontrollrechten ist denkbar. Erst dann würden die Betroffenen in die Lage versetzt, eine umfassende Prozeßkontrolle zu installieren, die die Voraussetzung für die Vorbereitung, Wahrnehmung und Beurteilung von Entscheidungen sowie die Entwicklung von Entscheidungsalternativen darstellt.

Es war zu vermuten, daß rechtliche Voraussetzung dafür die Reinterpretation bestehender Vorschriften entsprechend dem technischen Fortschritt oder dem Vorschlag neuer Regelungen bilden würde. Die Präferenz für die eine oder andere dieser Möglichkeiten sollte vom Ergebnis einer behutsamen, zweckgerichteten Analyse des Bundesdatenschutzgesetzes und des rechtsdogmatischen Subsystems abhängen.

1.3 ZEITLICHER ABLAUF

Die genannten drei globalen Arbeitshypothesen steckten den Rahmen für das Forschungsprojekt ab. Sie mußten in der vorgesehenen Laufzeit des Projekts von zwei Jahren schrittweise entfaltet und methodisch umgesetzt werden. Der Forschungsplan sah dafür drei Phasen von unterschiedlicher Dauer vor, die bis auf eine methodisch bedingte Verschiebung in der zweiten Phase im wesentlichen auch eingehalten werden konnten: Nach der Auswertung des vorhandenen Schrifttums, der Sammlung von Informationen und dem Aufbau der ersten Kontakte zu Institutionen und Forschergruppen wurden die Arbeitshypothesen präzisiert, die dann in der zweiten Phase den Beurteilungsrahmen für die anzustellenden empirischen Untersuchungen bildeten. Die empirisch gewonnenen Daten wurden anschließend in einer dritten Phase ausgewertet und unter rechtlichen Gesichtspunkten gewürdigt. Folgende Vorgänge gingen in den erstellten Netzplan ein:

1. Phase (5 Monate)

- Sammlung von ersten Informationen über integrierte Personalinformationssysteme; Auswertung der Literatur zu Datenschutzproblemen
- Dokumentation vorhandener und im Aufbau befindlicher integrierter Personalinformationssysteme
- Dokumentation, Analyse und Berücksichtigung von Parallelprojekten und Programmbibliotheken

- Aufbau von Kontakten zu Forschern und Forschungseinrichtungen
- Organisation einer Arbeitstagung mit Experten.

2. Phase (11 Monate)

- Sammlung eigener unmittelbarer Informationen über die Funktion und Arbeitsweise von integrierten Personalinformationssystemen
- Präzisierung der Hypothesen
- Aufstellung eines Katalogs möglicher Interessenkonflikte
- empirische Untersuchungen über organisationsstrukturelle Veränderungen in Unternehmen durch integrierte Personalinformationssysteme
- Rechtsdurchsetzung in Wirtschaftsunternehmen, die integrierte Personalinformationssysteme benutzen
- rechtstatsächliche Untersuchungen über die Wahrnehmung von Kontrollkompetenzen, die das Betriebsverfassungsgesetz normiert
- organisatorische Vorkehrungen zur Verbesserung der innerbetrieblichen Informationsflüsse
- technische Verfahren zur Wahrung der Transparenz von integrierten Personalinformationssystemen im Hinblick auf die Mitbestimmung.

3. Phase (8 Monate)

- Auswertung der empirischen Ergebnisse im Hinblick auf die Arbeitshypothesen
- Folgerungen und Konsequenzen im Hinblick auf Interpretation vorhandener Rechtsnormen
- rechtspolitische Erwägungen.

Wie von Anfang an eingeplant, fand in der ersten Phase des Forschungsprojekts ein vom Projektleiter organisiertes und von der Stiftung Volkswagenwerk finanziertes Symposion zur Thematik der Untersuchung statt. Ziel dieses am 21. und 22. April 1977 in Hamburg durchgeführten Symposions war es, in einem kleinen Kreis von Wissenschaftlern und Praktikern, die bei der Erstellung und Betreibung von Personalinformationssystemen auftauchenden Problemstellungen zu erörtern und die bis dahin erzielten Projektergebnisse und Hypothesen zur Diskussion zu stellen. Um eine gründliche rechtstatsächliche Analyse der praxisrelevanten Probleme zu ermöglichen, um der Gefahr einer einseitigen Interessenausrichtung zu begegnen und um eine zuverlässige Transformation der Forschungsfragen in den Fragebogen vorzubereiten, wurde die Teilnehmerbasis aus Vertretern von Datenverarbeitungsanwendern, Herstellern und den beteiligten wissenschaftlichen Fachdisziplinen zusammengesetzt.

An dem Symposion nahmen neben den Projektmitarbeitern folgende Herren teil: Dr. Domsch, SCS, Hamburg; Gliss, Mannesmann Datenverarbeitung, GmbH, Düsseldorf; Hergenhahn, IBM Deutschland, Stuttgart; Niebuhr, Siemens AG, Erlangen; Prof. Dr. Kirsch, Universität München; Prof. Dr. Ejan Mackaay, Universität Toronto; Dr. Stadler, Bundeskanzleramt Wien; Prof. Dr. Zielinski, Universität Hannover; Dr. Pils, Universität Linz; Waldschütz, Industrieanlagen-Betriebsgesellschaft mbH, Ottobrunn.

An Hand eines im Forschungsprojekt ausgearbeiteten ausführlichen Thesenpapiers sowie einer von Teilnehmern eingebrachten Arbeitsunterlage wurden viele Problemkreise ausführlicher diskutiert, beispielsweise:

- Ziele und Funktionen des Personalwesens als Grundlage der Gestaltung von Personalinformationssystemen
- Formalisierbarkeit von Verfahren
- Entwicklungsstand, Verbreitungsgrad und Systemkonzepte von computergestützten Informationssystemen
- Auswirkungen auf Organisations- und Entscheidungsstrukturen
- Probleme der Verrechtlichung und Kommerzialisierung von Informationsflüssen
- Personalinformationssystem und Datenschutzprobleme in der Praxis.

Die auf Tonband aufgenommene, sehr sachlich geführte Diskussion bot vielfältige Anregungen für die Ausarbeitung des Fragebogens. Darüber hinaus schuf das Symposion ein gutes Klima für die Bereitschaft der Praxis, sich an der empirischen Untersuchung zu beteiligen. Schon im Mai 1977 war es möglich, der Stiftung Volkswagenwerk mehr als ein Dutzend an der Befragung interessierte Unternehmen zu benennen, so daß der Freigabe der Projektmittel für die Feldarbeit nichts mehr im Wege stand.

Entsprechend dem detaillierten Netzplan bildete in der Folgezeit die methodisch zuverlässige Entwicklung des Fragebogens den Schwerpunkt. Diesem Ziel dienten innerhalb des Projekts ständige feste sowie variable Besprechungstermine, Besprechungsprotokolle, Literaturauswertungen sowie interne Arbeitspapiere zu den verschiedenen Themenblöcken. Die Projektmitarbeiter nahmen aktiv an einschlägigen Arbeitskreisen und Fachtagungen teil. Parallel zur Projektarbeit und im thematischen Kontext dazu entstanden einige Veröffentlichungen[5].

Der über die Arbeitshypothesen und Fragedimensionen in 25 Themenbereiche und 229 Fragen operationalisierte Fragebogen wurde in Pretests erprobt und war nach geringfügigen Änderungen einsatzbereit.

Die Auswertung des Forschungsprojekts erfolgte nach Gliederungsblöcken, deren Abfassung bei folgenden Mitarbeitern lag: Heissner: Blöcke 1.6, 4.2, 9, 12; Kilian: Blöcke 1.1, 1.2, 1.3, 3, 4.1, 4.2, 4.3, 4.4, 4.5, 4.6, 5, 6, 7, 8, 9, 10, 11, 14, 15, 16; Maschmann-Schulz: Blöcke 1.4, 1.5, 1.6, 2, 4.1, 4.2, 4.3, 4.4, 6, 12, 13. Die Entwürfe von Herrn Heißner wurden nach seinem Ausscheiden mit Ablauf der regulären Projektförderung von den Mitautoren des Buches koordiniert und auf dem neuesten Stand gehalten. Der Projektleiter übernahm zusätzlich die Gesamtredaktion dieses Buches.

Insgesamt berücksichtigt die vorliegende Studie alle erreichbaren wissenschaftlichen Fachveröffentlichungen und Gerichtsentscheidungen zum Datenschutz- und Betriebsverfassungsrecht bis zum Juli 1980.

1.4 BEFRAGUNGSVEFAHREN

1.41 DIE GRUNDGESAMTHEIT

Ausgehend von der im Projektantrag formulierten These, daß in den letzten Jahren zunehmend computergestützte Personalinformationssysteme im Bereich größerer Wirtschaftsunternehmen entwickelt und implementiert werden und aufgrund einer vorab über eine definierte Teilmenge von Un-

---

5 Wolfgang Kilian, Arbeitsrechtliche Probleme automatisierter Personalinformationssysteme, in: JZ 1977, S. 481-486; ders., Melde- und Auskunftspflichten des Arbeitgebers im Personalbereich, in: BB 1977, S. 1153-1159; ders., Auswirkungen des Bundesdatenschutzgesetzes auf das Betriebsverfassungsrecht, in: RdA 1978, S. 201-209; ders., Rechtliche Beurteilung von Personaldatensystemen, in: Gesellschaft für Datenschutz und Datensicherung e.V. (Hrsg.), Datenschutzfachtagung DAFTA '78, Tagungsband, Bonn 1979, S. 155-165; ders., Rechtliche Probleme heutiger betriebsärztlicher Informationssysteme, in: BB 1980, S. 893-895; Brigitte Maschmann-Schulz, Möglichkeiten des Ausgleichs qualitativer Veränderungen beim Einsatz eines computergestützten Personal-Informationssystems, in: Thomas Barthel (Hrsg.), Gefährdet die Informationstechnologie unsere Freiheit ?, München/Wien 1980, S. 143-169.

ternehmen für einen bestimmten Bereich ermittelten positiven Korrelation zwischen Umsatzgröße umd Implementierung von Personalinformationssystemen wurde, die Grundgesamtheit auf 220 Unternehmen in der Rangfolge ihrer Umsatzgröße festgelegt[6].

Die Festlegung der Rangfolge nach diesem Kriterium bedeutet nicht, daß der Erklärungsgehalt der Variablen "Umsatzgröße" im Vergleich zu anderen geeignet erscheinenden Kriterien, wie z. B. "Anzahl der Beschäftigten", besonders hoch eingeschätzt wurde. Es handelt sich vielmehr um eine pragmatische Entscheidung, um positive Korrelationen interessant erscheinender Variablen empirisch feststellen zu können. Freilich war nicht beabsichtigt, die unabhängigen Variablen und ihren Erklärungsgehalt für einen bestimmten Automationsgrad im Personalbereich zu bestimmen. Neben der "Umsatzgröße" wurden die Kriterien "Anzahl der Beschäftigten" und "Branche und Tarifzugehörigkeit" erfaßt. Hier ergaben sich Hinweise auf eine relevante positive Korrelation zwischen diesen Beschreibungskriterien und dem Verbreitungs- und Leistungsgrad der Computerunterstützung im Personalbereich. Darüber hinaus schien eine Beschreibung der Probanden anhand dieser Kriterien am ehesten eine Relativierung der Aussagen über Chancen und Gefahren der Systeme und der rechtlichen Interpretation zu ermöglichen. Nur im Zusammenhang mit diesen Variablen ist die "Umsatzgröße" als Kennzahl aussagekräftig. Durch das Auswahlkriterium bedingt, wurde die Untersuchung nicht regional begrenzt. Sie erstreckt sich vielmehr auf das Gebiet der Bundesrepublik Deutschland.

Um eine gewisse Vergleichbarkeit zu ermöglichen, wurde die Untersuchung auf Unternehmen der Bereiche Industrie, Handel und Dienstleistungen beschränkt. Die Systeme der Banken und Versicherungen unterscheiden sich bezüglich der an sie gestellten Anforderungen; die besonderen Rahmenbedingungen dieser Wirtschaftszweige hätten nicht ausreichend berücksichtigt werden können.

---

6 Zugrundegelegt wurde die Liste der 500 umsatzstärksten Industrie- und Handelsunternehmen der Bundesrepublik Deutschland; Maßstab für die Reihenfolge war der Umsatz im Geschäftsjahr 1976. Der relevante Teil der Liste "Deutschlands große 500" ist im Anhang abgedruckt. Ein Vergleich mit der Liste der 220 umsatzstärksten Unternehmen 1979 ergab keine gravierenden Änderungen: Zwei Probanden haben nunmehr aufgrund der Umsatzentwicklung eine niedrigere Rangziffer, fünf Unternehmen bilanzieren nicht mehr selbständig.

Für 82,7 % der 220 umsatzstärksten deutschen Industrie- und Handelsunternehmen können globale Aussagen über den generellen Verbreitungs- und Leistungsgrad der Computerunterstützung im Personalbereich gemacht werden. Diese Antwortquote ist als außerordentlich gut zu bezeichnen. Verweigerungen von Unternehmen gehen hauptsächlich auf innerbetriebliche Gründe (Umstrukturierungsphase; Organisationsform) zurück. Die Quote ist in den einzelnen Umsatzgruppen unterschiedlich: Bei den 100 umsatzstärksten Unternehmen gab es lediglich fünf "nicht begründete Verweigerungen", zuzüglich zwei "Absagen aus betrieblichen Gründen" und zwei "Absagen wegen Überlastung durch Forschungsanfragen". Insgesamt kam der letztgenannte Ablehnungsgrund sehr selten vor; so wurde diese Begründung bei den 60 umsatzstärksten Unternehmen überhaupt nicht angeführt.

Die empirische Untersuchung erfolgte in drei Stufen:

Anhand vorgegebener Kriterien wurde für 36,4 % der 220 Unternehmen relativ zweifelsfrei festgestellt, daß ein computergestütztes Personalinformationssystem weder implementiert noch konkret konzipiert war.

Bei 30,5 % der Unternehmen waren die Aufgreifkriterien erfüllt[7)].

Bei 36 zunächst nicht eindeutig zu beurteilenden Fällen wurde eine schriftliche Befragung durchgeführt:

Von diesen schriftlich befragten Unternehmen gaben 34 an, daß sie die Lohn- und Gehaltsabrechnung mit Hilfe der EDV durchführen.

Die schriftliche Nacherhebung ergab, daß ein zusätzliches Unternehmen

---

7 In die Untersuchung einbezogen wurden Unternehmen, die selbst den Entwicklungsstand ihres Systems als computergestütztes Personalinformationssystem bewerteten, und die bei mündlicher und/oder schriftlicher Überprüfung neben der Erfüllung von Mindestanforderungen an die Datenarten folgende Fragen bejahten:
- Die gespeicherten Personaldaten werden nicht nur zur Erstellung von Personalstatistiken, sondern auch zur Gewinnung von Individualinformationen verwendet.
- Die Gerätekonfiguration und das Betriebssystem ermöglichen eine flexible Informationsabfrage, wobei eine Realisierung der Informationsgewinnung als Bildschirmanfrage im online-Betrieb nicht vorausgesetzt wurde.
- Der Abgleich von Fähigkeitsprofilen der einzelnen Arbeitnehmer/Bewerber und Anforderungsprofilen der in Unternehmen vorhandenen Arbeitsplätze wurde geplant oder bereits realisiert.

ein Personalinformationssystem implementiert hatte; dieses Unternehmen konnte aus innerbetrieblichen Gründen an der Hauptuntersuchung nicht teilnehmen.
Dieses und ein weiteres Unternehmen führten - zusätzlich zu den in der Hauptuntersuchung Befragten - einen automatischen Abgleich von Fähigkeitsprofilen einzelner Arbeitnehmer und Anforderungsprofilen der im Unternehmen vorhandenen Arbeitsplätze durch. Damit betrifft der automatische Profilabgleich zusätzlich knapp 85.000 Beschäftigte, die in der Hauptuntersuchung nicht erfaßt sind.

Neben diesen beiden Unternehmen war bei vier weiteren Unternehmen eine Informationsabfrage, die Individualinformationen umfaßt und sich nicht auf Abrechnungszwecke beschränkt, online über Bildschirm möglich. Gespeicherte Leistungsbeurteilungsdaten bei zusätzlich sechs Unternehmen, die Speicherung von gesundheitlichen Eignungsaussagen bei einem und der Arbeitsplatzbeschreibungsdaten bei zwei Unternehmen deuten auf eine entsprechende Entwicklung hin.

Insgesamt kann aufgrund der schriftlichen Befragung für zusätzlich 10,9 % der Probanden gesagt werden, daß sie über Statistiken hinausgehende automatisierte Auswertungen nicht durchführen.

Insgesamt ergab sich somit:

Bei 114 Probanden	war ein Personalinformationssystem weder implementiert noch konkret geplant.
Bei 67 Probanden	war ein Personalinformationssystem implementiert, im Ausbau begriffen oder in einer fortgeschrittenen Konzipierungsphase.
Bei 10 Unternehmen,	die in die Untersuchung aufgenommen worden wären, lag eine begründete Absage vor.
Bei 29 Unternehmen	lag entweder keine Antwort oder eine nicht näher begründete Absage vor.

Im folgenden werden als Probanden diejenigen Unternehmen bezeichnet, bei denen eine volle Befragung (siehe dazu Gliederungspunkt 1.42) durchgeführt wurde. Die statistischen Auswertungen beziehen sich - soweit nichts anderes gesagt wird - auf diese Stichprobe.

1.42 DIE BEFRAGUNG

1.421 Der standardisierte Fragebogen

Erhebungsmittel war eine einmalige mündliche Befragung als standardisiertes Interview. Die Form des mündlichen Interviews wurde gewählt, um eine hohe Rücklaufquote und einen geringen Verfälschungseffekt (tatsächliche Beantwortung durch den Befragten) zu erreichen. Außerdem machte der große Umfang des Fragebogens (229 Fragen) eine mündliche Befragung notwendig. Bei dem größten Teil der Fragen handelte es sich um Faktfragen und um geschlossene Fragen mit externen Antwortvorgaben, die der Befragte auf Listen vorliegen hatte. Dabei wurden zur Vermeidung von Ermüdungserscheinungen dichotome Fragen und Differenzierungen durch Zwischenkategorien gemischt. Mehrmals wurde der Befragte aufgefordert, Aufzählungen und Polaritätsprofile selbständig anzukreuzen; in zwei Fällen wurden beidseitige Matrizen erstellt.

Der Fragebogen besteht aus 223 Fragen (zuzüglich der sechs Beschreibungsdaten zur Klassifikation der befragten Unternehmen sowie Fragen, die sich auf Funktion und Stellung des Interviewpartners beziehen) im Hauptinterview, 15 Fragen im Nebeninterview 1 und 38 Fragen im Nebeninterview 2.

Gesprächspartner des Hauptinterviews waren Personalleiter, EDV-Leiter, Organisationsleiter, Personalinformationssystem-Projektleiter; zumeist wurde ein mit der Systementwicklung direkt befaßter Mitarbeiter hinzugezogen. Anschließend wurde jeweils ein Folgeinterview mit dem betrieblichen Datenschutzbeauftragten (Nebeninterview 1) und soweit möglich mit einem Mitglied des Betriebsrates (Nebeninterview 2) durchgeführt.

Der Hauptfragebogen enthielt Fragen zu folgenden thematischen Blöcken:
- Entwicklungsstand und Ausbaustufen des Personalinformationssystems
- Zielsetzungen und Einführungsgrund
- Strukturelemente: Funktionen, Dateien und ihre Verknüpfungsmöglichkeit, Daten
- Automatisierungsgrad
- Management-Informationssystem und Informationssysteme anderer betrieblicher Funktionsbereiche
- Leistungsbreite des realisierten und geplanten Systems:
  - Daten
  - Funktionen
  - Konfiguration

- Herkunft der Daten und Datenweitergabe, Datenaustausch mit anderen Systemen, Datenübermittlung ins Ausland
- Konzerndatenverarbeitung
- Zugriffsregelung
- Auskunftsrecht des Arbeitnehmers, Realisierung der Benachrichtigungspflicht
- Beurteilungsdaten, Anforderungs- und Fähigkeitsprofil
- Leiharbeitnehmer
- Betriebsvereinbarung
- Beteiligung des Betriebsrates bei Planung, Konzipierung und Einführung
- Beteiligung des Betriebsrates bei personalinformationssystemgestützter Personalplanung und personellen Einzelmaßnahmen
- Kontrollmöglichkeiten und Zugriff des Betriebsrates
- Betrieblicher Datenschutzbeauftragter
- Maßnahmen zur Datensicherung und zur Gewährleistung des Datenschutzes, Verbreitung einzelner Maßnahmen und Kosten-Nutzen-Aspekte
- Kosten-Nutzen-Aspekte bei computergestützten Personalinformationssystemen
- Betriebsjustiz
- Gesundheitsdaten und Betriebskrankenkasse
- Beschreibungsdaten.

Der Folgefragebogen 1 enthielt folgende Blöcke:
- Funktion und Stellung des betrieblichen Datenschutzbeauftragten vor seiner Bestellung
- Motive, individuelle Qualifikation und Aufgabenstruktur
- Bestellung und organisatorische Stellung
- Datenschutzmaßnahmen.

Die Problembereiche des Folgefragebogens 2 waren:
- Betriebsvereinbarungen über Personalinformationssysteme oder Teilsysteme: Gründe, Erfahrungen, Inhalt, Verhältnis zu Musterbetriebsvereinbarungen der Gewerkschaften
- Beteiligung bei der Planung des Personalinformationssystems
- Mitwirkung in der Konzipierungsphase
- Beteiligung bei der Einführung und dem Betrieb des Personalinformationssystems
- Beteiligung bei personalinformationssystemgestützter Personalplanung und personellen Einzelmaßnahmen
- Verhältnis zum betrieblichen Datenschutzbeauftragten.

1.422 Die Interviewsituation

Die nach dem Pretest auf durchschnittlich 2 Stunden geschätzte Befragungsdauer für das Hauptinterview und jeweils 15 Minuten für die Nebeninterviews wurde im allgemeinen eingehalten und schien methodisch vertretbar zu sein. Durch die unterschiedliche Wirkung der Filterfragen lag die tatsächliche Interviewdauer im Einzelfall zwischen 90 und 200 Minuten. Meistens wurde nach der formellen Beendigung des Interviews ein offenes Gespräch geführt. Hierbei ergaben sich mitunter zusätzlich nützliche Hinweise. Daneben sollten den Befragten Gelegenheit gegeben werden, sich kritisch zu der Aktion zu äußern; das erschien vom empirischen Standpunkt bei dieser Interviewgruppe besonders aufschlußreich: Die Interviewsituation war dadurch gekennzeichnet, daß die befragten Damen und Herren in leitender Position tätig und daran gewöhnt waren, sehr schnell einen Standpunkt zu formulieren und bei der Gesprächsführung dominierend und gesprächsstrukturierend zu sein; dieser Besonderheit wurde beim Aufbau des Fragebogens methodisch entsprochen durch die Abwechslung offener und geschlossener Fragen, Einbau von Polaritätsprofilen, differenzierte Antwortmöglichkeiten in Skalen und aktive Beteiligung durch die Übernahme eigenständiger Parts; es mußte jedoch von einer besonderen Beanspruchung der Interviewten durch die Interviewsituation ausgegangen werden, die durch ein anschließendes Gespräch gerade auch im Hinblick auf zukünftige empirische Untersuchungen aufzulösen war. Aufgrund dieser Gespräche kann angenommen werden, daß die Befragten die Situation insgesamt weniger frustrierend als überwiegend angenehm und interessant und einige Komplexe z. T. als anregend für die eigene Arbeit empfunden haben.

Zu Interview-Verweigerungen kam es nicht, so daß alle beabsichtigten Interviews durchgeführt werden konnten. Nur in wenigen Fällen gab es Antwortverweigerungen bezogen auf einzelne Fragen oder Antwortblätter.

Die Interviews wurden von zwei Interviewern durchgeführt, so daß die Beeinflussung der Interviewsituation durch unterschiedliche Interviewer-Effekte vergleichweise gering blieben.

1.423 Die schriftliche Befragung

Die bei zusätzlichen 36 Unternehmen durchgeführte schriftliche Befragung hatte das Ziel, den Leistungsgrad der Computerunterstützung zu erkunden und auf dieser Grundlage in den zunächst nicht ganz eindeutigen Fällen zu entscheiden, ob zusätzliche Unternehmen in die Hauptuntersuchung einbezogen werden müßten.

Der verschickte Fragebogen enthält Fragen zur

- EDV-Unterstützung für die Lohn- und Gehaltsabrechnung
- Teilnahme am DEVO/DÜVO-Verfahren
- Zweck und Art der Verwendung von gespeicherten Personaldaten
- Speicherung bestimmter Personaldatengruppen im EDV-System
- Konfiguration
- Möglichkeit des Abgleichs von Fähigkeitsprofilen der einzelnen Arbeitnehmer und Anforderungsprofilen der im Unternehmen vorhandenen Arbeitsplätze und Beschreibungsdaten wie
- Anzahl der Beschäftigten und
- indentifizierende Merkmale des Unternehmens und des Interviewten.

Alle verschickten Fragebogen wurden ausgefüllt zurückgegeben. Die Aktion ergab, daß lediglich ein Unternehmen zusätzlich die Aufgreifkriterien erfüllte.

1.424 Zeitpunkt der Befragung

Die Interviews wurden von März bis Juli 1978 durchgeführt. Zu der Zeit war das Bundesdatenschutzgesetz in wesentlichen Teilen seit einigen Monaten in Kraft. Erste Auseinandersetzungen mit dem Datenschutz mußten erfolgt sein. Erfahrungen der betrieblichen Datenschutzbeauftragten und der Unternehmensleitung stützen sich auf eine zumindest neunmonatige Praxis; einige Unternehmen hatten infolge der Diskussion schon vorher einen betrieblichen Datenschutzbeauftragten bestellt.

1.5 BESCHREIBUNG DER ANWENDERGRUPPE

Untersuchungsgegenstand waren computergestützte Personalinformationssysteme in Industrie- und Handelsunternehmen; es interessierten daher insbesondere detaillierte Angaben über die Unternehmen, die computergestützte Personalinformationssysteme eingeführt hatten. Wenn im folgenden die Anwendergruppe nach den Kriterien

- Umsatzgrößengruppe
- Konzernverbundenheit
- Branchenzugehörigkeit und
- Beschäftigtenzahl

beschrieben wird, so dient das sowohl der Verdeutlichung der Bedingungen, unter denen computergestützte Personalinformationssysteme eingeführt werden; gleichzeitig ergeben sich erste Anhaltspunkte für die Beurteilung der zukünftigen Entwicklung des Verbreitungsgrades.

1.51 ZUORDNUNG DER DURCHGEFÜHRTEN INTERVIEWS ZU DEN RANGFOLGEGRUPPEN

Die Analyse, wie sich die implementierten computergestützten Personalinformationssysteme der 220 umsatzstärksten Industrie- und Handelsunternehmen nach dem Kriterium "Umsatzgröße" verteilen, ergab folgendes Bild:

Die Hälfte der Interviews wurde bei den - nach der Rangfolge "Umsatzgröße" - ersten 80 Unternehmen durchgeführt:

Ranggruppe nach Umsatz der Unternehmen	prozentualer Anteil der durchgeführten Interviews
1 - 40	32,8 %
41 - 80	17,9 %

Also beziehen sich 50,7 % der Fragebogen auf Unternehmen, die den 80 umsatzstärksten Unternehmen zugeordnet sind.

In der Gruppe	kommen
81 - 100	9,0 %

der Interviews hinzu.

Während bei der Gruppe der ersten 50 insgesamt 38,8 % der Interviews durchgeführt wurden, trugen die nächsten 50 Unternehmen zusätzlich 20,9 % der Ergebnisse bei (womit 59,7 % der Befragungen in der Gruppe der umsatzstärksten 100 Unternehmen gemacht wurden); die restlichen Interviews teilen sich folgendermaßen auf:

Ranggruppe nach Umsatz der Unternehmen	prozentualer Anteil der durchgeführten Interviews
101 - 150	16,4 %
151 - 200	19,4 %
201 - 220	4,5 %

Nach eigenen Angaben haben von den - nach Umsatzstärke - ersten zwanzig Unternehmen fünf und von den ersten fünfzig Unternehmen vierzehn kein computergestütztes Personalinformationssystem.

1.52 ANTEIL DER KONZERNVERBUNDENEN UNTERNEHMEN

Der Anteil der Unternehmen, die mit anderen Unternehmen zu einem Konzern verbunden sind, liegt bei 88 % der Gesamtheit der befragten Unternehmen.

Der Zusammenhang mit anderen konzernverbundenen Unternehmen über ein Personalinformationssystem wurde durch folgende Fragen erhoben:

39. Sind Sie mit anderen Unternehmen zu einem Konzern verbunden?	1. Ja 2. Nein 3. Keine Angabe
40. Ist Ihr Unternehmen Mutter oder Tochter des Konzerns?	1. Mutter 2. Tochter 3. Keine Angabe
41. Werden in Ihrem Personalinformationssystem personenbezogene Daten der Arbeitnehmer von Tochterunternehmen gespeichert?	1. Ja 2. Nein 3. Keine Angabe
42. Zu welchen Zwecken erfolgt die Speicherung der Daten?	1. <u>Ausschließlich</u> im Auftrage und für Zwecke des Tochterunternehmens (Servicevertrag) 2. Die Konzernmutter verarbeitet Personaldaten des Tochterunternehmens auch zu <u>eigenen Zwecken</u> 3. Die Personaldaten der Tochterunternehmen sind bei der Konzernmutter zu einem Gesamt-Personalinformationssystem <u>zusammengefaßt</u> 4. Keine Angabe
43. Werden die Personaldaten aus <u>automatisierten Informationssystemen</u> der Tochterunternehmen übernommen?	1. Ja 2. Nein 3. Keine Angabe

Die Verteilung der Antworten auf diese Fragen ergab folgendes Bild:

Von den befragten Unternehmen waren 80,6 % Mutter eines Konzerns; der Anteil von Tochterunternehmen war mit 8,5 % der konzernverbundenen Unternehmen zu berücksichtigen. 88,8 % der Mutterunternehmen speichern in ihrem Personalinformationssystem personenbezogene Daten der Arbeitnehmer von Tochterunternehmen, davon ungefähr 73 % auch zu eigenen Zwecken. Nur bei ca. 27 % ist die Grundlage dieser Speicherung ein Servicevertrag; die Daten werden also ausschließlich im Auftrage und für Zwecke des Tochterunternehmens gespeichert. 16,6 % der Konzernmütter fassen die Personaldaten der Tochterunternehmen zu einem Gesamt-Informationssystem zusammen; dabei ist der Anteil der Mutterunternehmen, die die Personaldaten aus automatisierten Informationssystemen der Tochter übernehmen, gering.

Insgesamt speichern über 40 % der Probanden personenbezogene Daten von konzernverbundenen Tochterunternehmen, so daß sich die Aussagen der Interviews auch noch auf selbständige Unternehmen beziehen, die in den meisten Fällen wegen ihrer geringen Umsatzstärke nicht zur Grundgesamtheit zählten.

1.53 BESCHREIBUNG DER ANWENDER NACH DEM MERKMAL "UMSATZGRÖSSENGRUPPE"

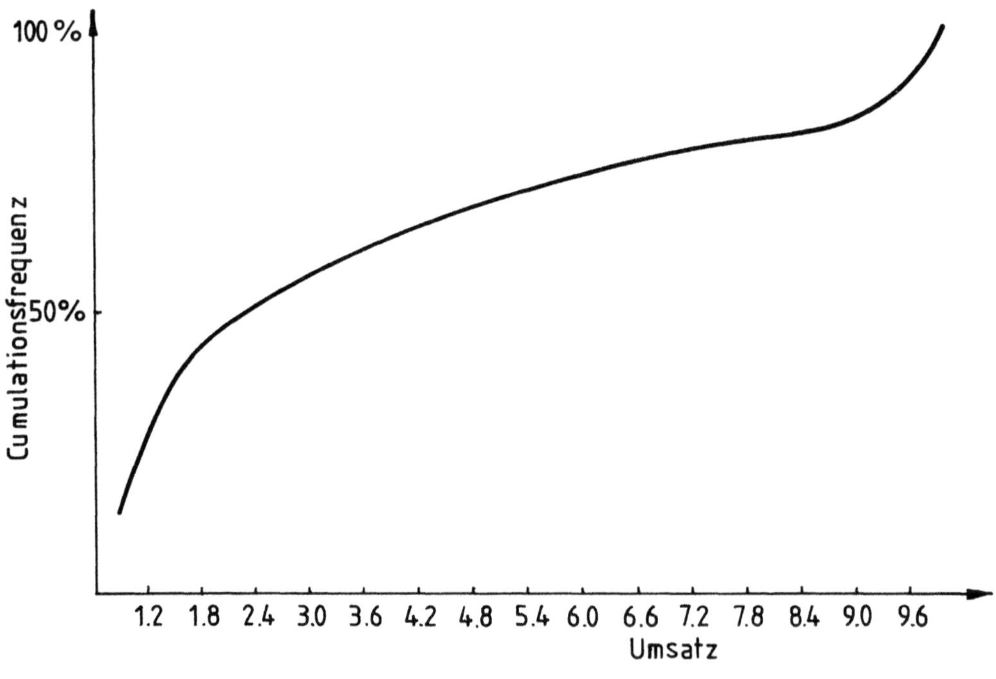

Abb.1 Verteilung der Probanden nach Umsatzgrößengruppen

Von den befragten Unternehmen liegen etwa 15 % in der Größengruppe über 9.600 Mio. DM Jahresumsatz 1976; über 50 % der Probanden haben einen Jahresumsatz, der größer als 2.400 Mio. DM ist, bei ca. 45 % liegt der Jahresumsatz unter 2.400 Mio. DM. Der verhältnismäßig hohe Prozentsatz (etwa 24 %) von Probanden in der Jahresumsatzgrößengruppe zwischen 1.200 Mio. DM und 1.800 Mio. DM ist durch die Partizipation von konzernverbundenen Unternehmen am System der Mutter zu erklären. Die in der Tendenz feststellbare Aussage: Je größer der Jahresumsatz eines Unternehmens, desto größer die Wahrscheinlichkeit, daß das Unternehmen ein Personalinformationssystem aufgebaut hat, wird in diesem Umsatzgrößenbereich gestört, weil das Know-How der Mutter bzw. eines anderen konzernverbundenen Unternehmens - unabhängig von der Umsatzgrößengruppe - zur Verfügung steht.

Der summierte Jahresumsatz der Probanden lag bei 448 Mrd. DM (Basisjahr 1976).

1.54 ANZAHL DER BESCHÄFTIGTEN ARBEITNEHMER

Im Fragebogen wurde die Zahl der in den befragten Unternehmen beschäftigten Arbeitnehmer erfaßt: Danach waren bei 43 % der Probanden zwischen 5.000 und 30.000 Arbeitnehmer beschäftigt. Bei 24 % lag die Anzahl der Beschäftigten in der Größenordnung zwischen 30.000 und 90.000 und bei 12 % der befragten Unternehmen über 90.000. 6 % machten hierzu keine Angabe; bei den restlichen 15 % der Unternehmen mit weniger als 5.000 Arbeitnehmern sind insbesondere die Unternehmen der Mineralölindustrie vertreten.

Die Beschäftigtenzahl kann jedoch nur ein Anhaltspunkt für die Anzahl der in einem Unternehmen durch die Einführung des computergestützten Personalinformationssystems betroffenen Arbeitnehmer sein. Angaben über die Beschäftigten, von denen personenbezogene Daten im Personalinformationssystem gespeichert wurden, lagen bei vielen Unternehmen nicht vor; bei detaillierter Berücksichtigung der im Einzelfall einbezogenen Unternehmensbereiche bzw. Werke und den jeweiligen Arbeitnehmergruppen erwies sich die Ermittlung der zum Zeitpunkt der Untersuchung von dem System betroffenen Arbeitnehmer als nicht durchführbar.

1.55 VERTEILUNG DER IMPLEMENTIERTEN COMPUTERGESTÜTZTEN PERSONALINFORMATIONSSYSTEME NACH DEM KRITERIUM "ANZAHL DER BESCHÄFTIGTEN IM PERSONALBEREICH"

Die Erhebung der Anzahl der im Personalbereich Beschäftigten diente als weiterer Hinweis zur Klassifizierung der Beschäftigtengröße. Die Ergebnisse sind aus nachfolgender Abbildung ersichtlich. Die Antworten wurden durch die Berücksichtigung der Veränderungen in den davorliegenden zwei Jahren relativiert.

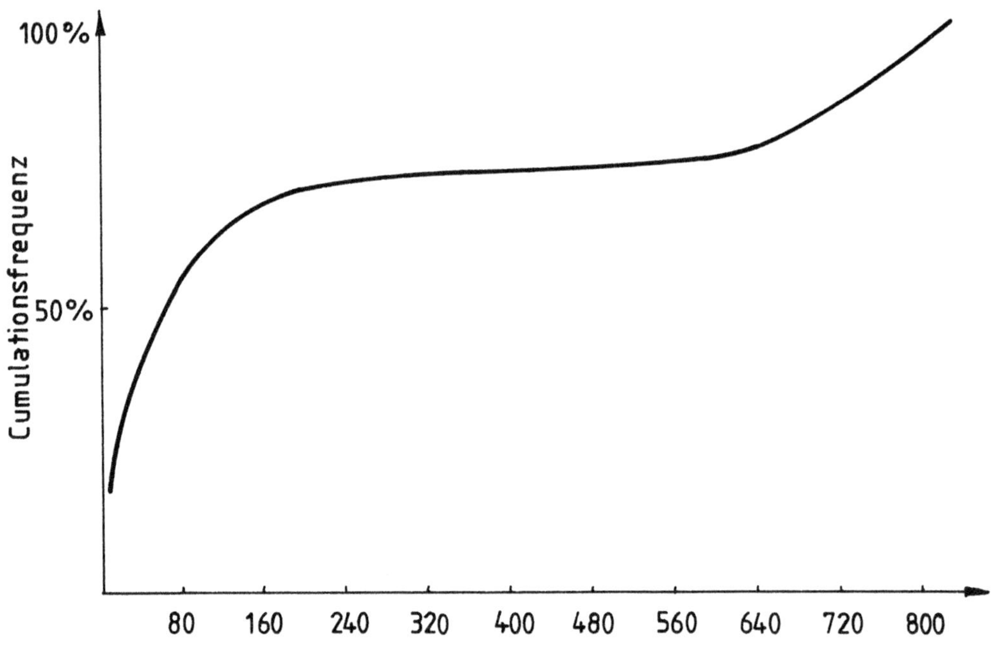

Abb. 2: Beschäftigte im Personalbereich

Die Hälfte der Probanden hatte weniger als 130 Arbeitnehmer im Personalbereich beschäftigt; weniger als 80 Mitarbeitern wurde bei 41,8 % der Unternehmen die Durchführung der Aufgaben des Personalbereichs übertragen.

1.56 VERTEILUNG DER IMPLEMENTIERTEN AUTOMATISIERTEN PERSONALINFORMATIONSSYSTEME NACH DEM BESCHREIBUNGSMERKMAL "TARIFZUGEHÖRIGKEIT/ BRANCHE"

Nach dem Kriterium "Tarif-/Branchenzugehörigkeit" lassen sich deutlich drei große Blöcke unterscheiden:

Fast 35 % der Probanden sind hauptsächlich der metallverarbeitenden Industrie zuzurechnen (hiervon ein Anteil von ca. 5 % dem Auto- und Fahrzeugbau), 32 % der Chemiebranche (worin die Fragebögen von elf Mineralölgesellschaften und Unternehmen der Energieversorgung enthalten sind); der dritte große Block mit etwa 26 % setzt sich aus Unternehmen in den Bereichen Nahrungs-/Genußmittel und Zigaretten (ca. 10 %) sowie Unternehmen des Einzel- und Großhandels (16,4 %) zusammen. Der Rest verteilt sich auf die Branchen Bausteine-Erden, Elektro, Verlag und Spedition/ Reederei.

Metallverarbeitende Industrie	32,9 %
Chemie ohne Mineralöl	14,9 %
Mineralöl	16,4 %
Handel	16,4 %
Nahrungs-/Genußmittel, mit Zigaretten	10,5 %
andere	9,0 %

1.6 DATENSCHUTZ INNERHALB DES FORSCHUNGSPROJEKTS

Im folgenden werden die Überlegungen zum Anonymisierungs- und Datenschutzkonzept des Forschungsprojekts aus zwei Gründen offengelegt:

- den Probanden wurde vertrauliche Behandlung der Informationen zugesichert
- es war konkret zu prüfen, inwieweit Erfordernisse der Datenschutzgesetzgebung bei diesem Forschungsprojekt zu berücksichtigen sind.

Bei der durchgeführten empirischen Untersuchung in Großunternehmen wurden die bei der Befragung gemachten Angaben mittels eines standardisierten Fragebogens gesammelt, auf Datenträger übertragen und anschließend verarbeitet. Die Auswertungsergebnisse sind systematisch geordnet, sprachlich, graphisch und tabellarisch dargestellt und jedermann zugänglich.

1.61 ART DER ERHOBENEN DATEN

Nach den Datenschutzgesetzen des Bundes und der Länder besteht für die Datenverarbeitung ein grundsätzliches Verbot mit Erlaubnisvorbehalt: Die Datenverarbeitung muß also entweder gesetzlich erlaubt oder durch die Einwilligung des Betroffenen gedeckt sein. Allerdings gilt dies nur, wenn es sich bei den zur Verarbeitung kommenden Daten um personenbezogene Daten handelt, also um Angaben, die eine natürliche Person betreffen[8]. Juristische Personen werden dagegen vom Schutzbereich der Datenschutzgesetze ausgenommen. Diese prinzipielle Entscheidung des Gesetzgebers hat für die vorliegende Untersuchung deswegen Bedeutung, weil sich der Probandenkreis ausschließlich aus Unternehmen zusammensetzt, die als juristische Personen organisiert sind.

Ob die Unterscheidung zwischen natürlichen und juristischen Personen bei datenschutzrechtlichen Überlegungen interessengerecht ist, wird bisweilen infrage gestellt[9]. Immerhin gibt es im Bereich des allgemeinen Persönlichkeitsrechts Einbeziehungen von juristischen Personen[10]. Es hätte also nahegelegen, den Datenschutz auf juristische Personen zu erstrecken. Der Gesetzgeber nahm davon Abstand, weil er meinte, die Einbeziehung juristischer Personen hätte zu einer Verflachung des gesetzgeberischen Anliegens geführt[11]. Die klare und unmißverständliche Beschränkung des Schutzbereichs auf Daten über natürliche Personen schließt eine analoge Anwendung der Datenschutznormen auf Unternehmens-

---

8 Vgl. § 2 Abs. 1 BDSG und die daran anschließenden Landesgesetze.

9 Vgl. K. Kröger, in: DÖV 1977, S. 302; Carl-Eugen Eberle, DÖV 1977, S. 312; vgl. auch Wilhelm Steinmüller u. a., in: BT-Drucks. VI/3826.

10 Vgl. Herbert Leßmann, in: AcP 170 (1970), S. 266 ff.

11 Vgl. Spiros Simitis, Datenschutz-Notwendigkeiten, Voraussetzung einer gesetzlichen Regelung, in: DVR 2 (1973/74), S. 138 (154 ff); Begründung im Regierungsentwurf vom 21.5.1973, BT-Drucks. 7/1027, S.19.

daten aus[12].

Der Hauptfragebogen enthielt allerdings neben reinen Unternehmensdaten auch Angaben über - dritte - natürliche Personen, die Folgefragebögen jeweils Angaben einer natürlichen Person über sich selbst. Im Hauptfragebogen handelt es sich dabei um Aussagen und Einschätzungen über betriebliche Datenschutzbeauftragte und Betriebsratsmitglieder, die als bestimmte oder zumindest bestimmbare Personen anzusehen sind. Die Datengruppen "Betrieblicher Datenschutzbeauftragter" und "Beteiligung des Betriebsrates am Personalinformationssystem" haben somit nicht ausschließlich unternehmensbezogenen Charakter. Als eindeutig "personenbezogen" sind die Informationen der Folgefragebögen "Betrieblicher Datenschutzbeauftragter" und "Betriebsrat" einzustufen; es war gerade Zweck dieser Fragebögen, individuelle Gegebenheiten des Funktionsträgers (vorherige Position, persönliche Einschätzung usw.) zu erfassen.

Die Tatsache, daß es uns nicht darauf ankam, Kenntnisse über persönliche oder sachliche Verhältnisse eines bestimmten betrieblichen Datenschutzbeauftragten zu erlangen, sondern die Angaben nur im Hinblick auf seine Funktion im Unternehmen interessierten, steht der Klassifikation als "personenbezogene Daten" nicht entgegen. Für die entsprechende Kategorisierung entscheidet nicht die Absicht, was mit den Daten ermittelt werden soll, sondern die Möglichkeit, die Daten einer Person zuzuordnen. Hinsichtlich der Betriebsräte in den befragten Unternehmen kommt komplizierend hinzu, daß sie ausschließlich aus Personenmehrheiten bestehen, die als solche nicht vom Datenschutzgesetz erfaßt werden, und daß sich die im Fragebogen enthaltenen Fragen über die Beteiligung des Betriebsrates sowohl auf normative Regelungen (z. B. Vorschriften des Betriebsverfassungsgesetzes) als auch auf praktisches Verhalten (z. B. Wahrnehmung übertragener Aufgaben) beziehen. Immer dann jedoch, wenn die zu einer Personenmehrheit gespeicherten Daten auch etwas über die Verhältnisse der einzelnen Mitglieder aussagen, handelt es sich gleichzeitig um personenbezogene Daten dieser Mitglieder[13].

---

12 Vgl. Ulrich Dammann, in: Simitis/Dammann/Mallmann/Reh, Bundesdatenschutzgesetz, § 2 Rdnr. 17 f; Ordemann/Schomerus, Bundesdatenschutzgesetz, § 2 Anm. 1.2; Herbert Auernhammer, Bundesdatenschutzgesetz, § 2 Rdnr. 6.

13 Vgl. Ulrich Dammann (Anm. 12), § 2 Rdnr. 18.

Bei unserer Erhebung wurde nicht direkt nach dem Verhalten einzelner Betriebsratsmitglieder gefragt. Zur Erfüllung des Kriteriums "personenbezogene Daten" reicht es aber aus, wenn das Betriebsratsmitglied als Person "bestimmbar" (§ 2 Abs. 1 BDSG) ist.

Unter welchen Voraussetzungen die Bestimmbarkeit vorliegt, regeln die Datenschutzgesetze nicht näher. Es haben sich daher in der Fachliteratur verschiedene Meinungen gebildet[14]. Fest steht folgendes: Um die einzelnen Mitglieder des jeweiligen Betriebsrates zu identifizieren, bedarf es lediglich einer Anfrage bei den betreffenden Unternehmen. Eine derartige Anfrage ist ohne große Schwierigkeiten durchzuführen. Da auch durch eine Verschlüsselung oder Aggregierung der Personenbezug der ermittelten Daten nicht ohne weiteres verlorengeht, sondern durch statistische Verfahren wieder hergestellt werden kann, ist zu prüfen, welche Anforderungen das Bundesdatenschutzgesetz stellt.

1.62 DATENSCHUTZREGELUNGEN FÜR DIE EMPIRISCHE FORSCHUNG

Im Bundesdatenschutzgesetz gibt es keine Regelung für die Verarbeitung von Daten, die von Hochschulen oder sonstigen öffentlichen Stellen für Forschungszwecke erhoben werden. Diese Frage wird nur am Rande berührt, so in den §§ 14 und 36. Für den Sonderfall gesperrter Daten läßt § 14 Abs. 2 Satz 3 BDSG "die Nutzung zu wissenschaftlichen Zwecken" unter bestimmten Bedingungen zu. Auch die §§ 9, 11 BDSG bieten für die Erhebung und Auswertung keine allgemeine Richtschnur, weil es sich bei empirischen Forschungen meist nicht um die "rechtmäßige Erfüllung der in der Zuständigkeit der speichernden Stelle liegenden Aufgaben" handelt und auch die Veröffentlichung der Untersuchungsergebnisse nicht als Datenübermittlung an Stellen außerhalb des öffentlichen Bereichs eingestuft werden kann[15].

---

14 Vgl. Ulrich Dammann (Anm. 12), § 2 Rdnr. 20 ff; Ordemann/Schomerus (Anm. 12), § 2 Anm. 1.1.; Schaffland/Wiltfang, Bundesdatenschutzgesetz, § 2 Rdnr. 17; Hörle/Wronka, Bundesdatenschutzgesetz, § 2 Rdnr. 5; alle mit weiteren Nachweisen.

15 Der Grund dafür liegt in der Legaldefinition von "Übermitteln": Das Bundesdatenschutzgesetz versteht darunter die Bekanntgabe personenbezogener Daten an Dritte (§ 2 Abs. 2 Nr. 2 DBSG), nicht an die Allgemeinheit. Im übrigen würde die Veröffentlichung von Forschungsergebnissen zur Erfüllung eigener Aufgaben (§ 10 Abs. 1 Satz 1 BDSG) der Forschungseinrichtung zulässig sein. Die Regelung in § 21 Abs. 3 Baden-Württembergisches Datenschutzgesetz stellt insofern bisher eine Ausnahmeregelung dar.

In der empirischen Forschung werden Daten dazu verwendet, statistische Aussagen über Gruppen und nicht über Einzelpersonen zu machen. Dieses Ziel unterscheidet die Verwendung personenbezogener Daten in empirischen Untersuchungen grundsätzlich von einer Verwendung, auf die im Bundesdatenschutzgesetz abgestellt wird.

Angesichts der hohen Bedeutung, die dem Persönlichkeitsrecht durch Artikel 1 und 2 GG zukommt, kann Forschung allerdings kein Freibrief für die Bearbeitung personenbezogener Daten bedeuten. Die Speicherung, Veränderung und Weitergabe personenbezogener Daten muß sich vielmehr an Grundsätzen orientieren, wie sie in den Landesdatenschutzgesetzen von Baden-Württemberg, Hessen, Nordrhein-Westfalen und Rheinland-Pfalz niedergelegt sind. Der § 15 des Hessischen Datenschutzgesetzes, dem die anderen Datenschutzgesetze weitgehend folgen[16)], lautet:

"(1) Hochschulen und andere öffentliche Einrichtungen mit der Aufgabe unabhängiger wissenschaftlicher Forschung können im Rahmen ihrer Aufgaben für bestimmte Forschungsvorhaben personenbezogene Daten speichern und verändern; hierfür können ihnen die in § 3 Abs. 1 genannten Behörden und öffentlichen Stellen personenbezogene Daten übermitteln. Die Datenverarbeitung nach Satz 1 ist nur zulässig, wenn die Betroffenen eingewilligt haben oder wenn ihre schutzwürdigen Belange wegen der Art der Daten, wegen ihrer Offenkundigkeit oder wegen der Art der Verwendung nicht beeinträchtigt werden.

(2) Die nach Abs. 1 gespeicherten, veränderten und übermittelten personenbezogenen Daten dürfen nur mit Einwilligung der Betroffenen weiter übermittelt werden.

1.63 DATENSCHUTZVERPFLICHTUNGEN FÜR DAS FORSCHUNGSPROJEKT

Wendet man diese Grundsätze auf das an der Universität Hannover durchgeführte Forschungsprojekt an, weil es in Niedersachsen noch keine ausdrückliche Regelung gibt, dann lassen sich daraus folgende Verpflichtungen ableiten:

---

16 Dem § 15 HDSG entsprechende Regelungen sind in die Landesdatenschutzgesetze von Nordrhein-Westfalen (§ 12), Rheinland-Pfalz (§ 25) eingegangen. Das Landesdatenschutzgesetz Baden-Württemberg (§ 21) stellt bei der Zulässigkeit der Speicherung und Veränderung auf "bestimmte Forschungsvorhaben" ab und bestimmt zusätzlich im Abs. 3: "Die Veröffentlichung von Forschungsergebnissen, soweit sie personenbezogene Daten enthalten, ist nur zulässig, wenn der Betroffene eingewilligt hat."

1. Hinsichtlich derjenigen Aufgaben, die sich auf eine bestimmte Person beziehen lassen (Betrieblicher Datenschutzbeauftragter, einzelne Betriebsratsmitglieder), muß entweder deren Einwilligung vorliegen oder eine Beeinträchtigung schutzwürdiger Belange wegen der Art der Daten oder der Art ihrer Verwendung ausgeschlossen sein.

2. Hinsichtlich der unternehmens- und sachbezogenen Angaben gilt allgemeines Zivilrecht. Es müssen also folgende Grundsätze über den Schutz des Unternehmens beachtet werden:

- das allgemeine Persönlichkeitsrecht (§ 823 Abs. 1 BGB), soweit es auf Unternehmen Anwendung findet. In Rechtsprechung und Lehre ist anerkannt, daß Teilgebiete des allgemeinen Persönlichkeitsrechts (Ehre, Name, Geheimsphäre[17-20]) auch juristischen Personen zustehen;
- das Recht am eingerichteten und ausgeübten Gewerbebetrieb (es wird ebenfalls aus § 823 Abs. 1 BGB abgeleitet);
- das Recht auf Wahrung der Geschäftsgeheimnisse (§§ 17 Abs. 2, 18 UWG). Insoweit enthalten allerdings die Publizitätsvorschriften (insbesondere §§ 148 ff AktG) Einschränkungen;
- vertragliche Absprachen.

3. Für automatisierte personenbezogene und unternehmensbezogene Daten gelten die Datensicherungsbestimmungen in der Anlage zu § 6 BDSG, die gleichlautend in alle Landesdatenschutzgesetze übernommen worden sind. Dies ergibt sich für personenbezogene Daten unmittelbar aus § 6 Abs. 2 BDSG. Für unternehmensbezogene Daten läßt sich diese Verpflichtung in Rechtsanalogie zu §§ 1 Abs. 3, 6 Abs. 1 BDSG und den technischen Erfordernissen zur Wahrung der genannten zivilrechtlichen Prinzipien ableiten.

1.64 KONKRETE MASSNAHMEN ZUR ERFÜLLUNG DER VERPFLICHTUNGEN

Die rechtlichen Verpflichtungen und die zugesagte Vertraulichkeit sind im Forschungsprojekt durch folgende konkrete Maßnahmen erfüllt worden:

1. Die Daten wurden als Eigenerhebung mit Direktzugang im Interview gesammelt. Jeder Proband wurde schriftlich über die Ziele des Forschungsprojekts unterrichtet und um Beteiligung gebeten. Gleichzeitig sicherte die Projektleitung eine anonymisierte Behandlung der Angaben zu. Die Befragungen erfolgten erst nach schriftlicher Einverständniserklärung. Soweit Unternehmen Bedingungen stellten (beispielsweise: keine Befragung des Betriebsrates), unterblieb die entsprechende Befragung.

2. Auch die zur eigenen Person befragten Einzelpersonen im Unternehmen (Betrieblicher Datenschutzbeauftragter, Betriebsratsmitglieder) wurden vor dem Interview über die Ziele des Forschungsprojekts aufgeklärt. Eine Verweigerung von Interviews gab es in keinem Fall.

3. In organisatorischer Hinsicht kam es zu folgenden Maßnahmen:
a) Unterlagen, die von Probanden während des Interviews übergeben oder im Zusammenhang damit übersandt wurden, werden in einem Stahlschrank verschlossen aufbewahrt, zu dem nur die Projektmitarbeiter Zugang haben. In diesem Schrank befinden sich auch die Liste der Probanden einschließlich der ihnen zugeordneten Probandennummern, weiterhin die bei den Interviews benutzten Fragebögen sowie die Lochkarten.

b) Die Angaben wurden vor der Verarbeitung in dem Sinne anonymisiert, daß der direkte Unternehmens- und Personenbezug verschlüsselt wurde. Sowohl die standardisierten Fragebögen als auch die Lochkarten, auf denen die Antworten der Probanden gespeichert wurden, enthalten nicht die Namen der Unternehmen, sondern lediglich eine mehrstellige Probandennummer; der Aufbau der Nummernkreise ist lediglich den Projektmitarbeitern bekannt. Die Zuordnung dieser Probandennummern zu einem bestimmten befragten Unternehmen erfolgt mit Hilfe der unter Verschluß gehaltenen Probandenliste. Diese wird gesondert neben den Lochkarten aufbewahrt und nicht auf einen Datenträger gebracht.

4. Die Auswertung und die Darstellung der Ergebnisse sind so konzipiert, daß Rückschlüsse aus den anonymisierten Daten auf individuelle Datensätze weitgehend ausgeschlossen sind, weil letztere lediglich dazu benutzt werden, statistische Aussagen über die untersuchte Gruppe von Unternehmen zu machen. Die präsentierten Ergebnisse enthalten keine Zuordnung von Einzelangaben zu den einzelnen Probandennummern. Mit der Probandennummer wird das Unternehmen verschlüsselt; die namentliche Bestimmung der befragten Personen ist über die in einer Liste zusammengefaßten und unter Verschluß gehaltenen Kontaktpersonen oder über Kenntnisse über das Unternehmen zu ermitteln.

5. Die statistische Aufbereitung genügt Anonymisierungserfordernissen und verhindert eine nachträgliche Unternehmens- und Personenbeziehbarkeit. Die Anonymisierung wurde durch Restriktionen bezüglich der Anwendung bestimmter statistischer Verfahren unterstützt. Dabei war davon auszugehen, daß eine Reidentifikation und Deanonymisierung nicht voll-

ständig verhindert werden kann[17]. Die Entkleidung der Datensätze um die zur Identifikation geeigneten, mit geringer Häufigkeit auftretenden Merkmale sowie die Aggregation von Daten zu Aussagen nur über eine größere Zahl von Beobachtungseinheiten geben keinen ausreichenden Schutz vor Personenbeziehbarkeit und gewährleisten keine Anonymität. Vielmehr ist eine Abwägung zwischen praktikablen Schutztechniken zur Wahrung der Vertraulichkeit und dem damit verbundenen Verlust an statistischen Informationen vorzunehmen, was eine Einschätzung des potentiellen Interesses an der Information überhaupt einschließt[18].

In der Fachdiskussion werden folgende Möglichkeiten der Reidentifikation unterschieden:

- Vermeintliche anonymisierte Aussagen können durch Anwendung statistischer Verfahren auf individuelle Datensätze zurückgeführt, also reindividualisiert werden.
- Eine Bestimmbarkeit kann durch den Erwerb von Zusatzwissen erfolgen.

Der Fragebogen umfaßt Angaben zum Unternehmen wie Branche, Jahresumsatz und Anzahl der beschäftigten Arbeitnehmer. Diese allgemeinen Beschreibungsdaten können eine Identifikation im Einzelfall erleichtern. Nach verschiedenen Kriterien aufgebaute Unternehmenslisten sind in zahlreichen Fachzeitschriften enthalten. Ferner ermöglichen die Rechnungslegungsvorschriften des Aktiengesetzes (§§ 148 ff.) und das Publizitätsgesetz (§§ 11 ff.) die Erlangung von Zusatzwissen. Auf der Grundlage des gesamten Datensatzes eines Probanden und zusammen mit diesem Zusatzwissen erscheint die Identifikation eines Probanden möglich. Mit Hilfe von Merkmalen wie Umsatz, Beschäftigtenzahl, Branche usw. kann ein anonymisierter Datensatz über die "Hintertreppenidentifikation"[19] wieder einem bestimmten Unternehmen zugeordnet werden.

---

17 Zu "faktischer Anonymisierung" und verbleibendem Restrisiko vgl. die Beiträge in: Max Kaase u. a. (Hrsg.), Datenzugang und Datenschutz, Konsequenzen für die Forschung, Königstein/Ts. 1980, darin insbesondere: Ralph Brennecke, Kriterien zur Operationalisierung der faktischen Anonymisierung, S. 158 ff; Jan Schlörer, Schutz von Mikrodaten der Forschung: Technische Aspekte, S. 118 ff.

18 Vgl. Herbert Burkert, Das Problem des Zusatzwissens, in: Max Kaase u. a. (Anm. 10), S. 143 ff; Ulrich Dammann (Anm. 12), § 2 Rdnr. 36.

19 Vgl. Jan Schlörer: Zum Statistikgeheimnis - Risiken und Schutz statistischer Datenbanken, in: DVR 5 (1976), H. 3, S. 203-248.

Da Ziel des Forschungsvorhabens keine Einzelbeschreibungen, sondern statistisch aggregierte Ausprägungen bestimmter Variablen über alle Probanden waren, unterblieben in der Auswertung direkte Zuordnungen solcher Kriterien zu den einzelnen Datensätzen. Es mußte davon ausgegangen werden, daß durch iteratives Vorgehen bei der Korrelation mehrerer Einzelaussagen eine Reidentifikation in Betracht kam, denn gerade bei einer kleinen Anzahl von Untersuchungseinheiten sind Ausprägungen (wie: absolute Häufigkeitswerte in mehrdimensionalen Tabellen) aufschlußreich. Im Rahmen der Untersuchung waren deshalb zusätzliche Einschränkungen notwendig: Für die Darstellung der Untersuchungsergebnisse wurde eine Untergrenze definiert und auf Auswertungen verzichtet, die Häufigkeiten unterhalb dieser Grenze enthielten: Die daraus resultierenden Einschränkungen für die Nachvollziehbarkeit und Transparenz der Ergebnisse wurden dabei bewußt in Kauf genommen. Zulässig waren so nur Ergebnisse, die sich auf eine große Zahl von Beobachtungseinheiten beziehen. Durch diese Restriktion bei der Anwendung bestimmter statistischer Verfahren wurde versucht, die Anonymisierung zu unterstützen. Die Veröffentlichung der Untersuchungsergebnisse erfolgt deshalb insgesamt in einer Weise, die Rückschlüsse auf ein bestimmtes Unternehmen mit hoher Wahrscheinlichkeit ausschließt.

2 ALLGEMEINE BESCHREIBUNG EXISTIERENDER PERSONAL-INFORMATIONSSYSTEME IN GROSSUNTERNEHMEN

2.1 METHODISCHE VORGEHENSWEISE

Für die empirische Untersuchung wurden Merkmale festgelegt, die einen hohen Informationsgehalt für die Beschreibung einzelner Systeme hatten und die sowohl als Vergleichskriterien wie auch zur Anknüpfung von rechtlichen Überlegungen geeignet erschienen.

Zur Beschreibung der Leistungsbreite des Systems dienten insbesondere
- der Integrationsgrad
- das Aufgaben- und Methodensystem
- die einbezogenen Personengruppen im Zusammenhang mit den im System dokumentierten zugreifbaren Daten oder Datengruppen.

Der "Integrationsgrad" war definiert als die Einbettung des Personalinformationssystems in das Gesamtsystem des betrieblichen Informationswesens, die Informationsflüsse und die Verknüpfung zu anderen Teilsystemen. Dabei wurde davon ausgegangen, daß Personalinformationssysteme integrative Systeme sind. Sie werden im allgemeinen nicht als erstes System, sondern mit den Erfahrungen beim Aufbau anderer betrieblicher Informationssysteme und in Abstimmung mit diesen entwickelt. Der betriebswirtschaftlich und der systemtechnisch optimale Einsatz ist abhängig vom Grad des Zusammenwirkens mit diesen anderen Systemen. Es sollte deshalb empirisch ermittelt werden, inwieweit computergestützte Personalinformationssysteme als integrativer Bestandteil eines umfassenden Systems des betrieblichen Informationswesens konzipiert sind und interdependent verbunden mit Systemen der Fertigung, der Materialwirtschaft, der Kostenplanung, der Produktionsplanung etc. entwickelt werden. Neben dem Ziel, Verknüpfungen mit anderen Funktionsbereichen und der Integration des Systems in den innerbetrieblichen Informationsfluß zu ermitteln, wurden Aussagen über die Integrierung auf Konzernebene angestrebt.

Das zweite Kriterium für den Entwicklungsstand eines computergestützten

Personalinformationssystems - das Aufgaben- und Methodensystem - betraf die Anzahl und Art der in einem Informationssystem realisierten Einsatzzwecke auf der Grundlage der Gesamtfunktionen des Personalwesens und dem Grad der Einbeziehung von Planungsmethoden. Dabei konnte davon ausgegangen werden, daß nach der Automatisierung anderer betrieblicher Funktionsbereiche nunmehr auch im betrieblichen Personalwesen mit computergestützten Informationssystemen der Schritt von Abrechnungs- und einfachen Analyseverfahren zur Verbesserung administrativer und dispositiver Entscheidungen verwirklicht werde. Eine Arbeitshypothese war dabei, daß der Computer sowohl dem rationelleren Einsatz herkömmlicher Verfahren und der Unterstützung analytischer Arbeiten, wie auch dem Einsatz neuer, effektiver, umfassenderer Methoden (beispielsweise Trendextrapolationen, analytische Personalplanungsmodelle, lineare Planungsrechnung oder Simulationsmodelle), dienen sollte.

Der Strukturierungsgrad personalwirtschaftlicher Aufgaben wurde in der Praxis als noch vergleichsweise gering eingeschätzt. Zu unterscheiden war zwischen

- Funktionen, die mit angemessenem Aufwand algorithmisierbar sind und auf den Computer übertragen werden sollten und
- Aufgaben[1], die lediglich zum Teil automatisiert werden oder zu deren Erfüllung statistisches Material als Entscheidungsgrundlage zur Verfügung gestellt werden sollte.

Die Fachdiskussion in Wissenschaft und Praxis reduzierte sich weitgehend auf die Frage, ob und inwieweit personalwirtschaftliche Aufgaben in ganz oder teilweise algorithmisierbare Aufgaben überführt werden können, ohne die Forderung zu erheben, die Algorithmen so zu entwickeln, daß die erforderlichen personenbezogenen Informationen mit möglichst geringem Kontextverlust in die Auswertungen und Anwendungen einfließen.

Ausgehend von einer Projektierung des Gesamtsystems auf der Basis der im Personalbereich anfallenden Aufgaben und ihren Funktionen und der Festlegung des jeweils möglichen oder gewünschten Grads der Automatisierung, wurde in der Hauptbefragung anhand einer Auflistung von 49 Aufgaben und Funktionen des Personalbereichs ermittelt, welche Aufgaben der

---

1 In diesem Sinne sind Bedarfs-, Beschaffungs-, Abbau-, Einsatz- und Entwicklungsplanung <u>Aufgaben</u> der Personalplanung.

Personalabteilungen automatisiert durchgeführt wurden. Dazu hatte jeder Proband auf dem vorgelegten Antwortblatt die computergestützt durchgeführten Funktionen und Aufgaben zu kennzeichnen.

Ebenso erhielten die Probanden eine Auflistung von 34 Dateien bzw. Dateiengruppen. Die Verknüpfungsmöglichkeiten zwischen den Dateien wurden in Form einer beidseitigen Matrix erfaßt.

Zur Beschreibung der Leistungsbreite von Personalinformationssystemen waren von den Probanden in einer Liste von 180 Daten die im System dokumentierten zugreifbaren Daten oder Datengruppen zu kennzeichnen. Diese Liste wurde in mehreren Fragekomplexen mit offenen Fragen überprüft und ergänzt.

Zusätzlich zu den angeführten Kriterien wurde die Leistungsbreite von Personalinformationssystemen durch Angaben zur Gerätekonfiguration und Benutzerkonzeption relativiert.

2.2 ZUM AUFBAU VON PERSONAL-INFORMATIONSSYSTEMEN

2.21 ABLEITUNG DER ANFORDERUNGEN AN COMPUTERGESTÜTZTE PERSONAL-INFORMATIONSSYSTEME

Das Personalinformationssystem ist Objektbereich der Unternehmensführung und der Fachabteilung Personalwesen. Die Anforderungen, die an das Personalinformationssystem gestellt werden, ergeben sich aus diesen beiden Aspekten: zum einen sind es die Ziele und Funktionen des Personalwesens, die Anforderungen der administrativen und dispositiven Personalarbeit, zum anderen die Anforderungen, die aus der Sicht der Unternehmensstrategie und der gesamtbetrieblichen Planung an Personalinformationssysteme gestellt werden.

Im Rahmen der Untersuchung wurde davon ausgegangen, daß es schon bei der Definierung der Strukturen des Personaldatensystems in der Konzipierungs- und Aufbauphase sinnvoll und notwendig ist, neben den von der Unternehmensleitung formulierten gesamtbetrieblichen Zielsetzungen und Anforderungen und den definierten Zielen und Anforderungen der Fachabteilung für eine Optimierung der Gestaltung und Durchführung personalwirtschaftlicher Aufgaben auch rechtliche Vorgaben weitestgehend einzubeziehen. Unsere Vermutung war, daß in den meisten Systemen sozial-, wirtschafts-, arbeits-, finanz- und steuerrechtliche Anforderungen für die Durchführung personalwirtschaftlicher Aufgaben vernachlässigt würden. Ebenso gab es Hinweise, daß die Möglichkeiten für die Gewährleistung individual- und kollektivrechtlicher Normen des Bundesdatenschutzgesetzes und des Betriebsverfassungsgesetzes sowie die Datensicherungsvorschriften des Bundesdatenschutzgesetzes bei der Systemanalyse und dem Aufbau von Personalinformationssystemen schwach entwickelt seien.

Es wurde davon ausgegangen, daß das Personalinformationssystem im allgemeinen nicht "nur" der Personalabteilung als Instrument dient, sondern vielmehr bei der Systementwicklung auch auf Anforderungen der Gesamtunternehmensplanung abgestellt wird. Deshalb sollte ermittelt werden, inwieweit Vorgaben aus einem Unternehmenskonzept, das das integierte Personalinformationssystem als Teil eines Managementinformationssystems versteht, erfolgen.

2.22 EMPIRISCHE ERGEBNISSE ZU DEN EINFÜHRUNGSGRÜNDEN UND ZIELSETZUNGEN

Die Erwartungen an das System und die von ihm zu erfüllenden Funktionen wurden mit Fragen nach den von der Personalabteilung verfolgten Zielen und den für die Unternehmensleitung maßgebenden Einführungsgründen erfaßt.

2.221 Die Einführungsgründe

Der Ermittlung von Einführungsgründen, Anforderungen und Zielsetzungen für ein Personalinformationssystem dienten zwei offene Fragen, deren Beantwortung durch eine Ziel-Rang-Folge relativiert werden konnte.

Die Probanden gaben 25 verschiedene Gründe für die Konzipierung eines Personalinformationssystems an. Der absolut und unter Berücksichtigung der Nennungsreihenfolge häufigste Grund war, eine Vergleichbarkeit und Vereinheitlichung im Konzern zu erzielen. An zweiter Stelle standen der Wunsch, durch das Personalinformationssystem die Genauigkeit, Umfassenheit und Aktualität der Personalplanung für die Unternehmensleitung zu erreichen sowie den Arbeitsablauf im Personalbereich zu rationalisieren. Häufig genannte primäre Gründen waren außerdem

- die schnellere zieladäquate Entscheidungsfindung für die Geschäftsleitung
- die Möglichkeit, der zunehmenden Datenfülle und den gesetzlichen Erfordernissen - wie Auskunftspflichten[2] - gerecht zu werden
- Kostenreduzierung
- Möglichkeiten des schnelleren Zugriffs für tarifpolitische Überlegungen
- schnelleres Reagierungen auf die Änderung gesetzlicher Vorschriften.

Besonders herauszuheben ist, daß bei den Erstnennungen häufig als Einführungsgrund die "Möglichkeit, mathematische Personalplanungsmethoden zur Vorbereitung und zum Vollzug optimaler Entscheidungen anzuwenden" genannt wurde. Als Zweit- und Drittnennungen häufig waren die Gründe "Transparenz und Systematik im Personalbereich" und Erhöhung von "Flexibilität und Aktualität". Weniger oder nicht relevant für die Einführung von computergestützten Personalinformationssystemen waren die Gründe
- bessere statistische Aufbereitung
- Verlängerung des Planungshorizonts und
- Integration von Daten verschiedener Fachabteilungen.

2.222 Zielsetzungen

Neben der Frage nach dem primären Grund zur Konzipierung und Einführung eines Personalinformationssystems wurde detailliert ermittelt, was aus der Sicht des Personalwesens durch das Personalinformationssystem erreicht werden wollte. Die Probanden gaben wiederum drei Gründe an. Unabhängig von der Nennungsreihenfolge wurden folgende Ziele - in der Rangfolge der Häufigkeit ihrer Nennung insgesamt - als ausschlaggebend genannt:

1. Die Rationalisierung des Arbeitsablaufes im Personalbereich
2. Die Verbesserung der Entscheidungsbasis für den Personalleiter (bezüglich Akualität, schnellerer Verfügbarkeit, Umfassenheit)
3. Verbesserung einzelner Personalfunktionen (Personalbedarfsplanung, Personalbeschaffung, Personalerhaltung, Personaleinsatz, Personalfreisetzung) bzw. ihrer Planung
4. Transparenz und Systematik im Personalbereich

---

2 Vgl. Wolfgang Kilian, Melde- und Aufkunftspflichten des Arbeitgebers im Personalbereich, in: BB 1977, S. 1153-1159.

5. Entlastung von Routine- (Abrechnungs-)arbeiten verbunden mit einem Personalabbau, gleichrangig mit dem Ziel, freiwerdende personelle Kapazitäten für Personalplanungsaufgaben zu schaffen und damit den prozentualen Anteil der Durchführung von Massen- und Routinearbeiten an der gesamten personellen Kapazität im Personalbereich zugunsten von Betreuungsfunktionen zu reduzieren.

An sechster Stelle wurden die Ziele "schnellere zieladäquate Entscheidungsfindung", "Einsatz (optimaler) Personalplanungsmethoden", "Flexibilität, Aktualität" und "bessere statistische Aufbereitung" genannt; gefolgt von "Vergleichbarkeit der Arbeitnehmer (Arbeitnehmergruppen)", "Abschaffung oder Reduzierung von Karteien", "Kostenreduzierung" und "einheitliche Abrechnung".

Sehr niedrig bewertet wurde die Möglichkeit des "schnelleren Zugriffs durch die Möglichkeit von ad hoc-Fragen" und "die Verlängerung des Planungshorizontes". Die Möglichkeiten einer "objektiven Leistungsmessung" und eines "Profilabgleichs" wurden nicht als wesentliche Zielsetzungen eingeschätzt.

Interessant ist, daß die Möglichkeiten des schnelleren Zugriffs bei tarifpolitischen Überlegungen und des "Reagierens auf Änderungen gesetzlicher Vorschriften" - Argumente, mit denen für die Einführung von Informationssystemen im Personalbereich geworben wird - und die Möglichkeit einer adäquaten Begegnung der "Datenfülle bzw. gesetzlicher Erfordernisse" aus der Sicht des Personalwesens <u>nicht</u> als Primärziel beurteilt wurden.

Während bei dem Einführungsgrund beziehungsweise dem Anstoß zur Konzipierung eines Personalinformationssystems Fragen der Personalplanung durchaus im Vordergrund stehen, mißt die Fachabteilung Personalwesen selbst der Hilfeleistung des Systems bei einer zunehmenden Komplexität der Personalplanung weniger Bedeutung bei und bewertet die "Verbesserung der Personalplanung" als ein aus der Sicht des Personalwesens mit dem Personalinformationssystem verbundenes Ziel verhältnismäßig gering.

Zur methodischen Relativierung der offenen Fragen wurde Ziele-Rangfolge-Abfrage mit <u>vorgegebenen</u> Zielen durchgeführt.

Dabei bestätigten sich im wesentlichen die Ergebnisse. Als in der Hierarchie besonders hochstehend wurden folgende Ziel beurteilt:

- Verbesserung der Datenbasis der Gesamtunternehmensplanung
- Anwendung rationeller Verfahren
- Verbesserung des zeitlichen Informationsflusses für Personalentscheidungen
- schnellere und umfassendere Verfügbarkeit von Informationen zur Verbesserung der internen Verwaltung und Planung
- Personalkostenabbau durch die sich aus der Automation von Routineabläufen ergebende Freisetzung von Arbeitskräften
- Verbesserung der Informationsbasis der mit Personalaufgaben betrauten Stellen
- bessere Betreuung der Mitarbeiter
- einheitliche Behandlung und objektive Beurteilung größerer Arbeitnehmergruppen.

Folgende Ziele standen in der Hierarchie sehr oft auf den letzten drei Plätzen, wurden also von vielen als Ziele bewertet, die nicht mit einem Personalinformationssystem erreicht werden sollten:

- Verbesserung der Transparenz von Personalangelegenheiten für den einzelnen Arbeitnehmer und
- Verbesserung des Entscheidungsprozesses durch die Möglichkeit, komplexe Strukturen zu übertragen und bessere systematische Verfahren und Algorithmen anzuwenden.

Das Ziel "Personalkostenabbau durch die sich aus der Automation von Routineabläufen ergebende Freisetzung von Arbeitskräften" wird von genauso vielen Probanden als sehr hoch in der Zielhierarchie stehend bewertet, wie der Meinung sind, diese Zielsetzung des computergestützten Personalinformationssystems sehr niedrig einzustufen.

2.223 Selbstentwicklung oder Programmsystem-Kauf

Die genannten Zielsetzungen sind in Korrelation zu sehen mit der Entscheidung, ein Programmsystem zu kaufen oder ein Personalinformationssystem selbst zu entwickeln. Bei 71,1 % der befragten Unternehmen wurde das System im eigenen Haus entwickelt. Sehr selten (1,9 %) wird die Entwicklung eines speziellen Systems außer Haus gegeben; 26,4 % haben ein System gekauft, von diesen hat die Mehrheit das gekaufte System um wesentliche eigene Teile modifiziert (15,1 % von 26,4 %). Bei den gekauften Systemen sind bei dieser angegebenen Grundgesamtheit zwei Systeme Marktführer, die sich nach landläufiger Definition extrem unterscheiden: Das eine ist ein überwiegend administratives System, das andere das umfangreichste und detaillierteste auf dem Markt.

2.3 DER ENTWICKLUNGSSTAND BESTEHENDER PERSONALINFORMATIONSSYSTEME

In drei Fragen wurde der Entwicklungsstand des Personalinformationssystems nach der Selbsteinschätzung des Probanden ermittelt (Fragen 1-3):

Ist das Personalinformationssystem im derzeitigen Entwicklungsstand	
1. im Planungsstadium	11,9 %
2. konkret konzipiert, jedoch noch nicht erprobt	9,0 %
3. teilweise im Einsatz	55,2 %
4. voll im Einsatz, ohne daß Weiterentwicklungen geplant sind	--
5. voll im Einsatz und Weiterentwicklungen geplant	23,9 %
6. keine Angabe	--

Sind Weiterentwicklungen geplant bezüglich (Mehrfachnennung möglich)	
1. Datenarten, Datenvolumen	61,2 %
2. Hinzunahme und/oder Verbesserung von Funktionen (Programmen)	68,7 %
3. Betriebssystem	19,4 %
4. Hardware allgemein	25,4 %
5. Abfragemöglichkeiten, software- und/oder hardware-mäßig	64,2 %
6. keine Angabe	--

Welche dieser Einsatzbereiche sind in Ihrem Unternehmen schon voll EDV-gestützt?	
1. Lohn- und Gehaltsabrechnung	3,0 %
2. Personalstatistik und -verwaltung	43,3 %
3. Bereiche der Personalplanung	44,8 %
4. alle wesentlichen administrativen und dispositiven Aufgaben	9,0 %
5. keine Angabe	--

Über die Hälfte (50,9 %) der befragten Unternehmen bezeichneten den Entwicklungsstand des Systems - bezogen auf die Gesamtheit der personalwirtschaftlichen Funktionen - als "teilweise im Einsatz", 26,4 % als schon voll im Einsatz und in einem Stadium, in dem Weiterentwicklungen geplant sind. Ganz abgeschlossen ist ein Personalinformationssystem bei keinem Unternehmen, auch im Fall eines gekauften Systempaketes wird eine Anpassung und Weiterentwicklung für notwendig befunden oder ist bereits geplant.

Auf die Frage, welche Einsatzbereiche in dem jeweiligen Unternehmen schon voll automatisiert seien, antwortete ungefähr die Hälfte der Probanden, sie habe sozusagen gerade begonnen, die Bereiche der Personalplanung so zu automatisieren, daß es über eine ordnende EDV, d. h. "eine EDV-mäßige Ordnung und Auswertung nach bestimmten Kriterien" hinausgehe, vielmehr würden Planungsmethoden und entsprechende adaptive und Planungsalgorithmen einbezogen werden.

Ein großer Teil (37,3 %) der Unternehmen schätzten den Automatisierungsgrad ihres Systems in Bezug auf die Gesamtheit der computergestützt durchgeführten Funktionen als "vollautomatisiert, d. h. Eingriff nur bei Sonderfällen von Datenneueingabe" ein. Zu diesen gehören auch 9 % aller Unternehmen, die angeben, alle wesentlichen administrativen und dispositiven Aufgaben EDV-gestützt durchzuführen.

Bei allen Systemen wird an Weiterentwicklungen gearbeitet. Diese Weiterentwicklungen liegen vorrangig im Software-Bereich, d. h. Hinzunahme und/oder Verbesserung von Funktionen, die das System erfüllen soll (64,2 %) und in einer Verbesserung der komponenten- und software-bezogenen Abfragemöglichkeiten (bei 60,4 %).

Der große Anteil geplanter komponentenbezogener Aktivitäten kann insbesondere im Zusammenhang mit den Antworten zum Komplex Konfiguration und mögliche Abfrage-/Ausgabeformen nicht erstaunen. Nur 49,3 % der Probanden beschreiben den komponentenbezogenen Entwicklungsstand wie erwartet als zentrale Datenverarbeitung mit dezentraler, on-line-Datenerfassung und Datenausgabe, mit Dialog über Bildschirm. Generell läßt sich eine Diskrepanz zwischen dem sich aus der Fachdiskussion ergebenden Stand interaktiver Systeme und ihrer Möglichkeiten und den in der Untersuchung erhobenen Ergebnissen zur Konfiguration und Abfrage-/Benutzermöglichkeit feststellen.

Bei 61,2 % der Systeme sind Datenarten und Datenvolumen zu vervollkommnen (vgl. Gliederungspunkt 4).

Die Informationssysteme sind modular und integriert aufgebaut. Zumindest bei einer Eigenentwicklung - und das ist bei dem größten Teil der Unternehmen der Fall - wird eine Projektierung des Gesamtsystems unverzichtbar sein.

Die nachfolgende Zusammenstellung vorhandener oder geplanter Funktionen von Personalinformationssystemen, die automatisiert erfüllt werden, wurde anhand einer Checkliste ermittelt. Das Ergebnis zeigt, daß praktisch alle Unternehmen, die ein Personalinformationssystem einsetzen, die Lohn- und Gehaltsabrechnung automatisiert haben (98,5 %) und in hohem Umfang zahlreiche Personalstatistiken durchführen.

Funktionen von Personalinformationssystemen

Nr.	Funktion	Relative Häufigkeit ex.	gepl.
1.	Allgemeine Personalverwaltung	85,1	-
2.	Aktenführung, Fortschreibung der Personalstammblätter	85,1	3,0
3.	Stat. Zeit- und Kostenkontrolle	85,1	4,5
4.	Lohn- und Gehaltsabrechnung	98,5	-
5.	Terminüberwachung	64,2	6,0
6.	Leistungsabrechnung	70,1	1,5
7.	Urlaubsermittlung (Fortschreibung)	94,0	4,5
8.	Bescheinigungen (z. B. Wohngeld)	59,7	7,5
9.	Auswahl eines geeigneten Arbeitnehmers für einen Arbeitsplatz	40,3	14,9
10.	Auswahl eines geeigneten Arbeitsplatzes für einen Arbeitnehmer	22,4	13,4
11.	Erstellen eines Anforderungsprofils	19,4	16,4
12.	Erstellen eines Fähigkeitsprofils	23,9	20,9
13.	Leistungsbewertung und Leistungsbeurteilung	55,2	11,9
14.	Individuelles Entwicklungsmodell	6,0	4,5
15.	Personaleinsatz mit Zuordnung auf Arbeitsplätze	34,3	6,0
16.	Personaleinsatz durch Abgleich von Anforderungs- u. Fähigkeitsprofilen	19,4	13,4
17.	Aufstellen von Stellenbesetzungsplänen	46,3	11,9
18.	Personalbedarfsplanung	34,3	11,9
19.	Arbeitsmarktforschung	--	3,0
20.	Personal- (Bewerber-)Auswahl	11,9	7,5
21.	Personalförderung, indiv.	22,4	4,5
22.	Planung des Bildungsbedarfs	16,4	9,0
23.	Betriebliche Berufsausbildung	31,3	16,4
24.	Betriebliche Laufbahnplanung	7,5	3,0
25.	Erstellen des Freistellungsplanes	19,4	1,5
26.	Bestimmung des Freistellungsplanes	7,5	3,0

27.	Abgleich des Freistellungsplanes mit Versetzungsanregungen, Beschaffungsbedarf	7,5	3,0
28.	Planung der Sozialleistungen	35,8	9,0
29.	Lohn- und Gehaltsfindung	53,7	11,9
30.	Ermittlung der Leistungszulage	49,3	6,0
31.	Personal-Kostenplanung	73,1	9,0
32.	Darlehen und Beihilfen	52,2	4,5
33.	Abwicklung der Altersversorgung	92,5	1,5
34.	Betriebliches Vorschlagswesen	22,4	4,5
35.	Werksverkäufe	46,3	3,0
36.	Sozialbetreuung	43,3	3,0
37.	PI-Statistik der wichtigsten Personaldaten (nach verschiedenen Gesichtspunkten erstellt)	94,0	4,5
38.	Fehlzeitenstatistik	94,0	4,5
39.	Bestands-, Fluktuationsstatistik	94,0	3,0
40.	Altersaufbau, Betriebszugehörigkeit	98,5	1,5
41.	Statistik über Leistungsbewertung	59,7	3,0
42.	Sonderstatistiken	95,5	1,5
43.	Unfallstatistik	65,7	7,5
44.	Überstundenstatistik	86,6	10,4
45.	Durchschnittsbezügestatistik	71,6	10,4

3 THEORETISCHES KONZEPT ZUR BEWERTUNG VON PERSONALINFORMATIONSSYSTEMEN

3.1 BEDEUTUNG AUTOMATISIERTER PERSONALINFORMATIONEN

In der komplexen Organisation eines modernen Großunternehmens sind automatisierte Personalinformationen über Arbeitnehmer unverzichtbar. Eine dreistellige Zahl von Gesetzen und Verordnungen allein auf Bundesebene[1] verpflichtet jeden Arbeitgeber zu regelmäßigen Meldungen, auf Verlangen zu erteilende Auskünfte oder zu Dokumentationen über Personalinformationen. Diese Informationen müssen "wahrheitsgemäß, vollständig, fristgemäß und unentgeltlich" geliefert werden[2]. Bei Mißachtung drohen Geldbußen, Durchsuchungen, Kontrollen oder sonstige Maßnahmen. Angaben über persönliche und sachliche Verhältnisse eines Arbeitnehmers sind in vielfältiger Weise erforderlich. Ohne automatisierbare Informationsflüsse gäbe es keine zuverlässige Gehalts- und Steuerabrechnung, keine pünktliche Abwicklung der Beiträge zur Kranken-, Unfall- und Rentenversicherung und keine effektive innerbetriebliche Personalverwaltung. Der betriebsinterne und betriebsexterne Datenfluß erreicht zahlreiche Personen und Stellen und muß sich schon deshalb auf die Position des Arbeitnehmers im Unternehmen sowie auf innerbetriebliche Entscheidungsprozesse auswirken.

Über diese mehr rechtlich bedingten Zwänge zur Organisation von Personalinformationen hinaus wird die Entwicklung durch rein unternehmensbezogene Interessen verstärkt: Die Effizienz der Personalverwaltung und der Personalplanung steigt, der Personalbestand in der Personalabtei-

---

1 Umfassende Nachweise enthält der Aufsatz: Wolfgang Kilian, Melde- und Auskunftspflichten des Arbeitgebers im Personalbereich, in: BB 1977, S. 1153-1159.

2 So die Formulierung in § 7 Abs. 2 Arbeitnehmerüberlassungsgesetz v. 7.2.1972 (BGBl. I S. 1393).

lung sinkt, die Personalkosten verringern sich, die Produktivität wächst. Das "Image" des Unternehmens hängt mit ab von der Existenz eines leistungsfähigen Personalinformationssystems. Letztlich wirken sich alle genannten Gesichtspunkte auch als Vorteile im Wettbewerbsprozeß aus.

3.2 ÖKONOMISCHE UND RECHTLICHE KLASSIFIKATION VON PERSONALINFORMATIONEN

Personalinformationen kommen heute sowohl als selbständige Güter als auch als implizite Bestandteile anderer Markttransaktionen vor. Als selbständige Güter haben sie isolierte Bedeutung. Zumindest in dem Umfang, wie Personalinformationen selbst nachgefragt werden - beispielsweise durch Adressenverlage, Marktforschungsinstitute, Kreditauskunfteien, Detekteien, Versicherer - sind sie nicht "kostenlos" in dem Sinn zu haben, daß sie beliebig erhoben, verwertet oder weitergegeben werden können. So schützt das Urheber- und Patentrecht seit langem bestimmte Informationen wie selbständige Güter: Einem Erfinder wird mit dem Patent das Recht zuerkannt, seine geistige Idee unter Ausschluß anderer Personen zu vermarkten[3)]. Die im Patent beschriebenen Informationen des Erfinders werden durch das Patent zu einem marktfähigen Gut, die Erfindung einer technischen Neuheit dadurch zu einer eigentumswerten Position.

Auch dann, wenn Personalinformationen nicht verselbständigte Gegenstände des Güteraustausches sind, sondern - wie beim Abschluß eines Arbeitsvertrages - implizite Bestandteile, bestehen doch oft bereits im traditionellen Recht zahlreiche darauf bezogene gesetzliche Regeln oder dogmatische Prinzipien, die den Austausch Restriktionen unterwerfen. Hinsichtlich der Personalinformationen im Arbeitsrecht zählen dazu:

- Mitbestimmungsrecht des Betriebsrats hinsichtlich des Personalfragebogens
- eingeschränkte Fragerechte des Arbeitgebers
- Verfahren der Zeugniserteilung
- Einsichtrechte des Arbeitnehmers in die Personalakte

---

3 Dazu: Jack Hirshleifer, Where Are We in the Theory of Information? in: American Economic Review 63 (1973), p. 31-39; Richard A. Posner, Economic Analysis of Law, 2. ed. Boston/Toronto 1977, p. 54 f.

- Erklärungsmöglichkeiten des Arbeitnehmers und Dokumentationspflichten des Arbeitgebers zum Inhalt der Personalakte.

Es wird gegenwärtig immer sichtbarer, welche eigenständige Bedeutung implizit erlangte Personalinformationen für die Einstellung, Qualifikation, Weiterbildung, Beförderung, Umsetzung oder Entlassung eines Arbeitnehmers haben.

Es wird darüber hinaus erkennbar, daß der Computer Sekundärauswertungen dieser Personalinformationen ermöglicht, die bei manueller Verarbeitung bisher wegen des Aufwandes an Zeit und Kosten unterblieben. Automatisierte Sekundärauswertungen unterscheiden sich von manuellen Auswertungen durch die Menge systematisch verarbeiteter Personaldaten, durch die Zweckrationalität ihrer Auswahl, durch den Präzisionsgrad, die Transparenz und die Schnelligkeit der Ergebnisse und durch die schrittweise Abtrennungsmöglichkeit der Personaldaten vom Entstehungszusammenhang. Dies zeigt sich insbesondere bei der Aggregierung von Daten für Zwecke der Statistik oder der Planung. Letztlich führt eine automatisierte Verarbeitung zu neuen Verfahren der multifunktionalen Nutzung von Personalinformationen.

Je systematischer die im Rahmen des Arbeitsverhältnisses produzierten Personalinformationen für die Entscheidungsfindung in Bezug auf das Arbeitsverhältnis und darüber hinaus für das Unternehmen Verwendung finden, um so wichtiger erscheint eine Präzisierung der ökonomischen Funktion und ihre juristische Bewertung. Eine generelle Theorie zur Erklärung der Funktion von Personalinformationen besteht bisher nicht. Man könnte jedoch auf der Grundlage einer ökonomischen Analyse, wie sie die Theorie der "property rights" bietet[4)], eine ökonomische und juristi-

---

4 Zusammenfassende Überblicke und Nachweise finden sich bei: Bruce A. Ackermann, Economic Foundations of Property Law, Boston/Toronto 1975; Henry G. Manne, The Economics of Legal Relationships - Readings in the Theory of Property Rights, New York 1975; E.Furubotn/S. Pejovich, Property Rights and Economic Theory: A Survey of Recent Literature, in: Journal of Economic Literature 10 (1972), p. 137-162; Richard A. Posner, Economic Analysis of Law, 2. ed. Boston/Toronto 1977. - Beschreibungen der Theorie in Deutsch geben Heinz-Dieter Aßmann/Christian Kirchner/Erich Schanze (Hrsg.), Die ökonomische Analyse des Rechts, Kronberg/Ts. 1978; Norbert Horn, Zur ökonomischen Rationalität des Privatrechts. Die privatrechtstheoretische Verwertbarkeit der Economic Analysis of Law, in: AcP 176 (1976), S. 307-333.

sche Einordnung versuchen. Anknüpfend an die Wohlfahrtsökonomie erklärt diese Theorie Rechte, Handlungsabläufe, soziale Beziehungen, Organisationsstrukturen oder Entscheidungsprozesse als Ergebnis von Marktvorgängen. Im Mittelpunkt stehen die Anerkennung und der Austausch von eigentumswerten Positionen ("property rights"). Soweit Güter oder Dienstleistungen einen Marktwert haben, beschreibt die Theorie unter Berücksichtigung der Rahmenbedingungen die optimale Allokation und erklärt, warum es bei einem funktionierenden Markt trotz der Kosten des Austauschprozesses ("transaction costs") zu einer Maximierung des Wertes der eigentumswerten Position kommt.

Fraglich ist, ob man den Personalinformationen zwei Eigenschaften eines property rights zuordnen kann, und zwar
- die Eigenschaft, bis zu einem gewissen Grad andere von der Nutzung ausschließen zu können ("exclusivity"),
- die Eigenschaft, die eigentumswerte Position auf andere übertragen zu können ("transferability").

Wenn ein Arbeitnehmer einen Arbeitsvertrag mit einem Arbeitgeber abschließt, muß er Informationen über sich und seine Familie liefern, um in den Genuß des Arbeitslohnes und der Sozialleistungen zu kommen. Der Arbeitgeber benötigt solche Informationen, um den Lohn zu berechnen, die Steuer einzubehalten, die Kranken-, Unfall- und Rentenversicherung abführen zu können. Darüber hinaus ist es verständlich und rationell, wenn der Arbeitgeber durch bessere und umfassendere Informationen über einen Arbeitnehmer versucht, bei Personalbedarfs-, Personalbeschaffungs-, Personaleinsatz-, Personalentwicklungs- und Personalkostenplanung Unternehmensentscheidungen zu verbessern[5]. Gegenstand des Arbeitsvertrages bildet die Bereitstellung von Arbeitskraft gegen Entgelt. Dieser Leistungsaustausch kann aber nur stattfinden, wenn die erwähnten Informationen gegeben werden. Soweit sie zwingend notwendig sind, stellen

---

5 Solche Entscheidungen ergehen auf der Grundlage erreichbarer Informationen, enthalten also stets Ungewißheiten. Zum Problem der Reduktion von Ungewißheit vgl. Jack Hirshleifer, John G. Riley, The Analytics of Uncertainty and Information - An Expository Survey, in: Journal of Economic Literature 17 (1979), p. 1375 (1393 ff); Evert Johannes Pieter Mackaay, Economics of Information and Law, Montreal 1980 (Diss. Amsterdam 1980), p. 113 ff; Wolfgang Kilian, Juristische Entscheidung und Elektronische Datenverarbeitung. Methodenorientierte Vorstudie, Frankfurt a. M. 1974, S. 150 ff, 162 ff.

Personalinformationen über einen Arbeitnehmer also Transaktionskosten des Arbeitsvertrages dar[6].

Die Tatsache, daß zahlreiche Regelungen für Personalinformationen auf der Ebene der Gesetzgebung und Rechtsprechung bestehen, zeigt an, welche Bedeutung in einer fortgeschrittenen Industriegesellschaft der Ökonomie der Verteilung von Personalinformationen zukommt. Man kann im Einklang mit der Theorie der property rights die These aufstellen, daß es sich bei Personalinformationen wie bei sonstigen Informationen[7] um ein "knappes Gut" handelt. Wäre es im Überfluß vorhanden, könnte man auf Regulierungen ihrer Verteilung verzichten.

Die juristische Beurteilung von Personalinformationen muß an vier elementaren juristischen Kategorien ansetzen:

- dem Eigentumsrecht des Unternehmens an Gütern, Maschinen, Grundstükken, Geräten oder kurz: an den Produktionsmitteln
- der Vertragsfreiheit zwischen Arbeitgeber und Arbeitnehmer
- dem Persönlichkeitsrecht ("informationelles Selbstbestimmungsrecht") des Arbeitnehmers
- dem Koalitionsrecht der Arbeitnehmer.

Alle vier Kategorien konstituieren Subsysteme mit vielen wechselseitigen sozialen und rechtlichen Relationen. Vorhandene rechtliche Regelungen über Personalinformationen sagen manchmal etwas über ihre Verwendung durch den Arbeitgeber aus, lassen sich also letztlich auf Eigentumsgesichtspunkte zurückführen. Die Art der Personalinformationen kann aber auch auf einem Konsens oder einer faktischen Situation beruhen, also nach den Prinzipien des Vertrags zu beurteilen sein. Ferner enthalten insbesondere das Betriebsverfassungsgesetz und das Bundesdatenschutzgesetz Vorschriften, die den Träger der Personalinformation in den Mittelpunkt der Beurteilung rücken, also an das Arbeitnehmerpersönlichkeitsrecht oder das informationelle Selbstbestimmungsrecht anknüpfen. Das Betriebsverfassungsgesetz überträgt darüber hinaus aufgrund des Koalitionsrechts (Art. 9 Abs. 3 GG) dem Betriebsrat die Wahrneh-

---

6 Zum Problem der Transaktionskosten: Guido Calabresi, The Costs of Accidents. A Legal and Economic Analysis, 3. ed. New Haven/London 1972, p. 199 ff, 215 ff.

7 Mackaay (Anm. 5), p. 110.

mung von Arbeitnehmerinteressen auf Betriebsebene, da die eigenverantwortliche Handlungs- und Gestaltungsfreiheit des Arbeitnehmers unter den Bedingungen des heutigen Arbeitsmarktes sonst nicht gewährleistet ist. Man kann also insgesamt die These aufstellen, daß Personalinformationen und darauf beruhende Entscheidungen als Aussagen aufzufassen sind, die sich auf die interdependenten Kategorien Eigentumsrecht, Vertragsfreiheit, Persönlichkeitsrecht und Koalitionsrecht beziehen.

3.3 CHANCEN UND GEFAHREN DER VERWENDUNG VON PERSONALINFORMATIONEN ODER: DAS PROBLEM DER OPTIMALEN ALLOKATION VON PERSONALINFORMATIONEN

Personalinformationen haben in der Praxis inzwischen eine so große Bedeutung erlangt, daß man sie durchaus deshalb aus der Masse sonstiger Transaktionskosten herausheben und isoliert betrachten kann. Fragt man nach der Ursache der besonderen Bedeutung von Personalinformationen, dann wird schnell klar, daß sie in ihrer Funktion beim Zustandekommen von Unternehmensentscheidungen liegt: Personalinformationen in der Hand des Arbeitgebers erhöhen die Selektionsmacht ("selection power")[8] in Bezug auf den Einsatz von Arbeitnehmern sowie auf Unternehmensentscheidungen. Insbesondere dann, wenn ein automatisiertes, also systematisch organisiertes Personalinformationssystem besteht, führt dies zur Reduktion von Ungewißheiten im Entscheidungsprozeß bezüglich der Auswahl, dem Einsatz und der Freisetzung von Arbeitnehmern. Dadurch werden die Produktivität erhöht, die Aufwendungen für Dokumentations-, Melde- und Auskunftspflichten verringert, die Effizienz der Personalverwaltung gesteigert und ganz neue Möglichkeiten geschaffen, beispielsweise die schnelle Anfertigung diverser Statistiken auf dem neuesten Stand.

Während der direkte Nutzen für den Arbeitgeber auf der Hand liegt und Personalinformationen in einer prinzipiell vom Markt gesteuerten Wirt-

8 Colin Cherry, On Human Communication, 2. ed., Cambridge/Mass. 1966, p. 244 und daran anschließend Mackaay (Anm. 5), p. 115.

schaft sicher nicht eingeführt würden, wenn nicht der Nutzen die Kosten überstiege, läßt sich ein Nutzen für den Arbeitnehmer nur mittelbar ableiten: Die Rationalisierung der Datenerfassung entlastet ihn zeitlich, der Arbeitnehmer erhält grundsätzlich eine Chance, einen für ihn gut geeigneten Arbeitsplatz zu erlangen; eine günstige Ertragslage des Unternehmens macht seinen Job sicherer. Mit dem Einsatz automatisierter Personalinformationssysteme sind aber erhebliche Gefahren verbunden: die Disponibilität und der Trend zur Verdinglichung steigen praktisch in dem Umfang, wie Personalinformationen je Arbeitnehmer zur Verfügung stehen; Informationen über psychologische Testergebnisse können den besten Einsatz vorbereiten helfen, aber auch Diskriminierungen enthalten; Informationen über arbeitsmedizinische Eignungsaussagen können Beschäftigungseinschränkungen nachweisen, aber auch zugleich implizit Angaben über den Gesundheitszustand enthalten und dadurch die Selektion bei Entlassungen beeinflussen; Informationen über personenbezogene Arbeitsabläufe können die Einsatzplanung optimieren, aber auch zu höheren Arbeitsanforderungen führen; Informationen über Frauen im gebärfähigen Alter können deren Schutz bewirken, aber auch geringere Förderung wegen erheblicher Freistellungsverpflichtungen auslösen. Insgesamt führen Personalinformationen zu ambivalenten Nutzenfunktionen für Arbeitnehmer und jedenfalls zu einem nicht unerheblichen Machtzuwachs des Arbeitgebers, soweit ihm die Verwendung von Personalinformationen freigestellt ist und seinem Direktionsrecht unterliegt. Insoweit kommt ihm - in der Sprache der ökonomischen Analyse ausgedrückt - eine "eigentumswerte Position" (property right) an den Personalinformationen zu.

Eigentumswerte Positionen lassen sich in einem Rechtsstaat juristisch allerdings erst dann zuerkennen, wenn sie mit den normierten materiellen und prozessualrechtlichen Regeln im Einklang stehen[9]. Die Feststellung, wie eine ökonomisch optimale Zuordnung des knappen Gutes "Personalinformation" aussieht, enthält lediglich eine diskriptive Aussage, die der Gesetzgeber nicht unbedingt beachten muß. Er hat beispielsweise die Möglichkeit, ökonomische Optimierungsgesichtspunkte zugunsten des sozialen Friedens oder im Hinblick auf bestimmte Gerechtigkeitsvorstellungen zu vernachlässigen. Es liegt deshalb nahe, zu untersuchen, ob die Rechtsnormen in der Bundesrepublik Deutschland ein marktunabhängi-

---

9 Mackaay (Anm. 5), p. 77.

ges[10]) Subsystem bezüglich der Personalinformationen konstituieren.

Als materiellrechtliche Regeln, die für die Festlegung von Selektionsmacht aufgrund automatisierter Personalinformationen im Arbeitsbereich maßgebend sind, müssen in der Bundesrepublik Deutschland vor allem zwei Gesetze betrachtet werden: das Bundesdatenschutzgesetz und das Betriebsverfassungsgesetz.

Das Bundesdatenschutzgesetz ist ein umfassendes Gesetz für alle Bereiche des privaten und öffentlichen Lebens, soweit es sich um automatisierte oder potentiell automatisierbare Informationen handelt. Auch Personalinformationen in einem Unternehmen fallen grundsätzlich darunter, soweit keine Sondervorschriften bestehen. Das Regelungsmuster im Bundesdatenschutzgesetz favorisiert das Prinzip der individuellen Verfügungskompetenz über personenbezogene Daten. Dieses Prinzip ist freilich in seiner Wirksamkeit durch zahlreiche Generalklauseln erheblich eingeschränkt. Im Bereich der Wirtschaft wirkt sich insbesondere § 23 Bundesdatenschutzgesetz aus. Danach ist das Speichern personenbezogener Daten "zulässig im Rahmen der Zweckbestimmung eines Vertragsverhältnisses oder vertragsähnlichen Vertrauensverhältnisses mit dem Betroffenen oder soweit es zur Wahrung berechtigter Interessen der speichernden Stelle erforderlich ist und kein Grund zur Annahme besteht, daß dadurch schutzwürdige Belange des Betroffenen beeinträchtigt werden". Eine ähnliche Regelung besteht in § 24 BDSG für die Datenübermittlung. Diese Generalklauseln wirken wie ein Sachzwang, dem gegenüber die Interessen des Arbeitnehmers kaum je als berechtigt erscheinen dürften. Auch der generell bestehende Vorbehalt, daß eine Verarbeitung von Personalinformationen nur zulässig ist, wenn entweder eine gesetzliche Vorschrift vorliegt oder der Betroffene einwilligt (§ 3 BDSG), verschafft dem einzelnen Arbeitnehmer keine eindeutige Selektionsmacht hinsichtlich "seiner" Informationen. Zwar beschränken nur wenige gesetzliche Vorschriften im Wirtschaftsbereich die Freiheit des Arbeitnehmers, selbst entscheiden zu können, welche Informationen zu seiner Person er geben will. Andererseits werden zunehmend in vielen Bereichen sehr allgemein gehaltene Einwilligungserklärungen formularmäßig eingeholt. Es entste-

---

10 Dies kann sich nach Calabresi (Anm. 6) als gesellschaftlich notwendig erweisen.

hen dadurch die gleichen Probleme wie sie im Bereich der Allgemeinen Geschäftsbedingungen auf dem Hintergrund von Marktmacht diskutiert worden sind, allerdings mit dem Unterschied, daß im Gesetz über die Allgemeinen Geschäftsbedingungen gewisse Restriktionen für die Verwendung von Allgemeinen Geschäftsbedingungen eingeführt worden sind. Das AGB-Gesetz findet jedoch auf Arbeitsverträge keine Anwendung (§ 23 Abs. I AGBG). Das individualistisch orientierte Bundesdatenschutzgesetz löst die Frage, wem Selektionsmacht bezüglich automatisierter Personalinformationen in einem Unternehmen zusteht, jedenfalls nicht zugunsten des Arbeitnehmers. Darüber hinaus bewirkt nach herrschender Meinung die Subsidiaritätsklausel in § 45 Satz 2 Ziffer 5 BDSG den Vorrang des mehr durch organisierte Interessenwahrnehmung gekennzeichneten Betriebsverfassungsgesetzes auch dort, wo es um Individualrechte des Arbeitnehmers geht. Diese sind im Hinblick auf automatisierte Informationsprozesse noch nicht adäquat im Regelungsmuster des Betriebsverfassungsgesetzes abgebildet. Bekanntes Beispiel: das Recht des Arbeitnehmers, in die über ihn geführten Personalakten Einsicht zu nehmen (§ 83 Abs. I Satz 1 BetrVG), muß bei Personalinformationssystemen, um diese Vorschrift überhaupt anwenden zu können, zunächst umdefiniert werden in ein Auskunftsrecht des Arbeitnehmers gegenüber der Personalabteilung auf Ausdruck seiner Personalinformationen, die in der Personaldatenbank enthalten sind[11]. Ähnliche Transformationsprobleme ergeben sich bei Personalinformationssystemen im Vergleich zu manuell geführten Personalakten hinsichtlich des Rechts des Arbeitnehmers, Erklärungen zum Inhalt der Personalakten geben zu können (§ 83 Abs. 2 BetrVG).

Während das Bundesdatenschutzgesetz überhaupt keine kollektivrechtliche Selektionsmacht in Bezug auf automatisierte Personalinformationssysteme vorsieht[12], kennt das Betriebsverfassungsgesetz zwar kollektivrechtliche Selektionsmacht in Form der Beteiligungsrechte, aber nach dem Wortlaut des Gesetzes nicht für automatisierte Systeme, sondern nur für traditionell dokumentierte Personalaufgaben. Dies ist nicht verwunder-

---

11 Wolfgang Kilian, Arbeitsrechtliche Probleme automatisierter Personalinformationssysteme, in: JZ 1977, S. 481 (484).

12 Die Regelung über den betrieblichen Datenschutzbeauftragten kann hier nicht als Ausnahme gelten, weil dieser regelmäßig als leitender Angestellter fungiert und seine Berufung praktisch nie (§ 5 Abs. 3 BetrVG) der Mitbestimmung des Betriebsrates unterliegt.

lich, denn die technologische Entwicklung zum Zeitpunkt der letzten Novelle zum Betriebsverfassungsgesetz im Jahre 1972 war noch nicht so fortgeschritten, daß automatisierte Systeme berücksichtigt werden mußten. Die heute zu stellende Kernfrage lautet also: Liefert das Betriebsverfassungsgesetz rechtliche Kriterien für die Zuordnung von Selektionsmacht aufgrund automatisierter Personalinformationssysteme zugunsten des Arbeitnehmers, des Arbeitgebers oder des Betriebsrates?

3.4 BEWERTUNGSGESICHTSPUNKTE

Hierfür ist ein Rückgriff auf die tragenden Prinzipien der Novelle zur betrieblichen Mitbestimmung aus dem Jahre 1972 notwendig. Der neu eingeführte § 75 Abs. 2 BetrVG verpflichtet Arbeitgeber und Betriebsrat dazu, die freie Entfaltung der im Betrieb beschäftigten Arbeitnehmer zu schützen und zu fördern. Die Kompetenz des Betriebsrats im Bereich der Personalplanung wurde als ein Element der individuellen Entfaltungsmöglichkeit des Arbeitnehmers gesehen[13]. Dies war die Konsequenz aus der Tatsache, daß der einzelne Arbeitnehmer kaum je selbst Kontrollrechte wirksam wahrnimmt, weil er dazu aufgrund der technischen Hindernisse, des fehlenden Know How oder aufgrund seines Bildungsstandes dazu praktisch nicht in der Lage ist. Wer einen wirksamen Individualschutz will, muß zugeben, daß dies durch eine institutionelle Interessenwahrnehmung wahrscheinlicher wird. Zugleich bedeuteten die Beteiligungsregeln des Betriebsrats einen Kompromiß zwischen weitergehenden Mitbestimmungsvorstellungen der Gewerkschaften und der gewünschten Dispositionsfreiheit seitens der Arbeitgeber. Es gibt keinen Grund für die Annahme, daß die Einführung neuer Planungsinstrumente wie des Computers dazu dienen sollte, das differenzierte Kräfte- und Interessengleichgewicht faktisch zu verändern. Vielmehr dient der Computer primär als Instrument zur Rationalisierung von Routinearbeit, auch wenn damit eine Umstrukturierung von Einzelabläufen verbunden ist oder sogar bezweckt wird. Gerade wegen des Kompromißcharakters der geltenden betriebsverfassungsrechtlichen Regelungen zur betrieblichen Mitbestimmung müßten zumindest juristische

---

13 Hellmut Georg Isele, Der Stellenwert des Persönlichkeitsrechts in der Inhaltsbestimmung des Arbeitsverhältnisses, in: Festschrift für Erich Schwinge zum 70. Geburtstag 1973, S. 143 (145 f).

Verschiebungen im Interessengleichgewicht, genauer: der Selektionsmacht in Bezug auf Personalinformationen, in einem Rechtsstaat durch den Gesetzgeber ausdrücklich angeordnet werden. Geht man also davon aus, daß der technische Vorgang der Automatisierung von Personalinformationen jedenfalls nicht den Effekt haben darf, als Vehikel für eine Veränderung von Beteiligungsrechten und der darauf bestehenden Selektionsmacht zu dienen, dann ist zu prüfen, wie unter dieser Prämisse das geltende Betriebsverfassungsgesetz im Hinblick auf automatisierte Systeme interpretiert werden muß.

Hiervor ist zunächst die Klärung erforderlich, welchen Zwecken die Rechtsvorschriften über die betriebliche Mitbestimmung in Bezug auf Personalinformationen eigentlich dienen und welche Voraussetzungen die Wahrnehmung des Mitbestimmungsrechts insoweit hat.

Ökonomisch gesehen, lassen sich die Mitbestimmungsregeln als Versuch deuten, Verantwortlichkeit und Kontrolle im Umgang mit Personalinformationen aufzuteilen, um die Risiken getrennter Aktivitäten des Arbeitgebers (Einstellung, Umsetzung, Fortbildung, Entlassung von Arbeitnehmern) und des Arbeitnehmers (Weigerung, Widerspruch, Beschwerde, Gegendarstellung, Klage) zu minimieren. Effizient kann die Mitbestimmung hinsichtlich Personalinformationen nur bei gleicher Informationsbasis und Durchsetzungskraft ("bargaining power") wirken. Der einzelne Arbeitnehmer verfügt höchstens in Ausnahmefällen, z. B. als leitender Angestellter, über genügend Verhandlungsmacht. In aller Regel überwiegt die eigentumsbezogene Dispositionsmacht. Dies gilt als Hauptgrund dafür, das institutionelle dem individuellen Aushandeln vorzuziehen und es juristisch zu verankern. Das Betriebsverfassungsgesetz stuft die Zuständigkeiten und damit verbundenen Kontrollen durch verschiedene Formen der Beteiligung ab: Die Pflicht des Arbeitgebers, den Betriebsrat "rechtzeitig zu unterrichten" (§ 90 Satz 1 BetrVG) setzt einen anderen Informationsprozeß voraus als die Pflicht, die Zuständigkeit des Betriebsrats bei der Aufstellung von Personalfragebögen (§ 94 Abs. I Satz 1 BetrVG) einzuholen.

Die Wahrnehmung des Mitbestimmungsrechts erfordert Kenntnisse darüber

- was entschieden werden soll
- wie die Entscheidungssituation aussieht
- welche Entscheidungsdeterminanten zu beachten sind.

Während dies vor Einführung von Personalinformationssystemen weitgehend in direkter Kommunikation in den Gremien ausgehandelt und in pragmatischen Entscheidungen festgelegt werden konnte, hat die Automation zu einer anderen Form der Endvorbereitung und Entscheidungsorganisation geführt. In aller Regel gehen den Personalentscheidungen systematische Klärungen der Entscheidungssituationen und formal-rational gewonnene Entscheidungsvorschläge seitens der Unternehmensleitung voraus. Die Unternehmensleitung verwendet dafür weitgehend die Informationen, die in der Datenbank des Unternehmens gespeichert werden. Bei Unternehmensentscheidungen mit echtem Mitbestimmungsrecht des Betriebsrats würde die Verwendung computergestützter, formal-rationaler Entscheidungsverfahren auf der Seite der Unternehmensleitung und kommunikativ-pragmatischer Entscheidungsverfahren beim Aushandeln mit dem Betriebsrat die Entscheidungssituation des Betriebsrats verschlechtern. Insbesondere die im Datenverarbeitungsprozeß selbst erst gewonnen Personalinformationen, wie etwaige Arbeitnehmerpersönlichkeitsprofile, Statistiken, Bewertungen, führen zu wichtigem Zusatzwissen, nämlich den "prozeßproduzierten Personaldaten". Wenn deshalb Ungewißheiten des Entscheidungsprozesses auf der Seite der Unternehmensleitung durch automatisierte Informationen aus der Datenbank reduziert werden, dann muß der Betriebsrat dieselben Informationen erhalten, soweit eine echte Mitbestimmungsangelegenheit vorliegt. Andernfalls würde sich die Informationsbasis für den Betriebsrat gegenüber dem Zustand vor Verwendung eines Personalinformationssystems verschlechtern und sich die Selektionsmacht der Unternehmensleitung erhöhen.

Wenn die Prämisse zutrifft, daß der Einsatz von Personalinformationssystemen die Struktur der Informationsprozesse im Unternehmen verändert und darüber hinaus regelmäßig eine innerbetriebliche Reorganisation auslöst, dann rückt die Frage in den Mittelpunkt, wie die Kontrolle des Informationssystems selbst sich nach den Regeln des Betriebsverfassungsgesetzes vollzieht. Der Routinisierung der Informationsverarbeitung entspricht die strukturelle Kontrolle des Informationsinstruments und der Informationsbahnen. Andernfalls könnten die computergestützt produzierten einzelnen Personalinformationen nicht richtig analysiert, eingeschätzt oder geprüft werden. Dies wiederum würde die in der betrieblichen Mitbestimmung enthaltene Selektionsmacht erheblich beeinträchtigen. Die erlangten Informationen eigneten sich nicht mehr zur Reduktion von Ungewißheit bei Personalentscheidungen.

Unabhängig von der Prüfung, wie das Betriebsverfassungsgesetz die Zuständigkeiten zwischen Arbeitgeber, Arbeitnehmer und Betriebsrat im einzelnen verteilt, lassen sich Grundsätze für eine effektive Kontrolle eines Personalinformationssystems angeben. Die Grundsätze markieren zugleich diejenigen Gesichtspunkte, unter denen das jetzige System der Verteilung von Selektionsmacht im Unternehmen neu gewürdigt werden muß.

1. Je früher die Stufe, auf der die Kontrolle der Organisation eines Personalinformationssystems ansetzt, um so effektiver wirkt sie sich aus.

- Kontrolle bei der Planung eines Personalinformationssystems ist effektiver als die Kontrolle der Verwirklichung.
- Kontrolle der Erhebung von Personalinformationen ist effektiver als die Kontrolle der Verarbeitung.
- Kontrolle der Weitergabe von Personalinformationen ist effektiver als die Kontrolle der Kommunikation mit ihnen.
- Kontrolle von Datenverarbeitungsprogrammen ist effektiver als die Kontrolle der durch sie produzierten Einzelentscheidung.

Diese relativen, auf formal-rationale Unternehmensentscheidungen bezogenen Effizienzabstufungen besagen freilich nicht, daß sich eine Kontrolle der zeitlich nachgelagerten Entscheidungsphasen erübrigt, wenn die Kontrolle auf einer logisch vorgelagerten Stufe stattfindet. Vielmehr wird durch die Kontrollmöglichkeit auf einer bestimmten Stufe des Entscheidungsprozesses der Entscheidungsspielraum für nachfolgende Teilentscheidungen vorstrukturiert und eine Art Selbstbindung erzeugt.

2. Je weniger Personalinformationen automatisiert verarbeitet und je konkreter Verarbeitungszwecke festgelegt werden, desto besser lassen sich Verwendungen von Personalinformationen kontrollieren.

3. Die Transparenz der Verarbeitung von Personalinformationen muß vor allem durch organisatorische Maßnahmen (z. B. Programminformationen, Programmdokumentationen, Protokollierungen, lesbare Computerausdrucke) sichergestellt werden.

4. Im Gegensatz zur traditionellen Personalaktenführung wirkt sich die Methodik der Informationsverarbeitung auf die betriebliche Mitbestimmung aus. Es ist technisch möglich, mit Hilfe intelligenter Datenverarbeitungsprogramme die Dimensionen der Informationsverarbeitung und die Verarbeitungsschritte so zu generalisieren, daß eine direkte Kontrolle des Programms leerläuft. Für eine effektive Kontrolle von Datenverarbeitungsprogrammen zur Steuerung von Personalinformationen sind deshalb

erstmals rechtliche Regeln erforderlich, die den Informationshaushalt sowie den Informationsverkehr transparent halten.

Angesichts der Fortschritte und der geradezu stürmischen Entwicklung der Informationstechnologie könnte es gerade im Hinblick auf Personalinformationen bald zu ähnlichen gesellschafts- und rechtspolitischen Diskussionen kommen, wie sie heute für die Bereiche Umwelt und Kernenergie geführt werden. Bei geringeren volkswirtschaftlichen Zuwachsraten dürfte der Entwicklung auf dem Arbeitsmarkt eine Schlüsselstellung zufallen. Da die menschliche Arbeitskraft die Grundlage der Existenz bildet, steht dieser Markt unter besonderen Rahmenbedingungen. Vor allem enthalten die Vergabeverfahren für knappe Arbeitsplätze und alle darauf bezogenen Personalinformationen innerhalb und außerhalb des Unternehmens überragendes Gewicht. Ein Personalinformationssystem, das über die Erledigung von Verwaltungsaufgaben hinaus den betriebsinternen und mittelbar den externen Arbeitsmarkt steuert und Teilsysteme zusammenführt (Arbeitnehmerverwaltung, Arbeitsplatzverteilung, Entscheidungsmanagement), rückt damit notwendig in den Mittelpunkt des Interesses.

In der Bundesrepublik Deutschland[14] ist aufgrund der rechtlichen Regeln zur betrieblichen Mitbestimmung im Betriebsverfassungsgesetz davon auszugehen, daß Personalinformationen im Unternehmen überwiegend marktunabhängig genutzt werden. Die theoretisch nach dem Modell der Zuerkennung von property rights denkbare Zuordnung von Personalinformationen allein zum Arbeitnehmer aufgrund seines Persönlichkeitsrechts oder allein zum Arbeitgeber aufgrund seines Eigentums greift zu kurz, weil die Verfügungsmöglichkeit über Personalinformationen durch die Regeln über die betriebliche Mitbestimmung auf beiden Seiten beschränkt wird. Deshalb können Versuche, "property rights" hinsichtlich der Personalinformationen vollständig für die Arbeitgeber- oder Arbeitnehmerseite in Anspruch zu nehmen[15], auf dem Hintergrund des Betriebsverfassungsgesetzes kaum

---

14 Anders wohl in den U.S.A., vgl. Clyde W. Summers, Workers Participation in the United States and the Federal Republic, A Comparative Study from an American Perspective, in: RdA 1979, S. 257 (259 ff.)

15 Vgl. die Auseinandersetzung um die Einführung des ISA-Systems bei der Daimler-Benz AG: Einerseits die sehr weitgehenden Pläne der Unternehmensleitung, gut 300 Arbeitsplatz- und Gesundheitsdaten jedes Arbeitnehmers zu speichern (Die Welt v. 19.7.1979; Stuttgarter Zeitung v. 20.7.1979; Handelsblatt v. 24.7.1979), andererseits die Ver-
(Fortsetzung nächste Seite)

erfolgreich sein. Die Vorschriften über die betriebliche Mitbestimmung sowie in anderen Rechtsvorschriften enthaltene Dokumentations-, Auskunfts- und Weitergabeverpflichtungen bezüglich Personalinformationen enthalten so weitgehende Regulierungen, daß sie eine Allokation des knappen Gutes "Personalinformation" durch den Markt weitgehend verdrängen. Andererseits erhöht dieser Umstand den Legitimationsbedarf für die Interpretation dieser und die Schaffung neuer Rechtsvorschriften. Hier einen guten Kompromiß zu finden, der einerseits das informationelle Selbstbestimmungsrecht des Arbeitnehmers und dessen wirksame Durchsetzung über Mitbestimmungsregeln berücksichtigt, andererseits die Notwendigkeit einer effizienten Personalverwaltung und Personalplanung anerkennt, stellt eine wichtige Zukunftsaufgabe dar.

---

suche des Betriebsrats Untertürkheim, die Einführung des Systems durch 7500 Widerrufserklärungen einzelner Arbeitnehmer hinsichtlich der Speicherung ihrer Daten zu verhindern (Stuttgarter Zeitung v. 7.7.1979; Frankfurter Allgemeine Zeitung v. 10.7.1979, 16.7.1979 und 26.7.1979). Der Streit wurde durch die ab 1.7.1980 geltende Betriebsvereinbarung (vgl. unten Anhang B 5) beigelegt.

4 INFORMATIONSFLUESSE

4.1 PROBLEMSTELLUNG

Das computergestützte Personalinformationssystem ist eine angewandte Informationstechnologie für den Bereich des Personalwesens. Die Effizienz beruht auf der organisatorischen (Um-) Gestaltung, der Aufbau- und Ablauforganisation und dem Einsatz moderner technischer Instrumente. Die Auswirkungen von computergestützten Personalinformationssystemen lassen sich auf die Folgen der Organisations- und der Informationstechnologie zurückführen.

Als Kriterien zur Beschreibung von Informationsflüssen kommen die Ziele, Aufgaben und realisierte Leistungsbreite von Informationssystemen in Betracht, insbesondere

- Anzahl und Inhalt der Dateien (Art, Volumen, Struktur, Anwendungsmethoden, Anwendungsstand, Adäquanz)
- Software- oder Systembezogenheit
- Hardware- oder Komponentenbezogenheit
- Planungshorizont (Berücksichtigung von vergangenheitsbezogenen oder auch zukunftsbezogenen Informationen)
- Grad der Integration und Abschottung zu anderen Systemen
- Logik der Datenorganisation
- Organisation des Speicherzugriffs (Job- und Operationsbezogenheit)
- Zentralisationsgrad
  Ausbau- und Entwicklungsfähigkeit
- Benutzerfreundlichkeit (leichte Erlernbarkeit, einfache Handhabung, kurze Antwortzeiten; zeitgerechtes Updating)
- Forderungen des Datenschutzes und der Datensicherung.

Ein besonders wichtiges Kriterium für die Leistungsbreite eines Informationssystems ist dabei der Integrationsgrad, das heißt die Einbettung des Personalinformationssystems in das Gesamtsystem des betrieblichen Informationswesens sowie die Verknüpfung zu anderen Teilsystemen. Wir gingen davon aus, daß Personalinformationssysteme an sich integrative Systeme sind und im allgemeinen nicht als erstes System, sondern mit den Erfahrungen beim Aufbau anderer betrieblicher Informationssysteme in Abstimmung mit diesen entwickelt werden. Der betriebswirtschaftlich und systemtechnisch optimale Einsatz hängt vom Grad des Zusammenwirkens mit diesen anderen Systemen ab.

Ein weiteres hervorzuhebendes Kriterium für die Feststellung von Informationsflüssen bildet das Aufgaben- und Methodensystem, Anzahl und Art der in einem Informationssystem realisierten Einsatzzwecke auf der Grundlage der Gesamtfunktionen des Personalwesens und der Grad der Einbeziehung von Planungsmethoden.

Nach der Automatisierung anderer betrieblicher Informationsbereiche dienen im betrieblichen Personalwesen auf breiter Basis automatisierte Abrechnungs- und einfache Analyseverfahren der Verbesserung administrativer und dispositiver Entscheidungen.

Der meist angestrebte nächste Schritt besteht in der computergestützten Anwendung herkömmlicher (mathematischer und klassischer statistischer) Verfahren und der Unterstützung analytischer Arbeiten sowie im Einsatz neuer, effektiver, umfassenderer Methoden (Trendanalysen, analytische Personalplanungsmodelle, lineare Programmierung, Simulationsmodelle).

Informationsflüsse darüber hinaus hängen von der jeweiligen betrieblichen Situation ab: Organisationsform, Unternehmensgröße, Konzernverflechtung, Unternehmensphilosophie, Führungsstil und Grad der Beteiligung von Arbeitnehmern bilden die Einflußfaktoren.

Zu untersuchen war, ob computergestützte Personalinformationssysteme als integrative Bestandteile umfassenderer Systeme des betrieblichen Informationswesens konzipiert und beispielsweise mit Systemen der Fertigung, der Materialwirtschaft, der Kostenplanung oder der Produktionsplanung verbunden werden. Neben der Verknüpfung mit anderen Funktionsbereichen interessierte der Integrationsgrad auf Konzernebene. Unsere Vermutung war, daß aus Gründen der Ökonomie, der Vergleichbarkeit und der Vereinheitlichung in konzernabhängigen Unternehmen abgestimmte Systeme aufgebaut werden, die zu einem Gesamtsystem auf Konzernebene zusammengefaßt werden können.

Ein Sonderfall der Übermittlung von Daten an Dritte ist die Weitergabe personenbezogener Daten an ein konzernverbundenes Unternehmen im Ausland. Zum Zeiptunkt der Fragebogenerstellung war bekanntgeworden, daß ein ausländisches Unternehmen regelmäßig die Daten von Mitarbeitern zur Verarbeitung in ein Land mit weniger restriktiven Datenschutzregelungen übermittelt hatte. Auf diese Problematik konnte in der Untersuchung nur mit wenigen Fragen eingegangen werden.

Erhebungen über die interne und externe Herkunft der im Personalinformationssystem gespeicherten Daten, über die intern zugreifenden Stellen sowie über die Übermittlung personenbezogener Daten an Dritte sollten Aufschluß über interne Informationsflüsse und informationelle Zusammenhänge im betrieblichen Umfeld geben. Darüber hinaus wurden Hinweise erwartet, wie sich Informationsflüsse durch Einführung eines Personalinformationssystems verändern.

4.2 DATENQUELLEN

4.21 UNTERSUCHUNGSERGEBNISSE

4.211 Interne Datenquellen

In mehreren Fragen wurde in der Untersuchung die Herkunft der im Personalinformationssystem gespeicherten Personaldaten ermittelt:

Aus welchen internen Quellen beziehen Sie die im Personalinformationssystem enthaltenen Personaldaten? (Frage 33; Mehrfachnennungen waren möglich)	
1. Personalfragebogen	100,0 %
2. Test	9,0 %
3. Beurteilungen des Vorgesetzten	58,2 %
4. Angaben des Werkschutzes	3,0 %
5. Angaben des Betriebsarztes	32,8 %
6. Angaben des Betriebsrates	10,4 %
7. Angaben über Inanspruchnahme von betrieblichen Einrichtungen (Kantine, Sport, freiwillige Weiterbildung)	46,3 %
8. Angaben der Betriebskrankenkasse	38,8 %

Durch eine zusätzliche Frage (34) wurde festgestellt, daß bei 25,4 % der Probanden die Essensabrechnung und Abbuchungen der Kantine computergestützt mit Zugriff auf die Personaldatei erfolgen.

Ein direkter Datenfluß findet auch zwischen einigen Teilsystemen und dem Personalinformationssystem statt:

Von welchen innerbetrieblichen automatisierten Systemen werden Daten auf direktem Weg in das Personalinformationssystem eingegeben oder übertragen? (Frage 35; Mehrfachnennungen waren möglich)	
1. Arbeitszeiterfassungssystem	35,8 %
2. Betriebsdatenerfassungssystem	22,4 %
3. Andere Arbeitsablaufüberwachungssysteme	-
4. Telefonüberwachungssystem	11,9 %
5. Keine anderen Systeme	31,3 %
6. Keine Angabe	4,5 %

Zur Einschätzung des Integrationsgrades und als Hinweis für die Analyse der Quellen der dem Zugriff der Personalabteilung unterliegenden Daten, wurde folgende Frage formuliert:

Frage (37): Bestehen innerhalb des Unternehmens noch andere automatisierte Informationssysteme?	
Keine anderen automatisierten Informationssysteme gab es bei	4,5 %
Andere automatisierte Informationssysteme waren aufgebaut bei	95,0 %
Keine Angaben machten	1,5 %

Bezogen auf die Gesamtzahl der Probanden gliederten sich diese automatisierten Informationssysteme in folgende betrieblichen Informationssysteme auf (noch Frage 37):

Lagerhaltung/Lagerdisposition	73,1 %
Verkauf/Vertrieb	68,7 %
Einkauf	56,7 %
Fertigungssteuerung	46,3 %
Rechnungswesen	37,3 %
Marketing	37,3 %
Betriebsärztliche Abteilung	19,4 %
Finanzdisposition und Buchhaltung	15,0 %
Auftragsverzeichnis	9,0 %
Werkschutz/Betriebsfeuerwehr	1,5 %

Darüber hinaus sagten 20,9 % der Probanden explizit, daß ihr Personalinformationssystem als Teil eines Management-Informationssystems konzipiert sei (Frage 16). Von diesen gab die Hälfte an (Frage 17), daß Teile des Systems in ein Gesamtinformationssystem des Unternehmens integriert würden; bei einem Drittel ist die vollständige Einbeziehung ins Management-Informationssystem erfolgt oder geplant.

4.212 Externe Datenquellen

Die Vernetzung des privaten und öffentlichen Bereichs in unserem Gesellschaftssystem legte es nahe, auch nach den externen Informationsquellen der Unternehmen zu forschen:

Aus welchen externen Quellen beziehen Sie die im Persononalinformationssystem enthaltenen Personaldaten? (Frage 36; Mehrfachnennungen waren möglich)	
1. Auskünfte früherer Arbeitgeber	11,9 %
2. Auskünfte von Verbänden	-
3. Auskünfte von Auskunfteien	1,5 %
4. Mitteilungen von behördlichen Stellen	34,3 %
5. Mitteilungen aufgrund § 840 ZPO (Lohn- und Gehaltspfändungen)	70,1 %
6. Keine Angaben	3,0 %

Mit Abstand sind gerichtliche Pfändungen von Lohn- und Gehaltszahlungen (§ 829 ZPO) sowie Erklärungen des Arbeitgebers, daß er die Zahlungen direkt an den Gläubiger leisten werde (§ 840 ZPO), in das Personalinformationssystem aufgenommen. Daran erstaunt höchstens, daß nicht alle Probanden diese Informationen speichern, da sich diese Tatsachen notwendig auf die laufenden Lohn- und Gehaltszahlungen auswirken müssen.

4.22 BEWERTUNG

Während externe Informationsquellen für das Personalinformationssystem in der Praxis nur im Bereich gesetzlicher Vorschriften eine größere Bedeutung haben und systematische Auskünfte von früheren Arbeitgebern, Verbänden und Auskunfteien kaum vorkommen[1], ergibt sich für die internen Datenquellen eine erstaunliche Vielfalt an Verknüpfungen. Zahlreiche betriebliche Funktionen werden unternehmensintern computergestützt erfüllt und als Informationsquelle für das Personalinformationssystem

---

1 Soweit Arbeitgeber von früheren Arbeitgebern eines Mitarbeiters über das Zeugnis hinausgehende Informationen bekommen, verstößt das gegen arbeitsrechtliche Grundsätze. Zu Einzelfällen externer Informationen und deren rechtlicher Bewertung: Hans H. Wohlgemuth, Rechtliche Grenzen der Informationsgewinnung durch den Arbeitgeber - unter anderem auch bei der Einschaltung von Dritten, in: BB 1980, S. 1530-1536.

genutzt. Darin zeigt sich nicht nur die Ausschöpfung technischer Ressourcen, sondern ebenso das Bedürfnis nach einer Optimierung von Entscheidungsprozessen in den Unternehmen.

Der Trend zur Entdeckung formalrationaler Entscheidungsverfahren mit definierten Informationsschnittstellen ist nicht neu. Schon Ende der 60er Jahre wurde euphorisch die Systematisierung, Formalisierung und Automatisierung des gesamten Informationswesens im Unternehmen geplant. Anfängliche Mißerfolge mit diesem Konzept begünstigten seit Anfang der 70er Jahre den parallelen Einsatz von computerisierten Teilsystemen in einzelnen betrieblichen Funktionsbereichen. Der zunächst vertretene "top-down-approach" der Systemgestaltung durch Verbreiterung der Informationsbedürfnisse der Unternehmensspitze gegenüber den Fachabteilungen wurde zunehmend durch einen Ansatz verdrängt, der aus den Teilinformationssystemen der Funktionsbereiche durch Aufbereitung der Daten und Anwendung von Planungsverfahren Führungsinformationssysteme nach Funktionsbereichen gestaltete. Darauf aufbauend, hofft man heute durch Komprimierung und Integration echte Führungsinformationssysteme entwickeln zu können. Die Mißerfolge bei der "top-down"-Entwicklung von Management-Informationssystemen haben zu einer Entwertung des Begriffs "Management-Informationssystem" in der Praxis geführt. Allerdings gibt es Anzeichen dafür, daß die skeptische Abwehr von Praktikern nicht die Abkehr von der grundlegenden Rationaliserung der Führungssysteme in Organisationen unter dem Einfluß der Entwicklung moderner Informationstechnologien bedeutet. Vielmehr bietet der Aufbau von Management-Informationssystemen und der Fortschritt der Informationstechnologie die konzeptionellen und technischen Möglichkeiten für eine Rationalisierung der Führungssysteme in Organisationen im Sinne des betriebswirtschaftlichen Planungsbegriffs.

Die Ergebnisse der Befragung bestätigen unsere Vermutung, daß am Konzept integrierter Führungsinformationssysteme bei dem verstärkten Aufbau der Teilinformationssysteme der Funktionsbereiche (Lagerhaltung, Materialbereitstellung, Verkauf, Produktion/Fertigung, Rechnungswesen, Einkauf etc.) festgehalten wird; Einzelsysteme werden für eine spätere Integration mit anderen bestehenden Informationssystemen vorbereitet. Dabei ist von einem Vorgehen in drei Schritten auszugehen[2]: Die

---

2 Dazu: Werner Kirsch/Heinz K. Klein, Management-Informations-Systeme, Band II, Stuttgart u. a. 1977, S. 21 ff.

bereits bestehenden Abrechnungssysteme werden quasi als Kristallisationskern für die Ansiedlung zusätzlicher Daten- und Modellkomponenten genutzt und als computerunterstützte Planungs- und Entscheidungssysteme im Rahmen umfassender Management-Informationssystem-Konzeptionen verfeinert. Bei den in den Teilsystemen zunächst eingehaltenen Abteilungs- und Funktionsgrenzen werden vertikale Interdependenzen eingebaut und langfristig angestrebt, die verschiedenen Abteilungs- und Funktionsgrenzen zu überwinden und die anfallenden Informationen zu gemeinsamen Datenbeständen zusammenzufassen, die für alle Aufgabenstellungen und Ebenen des Unternehmens zur Verfügung stehen. Dieses Vorgehen führt zu einer mehr oder weniger geschlossenen Gesamtkonzeption. Nach Kirsch[3] deutet einiges auf eine direkte Strategie für die Entwicklung eines Management-Informationssystems hin: Die konkreten Gegebenheiten werden in Transaktionsdatensystemen der kaufmännischen Abrechnungssysteme für die betrieblichen Funktionsbereiche Einkauf, Produktion, Lagerhaltung, Materialbereitstellung, Marketing, Logistik, Finanzdisposition und Personalwesen abgebildet. Die Computerunterstützung ist die Umsetzung der Methode des betrieblichen Rechnungswesens und wird von den tatsächlichen Arbeitsabläufen in der Praxis geprägt. Informationsbedürfnisse werden innerhalb der Funktionsbereiche definiert. So besteht das Personalinformationssystem im Endstadium aus dem administrativen System der Personalverwaltung und dem verfeinerten computergestützten Personalplanungs- und Entscheidungssystem im Rahmen der umfassenden Management-Informationssystem-Konzeption.

Die aus internen Quellen in das Personalinformationssystem als betriebliches Teilsystem eingehenden Daten sind bezüglich des Entstehungszusammenhangs und Erhebungsverfahrens zu klassifizieren in

- Daten, bei deren Entstehung der Arbeitnehmer bewußt mitgewirkt hat und deren Ausprägungen ihm konkret bekannt sind (z. B. Personalfragebogen, Angaben aus der jährlichen Beurteilung durch den Vorgesetzten),
- Daten, deren Erhebung dem Arbeitnehmer bekannt, deren Ausprägungen oder Ergebnis ihm aber nicht unmittelbar zugänglich sind (z. B. detaillierte Untersuchungsangaben des Betriebsarztes, Tests, Daten aus direkt angeschlossenen Arbeitszeiterfassungssystemen),
- Daten über den Arbeitnehmer, die während des Arbeitsverhältnisses in

---

3 Kirsch/Klein (Anm. 2), S. 27.

anderem Zusammenhang entstehen (Angaben der Betriebskrankenkasse, Kantine),
- Daten, die aus anderen automatisierten Systemen direkt übernommen werden (indirekte Erhebungen).

Die Zulässigkeit dieser Datenerhebungen und Datenverwertungen wird bisher allerdings rechtlich nicht nach der Art der Beteiligung, dem Grad der Kenntnis des Arbeitnehmers oder der Intensität der Informationsnutzung differenziert. Vielmehr unterliegt die Organisation des innerbetrieblichen Informationsflusses grundsätzlich der Organisationskompetenz des Arbeitgebers aufgrund seiner Eigentümerstellung, solange keine ausdrücklichen Einschränkungen aufgrund von Betriebsverfassungsrecht, Tarifverträgen, Betriebsvereinbarungen und Rechtsprechungsgrundsätzen bestehen. Das Arbeitsrecht enthält insofern ausbaufähige Prinzipien bezüglich der Informationserhebungsinstrumente (insbesondere: Behandlung des Personalfragebogens), der individuellen Beteiligung des Arbeitnehmers (Arbeitsvertragsrecht; § 83 BetrVG) und der organisierten Interessenwahrnehmung (Beteiligungsrechte des Betriebsrats)[4]. Allgemein verbindliche Detailregelungen über die Organisation von Informationsflüssen in den Unternehmen zu schaffen - beispielsweise zwischen den betrieblichen Funktionsbereichen - würde auf verfassungsrechtliche Bedenken (Art 14 GG) stoßen und auch dem sehr unterschiedlichen Ausbaustand von Informationssystemen in den Unternehmen kaum gerecht werden. Am ehesten dürften sich neben den Beteiligungsrechten des Betriebsrats der Abschluß von Betriebsvereinbarungen als flexibles Instrument für einen gerechten Interessenausgleich anbieten. Dabei müßte nach § 75 Abs. 2 BetrVG vom Arbeitgeber und dem Betriebsrat darauf geachtet werden, daß weder die Gestaltung der Teilsysteme noch die damit zusammenhängenden Informationsflüsse das Persönlichkeitsrecht des Arbeitnehmers beeinträchtigen.

---

4 Einzelheiten enthalten die Gliederungspunkte 5, 9 und 10.

4.3 ZUGRIFFSREGELUNG FÜR DEN UNTERNEHMENSINTERNEN INFORMATIONFLUSS

4.31 UNTERSUCHUNGSERGEBNISSE

Mit mehreren Fragen wurde der interne Zugriff zum Personalinformationssystem ermittelt. Dabei ging es um die zugriffsberechtigten Stellen, die Prinzipien und Ausgestaltungen der Zugriffsregelungen sowie um Einschränkungen des Zugriffs auf bestimmte Datenfelder der Personaldaten- und Methodenbank.

Die Frage (47) nach der generellen Regelung der Zugriffsberechtigung auf die Daten zeigt überwiegend eine positive Festlegung der Zugriffsberechtigung entsprechend der Aufgabenerfüllung.

Wie ist der Zugriff der einzelnen Personalinformationssystem-Benutzer geregelt?	
1. Der Datenzugriff ist für einzelne Personen oder für Personalnummern gesperrt (Verbotsprinzip)	6,0 %
2. Es ist positiv festgelegt, welches Feld von welcher Funktion zur Erfüllung der betrieblichen Aufgaben angesprochen werden muß (Erlaubnisprinzip)	80,6 %
3. Keine Angabe	13,5 %

Bei den Probanden, die einzelne Datenfelder vom Datenzugriff Berechtigter ausnehmen, bestehen für folgende Datengruppen Einschränkungen (Frage 48; offene Frage):

- Personenbezogene Daten der Mitglieder der Geschäftsleitung oder des Vorstandes
- die Arbeitnehmergruppe "Auszubildende"
- Daten des betriebsärztlichen Dienstes
- Qualifikationsdaten
- Vorstrafen, Pfändungen
- Daten der Hauptverwaltung; sie dürfen nicht vom Lohnbüro des Werkes abgerufen werden.

Die Zugriffsberechtigung zu den Programmen ist entsprechend definiert. So antworteten auf die

Frage (54): Wie sind die Zugriffsmöglichkeiten zu den Programmen definiert?	
1. Jeder Benutzer erhält von vornherein nur bestimmte zur Erfüllung seiner Aufgaben notwendige Programme zugeteilt	64,3 %
2. Bestimmte Programme stehen nur bestimmten, zusätzlich legitimierten Benutzern zur Verfügung	10,4 %
3. Die vorhandenen Programme können grundsätzlich von jedem Zugriffsberechtigten benutzt werden	31,3 %

Frei formulierbare ad-hoc-Anfragen sind bei etwa zwei Dritteln der Probanden möglich (Frage 55). Welche Benutzer die Möglichkeit haben, klärte die nächste Frage (57; Mehrfachnennungen waren möglich):

Welche Benutzer haben die Möglichkeit, Daten ad hoc zu verknüpfen?	
Leiter oder Stellvertreter der Personalabteilung	35,8 %
Leiter oder Stellvertreter Lohn- und Gehaltabrechnung	31,3 %
Zentrale Personalabteilung	11,9 %
Alle Sachbearbeiter der Personalabteilung	13,4 %
Alle Sachbearbeiter der Lohn- und Gehaltsabrechnung	9,0 %
Geschäftsleitung	6,0 %
Fachabteilungen	4,5 %

Bei den Probanden, die ad-hoc-Verknüpfungen von Daten vornehmen dürfen, können zwei Drittel hierfür sämtliche Datenfelder benutzen (Frage 58).

Eine interne Kontrolle der Vergabe von Zugriffsberechtigungen ist außerhalb der Personalhierarchie im Unternehmen sicher nicht durch den einzelnen Arbeitnehmer, sondern höchstens durch den Betriebsrat oder den Datenschutzbeauftragten sinnvoll. Die entsprechenden Fragen ergaben folgendes Bild:

Wird der Betriebsrat über die Regelung der Zugriffsberechtigung informiert (Frage 50):	
1. Ja	50,7 %
2. Nein	29,9 %
3. Weiß ich nicht	3,0 %
4. Keine Angabe	14,9 %
5. Es gibt keinen Betriebsrat	1,5 %

Ein ganz ähnliches Ergebnis zeigte sich für den Datenschutzbeauftragten:

Wird der Datenschutzbeauftragte bei der Zuteilung der Zugriffsberechtigung hinzugezogen (Frage 51):	
1. Ja	50,7 %
2. Nein	35,8 %
3. Weiß ich nicht	9,0 %
4. Keine Angabe	3,0 %
5. Keine Regelung	1,5 %

Die in diesem Zusammenhang gestellte Frage (52) nach der Protokollierung der Zugriffe ergab, daß bei fast allen Probanden sämtliche Zugriffe auf den Datenbestand des Personalinformationssystem protokolliert werden. Diese Protokolle dürfen der Leiter der Datenverarbeitungsabteilung, in über der Hälfte aller Fälle auch der Datenschutzbeauftragte und bei 13,4 % der Probanden auch der Betriebsrat einsehen.

4.32 BEWERTUNG

Der Zugriff auf Personalinformationssysteme gilt überwiegend als Verbot mit Erlaubnisvorbehalt (bei 80,6 % der Probanden) und entspricht damit weitgehend der rechtstheoretischen Klassifizierung der Informationsverarbeitung als Eingriffstatbestand. Dies wird insbesondere bei zwei Dritteln der Probanden dadurch deutlich, daß jeder Benutzer nur bestimmte Verarbeitungsprogramme zugeteilt erhält.

Bedenken bestehen gegen einen undifferenzierten Zugriff prinzipiell zugriffsberechtigter Personen auf <u>sämtliche</u> vorhandenen Datenverarbeitungsprogramme (bei 31,3 % der Probanden) und ferner hinsichtlich der Möglichkeit, daß bei 13,4 % der Probanden <u>alle</u> Sachbearbeiter der Personalabteilung sowie bei 9 % der Probanden <u>alle</u> Sachbearbeiter der Lohn- und Gehaltsabrechnung die Möglichkeit haben, Daten ad hoc zu verknüpfen. Insbesondere für die Sachbearbeiter der Lohn- und Gehaltsabrechnung ist außerhalb der routinisierten Abrechnungsverfahren kein Grund für die Notwendigkeit ersichtlich, Personaldaten ad hoc verknüpfen zu müssen.

Über die Vergabe der Zugriffsberechtigungen sollten der Betriebsrat und der Datenschutzbeauftragte informiert werden, um die Möglichkeit zu eröffnen, auf Schwachstellen bei den Informationsflüssen und Informationsverwendungen hinweisen zu können. Alternativ wäre auch an die Möglichkeit zu denken, Protokolle über die Zugriffe einsehen zu können.

4.4 ÜBERMITTLUNG VON PERSONALDATEN AN DRITTE IM IN- UND AUSLAND

4.41 UNTERSUCHUNGSERGEBNISSE ZUR INFORMATIONSÜBERMITTLUNG IM INLAND

Die Übermittlung von Personaldaten an Dritte war ein erheblicher Streitpunkt bei der Verabschiedung des Bundesdatenschutzgesetzes. Bekanntlich gelten alle natürlichen und juristischen Personen außerhalb der speichernden Stelle im Verhältnis zueinander als "Dritte", soweit sie nicht im Auftrag tätig werden (vgl. § 2 Abs. 3 Nr. 2 BDSG). Das bedeutet beispielsweise für Konzerne, daß Datenflüsse von der Tochter zur Mutter und umgekehrt eine Übermittlung an "Dritte" darstellen. Da entsprechende Übermittlungen nach § 24 BDSG nur unter bestimmten Bedingungen zulässig sind, sollte die Befragung den tatsächlichen Informationsfluß mit anonymisierten und mit personenbezogenen Daten feststellen. Dazu dienten die Fragen 61 und 62 (Mehrfachnennungen waren möglich):

An welche Stellen außerhalb des Unternehmens werden Personaldaten in anonymisierter oder nicht anonymisierter Form übermittelt?	nicht anonymisiert	anonymisiert
1. An die Konzernmutter	3,0 %	16,4 %
2. An das konzernverbundene Tochterunternehmen	3,0 %	3,0 %
3. An Banken	89,6 %	-
4. An Verbände	4,5 %	47,8 %
5. An Selbsthilfeeinrichtungen	17,9 %	-
6. An Gewerkschaften	44,8 %	3,0 %
7. An Versicherungsunternehmen	50,7 %	3,0 %
8. An andere Unternehmen	1,5 %	9,0 %
9. An die Deutsche Treuhand	6,0 %	6,0 %
10. Keine Angabe	1,5 %	1,5 %

Wie aus Zusatzfragen hervorging, handelt es sich bei der Übermittlung personenbezogener Daten an Banken, Verbände, Selbsthilfeeinrichtungen, Gewerkschaften und Versicherungsunternehmen fast ausschließlich um Abrechnungs-, Lohn- und Gehaltsdaten. Lediglich bei 3 % der Probanden gehen die Angaben gegenüber Banken, Selbsthilfeeinrichtungen und anderen Unternehmen über diese Angaben hinaus; bei Versicherungsunternehmen allerdings in 14,9 % der untersuchten Fälle.

Überraschen mag der scheinbar geringe Informationsfluß zwischen konzernverbundenen Unternehmen. Die Erklärung dafür (vgl. Gliederungspunkt 4.5) beruht jedoch nicht auf dem mangelnden tatsächlichen Austausch entsprechender Informationen, sondern auf der Tatsache, daß Personalinformationen von vornherein bei der Obergesellschaft gespeichert werden.

Wegen der eventuell notwendigen Einwilligung des Arbeitnehmers in die Übermittlung (§ 3 S. 1 Nr. 2 BDSG) und im Hinblick auf die Prüfung seiner "schutzwürdigen Belange" (§ 24 Abs. 1 S. 1 BDSG) wurde nach der Kenntnis des Arbeitnehmers hinsichtlich der Weitergabe gefragt (Frage 63):

Erhält der Arbeitnehmer Kenntnis von den Stellen, an die Daten weitergegeben werden?	
1. Nein	38,8 %
2. Ja, stets	20,9 %
3. Ja, nur bei regelmäßiger Datenübermittlung	19,4 %
4. Erfährt/weiß der Arbeitnehmer selbst	7,5 %
5. Weiß ich nicht	4,5 %
6. Keine Angabe	9,0 %

Mindestens 38,8 % der Arbeitnehmer erfahren also von Datenübermittlungen nichts, obwohl sie darüber auch nicht auf anderem Weg positiv Kenntnis haben. Es ist anzunehmen, daß sich die Unternehmen zum Teil auf generelle Einwilligungen in Arbeitsverträgen oder auf eine Betriebsvereinbarung stützen können.

4.42 UNTERSUCHUNGSERGEBNISSE ZUR INFORMATIONSÜBERMITTLUNG INS AUSLAND

Zu unserem Probandenkreis zählten zahlreiche multinationale Unternehmen. Deshalb interessierte auch der grenzüberschreitende Datenverkehr.

Frage 64: Werden aus Ihrem Unternehmen personenbezogene Daten der Arbeitnehmer ins Ausland zur Verarbeitung übermittelt?	
1. Ja	14,9 %
2. Nein	83,6 %
3. Keine Angabe	1,5 %

Als Empfänger dieser Daten im Ausland wurden von den übermittelnden Unternehmen angegeben (Frage 65): Die Konzernmutter im Ausland (9,0 %), die Tochter/Mutter im Ausland bei Wechsel eines Arbeitnehmers (3,0 %) sowie die zentrale Personalabteilung für Europa (1,5 %).

Die Übermittlung ins Ausland beschränkte sich meist auf personenbezogene Daten von Führungskräften zu folgenden Zwecken (Frage 67, offene Frage):

- Interne Personalverwaltung; Information über Managementstrukturen und Personaleinsatzplanung
- Karriereplanung/Trainee
- Arbeitsplatzwechsel ins Ausland innerhalb des Konzerns.

Eine repräsentative Aussage auf die Frage, ob die Verarbeitung der Daten im Empfängerstaat aufgrund einer firmeninternen Regelung erfolgt (Frage 68), ist aufgrund der geringen Zahl der Fälle nicht möglich.

4.43 BEWERTUNG

Die hohe Zahl der Übermittlung personenbezogener Daten an Behörden, Versicherungen, Selbsthilfeeinrichtungen, Gewerkschaften und sonstige Stellen zeigt, in welchem Umfang die Unternehmen heute in das Netz der sozialen Sicherung des Staates einbezogen sind. In vielen Fällen läßt sich die Übermittlung von Personaldaten nicht umgehen. Rund 100 Vorschriften auf Bundesebene enthalten Melde- und Auskunftspflichten des Arbeitgebers[5]. In zwei praktisch wichtigen Verordnungen, der Datenerfassungs-Verordnung (DEVO) und der Datenübermittlungs-Verordnung (DÜVO)[6], werden sogar Einzelheiten über Inhalt und Form der Meldung bis hin zu Formularen festgelegt, die im Verkehr mit Sozialversicherungsträgern zu verwenden sind.

Es wäre falsch, den Datenschutz in dem Sinne mißzuverstehen, als ob er den notwendigen Datenaustausch erschweren oder gar verhindern sollte. Vielmehr geht es um die Frage, wie man überflüssige Datenübermittlungen

---

5 Vgl. Wolfgang Kilian, Melde- und Auskunftspflichten des Arbeitgebers im Personalbereich, in: BB 1977, S. 1153-1159.

6 2. DEVO - (BGBl. 1980 I, S. 593) und 2. DÜVO - (BGBl. 1980 I, S. 616), beide vom 29.5.1980.

erkennen und gesetzlich erforderliche auf das notwendige Minimum beschränken kann. Voraussetzung für beides ist allerdings die Kenntnis des Betroffenen von der Tatsache der Übermittlung. Wie das Ergebnis der Umfrage zeigt, werden in erheblichem Umfang personenbezogene und anonymisierte Personaldaten außerhalb gesetzlich vorgeschriebener Mitteilungspflichten weitergegeben. Dies betrifft insbesondere den Datenverkehr mit Verbänden, Gewerkschaften sowie anderen Unternehmen innerhalb und außerhalb des Konzerns. Mit Ausnahme der Gewerkschaften, die von 44,8 % der Probanden personenbezogene Daten erhalten, überwiegt hierbei die Weitergabe anonymisierter Daten.

Ob die Art der Anomymisierung tatsächlich die Rückführung von Daten auf bestimmte Personen faktisch verhindert ("faktische Anonymisierung"), wurde in der Umfrage nicht ermittelt. Man weiß heute jedenfalls, daß die Streichung des Namens keine Garantie für die Nichtidentifizierbarkeit einer Person abgibt, weil es auf die Zahl der charakteristischen Merkmale und die Grundgesamtheit ankommt. Jedenfalls ist zu fordern, daß die Übermittlung von Daten soweit wie möglich anonymsiert erfolgt.

Bedenklich erscheint die Tatsache, daß bei mindestens 38,3 % der Probanden der Arbeitnehmer nichts von der Datenübermittlung erfährt. Zwar besteht nach §§ 24, 26 BDSG keine generelle Verpflichtung des Arbeitgebers zur unaufgeforderten Benachrichtigung, andererseits legitimiert der Zusammenhang mit dem Arbeitsverhältnis nicht schon die Datenweitergabe, weil jeweils zu prüfen ist, ob "schutzwürdige Belange des Betroffenen nicht beeinträchtigt werden", zumal er nach § 83 BetrVG nicht auf Auskünfte bezüglich regelmäßiger Datenübermittlungen (so aber nach § 26 Abs. 2 S. 2 BDSG) beschränkt ist. Allerdings nimmt in der Praxis der Arbeitnehmer seine Rechte selten wahr (vgl. Gliederungspunkt 9). Ferner kommt hinzu, daß die Unternehmen immer mehr dazu übergehen, in den schriftlichen Arbeitsverträgen die Einwilligung des Arbeitnehmers für jede Form der Datenweitergabe einzuholen. Dieses Verfahren erfüllt zwar formal die Voraussetzungen von § 3 S. 1 Nr. 2 BDSG; es ist aber fraglich, ob dadurch wirklich eine bewußte und voll überschaubare Willenserklärung abgegeben und nicht vielmehr bloß eine juristische Fiktion der Einwilligung erreicht wird. Nicht selten dürfte diese Vertragsklausel im Verhältnis zu den übrigen Bestimmungen des Arbeitsvertrages und der Übernahme eines Arbeitsplatzes kein Eigengewicht besitzen. Deshalb wäre rechtspolitisch zu überlegen, ob nicht andere Verfahren denkbar sind, die für den Arbeitnehmer die Voraussetzungen für die wirksame Wahrnehmung von Individualrechten schaffen. Ohne großen Aufwand könnte der Arbeitgeber beispielsweise die Adressaten routinemäßiger Datenübermittlungen unaufgefordert offenlegen, da dies über die Verarbeitungsprogramme ohnehin erfaßt wird. Denkbar wären auch von Zeit zu Zeit zu erstellende Kopien von Protokollen über Datenermittlungsvorgänge, die ohnehin in fast allen Unternehmen aus Gründen der Datensicherheit angefertigt werden.

Was die personenbezogene Übermittlung von Daten ins Ausland angeht, so ist die relativ geringe Quote von 14,9 % der Probanden überraschend. Nicht direkt erfaßt wurden allerdings die in anonymisierter Form transferierten Personaldaten. Wie die Fragen 61/62 ergeben haben, erhalten Konzernmütter von 16,4 % der Probanden anonymisierte Personaldaten von ihren Tochterunternehmen (der Datenfluß in umgekehrter Richtung ist praketisch belanglos). Selbst wenn fast alle diese Konzernmütter ihren Sitz im Ausland hätten, würde also die Übermittlung anonymisierter Personaldaten keinen größeren Umfang annehmen als die Übermittlung personenbezogener Daten.

In einer neueren Studie für die Kommission der Europäischen Gemeinschaften versuchen Chamoux und Grissonnanche[7)] aufgrund von mehr zufälligen Befragungen, die nach eigenen Angaben zum Teil "fragmentarisch" blieben, eine Typologie des grenzüberschreitenden Datenverkehrs zu geben, ohne allerdings auf die Art der übermittelten Daten besonders abzustellen[8)]. Sie unterscheiden folgende sechs Zwecke[9)]:

1. Buchhaltung und Finanzverwaltung
2. Steuerung der Fertigung und Lagerverwaltung
3. Einkauf, Verkauf und Versand
4. Statistik und Wirtschaftsprognosen
5. Forschung und Entwicklung
6. Große zentrale Datei über Kunden, Lieferanten und Personal.

Für den hier interessierenden letztgenannten Datenbanktyp stellen sie

---

7 J. P. Chamoux/A. Grissonnanche, Studie über Datenschutz und Datensicherheit. Schlußbericht für die Kommission der Europäischen Gemeinschaften, Teil 1, Mai 1980 (GMD/IRIA/NCC), St. Augustin 1980.

8 Vgl. Chamoux/Grissonnanche (Anm. 7), S. 15 f.

9 Chamoux/Grissonnanche (Anm. 7), S. 15 f.

fest: "Bei den multinationalen Gesellschaften erfolgt auch die Personalverwaltung für das "Führungspersonal" im allgemeinen am Geschäftssitz der Muttergesellschaft. Diese zentrale Datei umfaßt sämtliche Dateien der verschiedenen Betriebsstätten und Tochtergesellschaften, die sich über die ganze Welt verteilen können"[10]. Belege für diese Aussagen werden nicht erbracht; insbesondere felt jede numerische Angabe.

Da nach unseren Ermittlungen jeweils knapp ein Sechstel der Probanden Personaldaten in anonymisierter und/oder nicht anonymisierter Form ins Ausland transferieren, hat der Datenfluß wirtschaftspolitisch wie rechtlich Gewicht, jedoch nicht in dem von Chamoux und Grissonnanche vermuteten Umfang.

Wirtschaftspolitisch besteht sicher ein Interesse multinationaler Unternehmen, über Führungskräfte in den verbundenen Unternehmen unterrichtet zu sein und über gewisse statistische und marktbezogene Daten für Forschungs- und Planungszwecke verfügen zu können. Soweit personenbezogene Arbeitnehmerdaten aus der Bundesrepublik Deutschland ins Ausland exportiert werden, richtet sich die rechtliche Möglichkeit dazu nach dem Bundesdatenschutzgesetz, da bisher insoweit keine bilateralen oder internationalen Verträge in Kraft sind.

Im Bundesdatenschutzgesetz gibt es mindestens zwei Ansatzpunkte zur Beurteilung des grenzüberschreitenden Datenverkehrs: In den §§ 2 Abs. 3 Nr. 2, 11 S. 3 BDSG bezieht sich die Regelung jeweils auf den "Geltungsbereich" des Bundesdatenschutzgesetzes. Nach § 2 Abs. 3 Nr. 2 ist "Dritter" jede Person oder Stelle außerhalb der "speichernden Stelle" bis auf solche Personen oder Stellen, die "im Geltungsbereich dieses Gesetzes im Auftrag tätig werden". Daraus leitet die herrschende Meinung im Umkehrschluß ab, daß außerhalb des Geltungsbereichs des Gesetzes die beauftragte Stelle als "Dritter" anzusehen ist, was die Einschränkungen für die Speicherung und Übermittlung von Personaldaten nach den §§ 23, 24 BDSG nach sich zieht[11]. Es muß also nach dieser Meinung jeweils geprüft werden, ob nicht "schutzwürdige Belange" des Arbeitnehmers dem

---

10 Chamoux/Grissonnanche (Anm. 7), S. 38.

11 Simitis, in: Spiros Simitis/Ulrich Dammann/Otto Mallmann/Hans-Joachim Reh, Kommentar zum Bundesdatenschutzgesetz, Baden-Baden 1978, § 22 Rdnr. 56.

Datenexport auch bei berechtigten Interessen der übermittelnden oder der empfangenden Stelle entgegenstehen. Nach Simitis[12] dürfte "spätestens" daran "jeder Versuch scheitern, Arbeitnehmerdaten innerhalb eines multinationalen Konzerns ins Ausland zu transferieren".

Es ist allerdings zu prüfen, ob diese weitgehende Schlußfolgerung gezogen werden kann. Wittek[13] leitet aus handelsrechtlichen Grundsätzen in Übereinstimmung mit zahlreichen Entscheidungen des Reichsgerichts die Auffassung ab, daß jedenfalls ausländische Zweigniederlassungen eines inländischen Unternehmens nicht als selbständige Rechtssubjekte behandelt werden könnten. Abgesehen davon, daß wir in unserer Untersuchung keinen Fall einer Datenübermittlung an eine ausländische Zweigniederlassung, sondern nur Übermittlungen an konzernverbundene selbständige Unternehmen feststellen konnten, widerspricht diese Meinung dem jüngeren und auch spezielleren Bundesdatenschutzgesetz: Es stellt nicht auf die rechtliche Selbständigkeit ab, sondern behandelt selbständige und unselbständige "Stellen" in § 2 Abs. 3 Nr. 2 gleich[14]. Andernfalls würde eine zu leichte Umgehungsmöglichkeit eröffnet.

Aus dem Bundesdatenschutzgesetz kann aber auch kein absolutes Verbot zur Datenweitergabe ins Ausland abgeleitet werden, weil die "schutzwürdigen Belange" ja durchaus gewahrt werden können. Eine Verletzung "schutzwürdiger Belange" eines Arbeitnehmers liegt beispielsweise dann nicht vor, wenn der Rückschluß auf die Person nicht möglich ist, es sich also um faktisch anonymisierte Daten für Statistik-, Planungs- und Forschungszwecke handelt. Dies mag allenfalls aus gesamtwirtschaftlichen Erwägungen heraus - wie das in Frankreich als Argument im Vordergrund steht - unerwünscht sein, weil Einblicke in die nationale Volkswirtschaft eröffnet werden. Ferner dürften keine "schutzwürdigen Belange" von Arbeitnehmern entgegenstehen, wenn im Zusammenhang mit einem Arbeitsplatzwechsel ins Ausland personenbezogene Daten, insbesondere von Führungskräften, benötigt werden. Dies sind aber nach unserer Befragung bereits die wesentlichen Fälle eines Datentransfers ins Ausland.

---

12 Simitis (Anm. 11), § 22 Rdnr. 58.

13 Horst Wittek, Grenzüberschreitender Datenverkehr, in: DuD 1980, S. 69 ff.

14 Im Ergebnis ebenso: Dammann, in: Simitis/Dammann/Mallmann/Reh (Anm. 11), § 2 Rdnr. 169.

Lediglich die bei einem Probanden festgestellte Konzerndatenbank für alle Unternehmen in Europa fällt aus diesem Rahmen heraus. Soweit hier über anonymisierte oder mit einem grenzüberschreitenden Arbeitsplatzwechsel hinausgehende Daten gespeichert und übermittelt werden, sind die Einschränkungen in den §§ 23, 24 BDSG zu beachten.

Der als weiteres Argument gegen einen grenzüberschreitenden Datenverkehr herangezogene § 11 S. 3 BDSG, der für die Übermittlung personenbezogener Daten von öffentlichen Stellen an andere - auch private[15] - Stellen im Ausland gilt, verstärkt das dargelegte Ergebnis, führt jedoch nicht darüber hinaus.

Die bisherige schwache Berücksichtigung des transnationalen Datenverkehrs hängt mit der Unterschätzung seines Ausmaßes und mit den beschränkten Möglichkeiten jedes nationalen Gesetzgebers zusammen, internationale Beziehungen allein zu regeln. Die grenzüberschreitende Übermittlung von Personaldaten erfordert entweder Normen, die den Export von Informationen vom Rechtsschutz im Empfängerstaat abhängig machen, oder Normen, die von den Staaten allgemein akzeptiert werden. Den erstgenannten Weg geht das österreichische Datenschutzgesetz: Nach dessen § 32 ist grundsätzlich eine Genehmigung der Datenschutzkommission erforderlich. Die Genehmigungspflicht kann unter anderem dann entfallen, wenn die Datenübermittlung in einen Staat erfolgt, "in dem auf die Daten ein diesem Bundesgesetz vergleichbarer Datenschutz Anwendung findet"[16]. Den Weg eines internationalen Datenschutzrechts versuchen der Europarat und die OECD zu gehen, Entwürfe in diesen Gremien zielen darauf ab, die nationalen Datenschutzrechte zu harmonisieren, Störungen des grenzüberschreitenden Informationsverkehrs zu vermeiden und das Problem des anwendbaren Rechts (conflict of law) zu lösen[17].

---

15 Dammann (Anm. 14), § 11 Rdnr. 33.

16 § 32 Abs. 2 Nr. 2 des Bundesgesetzes vom 18. Oktober 1978 über den Schutz personenbezogener Daten (BGBl. 1978, S. 3619). Dazu: Gerhard Stadler, Das österreichische Datenschutzgesetz als Markstein der Verfassungspolitik und des Informationsrechts, in: Juristische Blätter 1979, S. 358-364.

17 <u>Europarat</u>: Bericht des Rechtsausschusses über den Schutz der Rechte des Einzelnen angesichts der fortschreitenden technischen Entwicklung auf dem Gebiete der Datenverarbeitung (Sitzungsdokument 100/79,

(Fortsetzung nächste Seite)

4.5 K O N Z E R N D A T E N V E R A B E I T U N G

Bei den untersuchten Großunternehmen war zu vermuten, daß sie in erheblichem Umfang mit anderen Unternehmen einen Konzern bilden. Informationsflüsse zwischen konzernverbundenen Unternehmen sind zu einem gewissen Grad unvermeidbar, wie sich dies schon aus den Vorschriften über Beherrschungs- und Gewinnabführungsverträge (§ 291 AktG), der Leitungsmacht im Konzern (§ 308 AktG), der Aufstellung von Konzernabschlüssen und Konzerngeschäftsberichten (§§ 329, 334 AktG) und der Einreichung von Unterlagen an die Obergesellschaft (§ 335 AktG) ergibt. Das Bundesdatenschutzgesetz geht auf diese Zusammenhänge nicht ein, weil es den Individualschutz bei der Verarbeitung personenbezogener Daten regelt. Im Rahmen der Untersuchung interessierten deshalb der Austausch von Personalinformationen im Konzern.

4.51 UNTERSUCHUNGSERGEBNISSE

Zunächst war der Konzernierungsgrad zu ermitteln (Frage 39):

Sind Sie mit anderen Unternehmen zu einem Konzern verbunden?	
1. Ja	88,1 %
2. Nein	11,9 %

---

angenommen am 4.5.1979); Expertenausschuß im Auftrag des Ministerkomitees: Draft Convention for the Protection of Indivuals with Regard to Automatic Processing of Personal Data (June 1979); zur Kritik hieran: 8. Tätigkeitsbericht des Hessischen Datenschutzbeauftragten, Hessischer Landtag, Drucks. 9/2740 v. 6.2.1980, S. 58 ff. - OECD: Draft Guidelines Governing the Protection of Privacy and Transborder Flows of Personal Data (DSTI/ICCP/79/40) v. 31.5.1979.

Zu den Problemen insgesamt: Gerhard Stadler, Eine künftige Datenschutzkonvention des Europarates und das bundesdeutsche und österreichische Datenschutzrecht, in: DuD 1979, S. 169-173; Hans-Joachim Ordemann, Grenzüberschreitender Datentransport - Internationales Datenschutzübereinkommen, in: ÖVD 1977, H. 6, S. 3 ff; Spiros Simitis, Vorbemerkungen für eine dringend erforderliche Regelung, in: Festschrift für Murad Ferid, München 1978, S. 355 ff; 2. Tätigkeitsbericht des Bundesbeauftragten für den Datenschutz v. 18.1.1980 (Bundestags-Drucks. 8/3570), S. 75 ff; World Conference on Transborder Data Flow Policies, Rome 1980 (International Bureau for Informatics, IBI Newsletter No. 34, Special Issue).

Nur 11,9 % der Probanden gehören demnach keinem Konzern an. Bei den übrigen handelt es sich, wie die nachfolgende Frage 40 ergab, um Muttergesellschaften:

Ist Ihr Unternehmen Mutter oder Tochter des Konzerns?	
1. Mutter	91,5 %
2. Tochter	8,5 %

Da vor allem der Austausch von Personalinformationen ermittelt werden sollte, lautete die nächste Frage (41) an die Mutterunternehmen:

Werden in Ihrem Personalinformationssystem personenbezogene Daten der Arbeitnehmer von Tochterunternehmen gespeichert?	
1. Ja	88,9 %
2. Nein; keine Angaben	11,1 %

Aus den Antworten geht hervor, daß in einem Konzern fast immer die Mutter die Personaldaten der verbundenen Unternehmen speichert. Dies könnte einmal dazu dienen, die Leitungsmacht zu konzentrieren, aber auch den Zweck verfolgen, das Personalwesen zu rationalisieren.

Zu welchen Zwecken erfolgt die Speicherung der Daten? (Frage 42)	
1. Ausschließlich im Auftrage und für Zwecke des Tochterunternehmens (Servicevertrag)	27,0 %
2. Die Konzernmutter verarbeitet Personaldaten des Tochterunternehmens auch zu eingenen Zwecken	16,7 %
3. Die Personaldaten der Tochterunternehmen sind bei der Konzernmutter zu einem Gesamtpersonalinformationssystem zusammengefaßt	56,2 %
4. Keine Angabe	-

Fast drei Viertel der Muttergesellschaften verarbeiten also die Personaldaten der Tochterunternehmen ohne besonderen Servicevertrag, und zwar entweder im Rahmen des bestehenden Konzerninformationssystems oder unabhängig davon. Ein kleiner Teil stammt aus dem <u>automatisierten</u> Personalinformationssystem der Tochterunternehmen (Frage 43).

Bei den von der Muttergesellschaft gespeicherten Personaldaten der Tochterunternehmen handelt es sich in 88,9 % der Fälle um personenbezogene, also um nicht anonymisierte Daten (vgl. Frage 41). Wie Zusatzfragen zu Frage 62 ergaben, gehen die personenbezogenen Daten zu einem kleinen Teil über Lohn- und Gehaltsabrechnungsdaten hinaus.

Die Organisation der Datenverarbeitung innerhalb eines Konzerns kann auf drei Grundformen zurückgeführt werden:

- Jedes konzernverbundene Unternehmen hat eine eigene Datenverarbeitung.
- Es gibt eine der Mutter angegliederte zentrale Datenverarbeitung.
- Ein rechtlich selbständiges Unternehmen führt zentral die Datenverarbeitung für die konzernverbundenen Unternehmen aus.

Da es sich bei 88,1 % der Unternehmen (Frage 39), die mit anderen zu einem Konzern verbunden sind, weit überwiegend um Mutterunternehmen (Frage 40) handelte, interessierte insbesondere die Grundform der einer der Obergesellschaft angegliederten zentralen Datenverarbeitung. Letztere kann in drei Erscheinungsformen organisiert sein:

- im Auftrag und für Zwecke des Tochterunternehmens,
- zu eigenen Zwecken der Muttergesellschaft,
- als gemeinsame Datenverarbeitung für mehrere konzernverbundene Unternehmen.

4.52 BEWERTUNG

4.521 Verarbeitung von Personaldaten durch die Muttergesellschaft im Auftrag einer Tochtergesellschaft

In 27 % der Fälle, in denen die Obergesellschaften Personaldaten der Arbeitnehmer von abhängigen Unternehmen verarbeiten, liegt ein besonderer Servicevertrag vor. Nach ganz herrschender Meinung[18] handelt es sich dann um eine Auftragsdatenverarbeitung im Sinne des 4. Abschnitts des Bundesdatenschutzgesetzes. Das hat folgende Konsequenzen: "Speichernde Stelle" (§ 2 Abs. 3 Nr. 1 BDSG) bleibt das Tochterunternehmen. Die Muttergesellschaft kann nur im Rahmen seiner Weisungen tätig werden (§ 37 BDSG). Die Konzernmutter muß unter anderem folgende Angaben für ein öffentliches Register der Aufsichtsbehörde liefern (§ 39 BDSG):

- Geschäftszwecke oder Ziele der Stelle und der Datenverarbeitung
- Art der von ihr gespeicherten personenbezogenen Daten

---

18 Simitis (Anm. 11), § 22 Rdnr. 44 m. Nachw.; vgl. auch die Länder-Verwaltungsvorschriften, abgedruckt bei Lutz Bergmann/Roland Möhrle, Datenschutzrecht, Januar 1980, unter I B, 3.5; a. A: Dieter Biesalski, Bundesdatenschutzgesetz - Datenverarbeitung im Konzern, in: BB 1978, S. 67 ff; Schweizer, Kernprobleme des Bundesdatenschutzgesetzes, in: DB 19, S. 289 (292).

- bei regelmäßiger Übermittlung personenbezogener Daten auch die Empfänger und die Art der übermittelten Daten.

Ob diese Rechtslage die Wirklichkeit trifft, mag insbesondere im Hinblick auf die "Weisungen" des abhängigen Unternehmens gegenüber der Obergesellschaft sehr zweifelhaft sein. In aller Regel bestehen in Konzernen Beherrschungsverträge mit Weisungsbefugnissen in umgekehrter Richtung (§ 308 Abs. 1 S. 1 AktG). Konzernrecht und Datenschutzrecht sind wegen der unterschiedlichen Rechtsgüter "Eigentum" und "Persönlichkeitsrecht" nicht kongruent. Soweit lediglich faktisch anonymisierte Personaldaten an die Muttergesellschaft übermittelt und von ihr verarbeitet werden, kann eine Persönlichkeitsrechtsverletzung von Arbeitnehmern nicht eintreten; in diesen Fällen geht das Konzernrecht dem Datenschutzrecht vor. Werden dagegen Arbeitnehmerdaten personenbezogen und "im Auftrag" übermittelt, greift das Datenschutzrecht ein.

4.522 Gemeinsame Verarbeitung von Personaldaten konzernverbundener Unternehmen

Schwieriger ist die Rechtslage hinsichtlich der erheblich größeren Gruppe von Obergesellschaften zu beurteilen, die entweder personenbezogene Arbeitnehmerdaten in ein Konzerninformationssystem speichern oder die Personaldaten der abhängigen Unternehmen auch für eigene Zwecke verarbeiten.

Konzernrechtlich und datenschutzrechtlich sind die verbundenen Unternehmen selbständige juristische Personen, obwohl im Falle eines Beherrschungsvertrages das herrschende Unternehmen den beherrschten Unternehmen Weisungen erteilen kann (§ 308 Abs. 1 AktG) und ein Konzernunternehmen der Obergesellschaft Geschäftsberichte liefern muß (§ 335 Abs. 1 AktG), die auch einen "Sozialbericht" (§ 160 AktG) einschließen[19]. In den Beratungen zum Bundesdatenschutzgesetz war vergeblich versucht wor-

---

19 Carl Hans Barz u. a., Aktiengesetz, Großkommentar, Berlin/Heidelberg/New York 1975, §§ 335 Anm. 8, 160 Anm. 6. - Der Sozialbericht enthält u. a. Angaben über Arbeitnehmer (Zahl, Fluktuation, Alterszusammensetzung, Lohnverhältnisse usw.)

den, eine "Konzernklausel" durchzusetzen[20]. Deshalb ist heute unstreitig, daß konzernverbundene Unternehmen im Verhältnis zueinander "Dritte" im Sinne des Bundesdatenschutzgesetzes sind. Das bedeutet: "Speichernde Stelle" (§ 2 Abs. 3 Nr. 1 BDSG) ist immer dasjenige Unternehmen, das seine Arbeitnehmerdaten bei der Muttergesellschaft speichern und verarbeiten läßt. Bei der Weitergabe handelt es sich um eine "Übermittlung" im Sinne von § 24 BDSG.

Simitis[21] hat überzeugend dargelegt, daß keine konzernrechtliche oder vertragliche Konstruktion die notwendigen Voraussetzungen für die Übermittlung personenbezogener Arbeitnehmerdaten allgemein beseitigen kann: Weder das "Konzerninteresse" noch das "berechtigte Interesse" der Obergesellschaft noch die "Zweckbestimmung des Arbeitsverhältnisses" (§ 24 Abs. 1 S. 1 BDSG) führen in der Regel schon dazu, das sicher vorhandene tatsächliche Interesse am entsprechenden Informationsfluß auch datenschutzrechtlich zu legitimieren. Vielmehr sind stets noch die "schutzwürdigen Belange" (§ 24 Abs. 1 S. 1 BDSG) der betroffenen Arbeitnehmer zu berücksichtigen. Es muß also eine konkrete Abwägung stattfinden, die allerdings auch zugunsten des Unternehmens ausgehen kann: So beispielsweise bei der zentralen Speicherung von Personalplanungsdaten für Zwecke der Konzernplanung.

Lediglich eine Einwilligung des Arbeitnehmers nach § 3 S. 1 Nr. 2 BDSG kann die rechtlichen Schranken für eine Konzerndatenverarbeitung generell beseitigen, weil darin - sicher nicht stets zweifelsfrei - eine grundsätzliche Ermächtigung gesehen wird. Da die Praxis offenbar in weitem Umfang in den schriftlichen Arbeitsverträgen von der "Konzernklausel" Gebrauch macht, sind bisher noch keine gerichtlichen Streitigkeiten bekannt geworden.

Obwohl Personalinformationssysteme auf Konzernebene schlecht mit der Struktur des Bundesdatenschutzgesetzes in Einklang gebracht werden können, haben sich die Unternehmen der Situation flexibel angepaßt. Die

---

20 Simitis (Anm. 11), § 22 Rdnr. 35 m. Nachw.

21 Simitis (Anm. 11), § 22 Rdnr. 36-48; a. A: v. Uckermann, Auswirkungen des Datenschutzes auf die Versicherungswirtschaft, in: Der Versicherungsbetrieb 6/1976, S. 3 (7 f.); Kriependorf, Datenschutz im Konzern, in: DuD 1977, S. 16 (19).

Rationalisierungs-, Kosten-, Wettbewerbs- und Optimierungsüberlegungen sind so stark, daß die persönlichkeitsrechtlich motivierten Generalklauseln des Bundesdatenschutzgesetzes höchstens formalrechtliche Umwege für beabsichtigte Formen der Konzerndatenverbeitung verlangen. Das Datenschutzrecht bietet kein wirkliches Hindernis, sondern enthält vielmehr Gestaltungsprinzipien zur Legitimation der gegenwärtigen Praxis.

4.6 VORSCHLÄGE

4.61 Aufgrund der Arbeitsweise eines Computers besteht ein Trend zur Entdeckung formalrationaler Entscheidungsverfahren in den Unternehmen. In zahlreichen Großunternehmen werden computergestützte Teilinformationssysteme für betriebliche Funktionen (Fertigungssteuerung, Lagerhaltung, Arbeitszeiterfassung, Telefonüberwachung) für das Personalinformationssystem genutzt und zum Teil direkt mit ihm verkoppelt. Die Einführung verkoppelter Personal- und Sachinformationssysteme ist nach § 87 Abs. 1 Nr. 6 BetrVG zu beurteilen.

4.62 Die Organisation der Informationsflüsse in den Unternehmen weist je nach der Unternehmensstruktur große Unterschiede auf; besondere gesetzliche Regeln für den Informationsfluß zwischen Teilinformationssystemen eines Unternehmens (beispielsweise Produktion, Einkauf, Verkauf, Lagerhaltung) und dem Personalinformationssystem empfehlen sich deshalb nicht. Vielmehr bieten Betriebsvereinbarungen ein flexibleres Instrument, um einen gerechten Interessenausgleich herbeizuführen.

Eine Ausnahme von diesem Grundsatz bildet das betriebsärztliche Informationssystem, das von allen anderen betrieblichen Teilsystemen abgeschottet sein muß.

4.63 Ad-hoc-Verknüpfungen von Personaldaten sollten nicht allen Mitarbeitern der Lohn- und Gehaltsabrechnung erlaubt sein, weil die Abrechnungsverfahren durch Tarifverträge, Betriebsvereinbarungen und Arbeitsverträge stets feststehen. Soweit die Geschäftsleitung, die Leiter von Fachabteilungen oder deren Stellvertreter Personaldaten ad hoc verknüpfen können, ist entweder eine Unterrichtung des Betriebsrats über bestehende Zugriffsberechtigungen zu empfehlen oder die Möglichkeit zu geben, auf Wunsch Einsicht in das Protokoll des Zugriffs nehmen zu dürfen.

4.64 Weil das Einsichtsrecht in die Personaldatenbank nach § 83 Abs. 1 BetrVG durch Arbeitnehmer praktisch nicht wahrgenommen wird und mindestens jedes dritte Großunternehmen den Arbeitnehmer nicht von sich aus über Datenübermittlungen unterrichtet, kann eine entsprechende Kenntnis des Arbeitnehmers nicht unterstellt werden. Eine Einwilligung des Arbeitnehmers nach § 3 S. 1 Nr. 2 BDSG schafft zwar eine formale Legitimation für Übermittlungen, eröffnet aber keine effektive Kontrollmöglichkeit. Deshalb ist rechtspolitisch zu überlegen, ob dem Betroffenen bei tatsächlich fehlender Kenntnis der Übermittlungsvorgänge Auszüge aus den Übermittlungsprotokollen, die aus Datensicherungsgründen in fast allen Unternehmen ohnehin anfallen, in gewissen zeitlichen Abständen zur Verfügung gestellt werden sollen.

4.65 Für den grenzüberschreitenden Austausch von personenbezogenen Daten, insbesondere bei konzernverbundenen Unternehmen, ist eine gesetzliche Regelung im Bundesdatenschutzgesetz erforderlich. Sie sollte an die bestehende Regelung für den öffentlichen Bereich und an die Vorschrift im österreichischen Datenschutzgesetz anknüpfen.

4.66 Nach gegenwärtigem deutschen Recht muß bei einem Export von nicht anonymisierten und anonymisierten Personaldaten durch Wirtschaftsunternehmen ins Ausland stets nach § 24 Abs. 1 S. 1 BDSG geprüft werden, ob die "schutzwürdigen Belange" des Betroffenen gewahrt sind. Eine Verletzung liegt regelmäßig dann nicht vor, wenn Arbeitnehmerdaten im Zusammenhang mit einem Arbeitsplatzwechsel ins Ausland innerhalb eines Konzerns benötigt werden oder wenn es sich um Führungskräfte handelt.

5 ARBEITSMEDIZINISCHES SYSTEM

5.1 ÜBERBLICK ÜBER DIE FRAGESTELLUNG

In jedem Unternehmen fallen in erheblichem Umfang Gesundheitsdaten über Arbeitnehmer an. Darunter sollen alle Befund-, Diagnose-, Therapie- und arbeitsmedizinischen Eignungsdaten verstanden werden, die aus dem Verhältnis Betriebsarzt - Arbeitnehmer stammen und sich auf einen Arbeitnehmer beziehen. Solche Angaben gelten allgemein als die empfindlichsten ("sensitivsten") Personalinformationen überhaupt.

Arbeitshypothese in unserer Untersuchung war die Vermutung, daß in der Personalabteilung, beim Betriebsarzt und in der Betriebskrankenkasse medizinische Arbeitnehmerdaten ermittelt und verarbeitet werden, die für zahlreiche Zwecke Verwendung finden und einen Informationsfluß zwischen verschiedenen Subsystemen auslösen. Es sollten die Verfahren der Ermittlung, Verwendung und Kontrolle verschiedener Typen von Gesundheitsdaten im Arbeitsbereich analysiert werden.

Zahlreiche Forschungsfragen dienten dazu, die Arbeitshypothese zu testen. Der Block "Gesundheitsdaten" im Fragebogen enthielt 26 Fragen und allgemeine Angaben (Nr. 197-223). Nach einer Differenzierung zwischen Befund-, Diagnose-, Therapie- und medizinischen Eignungsdaten wurden die empirischen Zusammenhänge der Verwendung dieser Daten bei Institutionen (Betriebsarzt, Betriebskrankenkasse, Arbeitgeber) untersucht und die Organisation des entsprechenden Datenverkehrs ermittelt.

Zunächst liegt es nahe, die rechtlichen Grundlagen für die Sammlung und Verwendung medizinischer Informationen über Arbeitnehmer darzustellen.

5.2 DAS ARBEITSSICHERHEITSGESETZ

Im Mittelpunkt steht das <u>Gesetz über Betriebsärzte, Sicherheitsingenieure und andere Fachkräfte für Arbeitssicherheit vom 12. Dez. 1973</u>

(ASiG)[1]. Nach § 3 ASiG müssen Betriebsärzte oder betriebsärztliche Zentren[2] den Arbeitgeber in Fragen des Arbeitsschutzes, der Unfallverhütung und in allen Fragen des Gesundheitsschutzes unterstützen. Die Betriebsärzte haben insbesondere die Aufgabe, den Arbeitgeber zu beraten (§ 3 Abs. 1 Nr. 1), die Arbeitnehmer zu untersuchen, arbeitsmedizinisch zu beurteilen (§ 3 Abs. 1 Nr. 2) sowie die Durchführung des Arbeitsschutzes und der Unfallverhütung zu beobachten (§ 3 Abs. 1 Nr. 4). In § 3 Abs. 1 Nr. 2 ASiG ist die Pflicht des Betriebsarztes normiert, die arbeitsmedizinischen Untersuchungsergebnisse zu erfassen und auszuwerten. Gemäß § 8 Abs. 1 Nr. 2 ASiG unterliegen die medizinischen Informationen über Arbeitnehmer der ärztlichen Schweigepflicht. Die Betriebsärzte haben den Arbeitnehmern das Ergebnis der arbeitsmedizinischen Untersuchung auf Verlangen mitzuteilen (§ 3 Abs. 2 ASiG).

5.3 RECHTSVORSCHRIFTEN IM HINBLICK AUF BESTIMMTE ARBEITNEHMERGRUPPEN

Verschiedene Spezialvorschriften im Arbeitsbereich führen zu medizinischen Informationen im Hinblick auf bestimmte Arbeitnehmergruppen:

Das Gesetz zum Schutz der arbeitenden Jugend vom 12. April 1976 (JArbSchG)[3] verlangt Erst-, Nach- und Ergänzungsuntersuchungen von Jugendlichen innerhalb bestimmter Zeiträume (§§ 32-38 JArbSchG). Diese Untersuchungen, die auch ein Betriebsarzt vornehmen kann, erstrecken sich auf den Gesundheits- und Entwicklungsstand, die körperliche Beschaffenheit sowie auf die Auswirkungen der Beschäftigung auf Gesundheit und Entwicklung des Jugendlichen (§ 37 Abs. 1 JArbSchG). Der Arzt

---

1 BGBl. I S. 1885.

2 Am 31.12.1974 gab es 636 hauptamtliche Betriebsärzte, vgl. Bundesminister für Jugend, Familie und Gesundheit (Hrsg.), Daten des Gesundheitswesens, Ausgabe 1977, S. 219. Nach einer Umfrage der Bundesärztekammer vom 31.12.1977 hatten sich 8455 Ärzte für eine betriebsärztliche Tätigkeit qualifiziert; ferner gab es im September 1977 rund 200 arbeitsmedizinische Zentren (vgl. Dieter Borgers/Barbara Nemitz, Bedingungen werksärztlicher Tätigkeit und das Arbeitssicherheitsgesetz, in: Jahrbuch für kritische Medizin, Bd. 3 (1978), S. 116 m. Nachw.).

3 BGBl. I S. 965.

hat mögliche Gefährdungen und die Erforderlichkeit gesundheitsdienlicher Maßnahmen festzustellen (37 Abs. 2 JArbSchG) und im schriftlichen Untersuchungsbefund Auswirkungen auf den Arbeitseinsatz festzuhalten (§ 37 Abs. 3 JArbSchG). Während der Arzt dem Personensorgeberechtigten das wesentliche Ergebnis der Untersuchung mitteilt (§ 39 Abs. 1 JArbSchG), erhält der Arbeitgeber lediglich eine Bescheinigung darüber, daß die Untersuchung stattgefunden hat, mit dem Vermerk derjenigen Arbeiten, "durch deren Ausführung er die Gesundheit oder die Entwicklung des Jugendlichen für gefährdet hält" (§ 39 Abs. 2 JArbSchG).

Nach der Verordnung über die Beschäftigung von Frauen auf Fahrzeugen vom 2. Dezember 1971[4] hat der Arbeitgeber die Untersuchung einer Arbeitnehmerin zu veranlassen, die erstmals als Fahrerin tätig werden will (§ 3 S. 1 der VO). Sie muß ihm eine ärztliche Bescheinigung vorlegen, daß gesundheitliche Bedenken gegen die Beschäftigung generell oder bei Beachtung bestimmter Auflagen nicht bestehen (§ 2 Abs. 1 der VO).

Nach der Verordnung über den Schutz vor Schäden durch Röntgenstrahlen vom 1. 3. 1973 (RöV)[5] besteht eine umfangreiche Pflicht, Patienten nach früheren Röntgenstrahlenbehandlungen zu befragen (§ 29 Abs. 1), Aufzeichnungen über die Art des Röntgenverfahrens zu machen (§ 29 Abs. 2) und dem Patienten darüber auf Wunsch eine Abschrift auszuhändigen (§ 29 Abs. 3). Die Aufzeichnungen über Röntgenbehandlungen sind 30 Jahre, über Röntgenuntersuchungen 10 Jahre aufzubewahren und bei Praxisaufgabe auf Verlangen der Behörde zu hinterlegen (§ 29 Abs. 4).

5.4 RECHTSVORSCHRIFTEN IM HINBLICK AUF BESTIMMTE TÄTIGKEITEN ODER KRANKHEITEN

Andere Rechtsvorschriften erfordern medizinische Informationen über Arbeitnehmer im Hinblick auf bestimmte Tätigkeiten oder Krankheiten:

---

4 BGBl. I S. 1957.

5 BGBl. I 1973, S. 173.

Das Gesetz zur Verhütung und Bekämpfung übertragbarer Krankheiten beim Menschen (Bundes-Seuchengesetz) vom 18. Juli 1961 (BSeuchG)[6] verpflichtet alle Ärzte, bestimmte Krankheiten an das zuständige Gesundheitsamt zu melden (§§ 3, 4, 9).

Gemäß der neuen Verordnung über gefährliche Arbeitsstoffe (Arbeitsstoffverordnung - ArbStoffV) vom 29. Juli 1980[7] hat jeder Arbeitgeber, der gefährliche Arbeitsstoffe verwendet, die für ihn geltenden Arbeitsschutz- und Unfallverhütungsvorschriften zu beachten und alle erforderlichen sicherheitstechnischen-, arbeitsmedizinischen und hygienischen Maßnahmen zu treffen (§ 12 Abs. 1 ArbStoffV). Auf Antrag des Betriebsarztes ist dieser zu ermächtigen, die Vorsorgeuntersuchungen bei den von ihm arbeitsmedizinisch betreuten Arbeitnehmern vorzunehmen (§ 16 Abs. 2). Die Vor- und Nachuntersuchungen sind genau geregelt (§ 17). Der Betriebsarzt teilt dem Arbeitgeber in einer Bescheinigung mit, ob keine oder bedingte, befristete oder grundlegende Bedenken gegen eine Beschäftigung bzw. Weiterbeschäftigung bestehen (§§ 17 Abs. 5, 21). Liegen gesundheitliche Bedenken gegen eine Weiterbeschäftigung vor, dann darf der Arbeitgeber den Arbeitnehmer nicht mehr beschäftigen (§ 21 Abs. 3). Bemerkenswert ist die Verpflichtung des Arbeitgebers zur Führung einer Gesundheitskartei, die neben identifizierenden Merkmalen des Arbeitnehmers u. a. die Art der Gefährdungsmöglichkeiten sowie das Datum und Ergebnis der ärztlichen Vorsorgeuntersuchungen enthalten muß (§ 19 Abs. 2 Nr. 5, 8).

Die Verordnung über den Schutz vor Schäden durch ionisierende Strahlen vom 13. Oktober 1976 (StrahlSchVO)[8] ordnet im Umgang mit radioaktiven Stoffen zahlreiche ärztliche Überwachungsmaßnahmen an (§§ 67-71). Betriebsärzte müssen von der zuständigen Behörde besonders zur Überwachung ermächtigt werden (§ 71 Abs. 1 S. 1). Der ermächtigte Arzt muß für jede strahlenexponierte Person eine Gesundheitsakte führen und auf dem laufenden halten (§ 71 Abs. 3 S. 1). Die Akte hat auch Angaben über die Arbeitsbedingungen der einzelnen Person, die Ergebnisse der ärztli-

---

6 BGBl. I S. 1012, 1300, zuletzt geändert durch Gesetz vom 10.8.1978 BGBl. I. S. 1217.

7 BGBl. I S. 2493.

8 BGBl. I S. 2909.

chen Untersuchungen sowie die empfangenen Strahlendosen zu enthalten (§ 71 Abs. 3 S. 2). Die Gesundheitsakte ist mindestens 30 Jahre aufzubewahren und nach Beendigung der Berufstätigkeit des Arbeitnehmers an die nach Landesrecht zuständige Stelle zu übergeben (§ 71 Abs. 3 S. 3, 4).

Die Verordnung über Arbeitsstätten vom 20. 3. 1975 (ArbStättV)[9] macht dem Arbeitgeber zur Auflage, die Arbeitsstätten nach den Vorschriften dieser Verordnung den sonst geltenden Arbeitsschutz- und Unfallverhütungsvorschriften und nach den allgemein anerkannten sicherheitstechnischen, arbeitsmedizinischen und hygienischen Regeln einzurichten und zu betreiben (§ 3 Abs. 1 Nr. 1).

Nach der Berufskrankheiten-Verordnung vom 20. 6. 1968 mit der Änderung vom 8. 12. 1976[10], die auf §§ 551 Abs. 1 und 4, 840 RVO zurückgeht, hat jeder Arzt bei begründetem Verdacht, daß eine Berufskrankheit besteht, dies dem Träger der Unfallversicherung oder der für den medizinischen Arbeitsschutz zuständigen Stelle unverzüglich anzuzeigen (§ 5). Alle 55 Berufskrankheiten, die in der 1976 erweiterten Anlage zur Berufskrankheiten-Verordnung aufgeführt sind[11], müssen von einem Arzt auf einem vorgeschriebenen Formular gemeldet werden.

5.5 RECHTSVORSCHRIFTEN ÜBER DOKUMENTATIONS-, AUSKUNFTS- UND MELDEPFLICHTEN

Schließlich regeln zahlreiche sozialversicherungsrechtliche Verfahrensvorschriften Dokumentations-, Auskunfts- und Meldepflichten über medizinische Arbeitnehmerdaten:

---

9 BGBl. I S. 729.

10 BGBl. I S. 721.

11 Das Bundessozialgericht hat in einem Urteil vom 26.1.1978 (BB 1979, S. 111) die Liste der Berufskrankheiten für verfassungemäß erklärt. - Empirisches Material zu den Berufskrankheiten findet sich im Bericht der Bundesregierung über den Stand der Unfallverhütung und das Unfallgeschehen in der Bundesrepublik Deutschland (Unfallverhütungsbericht) vom 29.11.1978 (Deutscher Bundestag, Drucks. 8/2328).

Gemäß § 708 Abs. 1 Nr. 3 und 4 RVO erlassen die Berufsgenossenschaften Vorschriften über Unfallverhütung sowie Maßnahmen, die der Unternehmer zu treffen hat, um die Pflichten aus dem Gesetz über Betriebsärzte, Sicherheitsingenieure und andere Fachkräfte für Arbeitssicherheit (ASiG) zu erfüllen. Nach der VBG 1 muß der Betriebsarzt eine Gesundheits-Datei sowie verschiedene Statistiken führen. Ferner sehen zahlreiche Unfallverhütungsvorschriften ärztliche Bescheinigungen über gesundheitliche Bedenken gegen die Beschäftigung oder Weiterbeschäftigung eines Arbeitnehmers vor. Die Unfallverhütungsvorschriften der Berufsgenossenschaften oder sonstige Verordnungen und Richtlinien betreffen vor allem Stoffe, die als gefährlich bekannt sind, wie: Arsen, Asbest, Benzol, Blei, Bleialkyle, Cadmium, Chlor, Chrom, Cyanide, Fluor, Laserstrahlen, Methanol, mineralischen Staub, Nitro- und Aminoverbindungen, Phosphor, Quecksilber[12]. Aufgrund dieser Regelungen führen die Betriebsärzte in festgelegten Zeitabschnitten arbeitsmedizinische Vorsorgeuntersuchungen durch. Auf diese Weise fallen in zahlreichen Industrieunternehmen arbeitsmedizinische Daten an, die individuelle Belastungen eines Arbeitnehmers am Arbeitsplatz und ihre Wirkungen auf die Gesundheit festhalten.

Nach § 368 RVO wirken Ärzte und Krankenkassen zur Sicherstellung der ärztlichen Versorgung zusammen. Träger der gesetzlichen Versicherung sind u. a. auch die Betriebskrankenkassen (§ 225 Abs. 1 RVO). Jeder Arbeitgeber, der regelmäßig mindestens 450 Versicherungspflichtige beschäftigt, kann grundsätzlich eine Betriebskrankenkasse errichten (§ 245 Abs. 1 S. 1 RVO).

§ 368 S. 2 RVO legt fest, daß Ärzte nach Maßgabe besonderer Verträge der Bundesverbände der Krankenkassen und der kassenärztlichen Bundesvereinigungen unter bestimmten Voraussetzungen und nach bestimmten Verfahren Mitteilungen über Behinderte an die Kassen zu machen haben.

Ferner bestehen Unterstützungs- und Auskunftspflichten des Unternehmers und des Betriebsarztes gegenüber dem Träger der Unfallversicherung (§§ 1543 c und d RVO).

---

12 Einen umfassenden Nachweis von Unfallverhütungsvorschriften enthält der Forschungsbericht 24 des Bundesministers für Arbeit und Sozialordnung über "Betriebsärztliche Tätigkeiten und Zeitwerte für deren Durchführung", Bonn 1980, S. 36-48.

5.6 EMPIRISCHER BEFUND

Die verstreuten Regelungen über die Erhebung, Dokumentaktion und Weitergabe arbeitsmedizinischer Personaldaten machen deutlich, welche wichtigen Funktionen die Betriebsärzte und betriebsärztlichen Zentren erfüllen.

Im Mittelpunkt der betriebsärztlichen Tätigkeit stehen Einstellungs- und Reihenuntersuchungen der Arbeitnehmer. Nur ausnahmsweise werden auch Krankheitsursachen erforscht, Behandlungen vorgenommen oder Früherkennungs- und Vorsorgeuntersuchungen durchgeführt. Aufgrund der zu erfüllenden Funktionen erreicht der arbeitsmedizinische Informationsfluß eine gewisse Komplexität. Deshalb verwundert es nicht, daß bereits im Jahre 1973 ein sehr anspruchsvolles Automationskonzept für die Organisation eines betriebsärztlichen Informationssystems vorgelegt wurde[13]. Die gegenwärtige Praxis in den Unternehmen stimmt damit jedoch nur teilweise überein.

5.61 RECHNERGESTÜTZTE FUNKTIONEN DES BETRIEBSARZTES

Zunächst war festzustellen, in welchem Umfang bei den untersuchten Großunternehmen überhaupt Betriebsärzte oder betriebsärztliche Zentren arbeitsmedizinische Aufgaben wahrnehmen. Das Ergebnis sieht wie folgt aus:

Frage 207: Wer nimmt die medizinische Untersuchung der Arbeitnehmer vor?	
Ein eigener Betriebsarzt	68,7 %

13 Fred Eggeling/Erich Wende, Modell eines werksärztlichen Informationssystems, Teil 1 und 2, Hannover 1973 (Schriftenreihe "Dokumentation für Arbeitsmedizin"). Als derzeit fortgeschrittenstes automatisiertes arbeitsmedizinisches Informationssystem in der Bundesrepublik Deutschland kann das der Mannesmann AG gelten, vgl. Wilfried Koch, Personaldatensystem und medizinische Daten am Beispiel eines betriebsärztlichen Informationssystems, in: Ges. f. Datenschutz und Datensicherung e. V. (Hrsg.), Datenschutzfachtagung DAFTA 78 Tagungsband, Köln 1979, S. 175 ff.

Ein betriebsärztliches Zentrum	1,5 %
Vertragsärzte	4,5 %
Gesundheitsamt/frei gesuchter Arzt	7,5 %
Es finden keine Einstellungs- und Routineuntersuchungen statt	1,5 %
weiß ich nicht	6,0 %
keine Angabe	10,4 %

Bei knapp 70 % aller Probanden führen also eigene Betriebsärzte die arbeitsmedizinischen Untersuchungen durch. Bemerkenswert erscheint, daß selbst bei den Großunternehmen betriebsärztliche Zentren kaum vorkommen (1,5 %)[14] und nicht stets gewährleistet ist (bei 1,5 %), daß Einstellungs- und Reihenuntersuchungen stattfinden, obwohl verschiedene Untersuchungen zwingend vorgeschrieben sind.

Die Nachforschungen, in welchem Umfang für arbeitsmedizinische Aufgaben Computer eingesetzt werden, ergaben folgendes Bild:

Frage 211: Welche Funktionen und Aufgaben des Betriebsarztes werden rechnergestützt erfüllt? (Mehrfachnennungen möglich)	
1. Terminierung der erforderlichen Untersuchungen und Aufforderung an den Arbeitnehmer	26,9 %
2. Auswertung der Untersuchungsergebnisse bei Einstellung	10,4 %
3. Auswertung sonstiger Untersuchungsergebnisse	7,5 %
4. Auswertung des betriebsärztlichen Fragebogens	4,5 %
5. Dokumentation von ärztlichen Maßnahmen, z. B. Impfungen, Reihenuntersuchungen	13,4 %
6. Dokumentation krankheitsbedingter Abwesenheit	6,0 %
7. Dokumentation der Krankheitsgründe	4,5 %

14 Die niedrige Prozentzahl mag dadurch zustande gekommen sein, daß nicht definiert ist, was man unter einem "betriebsärztlichen Zentrum" versteht. Insbesondere kann es innerhalb oder außerhalb des Unternehmens organisiert sein.

8. Dokumentation der Krankheitsgeschichte	4,5 %
9. Keine Funktionen	29,9 %
10. Weiß ich nicht	7,5 %
11. Keine Angabe	9,0 %

Nur knapp ein Drittel der Probanden (29,9 %) hat also bisher überhaupt keine betriebsärztlichen Funktionen automatisiert. In allen übrigen Fällen übernimmt ein Computer insbesondere administrative Aufgaben. Dazu gehören die Terminierung der erforderlichen Untersuchungen und die diesbezüglichen Aufforderungen an die Arbeitnehmer (26,9 %), sowie die Dokumentation verschiedener Ereignisse, wie ärztliche Maßnahmen (13,4 %), kranheitsbedingte Abwesenheit (6,0 %), Krankheitsgeschichte (4,5 %) oder Krankheitsgründe (4,5 %). Relativ geringen Umfang nehmen Auswertungsprogramme ein: Jeweils unter 11 % bleibt die Zahl der Probanden, die Ergebnisse von Einstellungsuntersuchungen (10,4 %), des betriebsärztlichen Fragebogens (4,5 %) und von sonstigen Untersuchungen (7,5 %) automatisiert auswerten. Dies dürfte darauf beruhen, daß die Zielrichtung von Auswertungen stark von den Bedürfnissen des jeweiligen Unternehmens beeinflußt wird und deshalb standardisierte Auswertungsprogramme fehlen.

Erst in den Anfängen befindet sich offensichtlich auch das sogenannte "Profilverfahren". Dabei geht es um den Versuch, medizinische Einzelaussagen über die Gesundheit oder die Eignung eines Arbeitnehmers durch automatisierte Kombinationsverfahren zu einem Gesamtbild ("Profil") zusammenzufügen. Gesundheitsprofile werden überhaupt nur von 3,0 % der befragten Unternehmen hergestellt (Frage 218), Eignungsprofile nur von 4,5 % (Frage 219). Kaum überraschend ist deshalb auch die geringe Verbreitung einer automatisierten Kompatibilitätsprüfung zwischen einem medizinischen Eignungsprofil und einem Arbeitsplatzprofil. Der Anteil für diesen automatisierten "Profilabgleich" liegt bei 3,0 % derjenigen Unternehmen, die automatisiert Gesundheitsdaten auswerten (Frage 220). Bei den Interviews während der Befragung wurde jedoch deutlich, daß insbesondere in der Stahlindustrie der automatisierte Profilabgleich geplant wird.

5.62 ERMITTLUNG ARBEITSMEDIZINISCHER DATEN

Da Betriebsärtze üblicherweise nur Untersuchungen vornehmen, die sich auf die Arbeitsplätze im Betrieb und auf bestimmte Krankheiten beziehen, erscheint es verhältnismäßig einfach, die jeweiligen Fragen zu standardisieren. Entsprechende Vordrucke (Gesundheitsfragebogen, Checklisten) bieten gute Voraussetzungen für eine automatisierte Dokumentation und Auswertung. Die Befragung ergab, daß nur gut zwei Fünftel aller Probanden (41,8 %) standardisierte Vordrucke im Rahmen der betriebsärztlichen Untersuchungen verwenden (Frage 208). Der größte Teil der Befund-, Diagnose- und Therapiedaten wird jedoch im herkömmlichen Verfahren gewonnen.

5.63 DOKUMENTATION ARBEITSMEDIZINISCHER DATEN

Nicht unerheblich für die rechtliche Beurteilung arbeitsmedizinischer Datenflüsse ist die Kenntnis der Stellen im Unternehmen, die medizinische Daten dokumentieren. Dies versuchten wir durch folgende Frage zu ermitteln:

Frage 197: Wo sind Gesundheitsdaten der Arbeitnehmer (Befund-, Diagnose- und Therapiedaten, Eignungsaussagen) dokumentiert? (Mehrfachnennungen möglich)	
1. Im Personalinformationssystem	41,8 %
2. In der Kartei des Betriebsarztes/des betriebsärztlichen Zentrums	59,7 %
3. Im automatisierten Informationssystem des Betriebsarztes/des betriebsärztlichen Zentrums	14,9 %
4. In der Personalakte	49,3 %
5. Im Informationssystem der Betriebskrankenkasse	9 %
6. An sonstigen Stellen	0 %
7. Keine Angaben	4,5 %
8. Weiß nicht	1,5 %

Bei insgesamt 74,6 % aller Probanden befinden sich die medizinischen Daten entweder in der Kartei (59,7 %) oder im automatisierten Informationssystem (14,9 %) des Betriebsarztes. Der gegenwärige Automationsgrad im betriebsärztlichen System muß demnach als niedrig bezeichnet werden. Die nächstwichtige Dokumentationsstelle bildet die Personalakte (49,3 %). Da es "die" Personalakte im Unternehmen bekanntlich nicht gibt, sondern meist nur sachlich oder örtlich aufgespaltene Teil-Personalakten, führen vermutlich auch einige Betriebsärzte "Personalakten". Bemerkenswert ist ferner, daß in 41,8 % aller Fälle Gesundheitsdaten auch im Personalinformationssystem des Unternehmens gespeichert werden. Wie die bei dieser Frage zugelassenen Mehrfachnennungen zeigen, werden die meisten Gesundheitsdaten doppelt dokumentiert.

Die Existenz von Gesundheitsdaten der Arbeitnehmer im zentralen Personalinformationssystem des Unternehmens regt zu der weiteren Nachforschung an, um welche Art von arbeitsmedizinischen Daten es sich dabei handelt.

Die darauf gerichtet Frage 198:

Handelt es sich hierbei auch um Befund-, Diagnose- oder Therapiedaten? beantworten mit	
1. Nein	40,3 %
2. Ja	1,5 %
3. Keine Angabe	0 %

Damit steht fest, daß 1,5 % derjenigen Probanden, die Gesundheisdaten im Personalinformationssystem des Unternehmens speichern, Befund-, Diagnose- oder Therapiedaten und 40,3 % medizinische Eignungsaussagen im Personalinformationssystem dokumentieren. Diese zwingende Folgerung ergibt sich aus dem Zusammenhang der Fragen 197 und 198: Im Gegensatz zu Frage 197 umfaßte die Frage 198 nicht die medizinischen Eignungsaussagen.

Wenig aufschlußreich war die Zusatzfrage, wodurch sich die Aufnahme von Befund-, Diagnose- und Therapiedaten in ein Personalinformationssystem rechtfertigt (Frage 202). Nur 9,0 % aller Probanden waren zu einer Antwort bereit und legitimierten dies mit der "zweckgerechten Durchführung des Arbeitsverhältnisses".

Da es sich bei den Gesundheitsdaten im Personalinformationssystem weit überwiegend um medizinische Eignungsaussagen handelt, wird die Art und Weise wichtig, wie diese Eignungsaussagen im Personalinformationssystem gespeichert werden (Frage 204). Von den 40,3 % aller Probanden, die überhaupt Eignungsaussagen im Personalinformationssystem dokumentieren, erfassen 18,5 % die Eignungsaussagen detailliert gemäß den gesundheitlichen Anforderungen sämtlicher Arbeitsplätze im Unternehmen, immerhin 33,3 % detailliert im Hinblick auf den konkret zu besetzenden Arbeitsplatz und nur 25,9 % in einer zwei- oder dreistufigen Aussage (geeignet/ungeeignet bzw. geeignet/bedingt geeignet/ungeeignet). Die übrigen Probanden (22,2 %) machten keine näheren Angaben.

Ferner finden sich ärztliche Bescheinigungen über den Gesundheitszustand von Jugendlichen (§ 32 ff. JArbSchG) zu 9,0 % im Personalinformationssystem. Rund zwei Drittel (67,2 %) aller Befragten gaben an, diese Bescheinigungen bei der Personalabteilung verfügbar zu haben, etwa ein Viertel (25,4 %) beim Betriebsarzt (Frage 206).

5.64 WEITERGABE ARBEITSMEDIZINISCHER DATEN IM UNTERNEHMEN

Das betriebliche Hauptinteresse hinsichtlich arbeitsmedizinischer Daten richtet sich auf Eignungsaussagen über Arbeitnehmer. Nicht nur der Gesundheits- und Unfallschutz, sondern auch externe Organisationsmaßnahmen setzen medizinische Beurteilungen voraus. Deshalb verwundert es nicht, daß die Personalabteilungen der befragten Unternehmen zu 56,7 % alle Eignungsaussagen vom Betriebsarzt erhalten. Bei 3,0 % der Befragten liefert der Betriebsarzt darüber hinaus solche Eignungsaussagen an die Personalabteilung, die stets durch einzelne Befund-, Diagnose- oder Therapiedaten erweitert sind (Frage 212). Immerhin möchten die Personalabteilungen von 28,4 % aller Befragten "hin und wieder" die Eignungsaussagen des Betriebsarztes präzisiert haben (Frage 213). Eine Übermittlung aller Gesundheitsdaten an die Personalabteilung erfolgt jedoch in keinem Fall (Frage 212).

Es ist eine juristische Streifrage, ob der Betriebsarzt die notwendig in den Eignungsaussagen steckenden medizinischen Daten ohne weiteres an die Personalabteilung weitergeben darf oder dazu die Zustimmung des betroffenen Arbeitnehmers einholen muß. Das Europäische Parlament hält in einer Empfehlung vom Juni 1979 bei medizinischen Daten stets die Zustimmung des Betroffenen für erforderlich[15]. In der Praxis wird überwie-

---

15 Empfehlungen des Parlaments an die Kommission und an den Rat gemäß Ziffer 10 des Entschließungsantrages betreffend die Grundsätze, auf (Fortsetzung nächste Seite)

gend auf eine ausdrückliche Entbindung von der Schweigepflicht verzichtet. Nur bei 20,9 % der Befragten entbindet der Arbeitnehmer den Betriebsarzt ausdrücklich von seiner Schweigepflicht gegenüber der Personalabteilung, bei 1,5 % der Befragten besteht eine entsprechende Betriebsvereinbarung (Frage 214). Knapp ein Drittel aller Schweigepflichtentbindungen erstrecken sich zugleich auch auf andere Ärzte (Frage 215).

In der Bundesrepublik Deutschland gibt es 889 Betriebskrankenkassen. Fast die Hälfte der Probanden (45,3 %) hatte von der Möglichkeit nach § 245 Abs. 1 S. 1 RVO Gebrauch gemacht, eine Betriebskrankenkasse zu errichten (Frage 221). Die Betriebskrankenkassen erhalten jedoch in keinem der untersuchten Fälle Gesundheitsdaten vom Betriebsarzt, noch geben sie solche Daten an ihn weiter (Fragen 222, 223). Allerdings übermitteln 4,5 % der Betriebskrankenkassen Gesundheitsdaten der bei ihnen versicherten Arbeitnehmer an die Personalabteilung des Unternehmens (Frage 223).

5.65 VERWENDUNG ARBEITSMEDIZINISCHER DATEN IM UNTERNEHMEN

Neben den Fällen, in denen Befund-, Diagnose- oder Therapiedaten an die Personalabteilung gelangen, finden vor allem die medizinischen Eignungsaussagen im Unternehmen Verwendung. Für die 40,3 % aller Probanden, die medizinische Eignungsaussagen in Personalinformationssysteme speichern (Frage 204), bilden sie weit überragend die Grundlage für die Einweisung in einen Arbeitsplatz (70,4 %) und/oder für Entscheidungen bezüglich Personalumsetzungen (55,6 %). Nur bei 11,1 % aller Befragten werden medizinische Eignungsaussagen für Fortbildungsmaßnahmen berücksichtigt (Frage 205). Mehrfachnennungen waren möglich. Soweit über das Zustandekommen der Eignungsaussagen überhaupt Angaben gemacht wurden

---

die sich die Gemeinschaftsvorschriften über den Schutz der Rechte des einzelnen angesichts der fortschreitenden technischen Entwicklung auf dem Gebiet der Datenverarbeitung stützen sollten, Abschnitt I Nr. 7: "Daten aus medizinischen Datenbanken dürfen untereinander oder mit anderen Dateien nur mit Zustimmung des Betroffenen verbunden werden" (Amtsblatt der Europäischen Gemeinschaften v. 5.6.1979 Nr. C 140/38). -
Vgl. ferner: Werner S. Kierski, Zur Frage der Schweigepflicht des Betriebsarztes, in: BB 1976, S. 842 f. Das LAG Bremen hält im Urteil vom 4.3.1977, BB 1977, S. 648 (649) nur bei Einwilligung des Arbeitnehmers eine Einsichtnahme des Arbeitgebers in die Gesundheitsakten beim Betriebsarzt für zulässig.

(Fragen 209, 210), laufen sie darauf hinaus, daß überwiegend 20 - 50 graduell abgestufte Gesundheitsmerkmale die Grundlage für Eignungsaussagen bilden.

5.66 ZUGRIFF AUF ARBEITSMEDIZINISCHE DATEN IM PERSONALINFORMATIONSSYSTEM

Man kann mit hoher Wahrscheinlichkeit davon ausgehen, daß bei 41,8 % der Probanden, die Gesundheitsdaten im Personalinformationssystem speichern (Frage 197), stets bestimmte Sachbearbeiter der Personalabteilung darauf Zugriff haben. Soweit es sich um zwei- oder dreigliedrige medizinische Eignungsaussagen handelt, erscheint dies grundsätzlich auch sachlich notwendig. Soweit jedoch Befund-, Diagnose- oder Therapiedaten oder weit aufgefächerte medizinische Eignungsaussagen im Personalinformationssystem dokumentiert und anderen Personen als dem Betriebsarzt zugänglich gemacht werden (Frage 198), taucht das Problem auf, ob besondere technische und organisatorische Sicherheitsvorkehrungen im Hinblick auf Gesundheitsdaten getroffen werden. Die entsprechende Nachforschung (Frage 201) stieß nur bei 9,0 % aller Befragten auf Gegenliebe und erbrachte keine Einzelheiten. Dies darf wohl so gedeutet werden, daß alle Mitarbeiter, die auch sonst mit dem Personalinformationssystem arbeiten, Gesundheitsdaten erhalten können. Ein besonderer Schutz scheint nicht zu bestehen.

5.7 RECHTLICHE BEWERTUNG DES EMPIRISCHEN BEFUNDES

Eine Bewertung des empirischen Befundes auf der Grundlage der einschlägigen Rechtsvorschriften führt zu interessanten Ergebnissen: Der Umgang mit arbeitsmedizinischen Gesundheitsdaten in den untersuchten Unternehmen läßt sich teilweise nur schwer oder gar nicht mit der Wahrnehmung des Arztgeheimnisses und des Arbeitnehmerpersönlichkeitsrechts in Einklang bringen. Fast alle auftretenden Probleme beruhen jedoch nicht auf bewußt rechtswidrigem Verhalten der Unternehmen, als vielmehr auf unpräzisen gesetzlichen Regelungen, die bisher noch nicht auf die Voraussetzungen und Folgen einer automatisierten Datenverarbeitung in Großunternehmen zugeschnitten sind. Hierfür mag die Unkenntnis des Gesetzgebers von dem gegenwärtigen Stand der Datenverarbeitung in der Wirtschaft eine Rolle spielen.

Die praktische Bedeutung der Automation arbeitsmedizinischer Daten läßt sich daran ablesen, daß rund 70,1 % der umsatzstärksten deutschen Industrieunternehmen einzelne Funktionen des Betriebsarztes oder des betriebsärztlichen Zentrums rechnergestützt erledigen (Frage 211). Dies geschieht allerdings nur zum Teil im automatisierten betriebsärztlichen Informationssystem, über das (Frage 37) 19,4 % der Großunternehmen verfügen. Die Korrelation der Antworten zu der Frage, ob ein automatisiertes Informationssystem des Betriebsarztes besteht (Frage 37, Alternative 2) und der Frage, ob Gesundheitsdaten im automatisierten betriebsärztlichen Informationssystem verarbeitet werden (Frage 197, Alternative 3), ergab einen Korrelationskoeffizienten von 0,48. Das überraschende Ergebnis lautet also: Weniger als die Hälfte der Großunternehmen, die über ein automatisiertes betriebsärztliches Informationssystem verfügen, läßt dort die Gesundheitsdaten auch verarbeiten. Überwiegend geschieht dies vielmehr im zentralen Personalinformationssystem des Unternehmens.

Ein Großteil der rechnergestützten Funktionen des Betriebsarztes bezieht sich zwar auf Verwaltungsaufgaben. Aber immerhin werten die Betriebsärzte in rd. 18 % aller Großunternehmen bestimmte Untersuchungsergebnisse automatisiert aus und erstellen Gesundheitsprofile (3,0 %) oder Eignungsprofile (4,5 %) über Arbeitnehmer (Fragen 218, 219).

5.71 STELLUNG DES BETRIEBSARZTES

Soweit die Kompetenz für die Erhebung, Auswertung und Verwendung arbeitsmedizinischer Daten ausschließlich beim Betriebsarzt oder beim betriebsärztlichen Zentrum liegt, bestehen keine rechtlichen Bedenken. Das Arztgeheimnis, dem der Betriebsarzt nach § 8 Abs. 1 Nr. 2 ASiG unterliegt und dessen Schutz der § 203 StGB dient, kann als gesichert angesehen werden.

Andererseits ist der Betriebsarzt zugleich Angestellter[16] des Unternehmens. Er befindet sich also in einer Doppelrolle, die zu Konflikten führen muß, wenn von ihm als Angestellten des Unternehmens mehr Auskünfte

---

16 Nach einer Entscheidung des LAG Baden-Württemberg gehört er nicht zu den leitenden Angestellten; vgl. DB 1978, S. 497.

erwartet werden, als er als Arzt normalerweise geben dürfte. Die funktionale Bedeutung des Betriebsarztes spiegelt sich auch in der Entscheidung des Bundesarbeitsgerichts, wonach die Form der betriebsärztlichen Betreuung der Mitbestimmung unterliegt[17].

5.72 ZULÄSSIGE FORMEN DER VERARBEITUNG ARBEITSMEDIZINISCHER DATEN

Grundsätzlich bestehen gegen eine Automation arbeitsmedizinischer Daten keine Bedenken. Der Computer dient als machtvolles Rationalisierungselement. Es gelten die allgemeinen Prinzipien, die auch sonst für die Verarbeitung automatisierter medizinischer Daten zu berücksichtigen sind[18].

5.721 Mitteilung von Untersuchungsergebnissen

Innerhalb der Beratungsfunktion des Betriebsarztes (§ 3 Abs. 1 Nr. 1 ASiG) liegt es, wenn der Betriebsarzt der Unternehmensleitung Ergebnisse der Eignungsuntersuchungen in zweigliedriger Form ("geeignet"/"nicht geeignet") oder dreigliedriger Form ("geeignet"/"bedingt geeignet"/ "nicht geeignet") mitteilt. Allerdings muß die Auskunft im Hinblick auf einen ganz bestimmten Arbeitsplatz erfolgen und darf sich nicht auf eine Vielzahl von Arbeitsplätzen beziehen. Bei detaillierten Vorgaben für viele Arbeitsplätze, wie sie mit Hilfe von Arbeitsplatzprofilen leicht erfolgen könnten, wäre der Arbeitgeber sonst in der Lage, eventuelle Krankheiten des Arbeitnehmers selbst dann festzustellen, wenn die Diagnosen nicht mitgeteilt werden. Das Ergebnis der Eignungsuntersuchung soll jedoch nur zugunsten des Arbeitnehmers die Beschäftigung auf ungeeigneten Arbeitsplätzen ausschließen, sich aber nicht auf sonstige Entscheidungen, wie Entlassungen wegen Krankheit[19] auswirken.

---

17 BAG BB 1979, S. 1713.

18 Vgl. Wolfgang Kilian/Albert J. Porth (Hrsg.), Juristische Probleme der Datenverarbeitung in der Medizin, Berlin/Heidelberg/New York 1979.

19 Eine Zusammenstellung der Rechtsprechung dazu bietet: L. Wenzel, Kündigung von Arbeitsverhältnissen wegen Krankheit, in: Die Information über Steuer und Wirtschaft Nr. 21/1978, S. 495-500. Vgl. ferner: Erwin Radek, Arbeitsrechtliche Konsequenzen des Beschäftigungsverbots wegen gesundheitlicher Bedenken, in: Die Berufsgenossenschaft 1979, S. 225-229.

5.722 Anfragen der Personalabteilung

Anfragen der Personalabteilung beim Betriebsarzt, die bei 28,4 % aller Probanden "hin und wieder" bezüglich medizinischer Eignungsaussagen vorkommen, können dann als zulässig angesehen werden, wenn sie Unklarheiten beseitigen helfen. Diese Auskünfte sind insoweit ebenfalls von der Beratungsfunktion des Betriebsarztes (§ 3 Abs. 1 Nr. 1 ASiG) gedeckt.

5.723 Mitteilung über verbotene Arbeiten für Jugendliche

Kraft positiver gesetzlicher Regelung dürfen diejenigen Arbeiten, durch deren Ausführung ein Betriebsarzt die Gesundheit oder die Entwicklung des Jugendlichen für gefährdet hält (§ 39 Abs. 2 JArbSchG), an das Unternehmen weitergegeben werden. Geht man von dem Zweck dieser Weitergabe aus, der darin besteht, die Jugendlichen besonders zu schützen, dann kann man hiergegen so lange keine Einwände erheben, wie sich die Speicherung im Personalinformationssystem für die Jugendlichen positiv auswirkt. Das Problem liegt in der Kontrolle dieses Verwendungszusammenhangs. Grundsätzlich besteht allerdings kein Unterschied zu den Eignungsaussagen im Hinblick auf andere Arbeitnehmer. Die Vorschrift des § 39 Abs. 2 JArbSchG sollte deshalb mit § 43 Abs. 2 ASiG synchronisiert werden. Es könnte dadurch geschehen, daß in beiden Fällen das Ergebnis der Eignungsuntersuchung im Hinblick auf einen zuvor beschriebenen Arbeitsplatz abgegeben wird. Nicht jeder Jugendliche eignet sich für jeden Arbeitsplatz. Deshalb wirkt es sich eher nachteilig aus, wenn vorab medizinisch bedingte Einschränkungen für eine Vielzahl von Arbeitsplätzen mitgeteilt werden, obwohl der Jugendliche aus anderen Gründen gar nicht für alle Arbeitsplätze in Frage gekommen wäre.

5.73 UNZULÄSSIGE FORMEN DER VERARBEITUNG ARBEITSMEDIZINISCHER DATEN

Über den Zweck der Beratungsfunktion hinaus geht es, wenn der Betriebsarzt Gesundheitsdaten von Arbeitnehmern nicht in sein eigenes Informationssystem, sondern in das Personalinformationssystem des Unternehmens einspeichert. Weder aus Rationalisierungsgründen noch aus Praktikabilitätsgründen läßt sich dies rechtfertigen.

Wie die empirische Untersuchung gezeigt hat, speichern 41,8 % aller Probanden (Frage 197, Alternative 1) Gesundheitsdaten ihrer Arbeitnehmer im zentralen Personalinformationssystem des Unternehmens. Damit wird prinzipiell auch Nichtärzten, insbesondere den Sachbearbeitern der Personalabteilung, der Zugriff auf diese Daten regelmäßig ermöglicht. Auch wenn man ein Interesse der Unternehmen anerkennen muß, eine solide Grundlage für Einweisungen in einen Arbeitsplatz und für Personalumsetzungen zu haben, bedeutet das nicht zwingend die Notwendigkeit eines direkten Zugriffs auf Gesundheitsdaten des Betriebsarztes. Denkbar wären stattdessen beispielsweise Anfragen an den Betriebsarzt, die auf konkrete Arbeitsplätze bezogen sind. Der Betriebsarzt und nicht das Unternehmen ist nach § 3 Abs. 1 Ziff. 2 ASiG verpflichtet, die arbeitsmedizinischen Untersuchungsergebnisse zu erfassen und auszuwerten. Der Betriebsarzt hat also ohnehin für die Richtigkeit der Informationen und ihrer Interpretation einzustehen. An dieser funktionalen Trennung ("functional separation") der Zuständigkeitsbereiche von Betriebsarzt und Personalabteilung ist festzuhalten.

5.731 Weitergabe von Befund-, Diagnose- oder Therapiedaten

Als rechtswidrig muß die Organisation der Personalinformationssysteme von 20,9 % aller Probanden angesehen werden, soweit sie über zwei- oder dreigliedrige medizinische Eignungsaussagen hinaus Aufschlüsselungen dieser Eignungsaussagen nach Gründen oder Befund-, Diagnose- oder Therapiedaten im Personalinformationssystem durchführen. Die juristischen Bedenken beruhen auf folgenden Überlegungen:

1. § 203 StGB stellt den Bruch des ärztlichen Geheimnisses unter Strafe. Auch der Betriebsarzt hat das Arztgeheimnis zu wahren. Gemäß § 8 Abs. 1 Nr. 2 ASiG unterliegen die medizinischen Informationen über Arbeitnehmer nämlich der ärztlichen Schweigepflicht. Mit der Einspeicherung von Gesundheitsdaten in ein zentrales Personalinformationssystem erhalten auch Nichtärzte oder nichtärztliche Hilfspersonen Zugang zu diesen Daten. Dies läßt sich nicht mit der genannten Vorschrift vereinbaren.

2. Eine ausdrückliche Einwilligung der Arbeitnehmer zur Aufnahme ihrer Gesundheitsdaten in das Personalinformationssystem liegt, wie die Untersuchung ergeben hat, in keinem Fall vor. Eine stillschweigende Einwilligung kann bei automationsgestützter Verarbeitung schon deshalb nicht fingiert werden, weil die Arbeitnehmer von der Tatsache der Einspeicherung in der Regel keine Kenntnis haben. Darüber hinaus erscheint es zweifelhaft, ob eine Einwilligung in die Weitergabe gerade hinsichtlich

medizinischer Daten sinnvoll ist. Als eine Voraussetzung für die Wirksamkeit einer Einwilligung muß die vollständige Information über die Verwendungszusammenhänge gefordert werden ("informed consent"). Diese dürften für Arbeitnehmer regelmäßig nicht überschaubar sein. Keines der alternativen Erfordernisse des § 3 S. 1 BDSG für die Zulässigkeit der Datenverarbeitung ist also erfüllt. Demgegenüber hält die arbeitsrechtliche Fachliteratur, die den Automationsgesichtspunkt bisher nicht berücksichtigt, entweder die Zustimmung des Arbeitnehmers für entbehrlich, weil der Arbeitgeber die medizinischen Aussagen des Betriebsarztes für seine Entscheidungen benötige[20]) oder sie fingiert eine konkludente Einwilligung des Arbeitnehmers aufgrund seiner Beteiligung an der ärztlichen Untersuchung[21]) oder beschränkt die Notwendigkeit der Einwilligung auf freiwillige Vorsorgeuntersuchungen[22]). Mangels ausdrücklicher Spezialregelungen für die Datenverarbeitung im Arbeitsverhältnis findet jedoch das Bundesdatenschutzgesetz Anwendung. Es setzt regelmäßig eine schriftliche Einwilligung voraus (§ 3 S. 2 BDSG).

3. Fraglich könnte höchstens sein, ob das Speichern medizinischer Daten im Personalinformationssystem deshalb zulässig ist, weil es "im Rahmen der Zweckbestimmung und des Vertragsverhältnisses" (§ 23 S. 1 BDSG) erfolgt.

Soweit die Gesundheitsdaten in einem eigenen betriebsärztlichen Informationssystem gespeichert werden, liegt dies im Rahmen der vertraglichen Beziehungen zwischen Betriebsarzt und Arbeitnehmer und ist zulässig. Soweit aber Gesundheitsdaten im Betriebsarzt-Arbeitnehmer-Verhältnis entstanden sind, jedoch in das arbeitsvertragliche Verhältnis zwischen Arbeitnehmer und Arbeitgeber eingebracht werden, ist die Verarbeitung nicht schon durch Arbeitsvertrag gedeckt. Zulässig ist nämlich nur ein Vertragszweck, "den die Vertragsparteien gemeinsam ihren rechtsgeschäft-

---

20 Werner S. Kierski, Zur Frage der Schweigepflicht des Betriebsarztes, in: BB 1976, S. 842.

21 Willi Eiermann, Die Schweigepflicht des Betriebsarztes bei arbeitsmedizinischen Untersuchungen nach dem Arbeitssicherheitsgesetz, in: BB 1980, S. 214 f; Walther Wegener, Der Betriebsarzt, Diss. Köln 1979, S. 105 f; Rainer Hess, Schutz von Patientendaten in arbeitsmedizinischen Diensten, in: Dt. Ärztebl. 1978, S. 1055 f.

22 Hans-Jürgen Schimke, Die Schweigepflicht des Betriebsarztes bei freiwilligen Vorsorgeuntersuchungen nach dem Arbeitssicherheitsgesetz, in: BB 1979, S. 1354 f.

lichen Beziehungen zugrunde gelegt haben"[23]. Der Arbeitnehmer weiß jedoch in aller Regel überhaupt nicht, zu welchen Zwecken arbeitsmedizinische Daten des Betriebsarztes in einem Personalinformationssystem dienen. Jedenfalls enthalten Arbeitsverträge hierüber bisher keine Vereinbarung.

4. Darüber hinaus zeigt § 45 S. 3 BDSG, wonach das ärztliche Geheimnis vom Bundesdatenschutzgesetz unberührt bleibt, daß ein Arbeitsvertrag nicht das Arztgeheimnis außer Kraft setzen kann.

Schon vor Inkrafttreten des Bundesdatenschutzgesetzes hat das Landesarbeitsgericht Bremen im Jahre 1977 entschieden[24], daß Gesundheitsakten des Betriebsarztes nicht als "Personalakten" qualifiziert werden können, sondern der Schweigepflicht des Betriebsarztes unterliegen. Eine Offenbarung des Betriebsarztgeheimnisses ist nach § 203 StGB nur dann befugt, wenn entweder eine ausdrückliche gesetzliche Ermächtigung besteht oder aber der Betroffene einwilligt[25]. Die Unterstützungspflicht des Betriebsarztes gegenüber dem Arbeitgeber nach § 3 Abs. 1 Nr. 1 ASiG reicht zur Durchbrechung des Betriebsarztgeheimnisses nicht aus, weil weder Voraussetzungen noch Grenzen angegeben sind. Ebensowenig läßt sich aufgrund der Personalplanungskompetenz des Arbeitgebers oder aus Gründen einer möglichen Selbstgefährdung des Arbeitnehmers unter den Gesichtspunkten des rechtfertigenden Notstandes (§ 34 StGB) das Betriebsarztgeheimnis aufheben. Gerade wenn es sich um die automatisierte und damit routinisierte Verwertung medizinischer Aussagen handelt, ist besondere Vorsicht geboten. Bei zwei multinationalen Unternehmen sind beispielsweise Bestrebungen der ausländischen Muttergesellschaft im Gange, von den Betriebsärzten der juristisch selbständigen Tochterunternehmen in der Bundesrepublik Deutschland zwar anonymisierte, aber sehr detaillierte und damit reidentifizierbare medizinische Arbeitnehmerdaten auf

---

23 Spiros Simitis, in: Simitis/Dammann/Mallmann/Reh, Kommentar zum BDSG, § 23 Rdnr: 26.

24 LAG Bremen BB 1977, S. 648 (649).

25 Adolf Schönke/Horst Schröder/Theodor Lenckner, Strafgesetzbuch, Kommentar, 20. A. München 1980, § 203 Rdnr. 22 ff, 28; Helmut Narr, Ärztliches Berufsrecht, 2. A. Köln 1977, Rdnr. 753; Bundesärztekammer (Hrsg.), Weiterentwicklung der gesundheits- und sozialpolitischen Vorstellungen der Deutschen Ärzteschaft, Vorlage für den 83. Deutschen Ärztetag 1980 ("Blaues Papier") unter C 5/3.

Datenträgern ohne Einwilligung der Betroffenen zur Personaleinsatzsteuerung im Konzern zu erhalten. Gerade der grenzüberschreitende Datentransport macht die Notwendigkeit einer strikten Einhaltung des Betriebsarztgeheimnisses deutlich.

5. Man könnte vielleicht argumentieren, durch Maßnahmen der Datensicherung (Anlage zu § 6 Abs. 1 S. 1 BDSG) ließe sich erreichen, daß auf die Gesundheitsdaten in einem Personalinformationssystem nur der Betriebsarzt, nicht aber die Personalabteilung zugreifen darf. Abgesehen davon, daß keine Datensicherungsmaßnahme zu einem absoluten, sondern nur zu einem relativen Schutz führt, spricht folgendes gegen eine Lösung auf der technischen Ebene der Datensicherung:

- Bei medizinischen Daten handelt es sich um "riskante Systeme", die gegen andere Systeme abgeschottet sein müssen.
- Nur 9,0 % aller befragten Unternehmen, die Gesunheitsdaten in ihrem Personalinformationssystem speichern, haben für Gesundheitsdaten tatsächlich besondere Datensicherungsmaßnahmen eingeführt.

- Die technologische Entwicklung im Bereich der mittleren Datentechnik und der Computer-Terminals ermöglicht Dezentralisierungen in großem Umfang. Es besteht also keine technische Notwendigkeit, alle Daten in einem Unternehmen in einer einzigen Datenbank zusammenzufassen.

6. Gesundheitsdaten in einem Personalinformationssystem würden schließlich zu der Konsequenz führen, daß der Arbeitnehmer bei der Einsichtnahme in seine Personalakte nach § 83 BetrVG - inhaltlich gleichbedeutend mit der Auskunft nach § 26 Abs. 2 S. 1 BDSG - Kenntnis von medizinischen Daten erhielte, die der Arzt aus besonderen Gründen vielleicht nicht oder nicht uninterpretiert geben würde. Es sollte bei arbeitsmedizinischen Daten daran festgehalten werden, daß nicht die Personalabteilung, sondern gemäß § 3 Abs. 2 ASiG stets der Betriebsarzt die Auskunft erteilt.

5.732 Weitergabe von Versichertendaten

Wie in der "Bekanntmachung über gespeicherte personenbezogene Daten nach § 12 Abs. 1 des Bundesdatenschutzgesetzes" vom 21.12.1978[26] mitgeteilt wird, speichern die Betriebskrankenkassen Diagnosen und Befunde ihrer Versicherten. Versichert sind in den 889 Betriebskrankenkassen[27] etwa 10 Millionen Bürger, weil in der Regel auch die Familienangehörigen von pflichtversicherten Arbeitnehmern (§ 245 Abs. 3 RVO) mitversichert sind. Als Körperschaften des Öffentlichen Rechts gehören die Betriebskrankenkassen zur öffentlichen Verwaltung. Die Weitergabe von Daten über Pflichtversicherte in der Betriebskrankenkasse an die Personalabteilung eines Unternehmens bedarf - ebenso wie der Datenfluß aus einer sonstigen öffentlichen Stelle in den privaten Bereich - einer gesetzlichen Grundlage. Da es hieran fehlt, muß die Weitergabe von Versichertendaten der Betriebskrankenkasse an Unternehmen, wie es die Betriebskrankenkassen von 4,5 % der Probanden gegenwärtig praktizieren, als rechtswidrig bezeichnet werden[28].

5.8 PROGNOSE ÜBER DIE KÜNFTIGE ENTWICKLUNG

Besonderes Augenmerk muß in Zukunft neben den unzulässigen Speicherungen von arbeitsmedizinischen Befund-, Diagnose- und Therapiedaten von Arbeitnehmern in automatisierten Personalinformationssystemen von Unternehmen[29] auf Art, Umfang und Verwendung der betriebsmedizinischen Eig-

---

26 Beilage 34/78 zum Bundesanzeiger Nr. 244 a, ausgegeben am 30.12. 1978, S. 62.

27 Die Betriebskrankenkassen machen etwa 2/3 aller gesetzlichen Krankenkassen aus, vgl. Friede, Die gesetzliche Krankenversicherung, insbesondere die betriebliche Krankenversicherung, im Frühjahr 1978, in: BKK 1978, S. 186 (189).

28 Über je einen Fall der Weitergabe von Daten aus der Betriebskrankenkasse wird berichtet: Echo - Mitteilungen der Industriegewerkschaft Chemie - Papier - Keramik im DGB, Verwaltungsstelle Weiden v. 4.2. 1977 - S. 1/77 - Wo/W sowie von O. P. Schaefer, Gefährdung von Patientendaten bei konventioneller und automatischer Verarbeitung im System der kassenärzlichen Versorgung, in: Wolfgang Kilian/Albert J. Porth (Hrsg.), Juristische Probleme der Datenverarbeitung in der Medizin, Berlin/Heidelberg/New York 1979, S. 13 (15).

29 In den USA bestehen ähnliche Probleme bei der Handhabung arbeitsmedizinischer Daten ("work-related-data"). Die Praxis bei IBM beschreibt: Alan F. Westin, Computers, Health Records, and Citizen Rights. US Department of Commerce 1976, p. 35 f.

nungsaussagen gelegt werden. Da es den Unternehmen freisteht, die vorhandenen Arbeitsplätze so detailliert zu beschreiben, daß sämtliche erforderlichen Fähigkeiten und Fertigkeiten erkennbar und aufgezählt werden, besteht die klare Tendenz, von jedem Arbeitnehmer alle entsprechenden Angaben unter Einschluß arbeitsmedizinischer Daten zu sammeln. Der Präzisionsgrad von Arbeitsplatzbeschreibungen (Arbeitsplatzprofilen) legt also den Informationshaushalt über einen Arbeitnehmer fest. Es werden nicht nur strukturelle Angaben über Arbeitsplätze und Basisinformationen für Rationalisierungsmaßnahmen ermöglicht; es werden vielmehr auch die Arbeitnehmer zur Disposition gestellt.

Die medizinische Eignungsaussage für einen bestimmten Arbeitsplatz kann sich in ein generelles medizinisches Eignungsprofil und damit notwendig in ein Krankheitenprofil über einen Arbeitnehmer fortentwickeln. Die Vorteile sind klar, die Nachteile vielleicht nicht bekannt: Man braucht sich nur den Fall vorzustellen, daß infolge der Kenntnis bestimmter Krankheiten Fortbildungsmaßnahmen unterbleiben. Dieser Gefahr läßt sich sicher nicht durch ein Verbot der Sammlung, sondern nur durch eine Kontrolle der Verwendung arbeitsmedizinischer Informationen begegnen: Organisatorisch ist deshalb eine strikte Trennung zwischen der betriebsärztlichen und der betrieblichen Datenverarbeitung notwendig[30]. Inhaltlich sollte der Betriebsarzt die alleinige Kontrolle über arbeitsmedizinische Arbeitnehmerdaten ausüben. Dies kann dadurch erreicht werden, daß die Personalabteilung in bezug auf einen bestimmten Arbeitsplatz beim Betriebsarzt anfragt und der Betriebsarzt nur konkret diesen Arbeitsplatz, nicht aber generell im Hinblick auf viele Arbeitsplätze die Eignung prüft.

Das geschilderte Problem erhält zusätzliche Bedeutung durch die verfeinerten Methoden der öffentlichen Arbeitsvermittlung. Die Bundesanstalt für Arbeit und die angeschlossenen Arbeitsämter sind dazu übergegangen, ebenfalls die Profilmethode einzusetzen. Zwar enthalten die bisher verwendeten Arbeitnehmerdaten keine "soft facts" (wie Motivation, Einstellungen, Gefühle), sondern nur "hard facts" (Schulausbildung, Berufspraxis)[31]. Den Unternehmen bleibt also bei der Auswahl der angebotenen

---

30 Die Aufgliederung und Führung von Personalakten ist nicht nur eine Frage der "bürotechnischen" Gestaltung, wie das LAG Bremen, BB 1977, S. 648 (649) meint.

31 Vgl. H.-H. Schaper/F. Petersen, Datenverarbeitung bei der Bundesanstalt für Arbeit, in: ÖVD/Online/adl 1979, S. 13-16.

Arbeitssuchenden ein relativ großer Spielraum. Dennoch erscheint es nicht völlig ausgeschlossen, daß im Zuge verfeinerter Arbeitsplatzprofile und entsprechender Arbeitnehmersuchtechniken auch die öffentliche Arbeitsvermittlung arbeitsmedizinische Informationen einbeziehen oder von den Unternehmen verlangen könnte.

So erweitert das Fünfte Gesetz zur Änderung des Arbeitsförderungsgesetzes von 1979 den § 14 Abs. 1 S. 2 AFG durch die Ermächtigung für die Bundesanstalt für Arbeit, bei der Arbeitsvermittlung "die Kenntnisse und Möglichkeiten Dritter zu nutzen".

5.9 VORSCHLÄGE FÜR GESETZLICHE NEUREGELUNGEN IM BEREICH ARBEITSMEDIZINISCHER DATEN

Einige Grundsätze, die teilweise durch das Bundesdatenschutzgesetz überholt sind, enthält die "Empfehlung zum Datenschutz in der sozialen Krankenversicherung"[32]. Unter Berücksichtigung der Ergebnisse unserer empirischen Untersuchung sind folgende gesetzliche Regelungen zu empfehlen:

5.91 ÄNDERUNGEN DES ARBEITSSICHERHEITSGESETZES

Eine computerbezogene Reform des Arbeitssicherheitsgesetzes sollte die Stellung des Betriebsarztes neu definieren, Form, Gegenstand und Verwendung seiner Auskünfte genauer festlegen und die Abschottung des betriebsärztlichen von anderen betrieblichen Informationssystemen sicherstellen. Die Produktion der Daten innerhalb eines Unternehmens oder im Zusammenhang mit einem Arbeitsplatz im Unternehmen verändert nicht die Geheimhaltungsbedürftigkeit arbeitsmedizinischer Daten. Der Rollenkonflikt des Betriebsarztes, der als Angestellter des Unternehmens Loyalitätspflichten gegenüber der Unternehmensleitung hat und als Arzt zur Wah-

---

32 Sozialpolitische Informationen, hrsg. vom Bundesminister für Arbeit und Sozialordnung, Jahrgang X/1 v. 16.1.1976.

rung des Arztgeheimnisses verpflichtet ist, muß durch eine funktionale Trennung arbeitsmedizinischer und sonstiger betrieblicher Aufgaben abgesichert werden. Daraus ergibt sich:

- Es ist eine neue Vorschrift einzuführen, wonach der Betriebsarzt das Recht hat, die von ihm erhobenen arbeitsmedizinischen Daten zu speichern und zu verarbeiten. Speicherung und Verarbeitung, auch zum Zweck der arbeitsmedizinischen Forschung, müssen innerhalb eines seiner ausschließlichen Verantwortung unterliegenden Informationssystems erfolgen und dürfen organisatorisch nicht mit einem betrieblichen Teilinformationssystem verkoppelt werden.

- § 3 Abs. 2 ASiG ist dahingehend zu ändern, daß Befund-, Diagnose- und Therapiedaten vom Betriebsarzt nicht an das Unternehmen weitergegeben werden dürfen. Ebenso wie für den Vertrauensarzt in § 369 b Abs. 3 S. 2 und 3 RVO vorgeschrieben, darf eine Mitteilung des Betriebsarztes an das Unternehmen weder direkt Angaben über Krankheiten enthalten noch indirekt Merkmale, die den Schluß auf Krankheiten zulassen. Nur auf konkrete Anfragen hin sind die Ergebnisse von Eignungsuntersuchungen in zweigliedriger Form ("geeignet"/"nicht geeignet") im Hinblick auf die Verwendung eines Arbeitnehmers auf einem bestimmten Arbeitsplatz an die Personalabteilung weiterzugeben. Eine Weitergabe arbeitsmedizinischer Daten an sonstige Stellen innerhalb oder außerhalb des Unternehmens ist nur zulässig, wenn dies in einer anonymisierten Form erfolgt, die Rückschlüsse auf die Person des Arbeitnehmers ausschließt[33)] oder wenn für konkrete Forschungsvorhaben der betroffene Arbeitnehmer in die Weitergabe einwilligt.

- Eine neue Vorschrift im Arbeitssicherheitsgesetz sollte sicherstellen, daß arbeitsmedizinische Eignungsaussagen innerhalb des Personalinformationssystems des Unternehmens als "riskante Daten"[34)] behandelt werden, die für die Personalabteilung nicht allgemein zugänglich

---

33 Vgl. Ralph Brennecke, Kriterien zur Operationalisierung der faktischen Anonymisierung, in: Max Kaase/Hans-Jürgen Krupp/Manfred Pflanz/Erwin K. Scheuch/Spiros Simitis (Hrsg.), Datenzugang und Datenschutz, Königstein/Ts. 1980, S. 158 ff.

34 Wilhelm Steinmüller/Leonhard Ermer/Wolfgang Schimmel, Datenschutz bei riskanten Systemen, Berlin/Heidelberg/New York 1978.

sind. Über Vorkehrungen nach der Anlage zu § 6 BDSG läßt sich erreichen, daß nur bestimmte Personalsachbearbeiter Zugang haben. Als Kriterium für die Zuständigkeit könnte dienen, wer als Sachbearbeiter mit diesen Daten arbeiten und für deren Pflege sorgen muß.

- Eine weitere Vorschrift sollte die beschränkte Verwendbarkeit arbeitsmedizinischer Eignungsaussagen für Entscheidungen zum Schutz der Arbeitnehmer klarstellen.

- Bei Berücksichtigung der empfohlenen Änderung des Arbeitssicherheitsgesetzes ist es nicht erforderlich, die Weitergabe von arbeitsmedizinischen Eignungsaussagen durch den Betriebsarzt an die Personalabteilung zusätzlich - etwa in Analogie zu § 22 Abs. 3 AFG - von einer Einwilligung des Arbeitnehmers abhängig zu machen.

5.92 ÄNDERUNGEN DES JUGENDARBEITSSCHUTZGESETZES

Die Mitteilung des Betriebsarztes an den Arbeitgeber über Arbeiten, "durch deren Ausführung er die Gesundheit oder die Entwicklung des Jugendlichen für gefährdet hält" (§ 33 Abs. 2 JArbSchG), ist den vorgeschlagenen Regelungen für arbeitsmedizinische Eignungsaussagen nach dem Arbeitssicherheitsgesetz anzupassen. Andernfalls erhielte der Arbeitgeber ohne Einwilligung des Jugendlichen oder seiner Sorgeberechtigten medizinische Daten, die dem Arztgeheimnis unterfallen.

5.93 ÄNDERUNGEN DER ARBEITSSTOFFVERORDNUNG

Auch hier greift der Grundsatz einer funktionalen Trennung zwischen medizinischen und sonstigen Personaldaten ein. Deshalb ist § 19 Abs. 2 Nr. 5 ArbStoffVO ersatzlos zu streichen, der die Mitteilung aller Gefährdungsmöglichkeiten hinsichtlich eines Arbeitnehmers durch den Betriebsarzt an die Personalabteilung vorsieht. Aus der Art der Gefährdungsmöglichkeiten lassen sich nämlich zum Teil auch die Krankheitsdispositionen und medizinischen Tauglichkeitseinschränkungen ableiten. Diese sind jedoch Bestandteil des Arztgeheimnisses. Der Betriebsarzt sollte daher nicht abstrakt, sondern nur im Hinblick für einen in Aussicht genommenen Arbeitsplatz die Eignung durch eine zweigliederige Aussage "geeignet"/"nicht geeignet" feststellen.

Ferner ist § 17 Abs. 5 lit. a ArbStoffVO zu präzisieren, wonach der Betriebsarzt dem Arbeitgeber das Ergebnis der ärztlichen Vorsorgeuntersuchung mitteilt. Eignungsaussagen enthalten zugleich Krankheitsaussagen, wenn sie detailliert erfolgen. Das Arztgeheimnis wird auch hier nur gewahrt, wenn der Betriebsarzt im Hinblick auf einen konkreten Arbeitsplatz die Eignung bejaht oder verneint.

5.94 ÄNDERUNGEN DES BETRIEBSVERFASSUNGSGESETZES

In § 94 Abs. 1 S. 1 BetrVG sollte klargestellt werden, daß zu den mitbestimmungspflichtigen Personalfragebögen auch betriebsärztliche Fragebögen zählen, die für routinemäßige Einstellungs-, Reihen- und Vorsorgeuntersuchungen Verwendung finden[35]. Die in § 87 Abs. 1 Nr. 7 BetrVG festgelegte Mitbestimmung des Betriebsrats bei Gesundheitsschutzmaßnahmen[36] sollte auf den Fall einer automatisierten Verarbeitung arbeitsmedizinischer Eignungsaussagen erstreckt und durch eine Kontrolle der zweckbezogenen Datenverarbeitungsprogramme verwirklicht werden.

5.95 ÄNDERUNG DES SOZIALGESETZBUCHES

Durch eine Ergänzung des Sozialgesetzbuches -Verwaltungsverfahren- sollte klargestellt werden, daß Betriebskrankenkassen den zugehörigen Unternehmen keine Informationen über versicherte Arbeitnehmer geben dürfen. Die Weitergabe von Leistungsdaten wäre eine Durchbrechung des Sozialgeheimnisses, wie es § 35 SGB I schützt.

5.96 ÄNDERUNG DES ARBEITSFÖRDERUNGSGESETZES

Es muß sichergestellt werden, daß im zunehmend automatisierten Arbeitsvermittlungsverfahren der Bundesanstalt für Arbeit weder auf der Ange-

---

35 Dazu: Joachim Heilmann/Wolfgang Thelen, Der werksärztliche Fragebogen - ein Mitbestimmungsprobelm, in: BB 1977, S. 1656-1659.

36 Hierzu BAG NJW 1979, S. 2362 f. (Mitbestimmungsrecht des Betriebsrats hinsichtlich der Regelung der betriebsärztlichen Versorgung).

botsseite noch auf der Nachfrageseite medizinische Eignungsprofile Eingang finden. Dies würde nämlich zu einem unkontrollierbaren Kreislauf medizinischer Diagnosen führen und die Vermittlung Behinderter zusätzlich erschweren.

6 DATENPROFILE

6.1 DARSTELLUNG DES PROFILVERFAHRENS

Zur Objektivierung der Personalentscheidungen wird in der Personalwirtschaftslehre der Aufbau und Ableich von Fähigkeits- und Anforderungsprofilen vorgeschlagen. Rechnergestützte Methoden zum Vergleich von Anforderungs- und Fähigkeitsprofilen sollen dazu dienen, einen Beitrag zur Objektivierung der Personalentscheidungen dadurch zu leisten, daß eine in der Betriebspraxis anwendbare Methode zur Erfassung, Abspeicherung und Auswertung von im Personalbereich wichtigen Daten entwickelt wird[1]. Die Notwendigkeit "möglichst objektiver Unterlagen für alle Personalentscheidungen"[2] läßt sich auch mit der im Betriebsverfassungsgesetz von 1972 vorgeschriebenen Beteiligung des Betriebsrates bei der Personalplanung, der Stellenausschreibung, der Festlegung von Mitarbeiterbeurteilungs- und Mitarbeiterauswahlrichtlinien sowie bei der ergonomischen Gestaltung der Arbeitsplätze begründen; denn die Informationspflichten gegenüber dem Betriebsrat erfordern rational auswertbare Daten und nachvollziehbare Entscheidungen. Weil die in einer zentralen Datenbank gespeicherten Personalangaben, beispielsweise bei Personalbeurteilungen, Kranken- und Unfallmeldungen oder Arbeitsbewertungen, ausgewertet werden können und viele Funktionen des Personalwesens ohne die Daten der betrieblichen Arbeitsplätze heute kaum noch lösbar sind, "sollten die Arbeitsplatzdaten einen unbedingten Bestandteil eines Personalinformationssystems bilden"[3]. Nach Wiesner[4] sind das aus der Arbeitsanalyse gewonne Anforderungsprofil und das aus der Eignungsanalyse

---

1 Friedrich W. Meyer, Entwicklung einer rechnergestützten Methode zum Vergleich von Anforderungs- und Fähigkeitsprofilen - ein Beitrag zum Aufbau von Arbeitsplatz- und Personalinformationssystemen, Diss. Aachen 1973, S. 1.

2 Meyer (Anm. 1), S. 1.

3 Rudolf Hackstein/Friedrich W. Meyer, die Abspeicherung und Auswertung von Arbeitsplatz- und Personaldaten mit Hilfe einer EDV-Anlage, in: Arbeit und Leistung, 27. Jg., 5/1973, S. 113-123.

4 H. Wiesner, Personalplanung Teil II, IG-Chemie-Papier-Keramik, HA/I, Rationalisierung, Automation, o. O., 1978/I, S. 12 ff.

gewonnene Fähigkeitsprofil Voraussetzungen aller personalplanerischen Dispositionen und Grundlage der Personalplanung als System von Einzelplänen und Planungsgrundlagen: Die Arbeitsanalyse liefert alle Daten und Angaben für die Stellenbeschreibung und damit das Anforderungsprofil. Sie ist die Grundlage der Planstelle und Teil des Stellenplans. Anforderungsprofil und Fähigkeitsprofil sind Voraussetzungen für den Stellenbesetzungsplan, den Personalbeschaffungsplan, den Personaleinsatzplan, den Personalabbauplan und den Personalkostenplan.

Wenn auch bei einseitigen Analyseverfahren - entweder der Personaldaten oder der Arbeitsplatzdaten - versucht wird, irrationale Entscheidungsgründe zurückzudrängen und die Entscheidung durch Quantifizierung von Systemparametern transparent zu machen, so beschränkt sich diese Methode doch auf jeweils einen Systemteil. Erst bei Kombination und Ausschöpfung der im allgemeinen verfügbaren Informationsquellen (etwa Personalakte, Beurteilungen durch den Vorgesetzten, Stellenbeschreibungen, Arbeitsplatzbewertungen und Berufsbilder, Zusatzbeurteilungen des Arbeitsplatzes durch den Vorgesetzten) verbessert sich die Qualität[5]. Die dann zu fällende Entscheidung beruht "trotz aller objektivierenden Vorkehrungen weitgehend auf Intuition und Erfahrung"[6], solange ein systematischer Vergleich der verschiedenen Datengruppen nicht möglich ist.

Ebensowenig befriedigen mathematisch-statistische Verfahren. Sie gehen vom "Arbeitserfolg" aus und basieren auf Angaben der Arbeitsquantität und Arbeitsqualität. Die für die meisten Arbeitsplätze dafür notwendige Beurteilung des Arbeitserfolgs durch den Vorgesetzten schließt subjektive Elemente ein und kann zu Beurteilungsfehlern bei Pauschalwertungen führen. Verbesserungen und Spezifizierungen im Datenumfang erhöhen die Genauigkeit der Ergebnisse nur wenig. Aufgrund der komplexen Sachverhalte korrelieren die Urteile von Vorgesetzten untereinander nur zwischen 0,3 und 0,6[7]; anderen Untersuchungsberichten zufolge ist von noch niedrigeren Koeffizienten auszugehen. Die Auswertungs- und Ver-

---

5 Vgl. Meyer (Anm. 1), S. 15.

6 Meyer (Anm. 1), S. 15.

7 Vgl. Adolf Otto Jäger, Prognose und Bewährung in der Eignungsdiagnostik, zitiert nach Meyer (Anm. 1), S. 16 ff. mit weiteren Nachweisen.

gleichsmethoden der so gewonnen Ergebnisse durch Methoden der unteren Normwerte, die Regressionsmethode oder die Centourmethode basieren auf unsicheren Grunddaten.

Demgegenüber geht die Profilmethode über die Methode der unteren Normwerte, die geringfügige Änderungen bei der Arbeitsplatzstrukturierung nicht aufzufangen vermag, hinaus, indem sie ein Anforderungsprofil anstrebt, dessen Struktur es gestattet, alle im Unternehmen vorhandenen Arbeitsplätze in einem einheitlichen Schema zu erfassen. Die Profilmethode bietet folgende Vorteile:

- Sie ermöglicht einen direkten Vergleich des Arbeitsplatzprofils mit den Fähigkeiten einer Person.
- Sie weist Über- und Unterdeckungen grafisch anschaulich aus.
- Anstelle des meist subjektiv beurteilten Arbeitserfolges wird eine Vielzahl von Arbeitsplatzbedingungen meßtechnisch bestimmt oder durch Bewertungsskalen weitgehend objektiv und reproduzierbar ermittelt.
- Sie transformiert technische und organisatorische Änderungen am Arbeitsplatz über eine neue Anforderungs- und Fähigkeitseinstufung der jeweils betroffenen Merkmale in veränderte Soll-Untersuchungsergebnisse.
- Die Vorgehensweise beruht auf Erfahrungen mit der analytischen Arbeitsbewertung sowie den häufig durchgeführten Mitarbeiterbeurteilungen.
- Gegenüber allen anderen Methoden hat die Profilmethode den Vorteil, daß ihr Verfahrensablauf und ihre Ergebnisse auch für Personenkreise, die sich nur selten damit beschäftigen, leicht verständlich sind[8].

Der generellen Kritik an der Profilmethode[9] steht bisher das Fehlen überzeugender Alternativen gegenüber.

Gefahren der Profilmethode werden darin gesehen, daß trotz einheitlicher Definition von Anforderungs- und Fähigkeitsmerkmalen die Messung

---

8 Meyer (Anm. 1), S. 21 f.

9 Vgl. Beschluß des ÖTV-Gewerkschaftstages 1980 (abgedruckt im Anhang unter B 10) gegen die Einführung von Leistungs- und Verwendungsbeurteilungen. Ferner: Lutz J. Heinrich/Manfred Pils, Betriebsinformatik im Personalbereich, Wien 1979, S. 112 f.

durchaus mit unterschiedlichen Maßstäben erfolgen kann, was die Werte nur bedingt vergleichbar macht. Schwierigkeiten tauchen auch bei der Zuordnung von Fähigkeitsmerkmalen zu den Ergebnissen der Anforderungsmerkmale auf: Hier liegt das Problem weniger in der objektiven Bestimmung der Arbeitsplatzdaten (z. B. der Klimabelastung des Arbeitsplatzes, die sich aus Trocken- und Feuchttemperatur, Windgeschwindigkeit und Wärmestrahlung zusammensetzt und dann in einen Anforderungsausprägungsgrad transformiert werden) als in der Einschätzung der Fähigkeit des konkreten Menschen, Hitze zu ertragen; dafür sind nämlich medizinische Daten (z. B. Kreislaufdaten, Leistungspulsindex LPI) und grobe Abschätzungen erforderlich. Insgesamt ergeben sich aus der Literatur dennoch Hinweise darauf, daß sich die Profilmethode in der Praxis am besten bewährt hat[10].

6.2 UNTERSUCHUNGSERGEBNISSE ZUR VERBREITUNG VON PROFILSYSTEMEN

In der vorliegenden Untersuchung konnte durch wenige globale Fragen ein Eindruck über die Verbreitung derartiger Systeme zum Ableich von Arbeitsplatzanforderungs- und Arbeitnehmerfähigkeitsprofilen gewonnen werden.

Frage (26): Enthält das Personalinformationssystem Fähigkeitsprofile der Arbeitnehmer?	
Ja	37,3 %
Nein	62,7 %

In einem Antwortblatt (AB 2) wurde den Probanden eine Auflistung möglicher Dateien des Personalinformationssystems vorgelegt. Die Auswertung ergab die Existenz folgender relevanter Dateien:

	realisiert	geplant
Arbeitsplatzdatei	49,3 %	1,5 %
Arbeitsplatzanforderungsdatei	28,4 %	4,5 %
Fähigkeitsdatei	28,4 %	1,5 %
Tätigkeitsdatei	40,3 %	3,0 %

10 Vgl. Meyer (Anm. 1), S. 24 m. Nachw.

Drei Viertel der Probanden haben also bereits eine Arbeitsplatz- oder Arbeitsplatzanforderungsdatei. Erfahrungsgemäß dient sie als Ansatzpunkt für eine korrespondierende Fähigkeitsdatei und eine daran anschließende arbeitnehmerbezogene Informationssammlung. Es kann allerdings nicht davon ausgegangen werden, daß die Probanden diese Frage bereits unter dem Gesichtspunkt des oben definierten Fähigkeitsprofils beantworteten.

Im Rahmen der Fragen zu den Strukturelementen des Personalinformationssystems wurden die Probanden detailliert auch nach den rechnergestützt durchzuführenden Funktionen befragt (Mehrfachnennungen waren möglich). Die Auswertung des strukturierten Antwortblattes (AB 1) zeigt die Verbreitung der Rechnerunterstützung bei folgenden Funktionen:

	realisiert	geplant
Auswahl eines geeigneten Arbeitnehmers für einen Arbeitsplatz	40,3 %	14,9 %
Auswahl eines geeigneten Arbeitsplatzes für einen Arbeitnehmer	22,4 %	13,4 %
Erstellung eines Anforderungsprofils	19,4 %	16,4 %
Erstellung eines Fähigkeitsprofils	23,9 %	20,9 %
Leistungsbewertungen, Beurteilungen	55,2 %	11,9 %
Personaleinsatz mit Zuordnung auf Arbeitsplätze	34,3 %	6,0 %
Personaleinsatz durch Abgleich von Anforderungs- und Fähigkeitsprofilen	19,4 %	13,4 %

Bei gut zwei Dritteln der Probanden werden Leistungsbewertungen oder Leistungsbeurteilungen entweder bereits automatisiert durchgeführt (55,2 %) oder entsprechend geplant (11,9 %). Mehr als die Hälfte der Probanden wählen für die Arbeitsplätze geeignete Arbeitnehmer rechnergestützt aus (40,3 %) oder planen dies (14,9 %). Ein Abgleich von Anforderungs- und Fähigkeitsprofilen findet jedoch erst bei 19,4 % statt, wird aber voraussichtlich mit der Quote der Teilprofile zunehmen.

6.3 CHANCEN UND GEFAHREN VON PROFILVERFAHREN

Die empirischen Ergebnisse zu den Profilsystemen zeigen in Konkretisierung der allgemeinen Angaben zum Systemausbau die gegenwärtige Erweiterung der Methodenbank durch Automatisierung personalplanerischer Funktionen auf. Hohe Zuwachsraten betreffen insbesondere die Verfahren der computergestützten Personaleinsatzplanung sowie der Fähigkeitsprofile. Im Zeitpunkt der Untersuchung war allerdings die schlichte Kombination bestimmter Merkmale der Personaldatenbank (Auswahl eines geeigneten Arbeitnehmers oder eines geeigneten Arbeitsplatzes nach folgendem Muster (vgl. Abb.3) häufiger als ein Profilabgleich:

Personalbedarf	Personalbestand	
Arbeitsplatzdatenbank	Personaldatenbank	
Personalanforderung	Mitarbeiter B 14 708	Mitarbeiter F 14 607
Dipl.-Physiker	Dipl.-Physiker	Dipl.-Physiker und Dipl.-Mathematiker
35 - 45 Jahre	38	42
5 - 10 Jahre Betriebszugehörigkeit	6	7
Mindestens 3 Jahr in der Sparte Sprengstoff tätig	4	3
Mindestens Abteilungs- leiter	Abteilungsleiter	Spartenleiter
Aufgrund der letzten Beurteilung zur Beför- derung vorgesehen	ja	ja

Abb.3 Beispiel für ein Zuordnungsverfahren ohne Profilabgleich

Die Angaben zu bereits realisierten und geplanten Profilelementen deuten auf eine zunehmende Verbreitung der Profilsysteme hin. Wie die Liste der in Personalinformationssystemen gespeicherten Daten (Gliederungspunkt 2 am Ende) zeigt, erscheint jedoch die heutige Datenbasis für ein detailliertes Profilsystem zu schmal. Der von Hackstein und seinen Mitarbeitern entwickelte Datenkatalog (vgl. Abb. 4) ist sehr viel umfassender und differenzierter. Systemtechnisch und kostenmäßig erscheint bei der weiterhin günstigen Entwicklung der Speicherleistung die zunehmende Verbreitung des Profilaufbaus und Profilabgleichs unproblematisch.

Merkmalshauptgruppe	Merkmalsgruppe	Merkmal: Merkmalsnummer	Merkmal: Merkmalsbezeichnung	Zahl alphanumerischer Zeichen: Arbeitsplatzseite	Zahl alphanumerischer Zeichen: Personalseite
A Allgemeine Merkmale	A 1 Allgemeine Arbeitsplatzangaben	1	Arbeitsplatznummer	8	
		2	Anzahl gleicher Arbeitsplätze	2	
		3	Bezeichnung des Arbeitsplatzes	4	
		10	Tätigkeitskategorien	15	
		11	Unternehmens- und Arbeitsbereich	4	
		12	Unterstellung	16	
		13	Überstellung	3	
		14	Entscheidungsbefugnisse	1	
		17	Ortsgebundenheit	1	
		18	Einweisung / Anlernung	1	
	A 2 Allgemeine Personalangaben	30	Personalnummer		6
		31	Name		30
		32	Nationalität		2
		33	Anschrift		48
		34	Familienstand		1
	A 3 Allgemeine Vergleichsmerkmale	60	Geschlecht	2	1
		61	Lebensalter	3	6
				Σ60	Σ94
B Kenntnismerkmale	B 1 Schul- und Fachausbildung	100	Schulbildung	2	1
		105	Berufsklasse (Ausbildung)	5	4
		106	Ausbildungsniveau	2	1
	B 2 Berufserfahrung	110	Beginn der jetzigen Tätigkeit		4
		111	Arbeitsplatznummer	18	40
		112	Unternehmens- und Arbeitsbereich	10	20
		113	Branchenbezogenheit der Erfahrungen	4	5
		114	Berufsklasse (Erfahrung)	10	20
		115	Niveau (Erfahrung)	4	5
		116	Dauer	6	10
		118	und / oder	1	
	B 3 Fort- und Weiterbildung	170	Führerscheine	9	6
		172	Weitere Befähigungsnachweise	15	10
		181 - 183	Kenntnisse Fremdsprachen	18	12
				Σ104	Σ138
C Physische Merkmale	C 1 Belastung der Muskeln	200	Muskelbeanspruchung	2	1
		201	Kurzzeitige Höchstbelastung	2	1
	C 2 Körperhaltung	210	Körperhaltung	4	4
	C 3 Sehen und Hören	220	Sehschärfe	2	1
		221	Räumliches Sehen	2	1
		222	Farbtüchtigkeit	2	1
		226	Hörvermögen	2	1
	C 4 Funktion der Gliedmaßen	230	Funktion Gliedmaßen	4	2
	C 5 Sonstige physische Merkmale	240	Wechselschicht	1	1
		241	Maskentauglichkeit	2	1
		242	Schwindelfreiheit	1	1
		243	Plötzliches Auftreten von Schocks	1	1
				Σ25	Σ16
D Umgebungseinflüsse	D 1 Klima, Lärm	300	Klima	2	1
		301	Lärm	2	1
	D 2 Schmutz, Wasser, Chemikalien,	310	Beanspruchungen der Haut	2	1
		311	Beanspr. d. Staub,... in der Atemluft	2	1
	D 3 Einwirkungen mechanischer Schwingungen	320	Schwingungen Ganzkörper	2	1
		321	Schwingungen Hand/Arm-System	2	1
				Σ12	Σ6
E Psychische Merkmale	E 1 Geistige Merkmale	400	Auffassungsgabe	2	1
		401	Praktische Anstelligkeit	2	1
		410	Technisches Verständnis	2	1
		412	Merkfähigkeit	2	1
		413	Rechnerisches Verständnis	2	1
		414	Mündl./Schriftl. Ausdrucksfähigkeit	2	1
		417	Räumliches Vorstellungsvermögen	2	1
	E 2 Arbeits- und Gemeinschaftsverhalten	421	Qualität der Arbeitsausführung	2	1
		422	Selbstständigkeit und Initiative	2	1
		424	Belastbarkeit und Ausdauer	2	1
		430	Kooperationsfähigkeit	2	1
	E 3 Sensomotorische Merkmale	440	Reaktionsvermögen	2	1
		450	Handgeschicklichkeit	2	1
		451	Körpergeschicklichkeit	2	1
	E 4 Sonstige psychische Merkmale	460	Konzentrationsfähigkeit	2	1
		461	Monotoniefestigkeit	2	1
		462	Fähigkeit zur Einzelarbeit	2	1
				Σ 34	Σ 17
				Σ Σ 235	Σ Σ 271

Abb 4 Ausschnitt des Datenkatalogs für einen Profilabgleich nach Hackstein (vgl. Anm. 3), S. 26.

Die Chancen einer detaillierten Merkmalsliste von 235 Zeichen auf der Arbeitsplatzseite und 271 Zeichen auf der Personalseite, wie sie Hackstein vorschlägt, liegen darin, mit höherer Treffsicherheit den "richtigen Mann zur richtigen Zeit auf dem richtigen Platz" einsetzen zu können. Darüber hinaus ist eine detaillierte Beschreibung der Anforderungen von Arbeitsplatzgruppen aus arbeitsmedizinischen Gründen erforderlich, um im Sinne der Humanisierung der Arbeitswelt die Arbeitsbedingungen zuverlässiger erfassen und verbessern zu können. Schließlich muß der Arbeitgeber auch Einsatzbeschränkungen beachten, die ihm vom Betriebsarzt im Hinblick auf einzelne Arbeitnehmer mitgeteilt werden.

Diesen Chancen detaillierter Datenprofile stehen jedoch verschiedene Gefahren gegenüber:

- Das Volumen an personenbezogenen Arbeitnehmerdaten nimmt analog der Staffelung von Arbeitsplatzprofilen zwangsläufig zu, wodurch sich auch die potentiellen Mißbrauchsmöglichkeiten erhöhen.
- Mittelbar läßt sich aus differenzierten Eignungseinschränkungen der allgemeine Gesundheitszustand (wenn auch meist nicht die Diagnose) eines Arbeitnehmers erschließen.
- Die Zweckgebundenheit der Arbeitnehmerfähigkeitsprofile und gesundheitlicher Leistungseinschränkungen erscheint bisher systemtechnisch noch nicht abgesichert, weil innerhalb eines bestehenden Arbeitsverhältnisses eine multifunktionale Verwendung grundsätzlich zulässig ist. So ließen sich beispielsweise detaillierte Fähigkeitsmerkmale eines Arbeitnehmers auch als Auswahlkriterien bei Entlassungen verwenden.
- Die Existenz großer Datenmengen über einen Arbeitnehmer erleichtert formal-rationale Personalentscheidungen, die den Anschein der Zwangsläufigkeit erwecken. Die Rationalität der Entscheidungen hängt jedoch von der Qualität der Verarbeitungsprogramme ab.
- Personaleinsatzplanungen aufgrund der Ergebnisse von Profilabgleichen markieren notwendig solche Beschäftigungsgruppen, für die ohnehin schon eine schwierige Arbeitsmarktsituation besteht (ältere, jüngere und kranke Arbeitnehmer, sowie Frauen)[11].

---

11 Erwägenswert ist der Vorschlag von Rainer Förderreuther (Planung der Personalbeschaffung und des Personaleinsatzes, in: DSWR 1979, S. 267 (270)), in den Stellenbeschreibungen positive Kennzeichnungen der Eignung für bestimmte unterpriviligierte Arbeitnehmergruppen vorzusehen.

Da es jedoch gegenwärtig als Alternative zu rechnergestützten Methoden der Personalplanung nur die unsystematischen und deshalb unzuverlässigeren ad hoc-Entscheidungen gibt, kann man die Profilmethode nicht generell ablehnen, sondern lediglich ihre Verwendung bestimmten Rahmenbedingungen unterwerfen. Diese können entsprechend dem französischen Datenschutzgesetz[12)] darin bestehen, daß Personalplanungsentscheidungen aufgrund von Profilmethoden nur dann zulässig sind, wenn eine verantwortliche Person bei der konkreten Entscheidung eingeschaltet wird und der Betriebsrat nach § 95 Abs. 1 S. 1 BetrVG dem Auswahlverfahren zustimmt.

6.4 INSBESONDERE: LEISTUNGSBEURTEILUNG ALS ELEMENT DES FÄHIGKEITSPROFILS

6.41 GEGENSTAND DER LEISTUNGSBEURTEILUNG

Fähigkeitsprofile basieren auf Arbeitnehmerbeurteilungen und bilden die Grundlage für Entscheidungen der Entgeltfestsetzung, der Personalförderung, des Personaleinsatzes und der Personalführung. Arbeitnehmerbeurteilungen dienen vor allem folgenden Zwecken:

- Als Instrument der betriebsinternen Personalforschung geben die Beurteilungen Aufschluß über die Eignung und Leistung der Arbeitnehmer.
- Als personalpolitisches Instrument der Stärkung der Motivation können sie ein Beitrag zur Leistungssteigerung sein.
- Als Kontrollinstrument haben sie die Funktion, Informationen über bereits vollzogene personalpolitische Maßnahmen (Ausbildungsmaßnah-

---

12 Loi no. 78 - 17 du 6 janvier 1978 relative à l'informatique aux fichiers et aux libertés (Journal officiel de la République Française p. 227), Art. 2. - Ähnlich: Peter Gola, Der Geltungsbereich des BDSG bei der Verarbeitung von Personaldaten, in: BlStSozArbR 1978, S. 209 (212).

men, Personaleinsatz) zu liefern[13].

Grundsätzlich ist davon auszugehen, daß nicht alle Zwecke der Beurteilung mit einem Beurteilungssystem erreicht werden können; die verschiedenen Aufgaben erfordern zweckorientierte Beurteilungsverfahren[14]. Leistungsbeurteilungen im engeren Sinne sind analytische, also auf Einzelmerkmale bezogene Verfahren zur Leistungserfassung und Leistungsbewertung, die das Leistungsergebnis und das leistungsrelevante Verhalten mit einbeziehen[15].

Als wesentliche Determinanten der Leistungsbeurteilung gelten[16]:

- Arbeit (Qualität und Quantität, unter Berücksichtigung von Einflüssen auch aus der Privat- oder Intimsphäre)
- Körper (fortlaufende Beobachtung der körperlichen Konstitution durch den Vorgesetzten)
- Geist (geistige Regsamkeit als Bestimmungsfaktor des realen Arbeitsergebnisses)
- Charakter (Berücksichtigung der Zusammenhänge zwischen Arbeitsleistung und Wesensart).

Eine ähnlich weite Sichtweise vertritt Neumann[17]:

- Auftreten (umfaßt: Kontaktfreudigkeit, Selbstbeherrschung, Beherrschung der Umgangsformen, Überzeugungskraft)
- Berufskenntnisse (umfaßt: Fachschulkenntnisse, Facherfahrung)
- Charakterliche Qualifikation (umfaßt: Anständigkeit, Offenheit, Loyalität, Verantwortungsbereitschaft, Zuverlässigkeit, Dynamik)
- Denkfähigkeit (umfaßt: logischen Gedankenaufbau, Konzentration,

---

13 Vgl. Eduard Gaugler, u. a., Leistungsbeurteilung in der Wirtschaft, Baden-Baden 1978, S. 25 ff.

14 Vgl. Gaugler (Anm. 11), S. 17.

15 Zur Begriffsdefinition Gaugler (Anm. 11), S. 22 ff.

16 Vgl. H. Raschke, Taschenbuch für Personalbeurteilung, 4. A. Heidelberg 1974, S. 16 f.

17 H. Neumann, Ein Beurteilungssystem mit verbaler und quantitativer Bewertung, in: Mensch und Arbeit 19 (1967), S. 77 ff.

Arbeitssystematik, Urteilsvermögen, Denkbeweglichkeit)
- Energie (umfaßt: Fleiß, Entscheidungsfreudigkeit, Durchsetzungsvermögen, Zielstrebigkeit)
- Führungseigenschaften (nur bei Vorgesetztenfunktionen; umfaßt: Ausgeglichenheit, Menschenkenntnis, Autorität, Organisations- und Improvisationsfähigkeit, Delegieren, Impulsübertragung)
- Gesamtleistung (umfaßt: Arbeitsqualität, Arbeitsquantität).

Demgegenüber führt Engriser[18] aus, daß Leistung und Leistungsverhalten eines Mitarbeiters abhängig sind von
- seinen Kenntnissen und Fähigkeiten (Potential)
- seiner Bereitschaft, diese einzusetzen (Motivation) und
- seiner Umgebung (Aufgabe, Arbeitsplatz, Organisation, Vorgesetzten, Arbeitsgruppe usw.).

Engriser betont ausdrücklich, daß persönliche Gegebenheiten und Eigenschaften, die für Leistung und Verhalten unerheblich sind, das Beurteilungsergebnis nicht beeinflussen dürfen.

In der Fachliteratur ist die Relevanz von persönlichkeitsbezogenen oder chararakteriologischen Merkmalen umstritten: Sämann führt an, daß beispielsweise "Ehrlichkeit" und "Sauberkeit" keinen Einfluß auf das Arbeitsergebnis haben[19]. Müller vertritt aufgrund empirischer Untersuchungen die Ansicht, daß ein personalistischer Ansatz zur Gewinnung von Charakteristika, aus denen zwangsläufig ein bestimmtes Leistungsergebnis resultiert, ungeeignet sei; den Zusammenhang zwischen diesen Kriterien und dem Berufserfolg sieht er als nicht gesichert an[20]. Lattmann[21] hält Persönlichkeitsmerkmale oder Charaktermerkmale deshalb für ungeeignet, weil sie nicht beobachtbar, sondern nur aufgrund von Beobachtungen deutbar seien. Geeignet erscheinen ihm lediglich Merkmale

---

18 R. Engriser, Mitarbeiterbeurteilung, in: Industrielle Organisation 43 (1974), S. 223 ff.

19 W. Sämann, Analytische Leistungsbeurteilung für Angestellte, in: Industrial Engineering 22 (1973), S. 2 ff, (S. 7).

20 W. Müller, Kaderentwicklung und Kaderplanung, Theoretische und instrumentelle Grundlagen, Bern/Stuttgart/Wien 1971

21 Vgl. Ch. Lattmann, Leistungsbeurteilung als Führungsmittel. Bern und Stuttgart 1975, S. 55 ff.

der am konkreten Arbeitsplatz manifest angewandten Qualifikation des Leistungsergebnisses, sowie des leistungsrelevanten beobachtbaren Verhaltens. Kriterien zur Leistungserfassung in diesem Sinne hat Kappel[22] wie folgt entwickelt:

1. Ergebnis im engeren Sinne:	Qualität Quantität	(wie gut?) (wieviel? wie schnell?)
2. Wirtschaftlichkeit des Zusammenspiels:	Umgang mit Sachwerten	(Material- und Mittelausnutzung oder Verschleiß)
3. Beziehungen nach außen:	Verhalten	(Unterstützung oder Behinderung anderer Mitarbeiter)
	Selbständigkeit	(Beanspruchung des Vorgesetzten)

Justen[23] schlägt einen differenzierten Merkmalskatalog vor. Für alle Mitarbeiter erheblich sind:

- Qualität der Leistung
- berufliches Können
- Verantwortungsbereitschaft.

Für Mitarbeiter, die nicht überwiegend Führungsaufgaben wahrnehmen, gewinnen darüber hinaus Bedeutung:

- Quantität der Leistung
- Arbeitsbereitschaft/Initiative
- Bereitschaft zur Zusammenarbeit.

Für Mitarbeiter mit Führungsaufgaben sind zusätzlich zur erstgenannten Merkmalsgruppe zu berücksichtigen:

- Führungsqualitäten
- Dispositionsfähigkeiten
- Mitwirkung bei der Rationalisierung und Kosteneinsparung.

---

22 H. Kappel, Leistungsbewertung - Zusammenhänge und Probleme, in: Industrielle Organisation 43 (1974), S. 209 ff.

23 Robert Justen, Mitarbeiterbeurteilung - Objektivere Beurteilung nach analytischer Methode, Stuttgart 1971, S. 53 ff.

Im Beurteilungskatalog sind alle Merkmale in fünf Stufen beschrieben.

Nach bisherigen empirischen Untersuchungen[24] in Organisationen (Gewerkschaften, Arbeitgeberverbänden, Dachorganisationen, Großunternehmen, Sozialversicherungsträgern, Krankenkassen) werden von insgesamt 618 relativ ähnlichen Merkmalen in Leistungsbeurteilungssystemen am häufigsten die Merkmale

- Zusammenarbeit
- Belastbarkeit
- Initiative
- Arbeitsgüte
- Arbeitstempo

verwendet. Die am häufigsten beurteilten Merkmalsschwerpunkte bilden

- Zusammearbeit
- Einsatz, Fleiß
- Fachwissen, Fachkönnen, Fähigkeiten
- Qualität der Arbeit
- Ausdauer, Belastbarkeit.

Grundsätzlich kommt die letztgenannte Studie[25] zu der Einschätzung, daß die herrschende Wissenschaftlermeinung die Verwendung von Persönlichkeitsmerkmalen im Sinne von Raschke und Neumann ablehnt, solange eine ursächliche Verknüpfung zur Leistung nicht belegt wird; auf der anderen Seite ergibt sich empirisch, daß sich periodische Mitarbeiterbeurteilungssysteme in standardisierter und formalisierter Form in den letzten Jahren stärker durchgesetzt haben und offenbar noch einem ständigen Änderungsprozeß unterliegen. Daran knüpfte unsere Untersuchung an.

6.42 UNTERSUCHUNGSERGEBNISSE ZUR LEISTUNGSBEURTEILUNG

Die Hauptfrage betraf die Aufnahme von Leistungsbeurteilungen in das Personalinformationssystem

---

24 Dazu Gaugler (Anm. 11), S. 130 ff.

25 Gaugler (Anm. 11), S. 43 und 133 ff.

(Frage 83):

Werden in Ihr Personalinformationssystem auch Beurteilungen über die Leistungen der einzelnen Arbeitnehmer aufgenommen?	
1. Ja	77,6 %
2. Nein	22,4 %

Mehr als drei Viertel aller Probanden speichern also Leistungsbeurteilungen ihrer Arbeitnehmer in der Personaldatenbank. Über die Form der Speicherung bei diesen Probanden gab die Zusatzfrage 84 Aufschluß:

In welcher Form werden Beurteilungsdaten im Personalinformationssystem aufgenommen? (Mehrfachnennungen waren möglich)	
1. Die Beurteilungen im Volltext	---
2. Die Beurteilungen gemäß dem Beurteilungsschema des Unternehmens	43,3 %
3. Die Kennziffer der tariflichen Leistungsbeurteilung	31,3 %
4. Weiß ich nicht	6,0 %
5. Keine Angabe	1,5 %

Kein Unternehmen nimmt also den vollen Text einer Leistungsbeurteilung in die Datenbank auf. Soweit die Probanden Leistungsbeurteilungen speichern, geschieht dies überwiegend (43,3 % aller Probanden oder 55,8 % derjenigen Probanden, die überhaupt Leistungsbeurteilungen speichern) gemäß dem Beurteilungsschema des Unternehmens, zu einem geringeren Prozentsatz (31,3 % aller oder 40,3 % derjenigen Probanden, die überhaupt Leistungsbeurteilungen speichern) nach den Kennziffern von Tarifverträgen, die insbesondere innerhalb der Metallindustrie bestehen[26]. Aufgrund der Mehrfachnennungen bei bestimmten Probanden ergibt sich, daß einige Unternehmen zusätzlich zu den tariflich vereinbarten Beurteilungskennziffern interne Beurteilungskennziffern speichern.

---

26 Beispiele: Tarifvertrag zur Leistungsbeurteilung von Zeitlohnarbeitern in der Eisen-, Metall- und Elektro-Industrie Nordrhein-Westfalens v. 7.9.1970 nach dem Stand v. 19.2.1975; Tarifvertrag zur Leistungsbeurteilung von Angestellten (in der gleichen Branche) v. 19.2.1975.

Diese Ergebnisse lassen die von Grunow[27] auf Untersuchungen im Jahre 1971/1972 zurückgehende Vermutung, daß bei Betrieben mit mehr als 1000 Beschäftigten nur in etwa 15 % der Fälle formalisierte und standardisierte Beurteilungssysteme existieren, überholt erscheinen. Nach Untersuchungen des Instituts für sozialwissenschaftliche Forschung e. V. wurden im Jahre 1975 in 45 % bis 74 % der Betriebe mit mehr als 1000 Beschäftigten Personalbeurteilungssysteme verwendet[28]. Unsere Untersuchung bestätigt das Überschreiten der zuletzt ermittelten Obergrenze. Es kann davon ausgegangen werden, daß der zunehmende Einsatz von Beurteilungssystemen nicht zuletzt auf Vereinbarungen in Tarifverträgen zurückzuführen ist.

Nicht unerheblich erscheint die Geltungsdauer sowie die Quelle einer Leistungsbeurteilung. Die genannten Tarifverträge in der Metallindustrie sehen eine jährliche Neubewertung vor. Die Probanden, die Leistungsbeurteilungen speichern, wurden deshalb gefragt (Frage 85, Mehrfachnennungen waren möglich):

Was wird im Zusammenhang mit der Speicherung der Leistungsbeurteilung vermerkt?		
	absolut bei allen Probanden	relativ zu den speichernden
1. Der Zeitpunkt der Beurteilung	55,2 %	71,1 %
2. Der Beurteiler	25,4 %	32,7 %
3. Die Geltungsdauer	29,9 %	38,5 %
4. Weiß ich nicht	7,5 %	9,7 %
5. Keine Angabe	1,5 %	1,9 %

Man kann vermuten, daß praktisch alle Unternehmen, die Leistungsbeurteilungen speichern, zugleich den Zeitpunkt der Beurteilung und/oder die Geltungsdauer vermerken. Dadurch werden sowohl den berechtigten Interes-

---

27 Vgl. Dieter Grunow, Personalbeurteilungssysteme, zitiert nach Gaugler (Anm. 11), S. 100. Nach einer 1976 in der FAZ veröffentlichten Liste der umsatz- und beschäftigungsstärksten Unternehmen wurden 142 Unternehmen angeschrieben, von diesen antworteten 107, von denen wiederum 32 kein Beurteilungssystem hatten; von den verbleibenden 75 Antworten konnten 64 ausgewertet werden; zu den Untersuchungsergebnissen im einzelnen: Gaugler (Anm. 11) S. 100.

28 Vgl. die Untersuchungsergebnisse im einzelnen: Institut für Sozialwissenschaftliche Forschung e. V., München, (Im Auftrage des Bundesministers für Arbeit- und Sozialordnung) 1976.

sen der Arbeitnehmer, als auch der Arbeitgeber nach einer aktuellen Beur-teilung Rechnung getragen. Dies entspricht ferner den Grundsätzen zur Berichtigung, Sperrung und Löschung von Daten (§ 27 BDSG) und hilft, Gegenerklärungen des Arbeitnehmers (§ 83 Abs. 2 BetrVG) zu vermeiden.

In der vorliegenden Untersuchung wurde (Frage 25) detailliert ermittelt, welche Daten in den Personalinformationssystemen der Probanden gespeichert werden. Die Auswertung ergab folgende Daten, die indirekt oder direkt zur Leistungsbeurteilung herangezogen werden könnten, ohne daß dieser Zusammenhang weiter verfolgt wurde (Prozentangaben; geplante Datenelemente in Klammern):

	%	
Mitgliedschaften in der Freiwilligen Feuerwehr, im Technischen Hilfsdienst usw.	10,4	
Mitgliedschaft beim Roten Kreuz, Malteser, Johanniter usw.	4,5	
Mitgliedschaft beim Katastrophenschutz	10,4	
Mitgliedschaft in der Gewerkschaft	34,3	
Mitgliedschaft in einer politischen Partei	--	
Vereinszugehörigkeiten	6,0	
Betriebsratstätigkeit	28,4	(1,5)
Schul- und Fachausbildung	70,1	(1,5)
Berufserfahrung	35,8	(1,5)
Fort- und Weiterbildung	46,3	(3,0)
Frühere externe Tätigkeit	22,4	(1,5)
Frühere interne Tätigkeit	44,8	
Ausbildungsniveau (Zensuren)	29,9	
Beginn der jetzigen Tätigkeit	58,2	
Umschulungen	13,4	
Teilnahme an Lehrgängen/Kursen mit Angabe der Art der besuchten Kurse	37,3	
Externer Berufsweg	29,9	(1,5)
Art der Tätigkeiten	23,9	(1,5)
Jeweilige Dauer	29,9	(1,5)
Jeweilige Branche	16,4	(1,5)
Jeweiliger Rang	16,4	(1,5)
Letzter Arbeitgeber	29,9	
Zeugnisse	3,0	(1,5)
Innerbetrieblicher Berufsweg		
Bekleidete Stellen mit Stellen- und Abteilungsnummer	29,9	(1,5)
Dauer	34,3	(3,0)
Besondere Kenntnisse und Fähigkeiten	34,3	(3,0)
Psychische Merkmale	4,5	
Geistige Merkmale	4,5	
Auffassungsgabe	6,0	
Praktischer Anstelligkeit	6,0	
Technisches Verständnis	6,0	
Merkfähigkeit	4,5	
Rechnerisches Verständnis	4,5	
Mündliche/schriftliche Ausdrucksfähigkeit	6,0	
Konzentrationsfähigkeit	4,5	
Räumliches Vorstellungsvermögen	1,5	
Fähigkeit zur Einzelarbeit	3,0	

	%	
Monotoniefestigkeit	1,5	
Lernbereitschaft	6,0	
Mitarbeiterführung	10,4	
Respekt vor Vorgesetzten	1,5	
Bereitschaft, den Vorgesetzten zu informieren	4,5	
Kontaktfreudigkeit	6,0	
Beliebtheitsgrad bei den Kollegen	3,0	
Kooperationsfähigkeit	4,5	
Belastbarkeit und Ausdauer	6,0	
Sensomotorische Merkmale	7,5	
Daten der Leistungsbewertung	40,3	
Eigungsprozentsatz des Beurteilten für die Stelle	10,4	(1,5)
Tätigkeitsbezeichnungen der ausgeübten Tätigkeit	70,1	(1,5)
Gefahrenklassen	47,8	
Sehvermögen	11,9	
Hörvermögen	16,4	
Allgemeine körperliche Konstitution	11,9	
Wechselschichttauglichkeit	22,4	
Schwindelfreiheit	7,5	
Reaktionsvermögen	3,0	
Körpergeschicklichkeit	4,5	
Muskelbelastung	3,0	
Körperhaltung	3,0	
Kurzzeitige Höchstbelastung	9,0	
Rehabilitant	19,4	
Leistungsminderung	43,3	
Bescheiddaten der Eignungsuntersuchung	7,5	
Daten des arbeitsmedizinischen Eignungsprofils	1,5	
Bescheiddaten der Überwachungsuntersuchung	13,4	(1,5)
Untersuchender Arzt	9,0	
Kur- und Heilverfahren	26,9	
Berufskrankheit	6,0	
Dauer der Einweisung, Anlernzeit	9,0	(1,5)
Gefährdungen des Arbeitsplatzes	19,9	
Arbeitsplatz- (stellen-)kennziffer	41,8	

Am weitesten verbreitet sind demnach Angaben über die Schulausbildung und ausgeübte Tätigkeiten (je 70,1 %). Es folgen Daten über die Gefahrenklasse der ausgeübten Tätigkeit (47,8 %), die Weiterbildung (46,3 %), die frühere interne Tätigkeit (44,8 %), Leistungsminderungen (43,3 %) und Arbeitsplatzkennziffern (41,8 %). Über 25 % aller Probanden vermerken ferner die Berufserfahrung (35,8 %, die Mitgliedschaft in einer Gewerkschaft (34,3 %)[29], besondere Kenntnisse und Fähigkeiten

---

29 Dies geht in aller Regel auf die direkte Abführung des Gewerkschaftsbeitrags durch den Arbeitgeber zurück. Damit haben die Gewerkschaften selbst die arbeitsgerichtliche Rechtsprechung unterlaufen, wonach der Arbeitgeber nicht nach der Gewerkschaftszugehörigkeit eines Arbeitnehmers fragen darf.

(34,3 %), die Betriebsratstätigkeit (28,4 %), sowie Kur- und Heilverfahren (26,9 %). In den meisten Fällen ist davon auszugehen, daß diese Daten jeweils weiter aufgefächert gespeichert werden, die Liste also lediglich die Datenkategorien benennt.

Bemerkenswert erscheint, daß knapp zwei Drittel aller Probanden die freiwillige Teilnahme an Kursen in ihrem Personalinformationssystem festhält (Frage 87):

Wird im Personalinformationssystem auch die Teilnahme an freiwilligen Weiterbildungs- und Fortbildungskursen dokumentiert?	
1. Nein	34,3 %
2. Ja, alle Kurse	55,2 %
3. Ja, nur die innerbetrieblichen Kurse	9,0 %
4. Keine Angabe	1,5 %

6.5 BEWERTUNG DER ERGEBNISSE

"Die Leistungsbeurteilung bildet die Grundlage für jede Personalplanung"[30]. Diese sicher zutreffende Aussage gewinnt im Zusammenhang mit weitgehend computergestützten Verfahren des Operations Research und der Ökonometrie eine neue Bedeutung. Die systematische Planung der Mitarbeiterstruktur sowie des langfristigen quantitativen und qualitativen Personalbedarfs[31] hat sich, wie diese Studie zeigt, in den Großunternehmen bereits stark durchgesetzt. Der Wunsch nach Versachlichung von Personalführungsentscheidungen durch verbesserte Entscheidungskriterien führt tendenziell zu einer Ausweitung der einzubeziehenden Merkmale. Es ergibt sich meist eine logische, an keiner Stelle sinnvoll zu unterbrechende Kette von Stellenbeschreibungen und korrespondierenden Anforde-

---

30 Rolf Oswald, Erfahrungen mit der Einführung der Arbeitsplatzbewertung und Leistungsbeurteilung, in: Personal (7) 1977, S. 274.

31 Friedrich Rosenkranz/Walter Peter, Einige ausgewählte Modelle zur Unterstützung der Personalplanung, dargestellt am Beispiel einer Großunternehmung der chemischen Industrie, in: DBW 37 (1977), S. 543-556.

rungsprofilen, Leistungsbeurteilungen oder Fähigkeitsprofilen. Der arbeitnehmerbezogene betriebliche Informationshaushalt wird offenbar durch Sachnotwendigkeiten gesteuert.

Dennoch klaffen Theorie und Praxis der computergestützten Personalplanung weit auseinander. Während die Betriebsökonomie eher zur Vorsicht rät und die algorithmisierte Profilmethode entweder ablehnt oder auf bestimmte Anwendungsfälle beschränken möchte[32], wird die Entwicklung in der Praxis durch Tarifverträge - insbesondere in der Metallindustrie - sowie scheinrationale Softwareprogramme[33] vorangetrieben. Dabei ist die Gewerkschaftspolitik in sich widersprüchlich: Einerseits werden detaillierte Punktsysteme für zahlreiche Beurteilungsmerkmale und Beurteilungsstufen in Tarifverträgen der Metallindustrie vereinbart[34], andererseits tritt beispielsweise die Gewerkschaft Öffentliche Dienste, Transport und Verkehr "allen Versuchen zur Einführung einer formalisierten und/oder strukturierten EDV-gerechten Leistungs- und Verwendungsbeurteilung und analytischen Dienstpostenbewertung einmütig entgegen"[35].

Es kann nicht bestritten werden, daß unter Berücksichtigung der Grenzen sowie der Leistungsfähigkeit computergestützter Personalplanungsmethoden die Entscheidungen formalrational ablaufen und den zufällig getroffenen ad hoc-Entscheidungen überlegen sind. Andererseits bestehen Bedenken, weil meist nicht über Probleme der Validität, Reliabilität, Gewichtungskriterien, Messung oder der Kontextabhängigkeit der Personalinformationen genügend nachgedacht wird. Dieselben Informationen können aber in verschiedenen Kontexten Unterschiedliches bedeuten. Notwendig erscheint deshalb die Entwicklung einer überzeugenden sozialwissenschaftlich-arbeitsmedizinisch beeinflußten Theorie der Leistungsbeurteilung. Bis zu diesem Zeitpunkt handelt die Praxis in einem pragmatischen "trial and error"-Verfahren.

---

32 Heinrich/Pils (Anm. 9), S. 113.

33 In einem dem Projektleiter bekanntgewordenen Programm eines kleinen deutschen Softwareunternehmens ergibt eine gewisse Punktzahl die Einschätzung "Arbeitstier".

34 Vgl. unten Anhang B 9.

35 Vgl. unten Anhang B 10.

Der mögliche Beitrag des einzelnen Arbeitnehmers zur Transparenz, Plausibilität und Kontrolle des Bewertungsverfahrens ist denkbar gering. Zwar betreffen die Datenerhebungen und Datenverwendungen sein Persönlichkeitsrecht und seine Arbeitskarriere. Echte Verhaltensalternativen gegenüber computergestützten Planungsverfahren besitzt er jedoch nicht, weil die eigentlichen Entscheidungen inhaltlich und verfahrensmäßig auf einer vorgelagerten Ebene vorstrukturiert werden. Ansatzpunkt für rechtliche Überlegungen bieten deshalb weniger seine individuellen Auskunftsverpflichtungen und Auskunftsrechte als die Konstituierung von Rahmenbedingungen auf der strukturellen Ebene.

Insoweit ist zu überlegen, ob dem Betriebsrat die Kompetenz zufällt, in pragmatischen Verfahren zu Kompromissen auf der Unternehmensebene beizutragen. Anknüpfungspunkte für den Aushandlungsprozeß bieten sowohl § 75 Abs. 2 BetrVG, wonach Arbeitgeber und Betriebsrat die freie Entfaltung der Arbeitnehmerpersönlichkeit zu schützen und zu fördern haben, als auch § 95 Abs. 1 BetrVG, wonach der Betriebsrat Richtlinien über die personelle Auswahl zustimmen muß. Leistungsbeurteilungs- und Profilverfahren sind als Auswahlrichtlinien zu betrachten, denn sie haben die gleiche Funktion[36]. Wegen der Bedeutung dieses Zusammenhangs sollte im Falle einer Novellierung des Betriebsverfassungsgesetzes dies ausdrücklich klargestellt werden.

Ferner bestehen Bedenken gegen einen rein formalrational ablaufenden, computergestützten Personalplanungsprozeß. Da es letztlich um die individuelle Einsatzfähigkeit und Entfaltungsmöglichkeit einer Person geht, sollten die Entscheidungen nicht lediglich als logisch-konsequente Vollstreckung von getroffenen Vorentscheidungen über die Zuordnung von Merkmalen und deren Bewertung betrachtet werden, sondern einen Ermessensspielraum der Personalabteilung einschließen. Als Vorbild kann insoweit die Regelung des französischen Datenschutzgesetzes gelten, wonach eine verantwortliche Person bei Profilverfahren die letzte Entscheidungskompetenz besitzen muß[37].

---

36 Wolfgang Kilian, Auswirkungen des Bundesdatenschutzgesetzes auf das Betriebsverfassungsrecht, in: RdA 1978, S. 201 (205).

37 Art. 2 Abs. 2 lautet: "Aucune décision administrative ou privée impliquant une appréciation sur un comportement humain ne peut avoir pour seul fondement un traitement automatisé d'informations donnant une définition du profil ou de la personnalité de l'intéressé."

6.6 REFORMVORSCHLÄGE

Während die Herstellung von computergestützten Arbeitsplatzprofilen keinen Einschränkungen unterliegt, sollen für die Verwendung von Leistungsprofilen folgende Rahmenbedingungen in § 95 Abs. 1 BetrVG verankert werden:

- Die Festlegung von Profilmerkmalen, deren Gewichtungen sowie das Abgleichverfahren unterliegen - wie bisher schon die Richtlinien über die personelle Auswahl von Arbeitnehmern - der Zustimmung des Betriebsrats. Dabei ist auf die Gleichbehandlung vergleichbarer Arbeitnehmergruppen zu rechnen.

- Ergebnisse aus computergestützten Profilabgleichen dürfen nicht unmittelbar vollzogen werden, sondern bedürfen vorher der Überprüfung und Bestätigung durch den Personalleiter.

7 BETRIEBSJUSTIZ

7.1 UNTERSUCHUNGSERGEBNISSE

Betriebsbußen gelten in der Rechtswissenschaft heute allgemein als zulässige Maßnahmen der betrieblichen Selbstverwaltung, die der Aufrechterhaltung der Sicherung und Ordnung im Betrieb dienen[1]. Sie werden in aller Regel durch Arbeitsordnungen festgelegt, die der Zustimmung des Betriebsrats (§ 87 Abs. 1 Ziff. 1 BetrVG) bedürfen. Neben diesen kollektivrechtlichen Sanktionsmöglichkeiten des Arbeitgebers besteht als formale individualarbeitsvertragsrechtliche Sanktion das Institut der "Abmahnung". Obwohl gesetzlich nicht geregelt, wird es in der Praxis anerkannt, um Leistungsmängel zu beanstanden und die Beweissituation des Arbeitgebers im Zusammenhang mit Kündigungsverfahren zu verbessern[2].

Auf diesem Hintergrund versuchten wir herauszufinden, wie die gegenwärtige Praxis der Großunternehmen zur Behandlung von Informationen über Betriebsbußen aussieht.

Die Ausgangsfrage (179) lautete:

Werden in Ihrem Unternehmen Betriebsbußen oder sonstige betriebliche Ordnungsstrafen verhängt?	
1. Ja	50,7 %
2. Nein	44,8 %
3. Keine Angabe	4,5 %

Erstaunlich an diesem Ergebnis ist die Tatsache, daß fast die Hälfte aller Probanden überhaupt keine Betriebsbußen oder Ordnungsstrafen verhängt. Ebenso bemerkenswert waren die Antworten derjenigen Probanden, die Betriebsbußen vorsehen, auf die Frage nach dem Ort der Dokumentation

---

1 Günter Schaub, Arbeitsrechts-Handbuch, 3. A. München 1977, S. 242 ff.

2 BAG BB 1980, S. 1269; zum Unterschied zwischen Abmahnung und Betriebsbuße BAG BB 1980, S. 414.

(Frage 180; Mehrfachnennungen waren möglich):

Wo werden die Verstöße gegen die Arbeitsordnung und die deswegen verhängte disziplinarische Maßnahme festgehalten?	
1. Nirgendwo	--
2. Im Personalinformationssystem	15,8 %
3. In einer Kartei des Werkschutzes	7,9 %
4. In der Personalakte	100,0 %
5. In den Ermittlungsberichten des Werkschutzes	2,6 %
6. In jährlichen Tätigkeitsberichten des Werkschutzes	--
7. An anderer Stelle	--
8. Keine Angabe	--

Alle Probanden, die Betriebsbußen verhängen, dokumentieren diese Tatsache in der manuellen Personalakte des Betroffenen und nur wenige im Personalinformationssystem. Daraus wird man folgende Schlußfolgerung ziehen können: Die traditionelle Personalakte, die ja weit überwiegend zumindest für Teilbereiche neben dem automatisierten Personalinformationssystem weitergeführt wird, spielt für diese sensiblen Angaben die wichtigste Rolle. Möglicherweise gilt auch das Personalinformationssystem als leichter zugänglich als die alte Personalakte. Ferner könnte die Personalakte deshalb vorgezogen werden, weil die Zahl der Verstöße auch in Großunternehmen relativ gering ist und sich die Einplanung eines besonderen Datenbanksegments für alle Arbeitnehmer nicht lohnen würde.

Im Zusammenhang unserer Untersuchung interessierte lediglich der Zweck der Speicherung im Personalinformationssystem bei den 15,8 % Probanden, die dort Verstöße festhalten (Frage 181; Mehrfachnennungen waren möglich):

Aus welchem Grund werden Daten über verhängte Betriebsbußen in das Personalinformationssystem aufgenommen?	
1. Zu Abrechnungszwecken (bei Geldbußen)	5,3 %
2. Zu Auswertungszwecken	2,6 %
3. Zur Dokumentation	10,5 %
4. Keine Angabe	--

Der überwiegende Zweck besteht also in der Dokumentation; der Abrechnungszweck bei Geldbußen dürfte wohl deshalb keine große Bedeutung haben, weil die Höhe der verhängten Geldbuße kaum zur Ratenzahlung führt.

Die geringe Zahl der Fälle, in denen Probanden Betriebsbußen im Personalinformationssystem dokumentieren, machten die weiteren Zusatzfragen weitgehend überflüssig. Zu erwähnen ist lediglich, daß bei einer Datenbankanfrage nur bei einem Probanden sämtliche Verstöße ohne zeitliche Grenzen ausgedruckt werden, während bei den anderen überwiegend zeitliche Grenzen ausschlaggebend sind. Zwei Probanden hatten keine Richtlinien oder Programme für die Sperrung oder Löschung von Betriebsbußen innerhalb bestimmter Fristen. Eine Weitergabe von Informationen über verhängte Betriebsbußen an einen anderen Arbeitgeber konnte in keinem einzigen Fall festgestellt werden.

Neben den Betriebsbußen waren auch die arbeitsvertraglichen Abmahnungen Gegenstand der Untersuchung.

Werden im Personalinformationssystem arbeitsvertragliche Abmahnungen aufgenommen? (Frage 189)	
1. Nein	44,8 %
2. Ja, ohne Angabe des Grundes für die Abmahnung	43,3 %
3. Ja, mit Angabe des Grundes für die Abmahnung	9,0 %
4. Keine Angabe	3,0 %

Über die Hälfte der Probanden (52,3 %) dokumentieren also Abmahnungen im Personalinformationssystem, und zwar überwiegend (43,3 %) ohne Hinzunahme des Grundes der Abmahnung. Die gegenüber den Betriebsbußen höhere Quote der Dokumentation im Personalinformationssystem scheint anzudeuten, daß die Tatsache einer Abmahnung systematischer für Personalentscheidungen berücksichtigt wird. Auch hinsichtlich der Abmahnungen ergaben die Zusatzfragen relativ geringe weitere Aufschlüsse; hervorzuheben sind lediglich folgende Fakten: Nur 7,5 % aller Probanden sehen für Abmahnungen spezielle Löschungsregeln vor, und zwar überwiegend nach einem Zeitraum bis zu zwei Jahren (Fragen 190, 191). Nur ein Proband speichert auch strafgerichtliche Verurteilungen in seinem Personalinformationssystem (Frage 192).

7.2 BEWERTUNG

Offensichtlich bestehen nur bei etwa der Hälfte der Großunternehmen überhaupt formelle Arbeits- und Betriebsordnungen, weil nur dann überhaupt die Verhängung einer Strafe (meist für kleinere Eigentums- und Vermögensdelikte, Beleidigungen und Körperverletzungen) rechtlich in Betracht kommt. Dieser geringe Verbreitungsgrad entspricht ziemlich genau den Feststellungen von Kaiser/Metzger-Pregizer bei Untersuchungen in Unternehmen in Baden-Württemberg aus dem Jahre 1970; danach gab es nur in 60 % der Betriebe mit mehr als 500 Arbeitnehmern Arbeits- und Betriebsordnungen, wobei die Geldbuße das schärfste Sanktionsmittel darstellte[3]. Weniger im Verbreitungsgrad von Betriebsbußen liegt deshalb die Überraschung unserer Ergebnisse, als in den Verfahren der Dokumentation und Verwendung von Bußen.

Während für Strafen durch staatliche Gerichte aufgrund des Bundeszentralregistergesetzes[4] genaue Vorschriften über Art und Dauer der Dokumentation sowie über abgestufte Auskünfte bestehen, fehlen allgemeinverbindliche[5] Regeln im betrieblichen Bereich. Der Vorschlag zahlreicher Strafrechtswissenschaftler[6], innerbetriebliche Sanktionssysteme rechtsstaatlichen Verfahrensweisen zu unterwerfen und zugleich diesen Bereich zu entkriminalisieren, wurde bisher nicht aufgegriffen. Das Ziel der Entkriminalisierung verstellte allerdings auch den Blick für die Funktion, Wirkungsweise und Verwendungszusammenhänge von Betriebsbußen.

Eine Dokumentation der Betriebsbußen als auch der Abmahnungen ist ohne Zweifel notwendig. Die Sozialwidrigkeit einer Kündigung kann unter anderem davon abhängen, ob und wie Leistungsmängel beanstandet worden sind. Eine Vielzahl von Verstößen gegen eine Arbeitsordnung dürfte zugleich auch eine Verletzung des Arbeitsvertrages einschließen. Das Bundesarbeitsgericht hat in seinem Urteil vom 18. Januar 1980 festgestellt, daß die Abmahnung "in einer für den Arbeitnehmer hinreichend deutlich erkennbaren Art und Weise" Leistungsmängel beanstanden müsse[7]. Dies kann regelmäßig nur schriftlich geschehen, und es entspricht

---

3 Günther Kaiser/Gerhard Metzger-Pregizer, Betriebsjustiz. Untersuchungen über die soziale Kontrolle abweichenden Verhaltens in Industriebetrieben, Berlin 1976, S. 49 ff.

4 Bundeszentralregistergesetz in der Neufassung vom 22.7.1976 (BGBl. I S. 2015).

5 Inwieweit etwa Tarifverträge entsprechende Regelungen enthalten, war nicht Gegenstand unserer Befragung.

6 Günther Arzt u. a., Entwurf eines Gesetzes zur Regelung der Betriebsjustiz, Tübingen 1975.

7 BAG BB 1980, S. 1269.

sowohl einer ordnungsgemäßen Buchführung wie auch den Erfordernissen des Personaldatenrechts, wenn entsprechende Unterlagen aufbewahrt werden.

Die Doppelspurigkeit der Dokumentation, nämlich in der Personalakte und/oder im Personalinformationssystem, kann freilich zu Problemen bei der Kenntnisnahme durch den Arbeitnehmer führen; da diese Sanktionen zu den Personalunterlagen genommen werden müssen, sind bei doppelter Dokumentation in der Personalakte und im Personalinformationssystem wechselseitige Verweisungen erforderlich. Andernfalls würde das Recht auf Einsichtnahme und eventuelle Gegenerklärung (§ 83 BetrVG), dem angesichts weitgehend fehlender Verfahrensregeln bei der Feststellung von Verstößen besondere Bedeutung zukommen, verkürzt.

Soweit eine Dokumentation von Betriebsbußen und/oder Abmahungen nur im Personalinformationssystem erfolgt, erscheinen lediglich zwei Punkte problematisch: Die Art und Weise der Speicherung sowie das Verfahren der Löschung.

Es entspricht nicht den genannten Anforderungen des Bundesarbeitsgerichts nach präziser Angabe der Leistungsmängel bei Abmahnungen, wenn 43,3 % der Probanden nur die Tatsache der Abmahnung, nicht aber ihren Grund im Personalinformationssystem festhalten. Dadurch wird sowohl eine Nachprüfung erschwert als auch der Kontext der Verfehlung abgeschnitten.

Ferner könnte sich das betriebliche Sanktionssystem, obwohl es sich auf geringere Verstöße gegen die Betriebsordnung oder gegen vertragliche Leistungspflichten bezieht als das von staatlichen Instanzen zu verfolgende Fehlverhalten, für den Betroffenen nachteiliger auswirken, wenn nicht Mindestgarantien für die Löschung der Angaben bestehen[8]. Im Falle einer Aburteilung der Verstöße gegen Betriebsordnungen durch staatliche Gerichte wären Strafen unter 90 Tagessätzen zu erwarten. Solche Strafen dürfen nicht in ein polizeiliches Führungszeugnis aufgenommen werden (§ 30 Abs. 2 Ziff. 5 BZRG), der Betroffene ist nicht mit

---

8 Eine strafgesetzkonforme Auslegung von Betriebsbußordnungen unter Berücksichtigung rechtsstaatlicher Grundsätze fordert: BAG JZ 1977, S. 565 (566).

dem Makel "vorbestraft" behaftet. Übertragen auf den betrieblichen Bereich empfehlen sich deshalb Vorkehrungen, um die unbefugte Kenntnisnahme Dritter auszuschließen. Darüber hinaus darf die Ahndung im Betrieb nicht dazu führen, daß der betroffene Arbeitnehmer schlechter gestellt wird, als er bei einer Verurteilung durch ein Gericht stehen würde. Das bedeutet zwar keineswegs ein Dokumentationsverbot, sondern lediglich eine Löschungspflicht nach Ablauf gewisser Fristen, die nach der bisherigen Praxis - soweit eine besteht - bei etwa zwei Jahren liegt. Nach Ablauf dieser Frist greift § 27 BDSG mit der Pflicht zur Sperrung und - bei Vorliegen überwiegend schutzwürdiger Belange des Arbeitnehmers - mit der Pflicht zur Löschung ein. Im Unterschied zur manuell geführten Personalakte liegt der Grund für dieses Sperrungs- oder Löschungsgebot in der systematischen Auswertbarkeit automatisierter Informationen und der damit verbundenen größeren Diskriminierungsgefahr.

Ähnliches gilt auch für die Abmahung: Die zeitliche Grenze für die Sperrung oder Löschung der Informationen in der Datenbank fällt mit dem Ende der Verwertbarkeit für den Arbeitgeber zusammen. So würdigen die Arbeitsgerichte Abmahnungen wegen Zuspätkommens, die länger als drei Jahre zurückliegen, nicht mehr als Kündigungsvoraussetzung. Insoweit verliert die Tatsache und der Grund der Abmahnung auch für den Arbeitgeber seinen Wert. Ob die zu sperrende oder zu löschende Tatsache als Element im Zusammenhang mit betriebsinternen Beurteilungen des Arbeitnehmers noch Verwendung finden kann, müßte noch genauer untersucht und an den Grundsätzen des Direktionsrechts, der Fürsorgepflicht und dem Arbeitnehmerpersönlichkeitsrecht (§ 75 BetrVG) gemessen werden[9].

7.3 VORSCHLÄGE

Soweit Betriebsbußen und Abmahnungen im Personalinformationssystem oder in der Personalakte dokumentiert werden, sollten zugleich auch die Grün-

---

9 Zur Würdigung einer betriebsöffentlichen Behauptung einer Straftat als Verletzung des Arbeitnehmerpersönlichkeitsrechts: BAG NJW 1979, S. 2532. - Für einen zivilrechtlich mit der Leistungsklage zu verfolgenden quasi-negatorischen Beseitigungsanspruch aus § 1004 Abs. 1 BGB: Klaus Kammerer, Abmahnung und Persönlichkeitsschutz im Arbeitsverhältnis, in: BB 1980, S. 1587 (1589).

de angegeben, Löschungsfristen vorgesehen und der Kreis der Zugriffsberechtigten dur h Datensicherungsmaßnahmen festgelegt werden. Entsprechende Regelungen könnten - außer in Tarifverträgen und Betriebsvereinbarungen - entweder in das Betriebsverfassungsgesetz oder in das von Strafrechtswissenschaftlern bereits 1975 vorgeschlagene Gesetz zur Regelung der Betriebsjustiz eingehen.

8 LEIHARBEITNEHMER

8.1 EMPIRISCHER BEFUND

Überraschend hoch ist die Zahl der Probanden, die Leiharbeitnehmer einsetzen: 92,5 % (Frage 89). Zwar liegt der Anteil der Leiharbeitnehmer an der Belegschaft in der Nähe von 1 %, doch kann dies bei Großunternehmen weit mehr als 1000 Arbeitnehmer betreffen.

Beschäftigen Sie Leiharbeitnehmer in Ihrem Unternehmen?	
1. Nein	7,5 %
2. Ja, ohne Angabe der Zahl	61,2 %
3. Ja, 1 %	28,4 %
4. Ja, 5 %	3,0 %
5. Ja, 10 % oder mehr	-
6. Weiß nicht, keine Angabe	-

Nur etwa ein Zehntel (Frage 90) der Probanden mit Leiharbeitnehmern speichert allerdings die Personaldaten der Leiharbeitnehmer in ihrem Personalinformationssystem. Die Daten beruhen mehr auf eigenen Erhebungen des Entleihers als auf Angaben des Verleihers (Fragen 91; 92). Wegen des geringen Umfangs der Speicherung von Leiharbeitnehmerdaten ergab die Frage, was mit den Daten nach Ausscheiden des Leiharbeitnehmers geschieht, kein klares Bild (Fragen 93; 94). Einige Probanden belassen die Daten in ihrem Personalinformationssystem; andere löschen sie, lagern sie aus oder übermitteln sie dem Verleiher.

8.2 RECHTLICHE BEWERTUNG

In diesem Ergebnis spiegelt sich die nicht völlig geklärte Rechtslage hinsichtlich der Leiharbeitnehmer wider. Zwar geht das Arbeitnehmerüberlassungsgesetz (AÜG) von 1973 davon aus, daß der Leiharbeitnehmer echter Arbeitnehmer des Verleihers ist und nur zwischen diesen ein

Arbeitsvertrag besteht[1]. Andererseits hat der Arbeitgeber des Entleiherbetriebes eine faktische Arbeitgeberstellung inne, vor allem hinsichtlich des Direktionsrechts und der Fürsorgepflicht. Das Bundesarbeitsgericht rechnet unter Hinweis auf § 11 Abs. 6 AÜG die Leiharbeitnehmer betriebsverfassungsrechtlich sowohl dem Ent- als auch dem Verleiherbetrieb zu: "Da auch nach Inkrafttreten des AÜG die Arbeitgeberfunktionen zwischen Verleiher und Entleiher der Natur der Sache nach tatsächlich aufgespalten sind, ergibt sich hieraus eine entsprechende Aufspaltung der Befugnisse und Zuständigkeiten des Betriebsrats des Verleiherbetriebes und des Entleiherbetriebes für diese Arbeitnehmer"[2]. Deshalb hat auch der Betriebsrat des Entleiherbetriebes Beteiligungsrechte hinsichtlich der Leiharbeitnehmer, beispielsweise in Fragen des Arbeitsschutzes und der Unfallverhütung; darüber hinaus besteht ein Unterrichtungs- und Auskunftsrecht des Betriebsrats zur Person des Leiharbeitnehmers[3].

Die Bedeutung dieser Interpretation für die Verwaltung von Personalinformationen liegt auf der Hand: Über ein Minimum an Personaldaten muß auch der Entleiher verfügen, um die Anwesenheit des Leiharbeitnehmers und die Arbeitsleistung kontrollieren und die geleisteten Arbeitsstunden mit dem Verleiher abrechnen zu können. Zwar werden Bewerberunterlagen "dem Entleiher .... regelmäßig nur in geringerem Umfang als bei der Einstellung eigener Arbeitnehmer oder überhaupt nicht zur Verfügung stehen"[4]. Das hindert ihn aber nicht, von sich aus die notwendigen Personalangaben zu erheben, wenn sie der Entleiher nicht bereitstellt.

---

1 Ausschußbericht zum AÜG, Bundestags-Drucks. VI/2505, S. 4; BAGE 26, S. 149 (153).

2 BAGE 26, S. 149 (154); ähnlich: Kurt Maurer, Betriebsverfassungsrechtliche Zugehörigkeit des Leiharbeitnehmers nach dem Arbeitnehmerüberlassungsgesetz, in: BB 1974, S. 512 f.; offengelassen bei: Wolfgang Zöllner, Arbeitsrecht, 2. A. München 1979, S. 219. Eine direkte Geltung des Betriebsverfassungsgesetzes für Leiharbeitnehmer im Entleiherbetrieb befürwortet: Christine Windbichler, Mitbestimmung des Betriebsrats bei der Beschäftigung von Leiharbeitnehmern, in: DB 1975, S. 739 (742). Die rechtliche Konstruktion eines Vertragsbeitritts des Entleihers und Gesamtgläubigerschaft mit dem Verleiher schlägt vor: Meinhard Henze, Rechtsprobleme des sogenannten echten Leiharbeitsverhältnisses, in: ZfA 1976, S. 183 (206 ff.).

3 BAGE 26, S. 149 (153).

4 BAGE 25, S. 149 (155).

Der Umfang der benötigten Personalinformationen über Leiharbeitnehmer ist jedenfalls wesentlich geringer als bei den Stammarbeitnehmern. So entfallen Angaben, die der Personalplanung dienen. Da der Betriebsrat ein Mitbestimmungsrecht hinsichtlich aller Personalfragebögen im Unternehmen hat (§ 94 Abs. 1 S. 1 BetrVG), kann er auf diesem Weg sowohl Einfluß auf den Informationsstand überhaupt als auch auf den Umfang potentieller Auskünfte nach § 99 Abs. 1 BetrVG nehmen.

Wegen der faktischen Eingliederung der Leiharbeitnehmer beim Entleiher bestehen keine Bedenken gegen die Aufnahme der Personaldaten in das Personalinformationssystem des Entleihers, da es sich um ein vertragsähnliches Vertrauensverhältnis handelt (§ 23 S. 1 BDSG). Die Verarbeitung personenbezogener Daten geschieht nicht etwa "im Auftrag" des Verleihers, denn der Entleiher handelt insoweit weder als "Dienstleistungsunternehmen" noch weisungsgebunden (§§ 31 Abs. 1 Nr. 3, 37 BDSG). Die Verwendung dieser Daten beim Entleiher ist allerdings vom Zweck ihrer Erhebung her beschränkt: Sie dürfen nur der vorübergehenden Verwaltung der Leiharbeitnehmer dienen. Eine Weitergabe an den Entleiher wäre als Weitergabe an "Dritte" anzusehen und nur unter der Voraussetzung zulässig, daß schutzwürdige Belange des Betroffenen nicht beeinträchtigt werden (§ 24 Abs. 1 S. 1 BDSG). Eine Beeinträchtigung könnte vorliegen, wenn der Entleiher nach Beendigung des Leiharbeitsverhältnisses statt eines Zeugnisses an den Leiharbeitnehmer dem Verleiher Beurteilungen oder Persönlichkeitsprofile über den Leiharbeitnehmer aus dem Personalinformationssystem mitteilen würde; solche Aussagen entspringen nämlich einem ganz bestimmten, dem Verleiher nicht bekannten Kontext. Ferner ist zu beachten, daß die Personaldaten des Leiharbeitnehmers nach Beendigung der Ausleihe wegen Zweckerfüllung zu sperren (§ 27 Abs. 2 S. 2 BDSG) und auf Verlangen des Leiharbeitnehmers sogar zu löschen sind (§ 27 Abs. 3 S. 2 BDSG).

9 BETEILIGUNG DES ARBEITNEHMERS AN DER VERARBEITUNG VON PERSONALDATEN

Die Vielzahl der in Großunternehmen gesammelten Personaldaten - das künftige System von Daimler-Benz soll beispielsweise rund 400 Einzeldaten umfassen[1] - führt zur Frage, welche individuellen Kontrollmöglichkeiten der Arbeitnehmer besitzt. Aus der Sicht der Computertechnik scheint es nicht selbstverständlich zu sein, daß ein Personalinformationssystem die Einsichtnahme des Arbeitnehmers erlaubt. Jedenfalls wird die Möglichkeit zur Einsichtnahme neuerdings ausdrücklich als Ziel einer Personaldatenbankkonzeption definiert[2]. Vom Arbeitsrecht her gesehen, bestehen keine speziellen Vorschriften für die Kontrolle von Arbeitnehmer-Datenbanken. Das Betriebsverfassungsgesetz von 1972 geht auf Automationsprobleme bekanntlich noch nicht ein. Deshalb muß versucht werden, bestehende Regelungen auf ihre analoge Anwendung hin zu überprüfen.

9.1 EINSICHTNAHMERECHT/AUSKUNFTSRECHT DES ARBEITNEHMERS

Im Mittelpunkt der Überlegungen steht der § 83 BetrVG, den § 45 S. 1 Ziff. 5 BDSG als vorrangige Rechtsvorschrift gegenüber dem Bundesdatenschutzgesetz bezeichnet. Gemäß § 83 Abs. 1 BetrVG hat jeder Arbeitnehmer das Recht, in die über ihn geführten Personalakten Einsicht zu nehmen. Damit wollte der Gesetzgeber erreichen, daß innerhalb des Betriebes die teilweise bestehende faktische Objektstellung des Arbeitnehmers gemildert und damit ein Beitrag zur freien Entfaltung seiner Persönlich-

---

1 Frankfurter Allgemeine Zeitung v. 10.7.1979; Handelsblatt v. 24.7. 1979. Nach der Stuttgarter Zeitung vom 7.7.1979 sind es 330 Personaldaten pro Arbeitnehmer, die mit jeweils 220 Arbeitsplatzdaten gekoppelt werden.

2 Vgl. Klaus Fuhry, Personalinformationssystem, in: IBM-Nachrichten Nr. 247 (1979), S. 43 f.

keit geleistet wird[3]. § 83 BetrVG stellt insoweit eine Konkretisierung des Arbeitnehmer-Persönlichkeitsrechtes nach § 75 Abs. 2 BetrVG dar.

Das Einsichtsrecht des Arbeitnehmers bezieht sich nach dem Wortlaut der Vorschrift des § 83 BetrVG auf seine "Personalakte". Dieser Begriff wird in Literatur und Rechtsprechung übereinstimmend extensiv ausgelegt: Als "Personalakte" im Sinne des § 83 BetrVG gilt jede Sammlung von schriftlichen Unterlagen über einen bestimmten Arbeitnehmer, und zwar ohne Rücksicht auf den Ort und die Form der Sammlung[4]. Von diesem materiellen Personalaktenbegriff werden daher auch Personalinformationen erfaßt, die auf einem Datenträger gespeichert sind. Eine Bestätigung dafür liefert § 45 Satz 1 Ziff. 5 BDSG, der den § 83 BetrVG als vorrangige Vorschrift ansieht, die "auf in Dateien gespeicherte personenbezogene Daten Anwendung findet".

Gleichwohl bestehen Schwierigkeiten hinsichtlich des Inhalts und Umfangs der Verweisung: Während § 27 BDSG, der für Wirtschaftsunternehmen gilt, dem Betroffenen unter bestimmten Bedingungen die Berichtigung, Sperrung und Löschung seiner gespeicherten Daten ermöglicht, erlaubt § 83 Abs. 2 BetrVG lediglich, "Erklärungen des Arbeitnehmers zum Inhalt der Personalakte" dieser auf Verlangen beizufügen.

Abgesehen von dem praktischen Problem, "Erklärungen eines Arbeitnehmers" ohne weiteres seinen Personaldaten in einem Personalinformationssystem anzufügen, würden solche Erklärungen nicht die weitere Verwendung der beanstandeten oder relativierten Personaldaten ausschließen. Verglichen mit Personen, deren Daten in sonstigen Datenbanken gespeichert sind, hätten Arbeitnehmer gegenüber Personalinformationssystemen möglicherweise geringere Kontrollmöglichkeiten.

Die technische Entwicklung von manuell geführten Personalakten zu automatisierten Personaldatenbanken und deren faktische Kontrolle durch Arbeitnehmer bildet deshalb angesichts der zweifelhaften Rechtslage ein wichtiges Untersuchungsfeld. Wir vermuteten Probleme in der Praxis bei

---

3 Karl Fitting/Fritz Auffarth/Heinz Kaiser, Betriebsverfassungsgesetz, 12. A. München 1977, § 83 Anm. 1.

4 Fitting/Auffarth/Kaiser (Anm. 3), § 83 Anm. 2.

- dem Gegenstand der Einsichtnahme
- dem Verfahren der Einsichtnahme
- dem Gegenstand der Gegenerklärung
- dem Verfahren der Gegenerklärung.

9.11 PROBLEM DER VERGLEICHBARKEIT VON PERSONALAKTE UND PERSONALINFORMATIONSSYSTEM

Zunächst mußte geklärt werden, ob die Unternehmen ihr Personalinformationssystem als Ersatz für eine manuelle Personalakte oder als allgemeines internes Hilfsmittel für die Rationalisierung betrieblicher Abläufe auffassen.

Auf die Frage (69): "Kann der Arbeitnehmer in Ihrem Unternehmen Auskunft über die zu seiner Person gespeicherten Daten verlangen?" antworteten:	
71,6 %	Ja, er erhält Aufkunft über sämtliche zu seiner Person gespeicherten Daten
22,4 %	Ja, aber einige Daten sind von der Auskunft ausgenommen
3,0 %	Nein, der Arbeitnehmer hat kein Auskunftsrecht
3,0 %	Keine Angabe

Die 22,4 % der Probanden, deren Arbeitnehmern nur ein eingeschränktes Auskunftsrecht zugebilligt wird, nannten unter anderem folgende vom Auskunftsrecht ausgenommenen Datengruppen (Frage 70):

- Karriereplanungsdaten (7,5 %)
- zukunftsbezogene Daten (7,5 %).

Nur bei jeweils einem Unternehmen vorkommende Auskunftsausschlüsse bezogen sind auf
- den BfA-Tätigkeitsschlüssel
- bestimmte Verdienstdaten, die nicht pflegebedürftig (und damit nicht kontrollbedürftig) seien
- bestimmte oder alle medizinischen Befunddaten
- Beurteilungsdaten oder Teile von Beurteilungsdaten sowie
- alle über das Stammblatt hinausgehenden Daten.

Die Motive für die Verweigerung oder Beschränkung eines Auskunftsrechts durch 22,4 % der Probanden wurden in einer teilweise offenen Antwortvorgabe ermittelt (Frage 71). Danach verwiesen

- 3,0 % der Probanden die Mitarbeiter darauf, daß ihr Einsichtsrecht nur die Personalakte im herkömmlichen Sinne betreffe
- 13,4 % der Probanden sahen im Bekanntwerden der Daten eine Gefährdung der Geschäftszwecke.

Die darüber hinaus individuell erläuterten Gründe waren hauptsächlich technischer Natur oder basierten auf der Vorstellung, daß bestimmte Daten - wie gesundheitliche Befunddaten - nicht ohne weiteres dem Betroffenen im Wege des Auskunftsverfahrens eröffnet werden dürften, da sie erläuterungsbedürftig seien.

9.12 VERFAHREN DER EINSICHTNAHME BEI PERSONALINFORMATIONSSYSTEMEN

Da weder § 83 BetrVG noch § 26 BDSG eine Regelung darüber trifft, wie oft ein Arbeitnehmer Auskunft verlangen darf, wurde ferner die Frage 72 gestellt:

Wie oft darf der Arbeitnehmer sich über die über ihn gespeicherten Daten informieren?	
1. Noch keine Regelung	86,6 %
2. Nicht öfter als vierteljährlich	3,0 %
3. Einmal im Jahr	4,5 %
4. So oft er will (an eine Regelung ist nicht gedacht)	3,0 %

Die Restriktionen sind in der Praxis also gering. Die Beschränkung auf eine Anfrage im Jahr könnte allerdings bedenklich sein, weil allseits ein großes Interesse bestehen sollte, die Daten stets auf dem neuesten Stand zu halten, und die Kosten einer Auskunft kaum ins Gewicht fallen.

Gemäß § 26 Abs. 3 BDSG kann für eine Auskunft ein Entgelt verlangt werden, das allerdings über die durch die Auskunftserteilung entstandenen direkt zurechenbaren Kosten nicht hinausgehen darf. Das Einsichtnahmerecht gemäß § 83 BetrVG sieht dagegen keine Gebühr vor. Darauf richtete sich Frage 73:

Muß der Arbeitnehmer eine Gebühr entrichten?	
1. Nein	89,6 %
2. Ja	4,5 %
3. Bei Mißbrauch	3,0 %
4. Keine Angabe	3,0 %

In der Praxis hat also die Auskunftsgebühr, die in der Datenschutzliteratur als ein wichtiges Argument für die ausschließliche Anwendbarkeit des § 83 BetrVG angeführt wird[5], keine Bedeutung.

Von besonderem Interesse erschien die Frage:

Wie häufig wurde bereits von dem Auskunftsrecht Gebrauch gemacht?	
Es antworteten:	
1. Nie	44,8 %
2. Sehr selten/fast nie	37,3 %
3. 10 - 20 mal	3,0 %
4. ca. 5 % der Arbeitnehmer	1,5 %
5. Keine Angaben; weiß ich nicht	13,5 %

Bei rund 80 % aller Probanden hat also das Auskunftsrecht fast keine, bei dem Rest nur äußerst geringe praktische Bedeutung.

9.13 ZWECK DER EINSICHTNAHME

Dies führt zu dem Problem, ob die Konstruktion eines individuellen Auskunftsrechts wirklich eine effektive Kontrolle der Datenverarbeitung darstellt.

Die Ermittlung des Zwecks der "Einsichtnahme" in ein Personalinformationssystem setzt einen Vergleich zwischen § 26 Abs. 2 BDSG und § 83 Abs. 1 BetrVG voraus. Die Vorschriften weisen folgende Unterschiede auf: Nach § 26 Abs. 2 S. 1 BDSG darf der Betroffene Auskunft über die zu seiner Person gespeicherten Daten verlangen. Aufgrund dieser Auskunft wird er in die Lage versetzt, bei Vorliegen bestimmter Voraussetzungen die Rechte auf Berichtigung, Sperrung oder Löschung (§ 27 BDSG) geltend zu machen. Darüber hinaus kann der Betroffene nach § 26 Abs. 2 S. 2 BDSG auch Auskunft über die Personen und Stellen verlangen, an die seine Daten regelmäßig übermittelt werden. Gegenstand und Verfahren der Auskunft sind also Ausdruck der prinzipiell bestehenden informationellen Selbstbestimmung des Individuums und berücksichtigen zugleich die

---

5 Spiros Simitis, Datenschutz und Arbeitsrecht, in: AuR 1977, S. 97 (106 f.) m. Nachw.

Organisation des Datenbestandes im Computer. Die einzige hier mögliche Einschränkung des Auskunftsrechts normiert § 26 Abs. 4 Ziff. 1 BDSG: Ein Auskunftsrecht besteht nicht, soweit das Bekanntwerden personenbezogener Daten die Geschäftszwecke oder Ziele der speichernden Stelle erheblich gefährden würde und berechtigte Interessen des Betroffenen nicht entgegenstehen.

Demgegenüber kennt § 83 Abs. 1 BetrVG keine Einschränkung für die Einsicht in die Personalakte. Alles, was zur Personalakte gehört, ist dem Arbeitnehmer zugänglich. Personalakten enthalten jedoch gewöhnlich weder unternehmenseigene Daten noch Angaben über Stellen, an die Personaldaten weitergegeben werden.

Von welcher dieser beiden Normen bei der Festlegung von Form und Umfang des Kenntnisnahmerechts auszugehen ist, ist in der datenschutzrechtlichen Literatur lebhaft umstritten: Unter Hinweis auf die Subsidiaritätsklausel des § 45 Satz 1 Ziffer 5 BDSG wird die Meinung vertreten, daß bei Personaldaten § 26 Abs. 2 BDSG grundsätzlich als Anspruchsnorm entfalle, da diese Vorschrift hinter der spezielleren Norm des § 83 Abs. 1 BetrVG zurücktrete[6]. Andere Autoren[7] halten beide Vorschriften nebeneinander für anwendbar, da § 26 Abs. 2 BDSG und § 83 Abs. 1 BetrVG keine deckungsgleichen Regelungen darstellten, § 83 BetrVG also nur insoweit Vorrang genießen könne, als der Anwendungsbereich dieser Vorschrift reiche. Danach soll insbesondere das Recht, bei regelmäßiger Datenübermittlung den Empfänger genannt zu erhalten (§ 26 Abs. 2 Satz 2 BDSG), nicht von § 83 Abs. 1 BetrVG verdrängt werden können.

Allen Ansichten ist gemeinsam, daß sie offensichtlich das Auskunftsrecht gemäß § 26 Abs. 2 BDSG und das Einsichtnahmerecht nach § 83 Abs. 1 BetrVG von ihrem materiellen Gehalt her als identische Rechte

---

6 Klaus Hümmerich/Peter Gola, Auswirkungen des Bundesdatenschutzgesetzes auf das Personalwesen, in: BB 1977, S. 146 (148).

7 Otto Mallmann, in: Simitis/Dammann/Mallmann/Reh, Kommentar zum Bundesdatenschutzgesetz, Baden-Baden 1978, § 26 Rdnr. 125; Simitis (Anm. 5), S. 97 ff. (106 f.); zustimmend Hansjürgen Garstka, Datenschutzrecht und betriebliches Personalwesen, in: ZRP 1978, S. 237 (239 f.).

ansehen[8]. Da von einer "Einsichtnahme", wie sie in § 83 Abs. 1 BetrVG gewährt wird, im eigentlichen Sinne bei elektronischer Einspeicherung von Daten auf Datenträgern nicht gesprochen werden kann[9], erfährt das Einsichtnahmerecht des § 83 BetrVG im Hinblick auf automatisierte Personalinformationssysteme üblicherweise nur die Umdeutung, daß die in diesem System eingespeicherten Daten lesbar gemacht werden müßten, z. B. durch einen Ausdruck der Daten oder Sichtbarmachung auf einem Datensichtgerät.

Nichts anderes gewährt § 26 Abs. 2 BDSG, wobei allerdings wegen des Schriftlichkeitserfordernisses des Absatzes 2 Satz 4 die bloße Präsentation der Daten auf einem Datensichtgerät nur in Ausnahmefällen infrage kommt. In der Regel besteht die Auskunft aus einem für den Betroffenen verständlichen Computerauszug[10]. Wenn dann gleichwohl gefordert wird, § 26 Abs. 2 BDSG neben der vom Gesetzgeber ausdrücklich für vorrangig erklärten Norm des § 83 BetrVG anzuwenden, dann geschieht dies in der Absicht, dem Betroffenen - soweit es sich um Personaldaten handelt - das Recht des § 26 Abs. 2 Satz 2 BDSG zu erhalten, nämlich bei einer regelmäßigen Datenübermittlung auch den Übermittlungsempfänger genannt zu bekommen[11]. In der Tat gibt es keinen Anhaltspunkt für den Willen des Gesetzgebers, eine bestimmte Personengruppe hinsichtlich des Umfangs ihres Kenntnisnahmerechts gegenüber den übrigen "Betroffenen" schlechter zu stellen. Dies gilt umso mehr, als gerade das Recht, Kenntnis vom Übermittlungsempfänger zu erhalten, als eine Mindestbedingung für die Zulässigkeit von Datenübermittlungen in automatisierten Verfahren angesehen werden muß.

---

8 Lediglich Garstka (Anm. 7) scheint zwischen "Einsicht" und "Auskunft" einen materiellen Unterschied zu machen, wenn er S. 239 ausführt: "Statt der Einsicht kann n u r (kostenpflichtig) Auskunft verlangt werden..."

9 Vgl. Mallmann (Anm. 7), § 26 Rdnr. 124.

10 Vgl. Hans-Joachim Ordemann/Rudolf Schomerus, Bundesdatenschutzgesetz, München 1977, § 26 Anm. 6.

11 Auch wenn Simitis (Anm. 5), S. 106, diesen Aspekt in seine Überlegungen nicht einbezogen haben will, so ist doch offensichtlich, daß seine Konstruktion von einem Nebeneinander beider Vorschriften darauf abzielt, die von ihm als günstigere Regelung angesehene Vorschrift des § 26 Abs. 2 der Verdrängung durch § 83 BetrVG zu entziehen.

Andererseits spricht gegen ein teilweises Nebeneinander von §§ 26 BDSG und 83 BetrVG das methodische Argument, das eine für vorrangig erklärte Gesetzesbestimmung eine mit ihr konkurrierende Vorschrift insgesamt und nicht nur teilweise verdrängt. Die speziellere Regel gilt normalerweise mit allen Vor- und Nachteilen, da auch die Nachteile gegenüber dem allgemeineren Gesetz üblicherweise ein vom Gesetzgeber gewollter Bestandteil der spezielleren Regelung sind.

Der Meinungsstreit basiert auf der Vorstellung, daß der seit 1972 bestehende § 83 BetrVG die in § 26 Abs. 2 BDSG enthaltenen Mindestbedingungen nicht hinreichend berücksichtige. Bei einer intensiveren, über das Subsidiaritätsproblem hinausgehenden Betrachtung der Deckungsgleichheit oder Verschiedenheit von Auskunftsrecht und Einsichtnahmerecht erkennt man aber, daß mit einer Verdrängung des auf den ersten Blick "sachnäheren", weil primär auf Computersysteme zugeschnittenen § 26 Abs. 2 BDSG durch § 83 BetrVG für den Arbeitnehmer keine Schlechterstellung verbunden sein muß, wenn eine analoge Neuinterpretation des § 83 BetrVG möglich ist.

Vom Wortlaut und der Entstehungsgeschichte des § 83 BetrVG her wird der Geltungsbereich dieser Vorschrift auf manuell geführte Personalakten begrenzt. Die Bedeutung des "Einsichts"-Rechts gemäß § 83 BetrVG für automatisierte Personalinformationssysteme erschließt sich, wenn man die durch das materielle Personalaktenrecht gewährleisteten Rechtspositionen in ihren Auswirkungen konkretisiert.

Unter "Einsichtnahme" in § 83 BetrVG sind alle mit der Kenntnisnahme funktional verbundene Handlungen zu verstehen. Wer als Arbeitnehmer in seine Personalakte Einblick nimmt, ist keinen informationellen Beschränkungen hinsichtlich des Inhalts der Akte unterworfen. Es ist ihm gestattet, Abschriften zu fertigen oder die Akte oder Teile aus ihr zu fotokopieren[12]. Insbesondere hat der Arbeitnehmer ein Anrecht darauf, die Personalakten so gezeigt zu bekommen, wie sie im Betrieb existieren und geführt werden.

---

12 Vgl. Rolf Dietz/Reinhard Richardi, Betriebsverfassungsgesetz, 5.A., München 1973, § 83 Rdnr. 8 m. w. N.: Rolf-Dieter Falkenberg, Ausgewählte Probleme aus dem Betriebsverfassungsgesetz 1972, in: DB 1972, S. 774 ff., 776; Karl Schlessmann, Personalakten und Einsichtsrecht, BB 1972, S. 579 ff., 581; a. A. Arbeitsring der Arbeitgeberverbände der Deutschen Chemischen Industrie e. V., Erläuterungswerk zum BetrVG 1972, Anm. 4 zu § 83.

Der materielle Personalaktenbegriff[13] gewährleistet, daß alle Informationssammlungen des Arbeitgebers dem Arbeitnehmer durch Ausübung seines Einsichtsnahmerechts zugänglich werden. Dadurch erhält der Arbeitnehmer einen umfassenden Einblick in den Informationsfluß im Unternehmen, soweit es seine Person betrifft. Er hat die Möglichkeit, selbst nachzuvollziehen, wie er sich in den vom Arbeitgeber angelegten Karteien und Akten dem Benutzer dieser Informationssammlungen präsentiert.

Der Arbeitnehmer erfährt also nicht nur, welche Informationen über ihn gesammelt werden, sondern auch, in welcher Form, an welchen Stellen im Unternehmen und in welcher Zusammenstellung die Informationen über ihn vorhanden sind. Es ist ihm möglich, sich auch den Verwendungszusammenhang und den Verwendungszweck der jeweiligen Informationssammlung zu erschließen, und zwar entweder dadurch, daß er den Verwendungszusammenhang der gesammelten Informationen anhand ihrer Zusammenstellung in einer zweckorientierten Kartei erkennt oder die Zweckbestimmung vom Aufbewahrungsort der jeweiligen Informationssammlung ableitet.

Wendet man die Interpretationsgrundsätze zum "Einsichtnahmerecht" gemäß § 83 BetrVG auf ein Personalinformationssystem an, so ergeben sich folgende Anforderungen an die Gestaltung:

Zu einer "Einsichtnahme" gemäß § 83 BetrVG gehört es, daß dem einsichtbegehrenden Arbeitnehmer nicht nur die einzelnen abgespeicherten Informationen präsentiert werden, sondern er darüber hinaus durch die Einsichtnahme auch in die Lage versetzt wird, den automatisierten Informationsfluß im Unternehmen nachzuvollziehen. Wenn also einzelne Daten in verschiedenen Dateien gespeichert sind, so reicht es nicht aus, den Mitarbeiter lediglich darüber zu informieren, daß bestimmte Daten gespeichert sind. Damit er sich den Verwendungszusammenhang erschließen kann, müssen ihm sämtliche Dateien nachgewiesen werden, in denen diese Informationen über ihn erscheinen. Alsdann kann der Arbeitnehmer wählen, in welche Datei er "Einblick" nehmen möchte. Die Einblicknahme kann in Form eines Dateiauszuges oder auch durch Präsentation der Information an einem Datensichtgerät erfolgen, da für eine Auskunft gemäß § 83 BetrVG

---

13 Vgl. Hümmerich/Gola (Anm. 6), S. 148 m. Nachw.; vgl. auch LAG Bremen, in: DB 1977, S. 1006.

kein Schriftlichkeitserfordernis besteht[14].

Analog dem bei einer herkömmlichen Personalakte bestehenden Recht des Arbeitnehmers, sich Kopien über ihn interessierende Vorgänge anzufertigen, wird man dem Arbeitnehmer das Recht einräumen müssen, von den ihm mit einem Datensichtgerät gezeigten Informationen Aufzeichnungen zu machen oder - dann aber gegen entsprechende Vergütung - einen Ausdruck oder eine Kopie der auf dem Bildschirm vorgezeigten Informationen zu verlangen.

Um sich einen Überblick über die Verfügbarkeit der über ihn im Unternehmen vorhandenen Informationen machen zu können, hat der Arbeitnehmer bei Einsichtnahme in ein Personalinformationssystem auch das Recht zu erfahren, welche Stelle im Unternehmen über welche Daten verfügen darf. Das "Einsichtnahmerecht" erstreckt sich also auch auf die Kenntnis der vom EDV-Anwender getroffenen Zugriffsbefugnisse auf die über den Anfragenden gespeicherten Personalinformationen.

Demgegenüber reicht es für die Auskunft nach § 26 Abs. 2 BDSG aus, wenn lediglich eine Auflistung der gespeicherten Daten präsentiert wird. Dies kann beispielsweise in alphabetischer Reihenfolge der Feldbezeichnungen oder segmentartig nach Sachzusammenhängen erfolgen. Ein darüber hinausgehendes Recht zu erfahren, welche Stellen innerhalb des Unternehmens Daten abrufen und verwerten dürfen, besteht nicht.

Allerdings verpflichtet § 26 Abs. 2 BDSG bei regelmäßiger Weitergabe von Personaldaten nach außen zur Bekanntgabe des Empfängers der Daten. Es ist nämlich davon auszugehen, daß regelmäßig erfolgende computergestützte Datenübermittlungen zusätzliche persönlichkeitsrechtliche Gefähr-dungen schaffen. Angesichts der vielfältigen Meldepflichten eines Arbeitgebers[15] und der praktischen Bedeutung externer Datenflüsse, wie sie unsere Untersuchung ergeben hat[16], ist zu fragen, ob auch § 83

---

14 Die Vorschrift des § 26 Abs. 2 S. 3 BDSG, "die Auskunft wird schriftlich erteilt", ist nicht zwingend, da es nur darauf ankommt, daß die Form der Auskunftserteilung entsprechend den Umständen angemessen ist.

15 Vgl. Wolfgang Kilian, Melde- und Auskunftspflichten des Arbeitgebers im Personalbereich, in: BB 1977, S. 1153 ff.

16 Vgl. Gliederungspunkt 4.

Abs. 1 BetrVG eine entsprechende Kontrollmöglichkeit eröffnet.

Diese Frage wird im Arbeitsrecht bisher nicht gestellt. Anknüpfungspunkte für eine Lösung könnten jedoch das Personalaktenrecht des öffentlichen Dienstes bieten. Es ist mit seinen Prinzipien[17] der Richtigkeit, Vertraulichkeit und Vollständigkeit von Personalangaben weitgehend auf die Wirtschaft übertragbar.

Wichtig erscheint vor allem der Grundsatz der Vollständigkeit. Er verpflichtet den Arbeitgeber, sämtliche den Arbeitnehmer betreffenden Vorgänge zur Personalakte zu nehmen, soweit sie bei pflichtgemäßer Ermessensausübung[18] bedeutsam sind. Werden aus einer manuell geführten Personalakte Informationen an Dritte außerhalb des Unternehmens weitergegeben, so muß also gemäß dem Vollständigkeitsprinzip die Auskunft aus der Personalakte in der Akte selbst festgehalten werden. Dies geschieht üblicherweise durch Abheften des Schreibens als Durchschrift in der Akte. Im Falle der Informationsübermittlung an Dritte besteht kein Ermessen des Arbeitgebers hinsichtlich der in die Personalakte aufzunehmenden Schriftstücke, weil jede Übermittlung Rechtspositionen des Arbeitnehmers berührt.

Entsprechend diesen Grundsätzen kann ein Arbeitnehmer im öffentlichen Dienst durch Einsichtnahme in seine Personalakte feststellen, ob und in welcher Weise Angaben über ihn an betriebsfremde Personen oder Stellen ("Dritte" im Sinne des Bundesdatenschutzgesetzes) übersandt worden sind. Aus der zeitlichen Abfolge der Auskünfte läßt sich gleichzeitig feststellen, ob sie regelmäßig erfolgen.

Es ist kein Grund ersichtlich, diese Rechte nicht auch auf den privatwirtschaftlichen Bereich zu übertragen oder bei Ersetzung der manuell geführten Personalakten durch ein Personalinformationssystem zu verweigern. Deshalb darf der Arbeitnehmer bei Ausübung seines Einsichtnahmerechts gemäß § 83 BetrVG in ein Personalinformationssystem erfahren, welche Daten im Wege des Datenträgeraustausches oder durch Übersendung

---

17 Vgl. Klaus Hümmerich/Peter Gola, Personaldatenrecht im Arbeitsverhältnis, Heidelberg 1975, S. 41; Peter Gola/Klaus Hümmerich, Die Personalakte des Arbeitnehmers, in: BB 1974, S. 1167 ff.; Bernhard Wilhelm, Die Personalakten, in: ZBR 1967, S. 97 ff.

18 Klaus Hümmerich/Peter Gola (Anm. 17), S. 41.

von Ausdrucken an externe Personen oder Stellen mitgeteilt werden. Diese Informationsübermittlung entspricht der schriftlichen Auskunft aus herkömmlichen Personalakten.

Das Einsichtnahmerecht gemäß § 83 BetrVG gewährt dem Arbeitnehmer das Recht zur Kenntnisnahme des Übermittlungsempfängers im Gegensatz zu § 26 Abs. 2 S. 2 BDSG nicht nur für den Fall, daß Daten regelmäßig übermittelt werden. Auch insoweit stellt also das Einsichtnahmerecht gemäß § 83 BetrVG den Arbeitnehmer besser als die entsprechende Regelung des Bundesdatenschutzgesetzes.

Zwei Einschränkungen sollten allerdings anerkannt werden: Bei Auskunfts- und Meldepflichten, die aus übergeordneten Gesichtspunkten des Allgemeinwohls aufgrund von Rechtsvorschriften den Unternehmen auferlegt werden, würden individualisierende Dokumentations- und Auskunftspflichten der Unternehmen zu erheblichen Organisationskosten führen. Insofern dürfte die öffentliche Bekanntgabe des Informationsverfahrens und des Informationsgegenstandes ausreichen. Bei freiwillig von Unternehmen befolgten generellen Informationsverfahren (z. B. automatisierte Lohn- und Gehaltszahlungen an Banken und Versicherungen) kann eine individualisierende Dokumentation entfallen, wenn das generelle Verfahren bekannt und eine prinzipielle Kontrolle gesichert ist. Die funktional angemessene Anwendung des § 83 Abs. 1 BetrVG auf Personalinformationssysteme führt daher zu folgenden Ergebnissen:

Das Einsichtnahmerecht des Arbeitnehmers beschränkt sich nicht nur auf die über ihn gespeicherten personenbezogenen Daten, sondern umfaßt auch das Recht,

- die Zusammenhänge genannt zu bekommen, in denen das jeweilige Datum informationell genutzt wird einschließlich der Abspeicherung in Dateien oder Segmenten einer Datenbank,
- zu erfahren, wer im Unternehmen Zugang zu den Daten des Arbeitnehmers besitzt,
- auf Anfrage Kenntnis zu erhalten über Mitteilungen an Personen oder Stellen außerhalb des Unternehmens, an die ad hoc oder regelmäßig Personalangaben übermittelt werden.

Das Einsichtnahmerecht umfaßt nur solche Übermittlungsvorgänge nicht, die aufgrund von Rechtsvorschriften angeordnet oder die freiwillig im Unternehmen eingeführt und bekanntgemacht worden sind.

Das in der Praxis ermittelte Verfahren der Auskunftserteilung bleibt hinter den genannten Anforderungen erheblich zurück. Es wird dem Arbeitnehmer üblicherweise ein Auszug aus der Personalstammdatei präsentiert. Damit weiß der Arbeitnehmer zwar, welche Daten über seine Person eingespeichert worden sind; er erhält aber keine Kenntnis von den Personen innerhalb des Unternehmens, die auf die gespeicherten Daten zugreifen können. Auch die einzelnen Verarbeitungsvorgänge bleiben ihm verborgen, so daß er nicht weiß, zu welchem Zweck welche Daten mit welchem Programm zusammengeführt worden sind. Solange dies aber nicht geschieht, bleibt eine wesentliche, in § 83 Abs. 1 BetrVG niedergelegte Anforderung des Gesetzgebers unerfüllt, nämlich dem Arbeitnehmer eine Kontrolle der Verwendung individueller Informationen zu ermöglichen. Der Grund für die Annahme einer eingeschränkten Auskunfterteilung liegt wohl in der Orientierung an Meinungen, die im Rahmen des § 26 BDSG listenmäßig oder alphabetisch geordnete Informationen ohne Kontext für ausreichend halten. Die Funktion des § 83 BetrVG geht jedoch weiter. Sie besteht darin, dem Arbeitnehmer die Möglichkeit zu geben, sich über die Verarbeitung der zu seiner Person gespeicherten Daten umfassend zu unterrichten und Korrekturen anbringen zu können.

9.14 KOSTEN DER EINSICHTNAHME

Da § 83 BetrVG als speziellere Norm die Vorschrift des § 26 Abs. 2 BDSG bei Personaldaten vollständig ausschließt, kann ein Unternehmen, das ein Personalinformationssystem betreibt, von dem Auskunft über die zu seiner Person gespeicherten Daten begehrenden Mitarbeiter keine Gebühr verlangen. Die Gesetzeskonkurrenz zwischen § 83 BetrVG und § 26 Abs. 2 BDSG erstreckt sich auch auf die in § 26 Abs. 3 BDSG niedergelegte Rechtsgrundlage zur Erhebung einer Auskunftsgebühr.

Es ist daher nicht statthaft, für Auskunftsersuchen, die von einem Arbeitnehmer an den Anwender eines Personalinformationssystem gestellt werden, eine Gebühr für die Auskunft zu fordern, wie dies 4,5 % unserer Probanden praktizieren. Auch die Überlegung von 3,0 % der Probanden, bei mißbräuchlicher Anwendung des Auskunftsrechts zu einer Gebührenregelung zu greifen, hat keine Rechtsgrundlage; allenfalls kann sich die speichernde Stelle bei Mißbrauch des Auskunftsersuchens weigern, dem Auskunftsverlangen nachzukommen.

9.2 BENACHRICHTIGUNGSPFLICHT DES ARBEITGEBERS

Damit ein Arbeitnehmer die Möglichkeit hat, die Verwendung seiner Personaldaten nach Einsatz eines Personalinformationssystems zu kontrollieren, muß er zumindest Kenntnis von der Tatsache der Speicherung und der automatisierten Verarbeitung seiner Personaldaten erhalten. Die Ausübung des Rechts auf "Einsichtnahme" hängt also davon ab, ob und in welchem Umfang eine Benachrichtigung durch den Arbeitgeber erfolgt. Unsere Untersuchung sollte auch über die Benachrichtungspraxis Aufschluß geben.

An erster Stelle stand die Frage, ob in den Unternehmen überhaupt eine Benachrichtigung über das Speichern von Personaldaten auf Datenträgern stattfindet (Frage 78):

Machen Sie bereits im Arbeitsvertrag oder auf andere Weise (z. B. Merkblatt) die Arbeitnehmer darauf aufmerksam, daß die Speicherung von Personaldaten beabsichtigt ist?	
1. Ja	50,7 %
2. Nein	47,8 %
3. Keine Angaben	1,5 %

Nur etwas mehr als die Hälfte der Probanden weisen also auf die beabsichtigte Automatisierung der Personaldaten hin. Ein großer Teil der Arbeitnehmer weiß gar nichts von der Existenz eines Personalinformationssystems.

Das Bundesdatenschutzgesetz führte für den Geltungsbereich seines § 26 Abs. 1 eine individuelle Benachrichtigungspflicht bei der erstmaligen Speicherung von Daten ein, wenn die Tatsache der Speicherung nicht bereits auf andere Weise bekannt ist. Nach der Übergangsregelung des § 43 Abs. 3 BDSG braucht allerdings bei Daten, die bereits vor Inkrafttreten des Bundesdatenschutzgesetzes gespeichert worden waren ("Altdaten"[19]) erst dann eine Benachrichtigung zu erfolgen, wenn diese "Altdaten" erstmals nach Inkrafttreten des Gesetzes übermittelt worden sind. Dazu erhielten wir (Frage 80) folgendes Bild:

---

19 Vgl. Ordemann/Schomerus (Anm. 10), Erl. zu § 26 Abs. 2.

Haben Sie mit Inkrafttreten des Bundesdatenschutzgesetzes die Mitarbeiter darüber benachrichtigt, welche Daten zu ihrer Person bereits vor Inkraftstreten des Bundesdatenschutzgesetzes gespeichert waren?	
1. Ja	16,4 %
2. Benachrichtiung erfolgt erst bei der ersten Übermittlung	---
3. Benachrichtigung ist geplant	11,9 %
4. Benachrichtigung erübrigt sich, da die Tatsache der Speicherung bekannt ist	61,2 %
5. Benachrichtigung ist geplant für qualitative Daten	6,0 %
6. Benachrichtung ist geplant in Werkszeitschriften, Anschlägen	1,5 %
7. Benachrichtigung ist nicht geplant	1,5 %
8. Weiß ich nicht	---
9. Keine Angabe	1,5 %

Das Ergebnis zeigt, daß knapp zwei Drittel aller Probanden von der Kenntnis ihrer Arbeitnehmer bezüglich der Speicherung ihrer Daten ausgingen. Mangels Kriterien in der gesetzlichen Vorschrift ist jedoch zu vermuten, daß die Anforderungen an die Kenntnisse unterschiedlich festgelegt und zum Teil mehr fiktiv unterstellt wurden.

Andererseits deuteten bereits Stichproben zu Beginn des Projektes darauf hin, daß einige Unternehmen durchaus bereit sind, zugunsten der Arbeitnehmer zusätzliche Benachrichtigungen durchzuführen. Die bestätigten 16,4 % der Probanden auf die Frage 81:

Benachrichtigen Sie die Mitarbeiter in bestimmten Abständen über die zu seiner Person gespeicherten Daten?	
1. Nein	70,1 %
2. Ja, und zwar aufgrund eines Tarifvertrags	---
3. Ja, und zwar aufgrund einer Betriebsvereinbarung	---
4. Ja, und zwar aufgrund des Arbeitsvertrags	---
5. Ja, und zwar freiwillig	16,4 %
6. Ja, und zwar aufgrund eines Tarifvertrags und des Arbeitsvertrags	1,5 %
7. Noch nicht festgelegt	9,0 %
8. Weiß ich nicht	---
9. Keine Angabe	3,0 %

Von Interesse war schließlich die Fragestellung, ob es Unternehmen gibt, die auch ohne besondere Anfragen eines Arbeitnehmers zusammen mit der Benachrichtigung über die Tatsache der Speicherung auch den konkreten Inhalt des jeweils gespeicherten Datenfeldes mitteilen (Frage 82):

Umfaßt die Benachrichtigung auch den konkreten Inhalt des Datenfeldes?	
1. Ja	28,4 %
2. Nein, nur die Art des Datenfeldes	4,5 %
3. Weiß ich nicht	1,5 %
4. Keine Angabe	65,7 %

Ein Drittel der Unternehmen teilen also über die Tatsache der Speicherung hinaus zugleich auch den Inhalt oder die Art des Datenfeldes mit.

An den Untersuchungsergebnissen fällt auf, daß rund zwei Drittel aller Probanden ihre Arbeitnehmer nicht über die Tatsache der Speicherung von Personaldaten benachrichtigen; diejenigen Unternehmen, die benachrichtigen, teilen allerdings fast immer auch den Inhalt der Datenfelder mit.

Insgesamt kann der Informationsstand der Arbeitnehmer wohl kaum als zufriedenstellend gelten. Nimmt man hinzu, daß rund drei Viertel aller Arbeitnehmer auch von sich aus keine Auskünfte einholen, dann muß weiter nach den rechtlichen Pflichten, faktischen Zusammenhängen und interessengerechten Lösungen gefragt werden.

9.21 § 26 Abs. 1 BDSG

Es wurde bereits aufgezeigt, daß die Anspruchsgrundlage für das Kenntnisnahmerecht der in ein Personalinformatinssystem gespeicherten Personaldaten nicht § 26 Abs. 2 Satz 1 BDSG, sondern § 83 Abs. 1 BetrVG bildet. Dies könnte zu der Annahme führen, daß im Arbeitsverhältnis auch keine Benachrichtigungspflicht gemäß § 26 Abs. 1 BDSG für gespeicherte Personaldaten besteht.

Die Benachrichtigungspflicht des § 26 Abs. 1 BDSG gehört funktional zum datenschutzrechtlichen Auskunftsrecht. Die Untrennbarkeit von Benachrichtigungspflicht und Auskunftsrecht wird bereits durch ihre Aufnahme in einer Vorschrift zum Ausdruck gebracht. Es stellt sich daher die Frage, ob bei der Einspeicherung von Personaldaten die Benachrichtigungspflicht gemäß § 26 Abs. 1 ebenso wie das Auskunftsrecht des § 26 Abs. 2 hinter der spezielleren Vorschrift des § 83 Abs. 1 BetrVG zurücktritt. Dafür spricht die folgende, in der Fachliteratur bisher noch nicht geäußerte Argumentation:

Die Regelungsbereiche von § 26 Abs. 1 BDSG und § 83 Abs. 1 BetrVG decken sich nicht. Während § 83 Abs. 1 BetrVG nur arbeitsrechtliche Personalinformationen betrifft, bezieht sich § 26 Abs. 1 BDSG auf alle Personalinformationen, soweit sie in Dateien gespeichert sind. Anders ausgedrückt: Das Einsichtnahmerecht des § 83 BetrVG besteht unabhängig davon, ob die Informationssammlung in Dateiform aufbereitet wird oder schlicht als Aktenordner vorliegt. Man könnte also meinen, daß bei der Aufnahme von Personaldaten in eine Datei eigentlich keine spezielle Benachrichtigung zu erfolgen brauche, da der Arbeitnehmer ja jederzeit durch sein Einsichtnahmerecht, das sich auch auf die EDV-Dateien erstreckt, feststellen kann, ob Personalinformationen über ihn gesammelt werden. Außerhalb des Arbeitsverhältnisses ist eine Benachrichtigung gemäß § 26 BDSG aber schon deswegen erforderlich, um den Betroffenen überhaupt davon in Kenntnis zu setzen, daß jemand mit der Speicherung von Personaldaten in einer Datei einen Tatbestand geschaffen hat, der ein vormals nicht bestehendes Recht erst auslöst.

Es ist aber zweifelhaft, ob dem gesetzgeberischen Zweck der Benachrichtigungspflicht des § 26 Abs. 1 BDSG ausreichend Rechnung getragen wird, wenn die Benachrichtigung lediglich als ein formeller Hinweis auf rechtsauslösende Tatbestände verstanden wird. Dabei bliebe nämlich außer acht, daß bei Annahme einer Verdrängung des § 26 Abs. 1 BDSG durch § 83 Abs. 1 BetrVG gleichzeitig auch eine in § 26 Abs. 1 BDSG enthaltene zusätzliche Schutzfunktion entfiele, die in § 83 Abs. 1 BetrVG kein Äquivalent besitzt. Wenn auch beide Vorschriften einen persönlichkeitsrechtlichen Hintergrund haben, so zielt doch § 83 BetrVG primär darauf ab, das Arbeitnehmerpersönlichkeitsrecht zu verwirklichen, während § 26 Abs. 1 BDSG vornehmlich darauf gerichtet ist, den durch moderne Datenverarbeitungstechniken hervorgerufenen Mißbrauchsgefahren entgegenzuwirken. Die Normierung einer Benachrichtungspflicht in § 26 Abs. 1 BDSG knüpft also nicht an bestimmte soziale Rollen (Arbeitnehmer) an, sondern beruht auf der Schaffung neuer Gefahrenquellen für die Persönlichkeit. Ein wesentliches Moment für datenschutzrechtliche Benachrichtigungspflichten ist daher auch der Wille des Gesetzgebers, dem Betroffenen von dieser neuen Gefahrenquelle zuverlässig Kenntnis zu verschaffen und ihn zur Kontrolle anzuregen.

Die Sammlung von Personalinformationen in Dateien wurde vom Gesetzgeber für gefährlicher gehalten als sonstige Informationssammlungen. So ist bislang noch niemand auf den Gedanken gekommen, einem Unternehmen, das von seinen Kunden oder Lieferanten Geschäftspost erhält, die Pflicht aufzuerlegen, dem Absender davon Mitteilung zu machen, wenn die Schreiben in einem Aktenordner aufbewahrt und damit die in den Schreiben enthaltenen Informationen gesammelt werden - was im übrigen sogar handelsrechtlichen Vorschriften entsprechen kann[20]. Sobald aber diese Informationen in einer Datei gespeichert werden, unterfällt die vormals unbedenkliche Informationssammlung den Restriktionen des Bundesdatenschutzgesetzes. Da § 83 Abs. 1 BetrVG die in einer Benachrichtigung liegende Schutzfunktion nicht erfüllt, kann § 45 S. 2 Nr. 5 BDSG den § 26 Abs. 1 BDSG nicht ausschließen. Andernfalls würden Personen in ihrer Rolle als Arbeitnehmer schlechter geschützt als in ihren sonstigen Rollen, obwohl gerade wegen der Menge und Vielfalt personenbezogener Daten im Arbeitsverhältnis besondere Gefährdungsmöglichkeiten bestehen.

9.22 INHALT DER BENACHRICHTIGUNG

Nach überwiegender Ansicht[21] braucht dem Betroffenen bei einer Benachrichtigung nach § 26 Abs. 1 BDSG nicht der konkrete Inhalt des jeweiligen Datenfeldes mitgeteilt zu werden. Nach Mallmann[22] muß die speichernde Stelle noch nicht einmal die Datenarten nennen; vielmehr soll es ausreichen, wenn der Betroffene lediglich die Tatsache erfahre, daß personenbezogene Daten über ihn gespeichert werden; den Umfang der Datenspeicherung sowie den Inhalt der konkreten Datenfelder könne er dann durch Geltendmachung seines Auskunftsrechts ermitteln.

Entgegen der herrschenden Ansicht erschöpft sich der Zweck der Benachrichtigung aus folgenden Gründen jedoch nicht in der Bekanntgabe der Existenz einer Datei:

Wenn man es ablehnt, daß bei der Benachrichtigung die Art der gespei-

---

20 § 44 Abs. 1 Nr. 2 HGB.

21 So Ordemann/Schomerus (Anm. 10), § 26 Anm. 1; a. A. nur Ilse Schedl, Bundesdatenschutzgesetz, Kissing 1977, Erl. zu § 26.

22 Otto Mallmann (Anm. 7), § 26 Rdnr. 4.

cherten Daten mitgeteilt wird, so wird die Vorschrift des § 26 Abs. 2 S. 2 BDSG unverständlich. Danach soll der Betroffene beim Auskunftsersuchen "die Art der personenbezogenen Daten, über die Auskunft erteilt werden soll, näher bezeichnen". Auch wenn es sich hier nur um eine Soll-Vorschrift handelt, so stellt sich doch die Frage, wie man dem Betroffenen einerseits nahelegen kann, die Art der Daten näher zu bezeichnen, und ihm andererseits den Anspruch verwehrt, bei der Benachrichtigung nach § 26 Abs. 1 BDSG wenigstens die Art der Daten mitgeteilt zu bekommen. Bei Ausübung des Auskunftsrechts muß der Datenbestand deshalb generell bekannt sein.

Eine Beschränkung der Benachrichtigungspflicht auf die bloße Mitteilung der Speicherung - ohne nähere Angabe der Datenarten - entspricht auch nicht dem Willen des Gesetzgebers. Dies ergibt die Entstehungsgeschichte der §§ 26 Abs. 2 S. 3, 13 Abs. 1 S. 2 BDSG: Der Regierungsentwurf zu § 13 Abs. 1 S. 2 schrieb nämlich dem Betroffenen die Bezeichnung der Daten, über die er Auskunft erhalten wollte, zwingend vor[23]. Dagegen enthielt der Regierungsentwurf zu § 26 Abs. 2 S.3 überhaupt keine Regelung in diesem Punkt[24]. Im weiteren Gesetzgebungsverfahren wurde der § 13 Abs. 1 S. 2 in eine Soll-Vorschrift umgewandelt, während die Benachrichtigungspflicht der speichernden Stelle unverändert blieb. Wie der Bericht des Innenausschusses ergibt, geschah dies "im Interesse des Bürgers"[25]. Der § 26 Abs. 2 S. 3 BDSG wurde bei der Verabschiedung des Gesetzes in offensichtlicher Anlehnung an § 13 Abs. 1 S. 2 als Soll-Vorschrift neu eingefügt[26]. Wenn es aber die Absicht des Gesetzgebers war, das Auskunftsverfahren zu erleichtern, dann setzt das notwendig eine Information des Bürgers durch die speichernde Stelle voraus; andernfalls wäre er gar nicht in der Lage, über die Art der gewünschten Daten eine Angabe zu machen.

---

23 Gesetzentwurf der Bundesregierung v. 21.9.1973 Bundestags-Drucks. 7/1027, S. 7 (zu § 11 des Entwurfs).

24 Irrig ist die Meinung von Mallmann (Anm. 7), § 26 Rdnr. 46, der Regierungsentwurf habe die Bezeichnung der Daten zwingend vorgeschrieben.

25 Vgl. Bericht des Innenausschusses, Bundestags-Drucks. 7/5277 v. 2.6.1976, S. 7 (zu § 11).

26 Gesetzesbeschluß des Deutschen Bundestages v. 11.6.1976 Drucks. 422/76, S. 9.

Die Erfüllung der Soll-Vorschrift des § 13 Abs. 1 S. 2 BDSG wird im öffentlichen Bereich dem Betroffenen dadurch erleichtert, daß § 12 Abs. 1 Nr. 1 und 5 BDSG die Pflicht enthält, auch "die Art der von ihnen oder in ihrem Auftrag gespeicherten personenbezogenen Daten" sowie "die Art der zu übermittelnden Daten unverzüglich nach der ersten Einspeicherung in dem für ihren Bereich bestehenden Veröffentlichungsblatt für amtliche Bekanntmachungen" bekannt zu machen. Wenn hier ausdrücklich für die Veröffentlichung die Nennung der Datenarten vorgeschrieben ist, dann enthält dies auch für den privaten Bereich eine Klarstellung, da keine unterschiedlichen Interessenslagen bestehen. Daß der öffentliche Bereich lediglich eine Veröffentlichung über die gespeicherten Daten, nicht aber eine individuelle Benachrichtigung des Betroffenen kennt, hat daneben nur sekundäre Bedeutung; denn die Veröffentlichung stellt nur eine für den öffentlichen Bereich charakteristische Form der Mitteilung hoheitlicher Entscheidungen an den betroffenen Bürger dar.

Der Umfang der Benachrichtungspflicht ist also bei Auslegung des § 26 Abs. 1 BDSG dahingehend zu konkretisieren, daß mit der Nachricht über den Bestand einer Datei zugleich auch die Datenarten bezeichnet werden müssen.

Eine für Personalinformationssysteme erhebliche Frage lautet, ob eine Benachrichtigung auch bei Erweiterungen des Datenbestandes zu erfolgen hat. Der Formulierung "werden erstmals ... Daten gespeichert" (§ 26 Abs. 1 BDSG) läßt sich dies nicht eindeutig entnehmen. Mallmann interpretiert den Text dahingehend, daß es Absicht des Gesetzgebers gewesen sei, denjenigen über die Tatsache der Speicherung zu benachrichtigen, zu dessen Person bisher nichts gespeichert worden sei; "weitere Datenspeicherungen brauchen dagegen nicht mitgeteilt zu werden"[27].

Diese Auffassung könnte dazu führen, daß sich grundsätzlich betriebliche Veränderungen - so bei der Umstellung eines computergestützten Gehaltsabrechnungssystems auf ein computergestütztes Personalplanungssystem - ohne Kenntnis der betroffenen Individuen vollziehen und das Einsichtsrecht weitgehend leerläuft, obwohl sich mit den Zwecken des Systems auch die Interessenlagen der Beteiligten ändern: Ein Arbeit-

---

27 Mallmann (Anm. 7), § 26 Rdnr. 2.

nehmer, der kein Interesse an der Einsichtnahmne in seine gehaltsbezogenen Personaldaten hat, kann an ihnen durchaus Interesse entdecken, wenn einige dieser Daten - beispielsweise die Zahl oder das Alter der Kinder - seine Chancen beeinflussen, ins Ausland versetzt zu werden[28].

Zu einer sehr bedenklichen Situation würde es ferner führen, wenn ein Arbeitnehmer nach der Bekanntgabe der erstmaligen Speicherung Auskunft über die zu seiner Person gespeicherten Daten erhält und danach ohne sein Wissen weitere Datengruppen hinzukommen: Ergab sich nach der ersten Auskunft kein Anlaß für weitere Nachfragen, so hätte die Kenntnis der weiteren Datengruppen vielleicht sein Interesse geweckt. Nur wenn er trotz einer entsprechenden Benachrichtigung von einer neuen Auskunft absieht, kann dies als eigenverantwortliche Entscheidung des Betroffenen angesehen werden. Die Vorschrift des § 26 Abs. 1 BDSG muß daher so verstanden werden, daß bei einer Erweiterung des Datenbestandes der Arbeitnehmer davon zu benachrichtigen ist.

9.23 FORM DER BENACHRICHTIGUNG

Unstreitig ist, daß der Arbeitnehmer positive Kenntnisse über die gespeicherten Personaldaten haben soll. Sie liegt vor, wenn eine individuelle Mitteilung erfolgt. Darüber hinaus kann zweifelhaft sein, welche Ersatzformen der individuellen Mitteilung, an denen der Arbeitgeber aus Kostengründen verständlicherweise ein besonderes Interesse hat, als "Benachrichtigung" ausreichen.

Anknüpfungspunkt für die Lösung dieser Rechtsfrage bildet die Formulierung in § 26 Ab. 1 BDSG, wonach die Benachrichtigung des Betroffenen entfällt, wenn er die Kenntnis von der Speicherung "auf andere Weise" erlangt hat. Unter Berufung auf diese Klausel wird nach dem Ergebnis unserer Befragung die Kenntnis bei rund zwei Dritteln der Probanden angenommen (Frage 80). Diese Probanden können für ihre Interpretation auf juristische Meinungen hinweisen, die einem Bürger sehr weitgehende Kenntnisse über den Umfang der Datenverarbeitung unterstellen: So soll er in der Regel wissen, daß seine Angaben gegenüber einer Bank oder

---

28 Dieses Beispiel ist nicht fiktiv, sondern in einem befragten Unternehmen Realität.

Versicherung stets gespeichert werden[29]. Ob dies allerdings auch hinsichtlich der Personaldaten eines Arbeitnehmers gilt, wurde bisher kaum erörtert.

Die Kenntnis von der Speicherung bestimmter Personaldaten, nämlich der Lohn-, Gehalts-, Steuer- und Sozialversicherungsdaten, kann heute im allgemeinen tatsächlich dann unterstellt werden, wenn der Lohn- und Gehaltsstreifen einen entsprechenden Vermerk enthält oder das Belegblatt ersichtlich computermäßig ausgedruckt oder aus Schlüsselzahlen aufgebaut ist. Hinsichtlich der Speicherung sonstiger Personaldaten eines Arbeitnehmers läßt sich dagegen aus drei Gründen nicht von einer Kenntnis ausgehen:

- Selbst Großunternehmen haben teilweise noch kein Personalinformationssystem installiert.
- Inhalt, Zahl und Umfang der Dateien stimmen in der Praxis nirgendwo voll überein.
- Die Funktionen der Dateien weichen voneinander ab.

Deshalb gibt es über die Lohn-, Gehalts-, Steuer- und Sozialversicherungsdaten hinaus keine Personaldateien, die in Großunternehmen heute schon generell als vorhanden unterstellt werden könnten.

Vom Zweck des Bundesdatenschutzgesetzes her gesehen, nämlich dem Betroffenen eine Kontrolle der Verwendung seiner Daten zu ermöglichen, reicht es darüber hinaus nicht aus, nur den Namen der Datei mitzuteilen. Die in der Praxis übliche multifunktionale Verwendung der Dateien erfordert für eine effektive Kontrolle auch das Wissen, welche Datenarten in den Dateien gespeichert werden. Diese Datenarten stimmen in den Unternehmen noch weniger überein als die Informationssysteme, weil viele Systemfunktionen durch unterschiedliche Informationen erfüllt werden können: Welche Informationen für eine Personalbeurteilung verwendet werden, differiert so erheblich, so daß beispielsweise eine Datei "Personalbeurteilung" nichts über deren Datenbasis aussagt.

Angesichts dieser Zusammenhänge erscheint es juristisch nicht tragbar,

---

29 Vgl. Mallmann (Anm. 7), § 26 Rdnr. 18 und 19; Ordemann/Schomerus (Anm. 10), § 26 Anm. 2, halten eine Benachrichtigung bereits dann schon für nicht erforderlich, wenn die Datenspeicherung "handelsüblich" sei.

die Kenntnis eines Arbeitnehmers hinsichtlich der über ihn gespeicherten Personaldaten ohne besondere Benachrichtigung großzügig zu unterstellen. Die mit § 26 Abs. 1 BDSG angestrebte Sensibilisierung der Betroffenen wäre andernfalls eine Fiktion. Deshalb steht die Praxis derjenigen Unternehmen, die stillschweigend von einer Kenntnis "auf andere Weise" ausgehen (das trifft - Frage 80 - auf 61,2 % der Probanden zu) und auch nicht andere Maßnahmen (beispielsweise durch Hinweise in Arbeitsverträgen oder Merkblättern) für entsprechendes Wissen sorgen (das sind - Frage 78 - 50,7 %) nicht in Einklang mit der Rechtslage. Die intensiv erörterte juristische Streitfrage, welchen Inhalt die Benachrichtigung haben muß, hat dagegen in der Praxis keine Bedeutung, da im Falle einer Benachrichtigung regelmäßig zugleich eine detaillierte Auskunft erfolgt.

Gegenstand unserer Untersuchung waren nicht die Ursachen für die geringe Zahl von Auskunftsersuchen seitens der Arbeitnehmer. Die während unserer Interviews oft gehörte Bemerkung, auch schon früher sei das Einsichtnahmerecht in die manuell geführte Personalakte selten ausgeübt worden, geht von einem prinzipiellen Desinteresse der Arbeitnehmer aus. Angesichts des verbreiteten Mißtrauens gegenüber dem "großen Bruder" Computer kann man wohl weniger ein generelles Desinteresse, sondern eher eine generelle Hilflosigkeit annehmen. Sie dürfte auf Unkenntnis der technischen Zusammenhänge, Schwellenangst gegenüber den für die Auskünfte zuständigen betrieblichen Datenschutzbeauftragten, räumliche Distanz, Befürchtung nachteiliger Reaktionen und nicht zuletzt eben auf Unkenntnis der Existenz bestimmter Dateien und Datenfelder zurückgehen.

Im Interesse einer Stärkung der Kontrollrechte des Einzelnen über die Verwendung seiner Personaldaten würde es liegen, die Benachrichtigung nach § 26 Abs. 1 BDSG ernst zu nehmen. Auf eine individuelle Benachrichtigung sollte nur dann verzichtet werden, wenn die Kenntnis über Dateien beim Betroffenen nachweislich besteht oder wenn generelle schriftliche Hinweise erfolgen. Letzteres könnte beispielsweise in Anlehnung an § 12 Abs. 1 BDSG durch Veröffentlichung der Dateien und Datenfelder am Schwarzen Brett, in der Werkszeitung oder durch Mitteilung entsprechender Betriebsvereinbarungen geschehen. Darüber hinaus sollte auf die Form der Bekanntgabe bereits im Arbeitsvertrag hingewiesen werden. Schließlich sind organisatorische Vorkehrungen erforderlich, um diese Grundsätze auch auf den Ausbau bestehender Personalinformationssysteme anzuwenden.

9.24 GRENZEN DER BENACHRICHTIGUNG

Wie bereits oben (Gliederungspunkt 9.11; Fragen 69, 71) beschrieben, vertreten 22,4 % der Probanden die Auffassung, ein Arbeitnehmer habe bei bestimmten Datengruppen, insbesondere bei Planungs-, Beurteilungs- und Gesundheitsdaten, kein Recht auf Auskunft. Weitere 3 % der Probanden billigen nur eine Auskunft aus der Personalakte, nicht aber aus dem Personalinformationssystem zu.

Die letztgenannte Ansicht verstößt eindeutig gegen das unbeschränkte Einsichtsrecht nach § 83 Abs. 1 BetrVG. Nach § 45 S. 2 Nr. 5 BDSG gilt diese Vorschrift auch für solche personenbezogenen Daten, die in Dateien gespeichert werden. Nicht so eindeutig stellt sich die Rechtslage hinsichtlich der Gesundheits- und Planungsdaten dar.

9.241 Gesundheitsdaten

Bei den Gesundheitsdaten ist zu berücksichtigen, daß nach der hier vertretenen Ansicht (Gliederungspunkt 6) medizinische Daten - mit Ausnahme der Eignungsaussagen - gar nicht in einem Personalinformationssystem gespeichert werden dürfen, sondern in einem besonderen arbeitsmedizinischen Informationssystem des Betriebsarztes dokumentiert werden müssen. Wenn sie aber im Personalinformationssystem dokumentiert werden, dann ist kein Grund ersichtlich, sie zwar einem bestimmten Kreis von Personen im Unternehmen, nicht aber den Betroffenen selbst zugänglich zu machen. Ein Argument in Richtung dieses Ergebnisses bietet der § 27 Abs. 3 S. 3 BDSG, wonach Daten über gesundheitliche Verhältnisse zu löschen sind, wenn ihre Richtigkeit von der speichernden Stelle nicht bewiesen werden kann. Diese Vorschrift, die auch den Arbeitgeber bindet, setzt die Kenntnis durch den Betroffenen notwendig voraus. Arbeitsmedizinische Daten sind auch nicht etwa "ihrem Wesen nach" (§ 27 Abs. 4 Nr. 4 BDSG) geheimzuhalten. Lediglich in extremen Notstandsfällen (§ 34 StGB), etwa bei einem unmittelbar zu befürchtenden Schockschaden durch Mitteilung einer arbeitsmedizinischen Diagnose, käme eine Ausnahme von der Auskunftspflicht in Betracht.

9.242 Planungsdaten

Eine schwierigere Rechtsfrage wirft die Haltung der 15,0 % Probanden auf, die bei Planungs- und zukunftsbezogenen Daten deshalb den Arbeitnehmern keine Auskunft geben, weil sie in der Bekanntgabe dieser Daten eine Gefährdung der Geschäftszwecke sehen.

In der Tat enthält § 26 Abs. 4 Nr. 1 BDSG die Einschränkung, daß bei erheblicher Gefährdung der Geschäftszwecke die Bekanntgabe der personenbezogener Daten unterbleiben kann; berechtigte Interessen des Betroffenen dürfen allerdings nicht entgegenstehen.

Eine von vornherein aufgrund einer bestimmten Zweckbestimmung von der Auskunft auszusondernde Datenmenge kennen weder das Betriebsverfassungsgesetz noch das Bundesdatenschutzgesetz. Insbesondere das Bundesdatenschutzgesetz knüpft für seine Regelungen nicht an den Zweck der Daten an, sondern stellt auf den Personenbezug sowie auf die Organisationsform des Trägers der Datenbank ab. Der Planungszweck an sich führt also nicht zu einer Sonderbehandlung bestimmter Daten. Soweit die Planungsdaten mit Angaben eines Arbeitnehmers - wie Name, Lohn, Gehalt - verknüpft werden, steht der Personenbezug (§ 2 Abs. 1 BDSG) fest, so daß grundsätzlich die Vorschriften des Bundesdatenschutzgesetzes eingreifen. Dies gilt selbst bei Angaben in der Datenbank über den Zeitpunkt einer künftigen Beförderung eines Arbeitnehmers[30], denn trotz des Planungszwecks sagt diese Information etwas über persönliche und sachliche Verhältnisse des Arbeitnehmers aus, nämlich etwas über seine Karriereaussicht. Lediglich solche Personaldaten, die für Planungszwecke besonders aggregiert oder faktisch anonymisiert worden sind, unterfallen nicht der Auskunftspflicht nach beiden Gesetzen. Der Grund für die Ausnahme liegt darin, daß auf dem Weg über das Einsichtsrecht (Auskunftsrecht) keine überindividuellen Zusammenhänge der Unternehmens-, Personal- und Verwaltungspolitik vermittelt werden sollen[31].

Soweit personenbezogene Daten zugleich Planungszwecken dienen, könnte allerdings die Geheimhaltung wegen "Gefährdung des Geschäftszweckes" (§ 26 Abs. 4 Nr. 1 BDSG) in Betracht kommen. Von dieser Verweigerungsmöglichkeit kann jedoch nur in sehr engen Grenzen Gebrauch gemacht werden, weil sonst das Auskunftsrecht leerliefe. Nach einhelliger Meinung

---

30 Anderer Ansicht: AWV (Hrsg.), Beiträge zum Bundesdatenschutzgesetz - BDSG, Teil 2, Frankfurt a. M. 1977, S. 23.

31 Vgl. Dammann (Anm. 7), § 2 Rdnr. 6.

im Schrifttum[32] müssen wichtige Gründe vorliegen, die eine erhebliche Gefährdung befürchten lassen. Ferner muß selbst dann, wenn die Bekanntgabe der Daten die Geschäftszwecke erheblich gefährden würde, noch weiter geprüft werden, ob "berechtigte Interessen des Betroffenen nicht entgegenstehen".

Wer die Bekanntgabe von Planungsdaten mit Personenbezug entweder mit dem Argument, es handele sich dabei nicht um "personenbezogene Daten" im Sinne des § 2 Abs. 1 BDSG, oder unter Hinweis auf die Ausnahmevorschrift des § 26 Abs. 4 Nr. 1 BDSG verweigert, verkennt insbesondere, daß sich das "berechtigte Interesse" des Arbeitnehmers aus der Vorschrift des § 83 Abs. 1 BetrVG ergibt, die als speziellere Regelung den § 26 Abs. 2 BDSG verdrängt. Wegen dieser Gesetzeskonkurrenz kann § 26 Abs. 4 Nr. 1 BDSG keine Anwendung finden. Für das Einsichtnahmerecht des § 83 Abs. 1 BetrVG ist es ohne Belang, ob die Mitarbeiterdaten tatsächlicher Natur sind, ob sie Prognosen darstellen oder ob sie bei Planspielen Verwendung finden. Für den Anwendungsbereich des § 83 Abs. 1 BetrVG kommt es allein darauf an, daß Informationen, die sich mit der Person eines bestimmten Arbeitnehmers und dem Inhalt und der Entwicklung seines Arbeitsverhältnisses befassen, schriftlich aufgezeichnet werden, wobei der "Schriftlichkeit" entspricht, wenn die Informationen auf einem Datenträger gespeichert werden.

9.243 Beurteilungsdaten

Ähnlich wie bei den Planungsdaten gibt es auch keine Klasse von Beurteilungsdaten über Arbeitnehmer, die als solche von der Auskunft ausgenommen werden dürften. Die Praxis der 9,0 % Probanden, die Beurteilungs- und zukunftsbezogene Daten stets für nicht auskunftspflichtig ansehen, läßt sich nur dann mit den §§ 83 Abs. 1 BetrVG, 26 Abs. 2 S. 1 BDSG in Einklang bringen, wenn eine faktische Anonymisierung vorliegt, also der Personenbezug fehlt. Dann aber sind diese Daten nicht mehr für individualrechtliche Entscheidungen, sondern nur noch für generelle Zwecke der Unternehmensplanung und Statistik verwendbar.

---

32 Mallmann (Anm. 7), § 26 Rdnr. 98 m. Nachw.

Da personenbezogene Beurteilungsdaten eines Arbeitnehmers ganz erhebliche Bedeutung für seine Stellung im Betrieb haben und deren Dokumentation wohl am ehesten Gegenerklärungen zu den Personalakten (§ 83 Abs. 2 BetrVG) verursachen, interessierte uns die Handhabung in diesem Bereich.

Frage 83 ergab, daß mehr als drei Viertel aller Probanden Leistungsbeurteilungen in ihrem Personalinformationssystem speichern:

Werden in Ihr Personalinformationssystem auch Beurteilungen über die Leistungen der einzelnen Arbeitnehmer aufgenommen?	
1. Ja	77,6 %
2. Nein	22,4 %
3. Keine Angabe	--

Bei der Frage nach der Form der Speicherung (Frage 84; Mehrfachnennungen zugelassen) gaben diese 77,6 % der Probanden folgende Antworten:

In welcher Form werden Beurteilungsdaten in das Personalinformationssystem aufgenommen?	
1. Die Beurteilungen im Volltext	--
2. Die Beurteilungen gemäß dem Beurteilungsschema des Unternehmens	43,3 %
3. Die Kennziffer der tariflichen Leistungsbeurteilung	31,3 %
4. Weiß ich nicht	6,0 %
5. Keine Angabe	1,5 %

Niemand gibt also die Beurteilung im Volltext in das System ein, wie es bei der manuellen Führung einer Personalakte geschieht. Dort gelangt nämlich regelmäßig die Beurteilung nebst Erklärungen - meist nach Rücksprache mit dem Beurteilten - in die Personalakte. Die unterschiedliche Handhabung ist einfach zu erklären: Die Speicherkapazität müßte wesentlich erhöht und die Erfassung und Auswertung der Dokumente würde erschwert werden, ohne dem Unternehmen einen greifbar höheren Nutzen zu bringen.

43,3 % der befragten Unternehmen speichern die Beurteilungen gemäß dem Beurteilungsschema des betreffenden Unternehmens ab. Dies erscheint dann unproblematisch, wenn das Beurteilungsschema selbst hinreichend deutlich die Faktoren und deren Gewichtungen erkennen läßt, die zu dem Ergebnis der Beurteilung geführt haben. Andernfalls wäre nämlich die

Validität und Reliabilität der Beurteilungen sowie der Nachweis eines Fehlers stark erschwert oder gar unmöglich. Eine Kontrollmöglichkeit muß jedoch schon wegen der individuellen Arbeitnehmerrechte aus §§ 83 Abs. 2, 84 Abs. 1 S. 1 BetrVG gesichert sein. Da die Aufstellung allgemeiner Beurteilungs- und Entlohnungsgrundsätze zustimmungspflichtig ist (§§ 94 Abs. 2, 87 Abs. 1 Ziff. 10), kann der Betriebsrat insoweit eine strukturelle Kontrolle ausüben.

Problematisch ist die multifunktionale Speicherung der Kennziffer der tariflichen Leistungsbeurteilung, wie es 31,3 % der befragten Unternehmen praktizieren.

Aus der Kennziffer errechnet sich ein prozentualer Lohnzuschlag. Dies ist unbedenklich, wenn die Grundlagen für die Berechnungsmethode in Tarifverträgen geschaffen worden sind. Eine automatisierte Errechnung des Lohnzuschlags bedeutet dann lediglich die technische Abwicklung der Vereinbarung. Soweit jedoch diese Kennziffer benutzt wird, um Informationen über den Leistungsstand des Mitarbeiters zu gewinnen, kann sie eine verzerrende oder gar falsche Aussage liefern. Das tarifvertragliche Leistungsbeurteilungssystem zum Zweck der Lohn- und Gehaltsabrechnung stimmt nicht mit dem betrieblichen Leistungsbeurteilungssystem zum Zweck der Karriereplanung überein. Die tarifvertraglichen Grundsätze stellen Verteilungsregeln auf und knüpfen meist an meßbare Leistungen an, betriebliche Beurteilungssysteme beziehen darüber hinaus auch das Leistungsverhalten des Mitarbeiters ein und gewichten vor allem die einzelnen Faktoren unterschiedlich. Aus der jeweiligen Zweckbestimmung einer Beurteilungs-Kennziffer kann es dann dazu kommen, daß sich die Kennziffer trotz gleichbleibender Leistung des Mitarbeiters und gleichbleibender positiver Beurteilung durch den Vorgesetzten negativ verändert, wofür ausschließlich die angewandten Verteilungsregeln verantwortlich sind. Wollte man hier Rückschlüsse auf die Leistung des Arbeitnehmers ziehen, so erhielte man aufgrund des veränderten Verwendungszusammenhangs der Information eine falsche Aussage. Die in einem Personalinformationssystem abgespeicherte Kennziffer der tariflichen Leistungsbeurteilung darf daher nicht über die Durchführung der Lohn- und Gehaltsabrechnung hinaus zu sonstigen Informationszwecken benutzt werden. Die Zweckentfremdung der Kennziffer beeinträchtigt die schutzwürdigen Belange des Arbeitnehmers (§ 23 S. 1 BDSG) und verletzt sein Persönlichkeitsrecht (§ 75 Abs. 2 BetrVG).

Frage 85 wollte in Erfahrung bringen, ob und gegebenenfalls welche

Gültigkeitsaussagen mit der Speicherung der Beurteilungsdaten verknüpft werden (Mehrfachnennungen waren möglich):

Was wird im Zusammenhang mit der Speicherung von Beurteilungsdaten im Personalinformationssystem vermerkt?	
1. Der Zeitpunkt der Beurteilung	55,2 %
2. Der Beurteiler	25,4 %
3. Die Geltungsdauer	29,9 %
4. Weiß ich nicht	7,5 %
5. Keine Angaben	1,5 %

Überraschend ist die hohe Einschätzung der Objektivität von Personalbeurteilungen, denn nur 25,4 % der Probanden vermerken, wer die Beurteilung vorgenommen hat. Als Korrektiv dient überwiegend der Zeitpunkt der Beurteilung, seltener ihre Geltungsdauer.

Erhebliche Bedeutung für Personalbeurteilungen messen zwei Drittel der Probanden freiwilligen Schulungskursen zu (Frage 87):

Wird im Personalinformationssystem auch die Teilnahme an freiwilligen Weiterbildungs- und Fortbildungskursen dokumentiert?	
1. Nein	34,3 %
2. Ja, alle Kurse	55,2 %
3. Ja, nur die innerbetrieblichen Kurse	9,0 %
4. Keine Angabe	1,5 %

9.3 RECHT DES ARBEITNEHMERS ZUR ABGABE VON GEGENERKLÄRUNGEN

Während nach § 83 Abs. 2 BetrVG der Arbeitnehmer das Recht hat, eigene Erklärungen zum Inhalt einer Personalakte dieser beifügen zu lassen, kennt § 27 Abs. 2 S. 1 BDSG die Pflicht zur Sperrung eines personenbezogenen Datums, dessen Richtigkeit auf Bestreiten durch einen Betroffenen nicht beweisbar ist. Erklärungen gegen die Nichtigkeit einer Personaldatenbank lassen sich nun nicht einfach dieser "beifügen". Die Befragung sollte die damit verbundenen praktischen Probleme bei den 77,6 % der Probanden erforschen, die Beurteilungsdaten speichern (Frage 86):

Wie werden Erklärungen (Gegenvorstellungen und Richtigstellungen) des Arbeitnehmers bei Einsatz eines Personalinformationssystems behandelt?	
1. Die Erklärung wird in die Personalakte geheftet	53,7 %
2. Die Existenz einer Erklärung wird zusätzlich im Personalinformationssystem vermerkt	1,5 %
3. Der Inhalt der Erklärung wird in das Personalinformationssystem aufgenommen	7,5 %
4. Weiß ich nicht	10,4 %
5. Keine Angabe	4,5 %

Dieses Ergebnis ist in mehrfacher Hinsicht bemerkenswert:

1. Nur ein verschwindend geringer Teil der Unternehmen zieht die Konsequenz aus der Tatsache, daß an die Stelle der herkömmlichen Personalakte das Personalinformationssystem getreten ist und speichert den Inhalt der Erklärung.

2. Die betriebsverfassungsrechtliche Pflicht, Erklärungen des Arbeitnehmers zum Inhalt der Personalakte dieser auf Verlangen beizufügen (§ 83 Abs. 2 BetrVG) wird nicht als Pflicht aufgefaßt, die Angaben im Personalinformationssystem entsprechend zu ergänzen.

3. Überwiegend (53,7 %) glaubt man, dieser Pflicht durch Abheften der Erklärungen in parallel geführten Personalakten genügen zu können. Das trifft jedoch aus zwei Gründen nicht zu: Einmal gibt es Unternehmen, die überhaupt keine manuellen Personalakten mehr führen; bei diesen würde bei Nichtspeicherung die Gegendarstellung schlicht entfallen. Zweitens ist ein Personalinformationssystem funktional den Personalakten äquivalent. Aus dem Personalinformationssystem selbst und nicht aus einem sekundären Dokumentationssystem, das lediglich noch der Beweissicherung dient, muß die Richtigkeit oder Strittigkeit einer bestimmten Information hervorgehen. Andernfalls besteht die Gefahr, daß unrichtige Informationen wie richtige Informationen behandelt werden, weil in der Praxis eine Parallelprüfung im sekundären System unterbleibt. Der mit einem Personalinformationssystem verbundene Rationalisierungseffekt wäre bei Parallelprüfungen außerdem aufgehoben.

Ob und in welcher Form Unternehmen rechtlich gezwungen sind, Erklärungen gegen die Richtigkeit von Angaben im Personalinformationssystem zu berücksichtigen, hängt von der Beurteilung der Konkurrenz zwischen § 83 Abs. 2 BetrVG und § 27 Abs. 2 S. 1 BDSG ab. Eine Konkurrenzsituation liegt vor, wenn man die Gegenvorstellung des Arbeitnehmers zu den in einem Personalinformationssystem zu seiner Person enthaltenen Angaben als ein Bestreiten der Richtigkeit der Information ansehen kann. Es ist dann zu fragen, ob das in seiner Richtigkeit bestrittene Datum gesperrt werden muß oder ob statt einer Sperrung die Aufnahme der Gegenvorstellung in das Personalinformationssystem - unabhängig von den technischen und organisatorischen Schwierigkeiten einer derartigen Konsequenz - zu erfolgen hat.

Zum Mittel einer Gegenerklärung wird ein Arbeitnehmer nur dann greifen, wenn er mit dem Inhalt einer Angabe zu seiner Person nicht einverstanden ist. Dies kann auf der Wiedergabe einer objektiv unrichtigen Tatsache, der Unterdrückung einer objektiv richtigen Tatsache oder einer objektiv oder subjektiv angreifbaren Beurteilung zu seiner Person beruhen. Eine dagegen gerichtete Erklärung muß stets als Bestreiten der Richtigkeit der jeweiligen Information angesehen werden.

Ein Hinweis darauf, wie die Konkurrenzsituation zwischen Bundesdatenschutzgesetz und Betriebsverfassungsrecht aufgelöst werden kann, enthält § 45 S. 2 Ziff. 5 BDSG. Danach geht § 83 BetrVG dem Bundesdatenschutzgesetz vor. Allerdings bieten Art und Umfang des Vorrangs einige Probleme[33].

Die Konkurrenz ist nicht etwa dadurch zu beseitigen, daß § 83 BetrVG auf Vorgänge beschränkt wird, die sich in gehefteten Personalakten befinden[34]. Das Erklärungsrecht besteht vielmehr gegenüber sämtlichen Angaben, soweit sie in der Art ihrer Aufbewahrung unter den materiellen Personalaktenbegriff fallen[35]. Dazu gehören auch Angaben in einer Personaldatei. Nur für diese verweist § 45 S. 2 Ziff. 5 BDSG überhaupt auf § 83 BetrVG. Die Beschränkung des § 83 BetrVG auf Angaben in gehefteten Akten klärt deshalb das Verweisungsproblem nicht.

---

33 Vgl. dazu Wolfgang Kilian, Arbeitsrechtliche Probleme automatisierter Personalinformationssysteme, in: JZ 1977, S. 481 (483 ff.); ders., Auswirkungen des Bundesdatenschutzgesetzes auf das Betriebsverfassungsrecht, in: RdA 1978, S. 201 (208); Mallmann (Anm. 7), § 27 Rdnr. 38.

34 Vgl. Rüdiger W. Stengel, Kann der Arbeitnehmer den Inhalt seiner Personalakte bestimmen? in: BB 1976, S. 1083 (1084).

35 Klaus Hümmerich/Peter Gola (Anm. 17), S. 102 ff.

Ebensowenig läßt sich aus der Verweisungsregel ein absoluter Vorrang von § 83 BetrVG ableiten. Hiergegen sprechen verschiedene Argumente:

1. Weder die Rechtsvorschriften, welche die Sammlung von Personaldaten eines Arbeitnehmers verlangen[36], noch die konkreten Arbeitsverträge wirken sich dahin aus, daß Arbeitnehmer im Vergleich zu anderen Personen eine geringere Kontrollmöglichkeit über ihre Daten haben sollen. Auch für Arbeitnehmerdaten, die in eine Datei aufgenommen werden, sind die besonderen Anforderungen des Bundesdatenschutzgesetzes zu beachten. Für eine generelle Nichtberücksichtigung der Rechte, die jede Person aus § 27 BDSG besitzt, im Hinblick auf Arbeitnehmer ist kein plausibler Grund ersichtlich.

2. Die ausschließliche Anwendung des § 83 BetrVG führte zu einer materiellen Schlechterstellung des Arbeitnehmers gegenüber anderen Personen, deren Daten dateimäßig verarbeitet werden[37]. Nach § 83 Abs. 2 BetrVG besteht nämlich nur die Möglichkeit, eine Erklärung "zum Inhalt der Personalakte" abgeben zu können. Das hindert jedoch bei automatisierten Systemen nicht, unrichtige Daten weiterzuverarbeiten. Die Verarbeitungsprogramme ermöglichen den Zugriff auf alle im Personalinformationssystem befindlichen und nicht gesperrten Daten.

3. Eine andere Situation wäre nur dann gegeben, wenn die Gegendarstellung in systematischer Weise den Inhalt der in Bezug genommenen Datenfelder beeinflussen würde. Dies ist jedoch nicht der Fall. Der hierfür erforderliche methodische und technische Aufwand würde den Rationalisierungseffekt eines Personalinformationssystems weitgehend beseitigen.

4. Wenn § 27 BDSG für Arbeitnehmer unanwendbar wäre, brauchten Daten über gesundheitliche Verhältnisse, strafbare Handlungen, Ordnungswidrigkeiten sowie religiöse und politische Anschauungen entgegen dem sonst geltenden § 27 Abs. 3 S. 3 BDSG nicht gelöscht zu werden, wenn ihre

---

36 Vgl. Wolfgang Kilian, Melde- und Auskunftspflichten des Arbeitgebers im Personalbereich, in: BB 1977, S. 1153 ff.

37 So ausdrücklich: Hümmerich/Gola (Anm. 6), S. 146 ff. (149); für eine Subsidiarität lediglich des § 27 Abs. 2 S. 1 BDSG gegenüber § 83 Abs. 2 BetrVG spricht sich aus: Mallmann (Anm. 7), § 27 Rdnr. 38.

Richtigkeit von der speichernden Stelle nicht bewiesen werden kann. Auch insoweit ist kein Grund für die Notwendigkeit einer Schlechterstellung von Arbeitnehmern gegenüber sonstigen Personen erkennbar[38].

Der Widerspruch zwischen der Verweisung in § 45 S. 2 Ziff. 5 BDSG und der mangelnden Effizienz des § 83 Abs. 2 BetrVG im Hinblick auf automatisierte Systeme sollte deshalb durch eine sachgerechte Differenzierung aufgelöst werden. § 45 S. 2 Ziff. 5 BDSG enthält eine "Verweisung mit Verschlechterungsverbot". Die Differenzierung muß an die objektive und subjektive Richtigkeit der im Personalinformationssystem gespeicherten Arbeitnehmerdaten anknüpfen.

1. Bei objektiv und subjektiv richtigen Daten ergibt sich weder nach § 27 BDSG noch nach § 83 BetrVG ein Problem.

2. Bei objektiv richtigen, subjektiv unrichtigen Daten besteht die Möglichkeit, nach § 83 Abs. 2 BetrVG eine Erklärung zum Personalinformationssystem zu geben. Da das Unternehmen die Richtigkeit in der Regel nachweisen können wird, führt die Speicherung der Gegendarstellung nicht zur Veränderung des Inhalts der angesprochenen Datenfelder.

3. Bei objektiv und subjektiv unrichtigen Daten wäre dem Arbeitnehmer mit einem Gegenerklärungsrecht keineswegs gedient. Er könnte damit allein die Weiterverarbeitung der ursprünglichen Daten nicht verhindern. Um dem Arbeitnehmer die Chance zu geben, das wirkliche Erscheinungsbild seiner Person zu vermitteln, müssen die Daten daher gesperrt und gegebenenfalls berichtigt werden (§ 27 Abs. 2 S. 1 BDSG). Bereits bisher bestand bei nichtautomatisierten Systemen eine nicht näher definierte Berichtigungspflicht aufgrund allgemeiner personalaktenrechtlicher Grundsätze[39].

4. Insbesondere aber bei objektiv unrichtigen, subjektiv richtigen Daten

---

38 Gegen eine Verdrängung des § 27 Abs. 3 BDSG durch § 83 Abs. 2 BetrVG: Mallmann (Anm. 7), § 27 Rdnr. 37.

39 Vgl. BAGE 7, S. 267; Fitting/Auffarth/Kaiser (Anm. 3), § 83 Rdnr. 5; Simitis (Anm. 5), S. 107 m. Nachw.

zeigt sich die Notwendigkeit, § 27 Abs. 1 BDSG anzuwenden. Der Arbeitnehmer würde in diesem Fall von seinem Erklärungsrecht nach § 83 Abs. 2 BetrVG gar keinen Gebrauch machen. Dennoch muß das Unternehmen nach § 27 Abs. 1 BDSG die unrichtigen Daten berichtigen. Dies verlangen sowohl die Wahrung des Arbeitnehmerpersönlichkeitsrechts (§ 75 Abs. 2 BetrVG) als auch der für das Bundesdatenschutzgesetz geltende Grundsatz, daß nur nachweislich richtige Daten verarbeitet werden dürfen. Das Bundesdatenschutzgesetz nimmt eine Sperrung der Daten in Kauf, wenn die speichernde Stelle bei Zweifeln nicht die Richtigkeit der Daten beweisen kann (§ 27 Abs. 2 S. 1 BDSG).

Diese Beweislastregel macht es aus praktischen Gründen erforderlich, entgegen der jetzt vorherrschenden Praxis insbesondere bei Beurteilungsdaten sowohl den Zeitpunkt der Beurteilung als auch deren Geltungsdauer im Personalinformationssystem zu vermerken. Es wäre zu empfehlen, daß der Gesetzgeber diese Pflicht sowie die Reichweite der Verweisung in § 45 S. 2 Ziff. 5 BDSG klarstellt.

9.4 VORSCHLÄGE FÜR EINE GESETZLICHE NEUREGELUNG

Da § 83 BetrVG lediglich auf manuell geführte Personalakten abstellt, ist er auf die heutige Problematik der Personalinformationssysteme zu erstrecken. Es empfiehlt sich eine Neufassung dieser Vorschrift. Dabei sollte das "Einsichtsrecht", das bei einer Datenbank im Gegensatz zu einer herkömmlichen Personalakte so nicht möglich ist, generell in ein "Informationsrecht" umbenannt werden. Die inhaltliche Durchsetzung des Informationsrechts hat sich an den Vollständigkeitsbegriff im Personalaktenrecht des öffentlichen Dienstes sowie an die Regelung in den §§ 26, 27 BDSG anzulehnen. Das bedeutet:

- Die Benachrichtigung über den Einsatz einer Datenbank erfolgt individuell im Arbeitsvertrag oder allgemein durch die Werkszeitung, einem Anschlag am Schwarzen Brett oder durch Bekanntgabe einer Betriebsvereinbarung.
- Um die Kontrolle der Richtigkeit des Datenbestandes auch bei Veränderungen und Erweiterungen der Datenbank zu ermöglichen, hat der Arbeitgeber mindestens einmal jährlich dem Arbeitnehmer einen vollständigen lesbaren Ausdruck der jeweiligen personenbezogenen Daten kostenlos auszuhändigen.

- Dem Arbeitnehmer sind die Dateien oder Datenbanksegmente (Datenfelder) zu nennen, in denen Personaldaten über ihn gespeichert werden.
- Die Mitteilungspflicht des Arbeitgebers hinsichtlich der regelmäßigen Datenempfänger entfällt, soweit diese aufgrund einer Betriebsvereinbarung oder einer sonstigen Rechtsvorschrift feststehen.
- Bei der Speicherung von Personalbeurteilungen sind Zeitpunkt, Geltungsdauer und Urheber der Beurteilung zu vermerken.
- Gegenerklärungen des Arbeitnehmers zum Inhalt einer Personaldatenbank müssen im Kontext der beanstandeten Personaldaten gespeichert und verknüpft werden.

10 BETEILIGUNG DES BETRIEBSRATS AN DER VERARBEITUNG VON PERSONALDATEN

Einen zentralen Untersuchungsgegenstand unserer Feldforschung bildete die Beteiligung des Betriebsrats an der Planung (Fragen 103-115), der Einführung (116-124) und dem Betrieb (125-135) eines Personalinformationssystems. Zur richtigen Beurteilung der Ergebnisse muß in Erinnerung gerufen werden, daß die Fragen stets von Mitgliedern der Unternehmensleitung, und zwar in der Regel von dem Leiter der Abteilung Personal und/oder dem Projektleiter beantwortet wurden. Die ursprünglich geplante Doppelbefragung von Unternehmensleitung und Betriebsrat anhand weitgehend identischer Fragenkataloge ließ sich nur zum Teil verwirklichen. Viele Unternehmen wären nämlich bei einer Befragung des Betriebsrats nicht zu Auskünften bereit gewesen. Wohl in den meisten Fällen beruhte diese Haltung auf historisch begründeten oder schwelenden Konflikten mit dem Betriebsrat in den betreffenden Unternehmen. Im Interesse einer möglichst umfassenden Bestandsaufnahme der existierenden Personalinformationssysteme wurde deshalb den Auskünften der Unternehmensleitung Vorrang eingeräumt und nur bei knapp 25 % aller Probanden dem Betriebsrat ein Folgefragebogen vorgelegt.

10.1 PERSONALINFORMATIONEN UND BETRIEBSRAT

Erste Resultate einer ökonomisch-sozialwissenschaftlich orientierten Arbeitsmarkt- und Organisationsforschung deuten erhebliche soziale und wirtschaftliche Veränderungen durch computergestützte Informationssysteme an[1]. Methoden und Produktionsprozesse der geistigen und manuellen

1 Werner Dostal/Klaus Köstner, Mikroprozessoren - Auswirkungen auf Arbeitskräfte? in: Mitteilungen aus der Arbeitsmarkt- und Berufsforschung 1977, S. 243-251; Jürgen Reese u. a., Gefahren der informationstechnologischen Entwicklung, Frankfurt 1979, S. 39 ff.; Raymund Werle, Arbeitsmarktentwicklung, Personalbedarf und betrieblicher Einsatz neuer Techniken, in: Soziale Welt 1979, S. 469-487; Sven Jonasson, Computerization and Human and Social Requirements, in: Abbé Mowshowitz (ed.), Human Choice and Computers, 2, Amsterdam/New York/ Oxford 1980, pp. 53-69; Ulrich Briefs, The Effects of Computerization on Human Work - New Directions for Computer Use in the Work Place, in: Abbé Mowshowitz (ed.), a.a.O., pp. 77-89.

Arbeit wandeln sich gegenwärtig tiefgreifend. Die Datenverarbeitung und damit verknüpfte Technologien (z. B. Bildschirmgeräte, Produktografen, Produktionsautomaten) werden immer mehr zum Nervensystem jeder Organisation. Dies gilt insbesondere für Personalinformationen. Sie sind notwendige Voraussetzung für Entscheidungs-, Planungs- und Verwaltungsvorgänge im Unternehmen. Die Planung der Mitarbeiterstruktur beeinflußt sowohl die Wirtschaftlichkeit von Unternehmen als auch die Motivation der Mitarbeiter. Insbesondere im Bereich der deutschen chemischen Industrie gibt es Personalplanungssysteme, die Anpassungen des Personalbestandes an Umsatzentwicklungen und Qualifikationsanforderungen organsieren oder kontrollieren. Hierfür sind Beurteilungen der vorhandenen oder gewünschten Fähigkeiten und Fertigkeiten von Arbeitnehmern sowie die Festlegung von quantitativen und qualitativen Mitarbeiterstrukturen notwendig[2]. Bereits bei der Planung jedes Personalinformationssystems muß entschieden werden, welche Leistungen das System erbringen soll, welche Eingabedaten (input) erforderlich sind, welche organisatorischen Gesichtspunkte einbezogen werden müssen und wie Kommunikation und Kontrolle aussehen sollen.

Damit entsteht die Frage, wie sich das abgestufte System von Informations-, Beteiligungs-, Beratungs- und Mitbestimmungsrechten des Betriebsrats auf die Planung und den Einsatz von Personalinformationssystemen auswirkt. Während im Ausland unter dem Schlagwort der "Demokratisierung der Gestaltung von Informationssystemen"[3] lediglich die Beteiligung von Programmierern an der Planung diskutiert wird, legt das Mitbestimmungsrecht in der Bundesrepublik Deutschland auch die Einbeziehung der Interessen der Arbeitnehmer und Betriebsräte nahe.

---

2 Die Umsatzelastizität des Personalbestandes für einige Chemieunternehmen der Schweiz, Deutschlands und der Vereinigten Staaten von Amerika wird dargestellt bei: Friedrich Rosenkranz/Walter Peter, Einige ausgewählte Modelle zur Unterstützung der Personalplanung, dargestellt am Beispiel einer Großunternehmung der chemischen Industrie, in: DBW 37 (1977), S. 543 (547).

3 So der Titel einer Abhandlung von Niels Bjørn-Andersen/Finn Borum, in: Hans Robert Hansen/Klaus Theo Schröder/Hermann Joachim Weihe (Hrsg.), Mensch und Computer, München/Wien 1979, S. 327-342.

10.11 STRUKTUR DER BETRIEBLICHEN MITBESTIMMUNG

Die erweiterte Fragestellung in der Bundesrepublik ist eine Konsequenz der unterschiedlichen Organisation der "industriellen Demokratie" durch Mitbestimmung. Verschiedene Ebenen der Mitbestimmung von Arbeitnehmern, deren Repräsentanten und Organisationen hinsichtlich der Arbeitsbedingungen und Unternehmensentscheidungen sind bei uns zu trennen. Rechtliche Regelungen liegen für die deutsche Wirtschaft bisher auf Betriebs-, Unternehmens- und Konzernebene, zum Teil auch für Branchen- oder Industrieebene vor. Da aus Gründen des Wettbewerbs nur unternehmens- oder konzernbezogene, nicht aber branchenbezogene Personalinformationssysteme bestehen und ferner nur die untere Mitbestimmungsebene interessiert, liefert weder das Montan-Mitbestimmungsgesetz von 1951 noch das Mitbestimmungs-Ergänzungsgesetz von 1956 noch das Mitbestimmungsgesetz von 1976, sondern ausschließlich das Betriebsverfassungsgesetz von 1972 mit seinen Vorschriften über die Beteiligung des Betriebsrates an Unternehmensentscheidungen den unmittelbaren juristischen Beurteilungsrahmen für Personalinformationssysteme.

Für die Interpretation von Einzelvorschriften ist es wichtig, die Grundstruktur eines Gesetzes zu berücksichtigen. Dem Betriebsverfassungsgesetz von 1972 liegt - anders als dem National Labor Relations Act in den Vereinigten Staaten von Amerika[4] - ein Kooperationsmodell und kein Konfrontationsmodell zwischen Unternehmensleitung und Betriebsrat zugrunde. Dies zeigt sich bei einer Reihe von Regelungen: Arbeitgeber und Betriebsrat sollen unter Beachtung der geltenden Tarifverträge "vertrauensvoll und im Zusammenwirken mit den im Betrieb vertretenen Gewerkschaften und Arbeitgebervereinigungen zum Wohle der Arbeitnehmer und des Betriebs" kooperieren (§ 2 Abs. 1 BetrVG). Über Meinungsverschiedenheiten sollen Einigungs- oder Schlichtungsstellen entscheiden (§ 76 BetrVG). Der Arbeitgeber und Betriebsrat sollen sich mindestens einmal

---

4 Dazu: Clyde W. Summers, Worker Participation in the United States and the Federal Republic: A Comparative Study from an American Perspective, in: RdA 1979, S. 257 (258). - In den U. S. A. schließt "the duty to bargain" die Pflicht "to supply relevant information" ein: NLRB v. Acme Indus. Co 385 U. S. 432 (1967); NLRB v. Detroit Edison Co. 560 F. 2d 722 (6th Cir. 1977). Ferner: B. J. Foley/K. T. Maunders, Accounting Information Disclosure and Collective Bargaining, London/ Basingstoke 1977.

im Monat zu einer Besprechung treffen. "Sie haben über strittige Fragen mit dem ernsten Willen zur Einigung zu verhandeln und Vorschläge für die Beilegung von Meinungsverschiedenheiten zu machen" (§ 74 Abs. 1 BetrVG). Die Mitglieder des Betriebsrats müssen Betriebs- und Geschäftsgeheimnisse geheim halten (§ 79 Abs. 1 S. 1 BetrVG). Maßnahmen des Arbeitskampfes sind zwischen Arbeitgeber und Betriebsrat unzulässig (§ 74 Abs. 2 S. 1 BetrVG). Beide Seiten haben darüber zu wachen, daß kein Arbeitnehmer diskriminiert, sondern "die freie Entfaltung der Persönlichkeit der im Betrieb beschäftigten Arbeitnehmer" geschützt und gefördert wird (§ 75 BetrVG). Zahlreiche, noch näher zu behandelnde Informationsrechte des Betriebsrats dienen seiner Beteiligung bei Einzelfragen. Diese Informationsrechte wurden schon früh als notwendige Voraussetzung für die Ausübung von Beteiligungsrechten erkannt. So hat die Mitbestimmungskommission im Jahre 1971 ausgeführt: "Der Anspruch auf rechtzeitige und umfassende Information über geplante Maßnahmen, die sich kraft der Abhängigkeit des einzelnen Arbeitnehmers von der inhaltlichen Ausgestaltung der Unternehmenspolitik auf das persönliche und wirtschaftliche Schicksal des Arbeitnehmers auswirken, läßt sich unmittelbar aus dem grundrechtlich verbürgten Schutz der Menschenwürde ableiten. Eine Einrichtung entsprechender Informations- und Begründungszwänge gehört deshalb zu den elementaren Voraussetzungen einer sozialen und menschenwürdigen Gestaltung der betrieblichen und unternehmerischen Ordnung[5]. Daraus läßt sich zugleich der hohe Rang ableiten, den die Mitbestimmung auf Unternehmensebene rechtlich und politisch einnimmt.

Bis heute ist der Betriebsrat allerdings kein Organ des Unternehmens und kein gleichberechtigter Partner bei allen Unternehmensentscheidungen. Vielmehr beruht das Kooperationsmodell des Betriebsverfassungsgesetzes von 1972 auf dem Prinzip, daß Ermessensentscheidungen der Unternehmensleitung nur in den enumerativ aufgezählten Fällen durch Beteiligungsrechte des Betriebsrats eingeschränkt werden. Deshalb ist stets zu prüfen, welche Form der Beteiligung an Informations- und Entscheidungsprozessen das Betriebsverfassungsgesetz dem Betriebsrat einräumt.

Der Text des Betriebsverfassungsgesetzes erwähnt Personalinformations-

---

5 BT-Drucks. VI/334, Teil 4, S. 67 Rdnr. 28.

systeme überhaupt nicht. Dies beruht auf der mangelnden Aktualität im Zeitpunkt der letzten Novellierung im Jahre 1972. Die faktische Situation hat sich seither jedoch grundlegend geändert. In der deutschen Industrie dienen Personalinformationssysteme heute weithin als Instrumente der Personalverwaltung und Personalplanung. Es kann deshalb nicht davon ausgegangen werden, daß eine planvolle Gesetzeslücke vorliegt. Vielmehr stellt sich die Aufgabe, einen technologisch bedingten Innovationsschub betriebsverfassungsrechtlich erst noch zu verarbeiten.

10.12 STAND DER ARBEITSRECHTSWISSENSCHAFT

Die Arbeitsrechtswissenschaft hat bisher nur einen sehr geringen Beitrag dazu geleistet, die neuen Fragestellungen betriebsverfassungsrechtlich zu integrieren. Obwohl bereits im Jahre 1971 Wiese auf den Zusammenhang zwischen automatisierten Personaldatenbanken und dem Arbeitnehmerpersönlichkeitsrecht hingewiesen hat[6], gibt es seither nur wenige Fachveröffentlichungen. Mangels empirisch fundierter Kenntnisse beschränken sie sich meist auf Spezialprobleme, insbesondere auf die Mitwirkung des Betriebsrats bei der Sammlung von Personalinformationen[7], die Beteiligung bei der Einführung eines Personalinformationssystems[8] und den Zugang des Betriebsrats zur Personaldatenbank[9]. Nur Schaub geht in der neuesten Auflage seines Handbuchs über drei Seiten auf Personalinformationssysteme ein[10] und schließt sich dort in sämtlichen

---

6 Günther Wiese, Der Persönlichkeitsschutz des Arbeitnehmers gegenüber dem Arbeitgeber, in: ZfA 1971, S. 273 (309).

7 Bernd Hentschel/Hans Gliss, Die Personalakte als Datei i. S. des Bundesdatenschutzgesetzes, in: DB 1977, S. 2329-2331; Peter Gola, Datenschutz und Betriebsrat, in: Datenschutz und Datensicherung 1978, S. 25 ff.; Klaus Hümmerich, Rechte des Betriebsrats bei der Erfassung von Bewerber-Daten, in: RdA 1979, S. 143-148.

8 Werner Brill, Betriebsrat und Datenschutz, in: BlStSozArbR 1978, S. 163 (164); Karl Heinz Weigand, Personalinformationssysteme: Nutzen und Nutzung im Interessenkonflikt, in: Gerhard Reber (Hrsg.), Personalinformationssysteme, Stuttgart 1979, S. 282-290.

9 Joachim Kroll, Das Einblicksrecht des Betriebsrats in die Bruttolohn- und -gehaltslisten und das Bundesdatenschutzgesetz, in: DB 1979, S. 1182-1183.

10 Günter Schaub, Arbeitsrechtshandbuch, 4. A. München 1980, S.779-782.

Einzelfragen den Lösungen an, die ich im Jahre 1977 vertreten habe[11].

Bis heute erwähnt kein Kommentar zum Betriebsverfasssungsrecht und kein eingeführtes Lehrbuch zum Arbeitsrecht Personalinformationssysteme oder damit verbundene Probleme. Lediglich Däubler widmet in dem neuen, 634 Seiten umfassenden 2. Band seines Arbeitsrechts ganze acht Seiten dem "Datenschutz im Arbeitsverhältnis"[12], wobei er organisatorische Probleme nicht aufgreift und kaum realistische Forderungen hinsichtlich der Zuständigkeit für den Betrieb von Personaldatenbanken aufstellt, andererseits eine Mitbestimmung des Betriebsrats bei der Einführung von Personalinformationssystemen als "etwas kühn" abtut[13]. Es gibt auch Versuche, die individualrechtlichen Bestimmungen des Bundesdatenschutzgesetzes gegen die kollektivrechtlichen Bestimmungen des Betriebsverfassungsgesetzes beispielsweise bei der Frage auszuspielen, ob der Betriebsrat ein Einsichtsrecht in Gehaltslisten hat[14], ohne zu prüfen, ob es sich überhaupt um dateimäßig erfaßte Informationen handelt und ohne zu untersuchen, ob nicht die Subsidiaritätsklausel des Bundesdatenschutzgesetzes (§ 45) stets zum Vorrang von § 80 Abs. 2 S. 2 BetrVG führt. Auch der Aspekt im Mitbestimmungsurteil des Bundesverfassungsgerichts, daß die Mitbestimmung die Bedingungen der Berufsfreiheit beeinflusse[15], erscheint in der Arbeitsrechtswissenschaft noch wenig entwickelt.

10.13 STAND DER RECHTSPRECHUNG

Eine Entscheidung des Bundesarbeitsgerichts oder des Bundesgerichtshofs zu Personalinformationssystemen in der Wissenschaft liegt bisher noch nicht vor[16]. Dagegen gibt es mindestens zwölf instanzgerichtliche Be-

---

11 Wolfgang Kilian, Arbeitsrechtliche Probleme automatisierter Personalinformationssysteme, in: JZ 1977, S. 481-486.

12 Wolfgang Däubler, Das Arbeitsrecht 2, Reinbek 1979, S. 146-154.

13 Däubler (Anm. 12), S. 151.

14 Theo Mayer-Maly, Der Einblick in die Bruttolohnlisten nach § 80 Abs. 2 BetrVG, in: DB 1979, S. 989 (990).

15 BVerfG NJW 1979, S. 699 (705).

16 Bei dem Urteil BAG JZ 1977, S. 565 ging das Gericht nicht auf das vorhandene Personalinformationssystem ein, vgl. Wolfgang Kilian, Auswirkungen des Bundesdatenschutzgesetzes auf das Betriebsverfassungsrecht, in RdA 1978, S. 201 (206 f.).

schlüsse und Urteile, die auf Mitbestimmungsfragen in hier interessierenden Zusammenhängen eingehen. Sie betreffen die Einführung von Computersystemen und deren rechtliche Einordnung[17], Art und Umfang der Erhebung und Auswertung von Personaldaten durch den Arbeitgeber sowie diesbezügliche Beteiligungsrechte des Betriebsrats[18], ferner betriebsverfassungsrechtliche Nebenfragen[19]. Auf Einzelheiten der Entscheidungen wird im Zusammenhang mit der nachfolgenden Auswertung der empirischen Befragung eingegangen.

10.2 BETEILIGUNG DES BETRIEBSRATS BEI DER PLANUNG DES PERSONALINFORMATIONSSYSTEMS

Unsere Ausgangsfrage lautete (Frage 103):

Wurde der Betriebsrat bei der Planung des Personalinformationssystems beteiligt?	
1. Nein	19,4 %
2. Er wurde über Planung und Konzeption des Personalinformationssystems unterrichtet	31,3 %
3. Die Konzepte wurden mit dem Betriebsrat erörtert und beraten	31,3 %
4. Im Planungsstab arbeiteten Betriebsratmitglieder mit	13,4 %
5. Es gibt keinen Betriebsrat	3,0 %
6. Keine Angabe	1,5 %

17 LAG Hamburg, Beschl. v. 2.12.1976 - 1Ta BV 5/75 - unveröffentlicht; LAG Frankfurt, Beschl. v. 7.9.1976 - 5Ta BV 29/76 - unveröffentlicht; VG Berlin Beschl. v. 12.9.1977 - VG Fk Bund 15.76 - unveröffentlicht.

18 ArbG Aachen, Beschl. v. 1.9.1975 BB 1976, S. 1511; ArbG Düsseldorf, Beschluß v. 9.1.1980 BB 1980, S. 468; LAG Baden-Württemberg, Urt. v. 31.1. 1979 DB 1979, S. 897; BVerwG, Beschl. v. 15.2.1980 - 6 P 80.78 - unveröffentlicht; ArbG Frankfurt, Beschl. v. 4.7.1979 - 6 BV 2/79 - unveröffentlicht; ArbG Hannover, Beschl. v. 4.7.1979, unveröffentlicht, vgl. aber dazu: Frankfurter Rundschau v. 24.4.1980.

19 LAG Niedersachen, Beschl. v. 18.9.1978 - 3Ta BV 5/78 - unveröffentlicht; LAG Niedersachsen, Beschl. v. 28.9.1979 - 3Ta BV 3/79 - unveröffentlicht.

Nach Auskunft der Unternehmensleitungen wurden also bei der Planung in jedem fünften Unternehmen (19,4 %) Betriebsräte überhaupt nicht eingeschaltet. Nur je ein knappes Drittel (31,3 %) der Unternehmen unterrichtete seinen Betriebsrat oder erörterte und beriet mit ihm die Planung und Konzeption des Personalinformationssystems. Im Hinblick auf das Kooperationsmodell des Betriebsverfassungsgesetzes dürfte die aktive Mitarbeit von Betriebsratsmitgliedern in der Projektgruppe der Unternehmen (13,4 %) als beste Form anzusehen sein, weil hierdurch in einem Stadium Konfliktpunkte bedacht und beseitigt werden können, in dem noch echte Entscheidungsalternativen bestehen. Alle zeitlich späteren Beteiligungen eines Betriebsrats haben den strukturellen Nachteil, daß sie höchstens Modifikationen innerhalb einer bestimmten Entscheidungsalternative herbeizuführen vermögen. In der neuesten ausländischen Literatur wird deshalb mit Recht die Gründung von gemischten Projektgruppen bei der Systemplanung dann erhebliche Bedeutung zugemessen, wenn Konflikte während der Implementierungsphase vermieden werden sollen[20].

Die Ergebnisse von Fragen 103 sind allerdings aus mehreren Gründen schwierig zu interpretieren: Wie die Befragung der Betriebsräte ergab, wurden nämlich in Bezug auf die Planung des Systems nicht immer Originalunterlagen oder detaillierte Beschreibungen vorgelegt, sondern auch mündliche Berichte erstattet und dies auch aus der Sicht der Betriebsräte zum Teil als ausreichende Unterrichtung akzeptiert. Ferner stimmten bei mindestens acht Unternehmen[21] die Angaben der Unternehmensleitung und des Betriebsrats zur gleichen Frage nicht überein. Von den divergierenden Antworten sind folgende hervorzuheben: In zwei Fällen hielt sich der Betriebsrat nicht für an der Planung beteiligt, während die Unternehmensleitung meinte, die Konzepte seien mit dem Betriebsrat erörtert und beraten worden. Umgekehrt - und das ist höchst bemerkenswert - hielt sich der Betriebsrat in drei Fällen für unterrichtet oder mit dem Konzept vertraut gemacht, während die Unternehmensleitung meinte, der Betriebsrat sei an der Planung überhaupt nicht beteiligt worden. Daraus ergibt sich die Konsequenz, daß die verwendeten Begriffe "Unterrich-

---

20 Herbert Kubicek, Informationstechnologie und Organisationsforschung, in: Hansen/Schröder/Weihe (Anm. 3), S. 52 (71); Niels Bjørn-Andersen/ Finn Borum (Anm. 3), S. 327 (332).

21 Diese Zahl wird tatsächlich höher liegen, da nur ein Teil der Betriebsräte befragt werden durfte.

tung" und "Beratung" des Betriebsverfassungsgesetzes erhebliche Unschärfen aufweisen und ohne Zusatzkriterien keine klare Abgrenzung der Beteiligungsformen des Betriebsrats bei der Planung von Personalinformationssystemen ermöglichen.

Soweit die Konzepte für das Personalinformationssystem zwischen Unternehmensleitung und Betriebsrat erörtert und beraten wurden (31,3 % der Probanden) oder der Betriebsrat darüber hinaus im Planungsstab mitarbeiten durfte (13,4 %), erschien die Frage interessant, ob der Betriebsrat von sich aus Fachleute hinzuziehen konnte (Frage 104). Für die zuletzt genannten Teilgruppen war das stets der Fall[22]; aber nur die Hälfte der Betriebsräte, die irgendwie in den Planungsprozeß eingeschaltet waren, nämlich 12 (also 17,9 % bezogen auf alle Probanden) machten von diesem Recht auch Gebrauch. Bei den von diesen Betriebsräten hinzugezogenen Personen handelte es sich (Frage 105) um Mitarbeiter der eigenen Datenverarbeitungsabteilung (6), Mitglieder der zuständigen Gewerkschaft (5), Mitarbeiter anderer Fachabteilungen (2) oder Sachverständige außerhalb des Unternehmens (1); der Betriebsrat eines Unternehmens ließ sich von sachverständigen Personen innerhalb und außerhalb des Unternehmens beraten. Da es selbst in Großunternehmen Betriebsräte ohne ein einziges Mitglied gibt, das einen Computerausdruck überhaupt versteht (Frage 127)[23], läßt die zögerliche Hinzuziehung von Sachverstand insgesamt auf ein niedriges Problembewußtsein schließen.

Durch mehrere Fragen versuchten wir den tatsächlichen Einfluß zu ermitteln, den der Betriebsrat auf die Planung des Personalinformationssystems genommen hat (Fragen 106-115). Bei den Fragen ist zu berücksichtigen, daß ein erheblicher Teil der Betriebsräte an der Planung ja überhaupt nicht beteiligt wurde und hinsichtlich der Tatsache einer Beteiligung die Meinungen zwischen Unternehmensleitung und Betriebsrat teilweise divergierten. Immerhin lassen sich folgende Aussagen machen: 28 % der Probanden unterbreiteten dem Betriebsrat das gesamte Personalinformationskonzept, 10,4 % klärten über einzelne Funktionen auf (Frage 106). Die Betriebsräte von 25 % der Probanden erhielten detaillierte Beschrei-

---

22 Ein Proband machte dazu keine Angaben.

23 Dies ist bei mindestens 4,5 % der Probanden der Fall, die Personalplanungsunterlagen dem Betriebsrat zugänglich machen. Die Quote dürfte höher liegen, wenn die übrigen Probanden einbezogen würden.

bungen oder Teilbeschreibungen des Personalinformationssystems (Frage 108). Die Beteiligung des Betriebsrats hinsichtlich einzelner Funktionen bezog sich vorwiegend auf die Entgelt-, Abrechnungs- und Arbeitszeiterfassungsdaten, am wenigsten auf die verhaltensbezogenen Daten und das Beurteilungssystem (Frage 107). Angesichts der Tatsache, daß es sich um neue Gegenstände der Beteiligung des Betriebsrats handelt, die zudem technisch kompliziert und rechtlich weitgehend ungeklärt sind, verwundert das Ergebnis kaum. Insbesondere ist es verständlich, wenn die Unternehmen am ehesten über evidente Funktionsabläufe - wie Lohn- und Gehaltszahlungsverfahren - aufklären, leicht kritisierbare Verfahren - wie Beurteilungssysteme - dagegen relativ gesehen am wenigsten offenlegen.

Diese Erwartungen deckten sich weitgehend mit dem tatsächlichen Verhalten der Betriebsräte. Die Frage 109 ergab folgendes Bild:

In welcher Weise äußerte sich der Betriebsrat?	
1. Er äußerte sich nicht	3,0 %
2. Er akzeptierte das Konzept	20,9 %
3. Er äußerte grundsätzliche Bedenken gegen das Personalinformationssystem-Konzept	0 %
4. Er äußerte gegen einzelne Funktionen des Personalinformationssystem-Konzepts Bedenken	22,4 %
5. Keine Aussage möglich (prinzipielle Nichtbeteiligung des Betriebsrats an der Planung; Nichtwissen der Unternehmensleitung oder keine Angaben)	52,2 %

Für eine kooperative Haltung der Betriebsräte spricht die Tatsache, daß 20,9 % der Betriebsräte - also mehr als dreiviertel aller Betriebsräte, mit denen das Konzept überhaupt erörtert oder beraten wurde - es ohne Abstriche akzeptierten und in keinem einzigen Fall grundsätzliche Bedenken äußerten. Erstaunlich ist, daß 3 % der Betriebsräte trotz Aufforderung auf jede Stellungnahme zum Personalinformationssystem-Konzept verzichteten. 22,4 % aller Betriebsräte hatten Einwände gegen einzelne Funktionen, und zwar folgende, wenn man für diese Teilgruppe die offene Frage 110 aufschlüsselt:

Um welche Bedenken handelte es sich?	
1. Betriebsarztdaten	9,0 %
2. Betriebsarztdaten und Personalfragebogen	1,5 %

3. Verknüpfung mit anderen Datenverarbeitungssystemen	1,5 %
4. Fähigkeiten- und Beurteilungsdaten	4,5 %
5. Zeiterfassungssystem	3,0 %
6. Personaleinsparung	3,0 %

Wie die Anschlußfragen 111 und 112 ergaben, wurde diesen Bedenken sämtlich (10,5 %) oder in einigen Punkten (9 %) Rechnung getragen, und nur in 3,0 % aller Fälle blieben sie aus sachlichen (nicht rechtlichen) Gründen unberücksichtigt. Daraus läßt sich folgern, daß substantiierte Bedenken des Betriebsrats nach Auffassung der Unternehmensleitungen eine sehr gute Aussicht haben, aufgegriffen zu werden. Auch soweit die Betriebsräte Änderungswünsche hinsichtlich der Konzipierung des Personalinformationssystems vortrugen, was bei 4,5 % aller Probanden im Hinblick auf das geplante Personalbeurteilungssystem vorkam (Fragen 113-115), wurde ihnen ausnahmslos entsprochen.

10.3 BETEILIGUNG DES BETRIEBSRATS BEI DER EINFÜHRUNG DES PERSONALINFORMATIONSSYSTEMS

Von der Planungsphase ist die Einführungsphase eines Personalinformationssystems zu unterscheiden. Wir versuchten, Art und Umfang der Beteiligung des Betriebsrats zu erforschen (Fragen 116-124). Die Ausgangsfrage 116 ergab folgendes Bild:

In welcher Form wurde der Betriebsrat bei der Einführung des Personalinformationssystems beteiligt?	
1. Überhaupt nicht	16,4 %
2. Er wurde schriftlich - ohne detaillierte Beschreibung des Systems - über die Einführung eines Personalinformationssystems in Kenntnis gesetzt	11,9 %
3. Er wurde schriftlich - unter Beifügung einer detaillierten Beschreibung des Systems - über die Einführung des Personalinformationssystems unterrichtet	9,0 %
4. Der Aufbau und die Arbeitsweise des Personalinformationssystems wurden mit ihm anhand einer detaillierten Systembeschreibung erörtert	11,9 %

5. Es gibt keinen Betriebsrat	1,5 %
6. Das Personalinformationssystem ist noch nicht eingeführt	3,0 %
7. Nicht befragt	46,3 %
8. Keine Angabe	0 %

Nicht befragt wurden solche Probanden, die ihren Betriebsrat bereits in der Planungsphase intensiv beteiligt hatten, weil die Beteiligung an der Planung die Kenntnisse bezüglich der Einführung des Systems notwendig impliziert[24]. Unter Einbeziehung dieser Teilgruppe läßt sich sagen, daß die Beteiligungsquote der Betriebsräte bei der Einführung des Personalinformationssystems höher ist als bei der Planung. Die Korrelation der Fragen 103 und 116 ergab nämlich, daß 9 % der Unternehmen, die den Betriebsrat in keiner Weise hinsichtlich der Planung des Personalinformationssystems unterrichtet hatten, ihn dann aber bei der Einführung informierten.

Soweit eine Beteiligung bei der Einführung des Systems stattfand, muß die Form der Beteiligung als schwach bezeichnet werden: Nur etwas mehr als die Hälfte aller Betriebsräte wurde nämlich entweder mündlich oder ohne detaillierte Beschreibung schriftlich von der Einführung unterrichtet[25]. Angesichts der Bedeutung und Komplexität der Einführung eines automatisierten Personalinformationssystems dürfte dies für die Möglichkeit einer fundierten Stellungnahme nicht ausreichen.

Bei keinem Probanden wurde die Einführung des Personalinformationssystems abgelehnt, und fast bei der Hälfte aller Probanden kamen keine Bedenken auf (Frage 119). Soweit Einwände gegen einzelne Funktionen bestanden, richteten sie sich (Frage 120) hauptsächlich gegen die Möglichkeit, das Personalinformationssystem als Kontrollsystem des Arbeitge-

---

24 Es handelt sich - wie eine Korrelation der Fragen 103 und 116 ergibt - um alle Probanden, deren Betriebsräte im Planungsstab beteiligt oder über die Planungen mehr oder weniger umfassend unterrichtet worden waren.

25 Zu den 23,8 % der Frage 116 müssen die Probanden der Frage 103 addiert werden, die sich statistisch auf die Antwortvorgaben 2 und 4 verteilt hätten, also 30,8 %; das ergibt zusammen 54,6 %.

bers zu nutzen (9 %), gegen die Integration von Daten des Betriebsarztes (7,5 %), gegen die Verwendung der Leistungsbeurteilungen und gegen die Einschränkung der Zugangsberechtigung (je 3 %). In der Praxis sind gerade diese Funktionen bis heute am heftigsten umstritten.

Nur bei 10,5 % der Probanden wurde der Betriebsrat auch förmlich aufgefordert, der Einführung des Personalinformationssystems oder einzelner Funktionen zuzustimmen (Frage 121). Die geringe Quote beruht offenbar auf der Annahme, daß betriebsverfassungsrechtlich keine formelle Zustimmung des Betriebsrats erforderlich sei und der Betriebsrat möglicherweise Schwierigkeiten machen könnte. Letzteres läßt sich empirisch allerdings nicht nachweisen: Nur in einem Fall verweigerte nämlich der Betriebsrat die formelle Zustimmung, alle sonstigen Betriebsräte stimmten zu, allerdings in erheblichem Umfang im Rahmen einer Betriebsvereinbarung über die Einführung eines Personalinformationssystems oder bestimmter Teilsysteme (Frage 123). Im Abschnitt 11 dieses Forschungsberichts wird der Inhalt der Betriebsvereinbarungen noch näher analysiert.

10.4 BETEILIGUNG DES BETRIEBSRATS BEIM BETRIEB UND BEI DER IMPLEMENTIERUNG DES PERSONALINFORMATIONSSYSTEMS

Nach dem Betriebsverfassungsgesetz besitzt der Betriebsrat zahlreiche Beteiligungsrechte im Rahmen der <u>Personalplanung</u> und der <u>personellen Einzelmaßnahmen</u>. Mit den Fragen 125 - 135 untersuchten wir die Auswirkungen und Veränderungen, die der Einsatz eines Personalinformationssystems mit sich bringt.

Gute Aufschlüsse brachte die Frage, wie die Informationspraxis der Unternehmen über Personalplanung aussieht (Frage 126).

Wie werden dem Betriebsrat Personalplanungsunterlagen, die mit Hilfe des Personalinformationssystems gewonnen wurden, zugänglich gemacht?	
1. Überhaupt nicht	11,9 %
2. Einsichtnahme in die Ausdrucke von Personalinformationssystems-Anfragen	6,0 %

3. Übergabe der Ausdrucke von Personalinformationssystem-Anfragen	7,5 %
4. Erläuterung der Personalinformationssystem-Anfragen in Form eines Berichts	17,9 %
5. Mündliche Erörterung der Personalinformationssystem-Anfragen anhand der Computerausdrucke	12,0 %
6. Es liegen noch keine Erfahrungen vor	1,5 %
7. Es gibt keine automatisierten Planungsdaten	32,6 %
8. Weiß ich nicht	7,5 %
9. Keine Angabe	3,0 %

Daraus ergibt sich folgendes Bild: Zwei Drittel der Probanden speichern Personalplanungsunterlagen. Etwa die Hälfte von ihnen (das sind 29,9 % aller Probanden), geben dem Betriebsrat schriftliche oder mündliche Erläuterungen, ohne die Computerausdrucke auszuhändigen. Originalunterlagen überreichen 7,5 %, Einsichtnahme gewähren 6,0 % aller Probanden. Erstaunlich ist die Tatsache, daß 11,9 % überhaupt keine Personalplanungsunterlagen, die aufgrund des Personalinformationssystems gewonnen wurden, dem Betriebsrat zugänglich machen. Angesichts der in abgestufter Form bestehenden rechtlichen Informationsansprüche fällt die reduzierte Informationsweitergabe auf und bedarf noch einer besonderen rechtlichen Würdigung. Wenn nur mündliche oder schriftliche Auskünfte gegeben werden, lassen sich nämlich implizite Bewertungen der Fakten nicht völlig ausschließen. Um überhaupt zuverlässig herausfinden zu können, welche Tatsachen zu welchen Bewertungen geführt haben, benötigt man die Basisdaten. Die Transparenz der Personalplanungsdaten ist eine Voraussetzung für eine abgestufte Mitbestimmung des Betriebsrats. Deshalb wäre es angebracht, Kopien oder Doppel der Computerausdrucke zu übergeben, um dem möglichen Mißtrauen gegenüber der Vollständigkeit und Richtigkeit der Basisdaten entgegenzuwirken.

Eine detaillierte Unterrichtung des Betriebsrats ist allerdings nur dann sinnvoll, wenn er über genügend Sachkompetenz zur Beurteilung der Informationen verfügt. Dies scheint in aller Regel gewährleistet zu sein, denn der Anteil der Betriebsräte, in denen kein einziges Mitglied sachverständig genug ist, um Computerausdrucke zu verstehen, liegt unter 10 % (Frage 127). Vor allem durch haus- oder konzerninterne Schulungen, jedoch kaum durch gewerkschaftliche Fortbildungsarbeit, erhalten die Betriebsratsmitglieder die Möglichkeit, die notwendigen Qualifikationen zu erlangen (Frage 128).

Nach dem Betriebsverfassungsgesetz bestehen verschiedene Möglichkeiten, wie das Unterrichtungsrecht des Betriebsrats wahrgenommen werden kann: Durch den Betriebsrat selbst, durch den Wirtschaftsausschuß oder durch einen speziellen Personalplanungsausschuß. Darauf richtete sich unsere Frage 129:

Wer nimmt das Unterrichtungsrecht des Betriebsrats bei der Personalplanung wahr?	
1. Der Betriebsrat	13,4 %
2. Ein spezieller Ausschuß für Personalplanung	26,9 %
3. Der Wirtschaftsausschuß neben seinen anderen Aufgaben	41,8 %
4. Wirtschafts- und Personalplanungsaussschuß gemeinsam	1,5 %
5. Es gibt keinen Betriebsrat	1,5 %
6. Weiß ich nicht	1,5 %
7. Keine Angaben	13,5 %

Der Wirtschaftsausschuß hat also in der Praxis die größte Bedeutung; er nimmt die Personalplanung als Zusatzaufgabe wahr. Nur bei gut einem Viertel der Probanden besteht ein besonderer Personalplanungsausschuß, obwohl doch aufgrund der hohen Mitarbeiterzahlen der von uns untersuchten Unternehmen die Personalplanung einen großen Arbeitsaufwand erfordert. Wie aus einer Zusatzfrage hervorgeht, setzen sich knapp drei Viertel der vorhandenen Personalplanungsausschüsse paritätisch zusammen (Frage 130). Diese Tatsache ist insofern bemerkenswert, als das Betriebsverfassungsgesetz keine Vorschriften über die Zusammensetzung eines Personalplanungsausschusses enthält. Andererseits scheinen sich in der Praxis paritätisch besetzte Ausschüsse zu bewähren, weil sie Konfliktpotential zwischen den Beteiligten durch gemeinsame Beratung abbauen helfen.

Ein Personalplanungsausschuß hat freilich wie der Wirtschaftsausschuß nur Beratungsfunktion. Beide müssen den Betriebsrat über die Ergebnisse vollständig unterrichten (§§ 106 Abs. 1 S. 2, 108 Abs. 3 BetrVG). Die Entscheidungskompetenzen bleiben jedoch beim Betriebsrat, so daß die Frage interessiert, ob und gegebenenfalls in welchem Umfang der Betriebsrat einen direkten Zugang zum Personalinformationssystem besitzt.

Frage 131 lautete:

Inwieweit kann sich der Betriebsrat über konkrete Verarbeitungsvorgänge im Personalinformationssystem informieren?	
1. Einblicknahme in die Verarbeitungsprogramme	20,9 %
2. Aushändigung eines Protokolls	6,0 %
3. Mündliche Auskunft	56,7 %
4. Gar nicht	9,0 %
5. Es gibt keinen Betriebsrat	1,5 %
6. Weiß ich nicht	1,5 %
7. Keine Angabe	4,5 %

Fast überall (Ausnahme: 9 %) wird dem Betriebsrat ein Informationsrecht über konkrete Verarbeitungsvorgänge zugestanden, jedoch weit überwiegend lediglich in Form einer mündlichen Auskunft (56,7 %). Da diese mündlichen Auskünfte über Personen der Datenverarbeitungsabteilung vermittelt und kommuniziert werden müssen, erscheint die Einblicknahme in Verarbeitungsprogramme oder die Aushändigung von Protokollausdrucken (zusammen 26,9 %) zuverlässiger und transparenter.

Bei den Unternehmen herrscht äußerste Zurückhaltung gegenüber dem Wunsch der Betriebsräte, direkt auf das Personalinformationssystem zugreifen zu können (Frage 132).

Hat der Betriebsrat ganz oder teilweise Zugriff auf das Personalinformationssystem?	
1. Ja, freier Zugriff auf das Personalinformationssystem	0 %
2. Ja, Zugriff zu Teilen der Personaldatei und Teilen der Methodenbank	1,5 %
3. Ja, aber nur Lesezugriff	4,5 %
4. Nein, kein Zugriff	89,6 %
5. Es gibt keinen Betriebsrat	1,5 %
6. Keine Angaben	3,0 %

Nur ein geringer Prozentsatz von insgesamt 6 % der Probanden (übereinstimmend mit Frage 46) gestattet dem Betriebsrat also, auf Teile des Personalinformationssystems oder auf gespeicherte Daten über - in einem

Fall eigene - Terminals zuzugreifen. Nur in einem Unternehmen ist ein Zugriff auf die Verarbeitungsprogramme für die Bruttolöhne und den Anwesenheitsnachweis (Frage 133) möglich.

10.5 GRÜNDE FÜR DIE FEHLENDE ODER LÜCKENHAFTE BETEILIGUNG DES BETRIEBSRATS

Faßt man die Gründe für die unterschiedliche Beteiligung des Betriebsrats bei der Planung, Einführung und Implementierung eines Personalinformationssystems in den deutschen Großunternehmen zusammen, dann ergeben sich folgende Gesichtspunkte:

1. Die in den letzten Jahren erfolgte Umstellung manuell geführter Personalakten auf Personaldatenbanken hat zwar faktisch zu einschneidenden organisatorischen Veränderungen in der Verwaltung der Großunternehmen geführt; rechtlich haben sich bisher jedoch auf der Ebene der Gesetzgebung noch keine Konsequenzen ergeben. Hinsichtlich der Interpretation des geltenden Rechts bestehen zahlreiche Unklarheiten. Wie stets bei rechtlich nicht ausdrücklich normierten sozialen Situationen hängt dann die Frage, wer unter welchen Voraussetzungen Informations- und Entscheidungsrechte wahrnimmt, von den konkreten Machtansprüchen und Kooperationserwartungen ab.

2. Einheitliche Entscheidungsroutinen konnten sich aus technischen, organisatorischen und personellen Gründen bisher nur teilweise herausbilden.

- Technisch besteht die Schwierigkeit, die unterschiedlichen Personalinformationssysteme überhaupt miteinander zu vergleichen. Selbst wenn dasselbe Softwarepaket eines Herstellers verwendet wird, sind die Systeme praktisch nie identisch. Vielmehr passen die Unternehmen stets das Konzept ihren Bedürfnissen an.

- Organisatorisch besteht die Schwierigkeit, überhaupt den Betrieb als Ebene für Beteiligungsrechte des Betriebsrats anzuerkennen. Einerseits verlangen nämlich die Gewerkschaften von ihren Funktionsträgern die Beachtung der getroffenen Grundsatzentscheidungen, die hinsichtlich der Personalinformationssysteme nicht immer zweifelsfrei erscheinen; andererseits werden Personalinformationssysteme meist nicht auf Betriebs-, sondern überwiegend auf Unternehmens- und Konzernebene eingeführt, so daß die Gesamt- und Konzernbetriebsräte Entscheidungskompetenzen an sich ziehen.

- Personell besteht die Schwierigkeit, daß viele Betriebsräte überfordert sind, die komplexen technischen Systeme und Arbeitsabläufe zu verstehen. So gibt es nach unserer Befragung Großunternehmen, in denen kein einziges Betriebsratsmitglied EDV-Kenntnisse besitzt.

3. Experten, Systemplaner und Vertreter der Unternehmensleitung haben gegenüber Betriebsratsmitgliedern regelmäßig einen Informationsvorsprung, weil sie
- täglich mit Organisationsproblemen umgehen
- regelmäßig über eine bessere Ausbildung und praktische Berufserfahrung verfügen
- mehr kommunikative Fähigkeiten besitzen und
- die formalrationalen Spielregeln des organisatorischen Umfeldes intellektuell besser beherrschen[26].

4. Die Planung, Einführung und Implementierung eines Personalinformationssystems setzt stufenweise von einander abhängige Entscheidungen voraus. In der Praxis scheint teilweise die Meinung zu bestehen, die Beteiligung des Betriebsrates auf einer unteren Stufe erübrige die Beteiligung auf einer höheren Stufe. Dies trifft jedoch nicht zu, weil die jeweiligen Entscheidungsspielräume sich nicht decken.

5. Die instrumentelle Tragweite von Personalinformationssystemen wird auf Unternehmens- und Betriebsratsseite zum Teil unterschätzt. Dies ist beispielsweise der Fall, wenn in der Datenbank lediglich eine modernisierte Lohnbuchhaltung erblickt wird, für deren Planung und Einführung sich die Betriebsleitung allein zuständig fühlt, oder auch dann, wenn - wie bei einer Befragung geäußert - der Betriebsratsvorsitzende es nicht für die Aufgabe des Betriebsrats hält, die ordnungsgemäße Verarbeitung der Personaldaten zu kontrollieren.

---

26 Vgl. Niels Bjørn-Andersen/Finn Borum (Anm. 3), S. 327 (337).

6. Der Informationsfluß zwischen den Entscheidungsinstanzen im Unternehmen, ja sogar zwischen den verschiedenen gewerkschaftlichen Funktionsträgern (Betriebsrat, Gesamtbetriebsrat, Konzernbetriebsrat, Wirtschaftsausschuß, Personalplanungsausschuß, Aufsichtsrat) erscheint vielfach nicht optimal organisiert. Dadurch entstehen Informationsverluste zu Lasten von Beteiligungschancen. Insbesondere die Art und Weise der Unterrichtung des Betriebsrats erfolgt sehr unterschiedlich.

10.6 RECHTLICHE ANALYSE UND BEWERTUNG

Die nachfolgende juristische Bewertung der empirischen Ergebnisse geht von drei Prämissen aus:

1. Basis der Bewertung bildet das derzeit geltende Arbeitsrecht, auch wenn es bisher noch nicht dem durch Personalinformationssysteme erzeugten Innovationsschub angepaßt ist. Es muß versucht werden, durch Auslegung angemessene Ergebnisse zu erzielen.

2. Als Auslegungsmaxime soll gelten, daß der gegenwärtige Stand der betrieblichen Mitbestimmung weder verkürzt noch erweitert wird. Veränderungen im System oder in der Qualität der betrieblichen Mitbestimmung setzen Eingriffe des Gesetzgebers voraus. Allerdings wird nicht verkannt, daß zwischen Auslegung und Rechtsfortbildung nur ein schmaler Grat liegt. Er muß durch funktionale Bewertungen der Probleme und vorsichtige Analogien beschritten werden.

3. Verbleibende Zweifel, für erforderlich gehaltene Klarstellungen oder sinnvolle Weiterentwicklungen sollen durch Novellierungsvorschläge an den Gesetzgeber formuliert werden.

10.61 MASSGEBENDE VORSCHRIFTEN

Die Beteiligung des Betriebsrats an Unternehmensentscheidungen ist im wesentlichen im Betriebsverfassungsgesetz von 1972 festgelegt. Weitere Zuständigkeiten finden sich in Nebengesetzen, Tarifverträgen und Betriebsvereinbarungen. Streitig geworden ist in jüngster Zeit das Verhältnis von Bundesdatenschutzgesetz und Betriebsverfassungsgesetz, und zwar im Hinblick auf die Speicherung arbeitsmedizinischer Daten, das Einsichtsrecht des Arbeitnehmers in die Personalakten, die Einordnung des Betriebsrats als "Dritter" im Sinne des Bundesdatenschutzgesetzes sowie die Kontrolle von Bruttolohnlisten durch den Betriebsrat. Ohne die konkreten Fragen in diesem Zusammenhang lösen zu wollen, ist es notwendig, auf den Kern der Problematik einzugehen. Es handelt sich letztlich darum, ob der einzelne Arbeitnehmer oder der Betriebsrat die Verwendung automatisierter Personaldaten kontrollieren soll, oder anders ausgedrückt: Es handelt sich um das Problem des Vorrangs von Individualrechten oder von Kollektivrechten. Während nach dem Bundesdatenschutzgesetz der einzelne - auch der als Arbeitnehmer betroffene Bürger - bestimmte Rechte bezüglich der zu seiner Person gespeicherten Daten zum Schutz seines Selbstbestimmungsrechts besitzt (Auskunft, Berichtigung, Löschung, Einwilligung), versucht das Betriebsverfassungsgesetz die Arbeitnehmerpersönlichkeit (§ 75 BetrVG) durch Übertragung von Kontrollrechten an den Betriebsrat als Repräsentanten des Arbeitnehmers zu schützen. Dahinter steht die Überlegung, daß der einzelne Arbeitnehmer seine Selbstbestimmungsrechte wegen Unkenntnis, Unfähigkeit oder wegen Machtungleichgewicht nicht selbst angemessen wahrnehmen kann. Nach dem Betriebsverfassungsgesetz ist deshalb die inhaltliche Interessenabwicklung auf einer überindividuellen Ebene organisiert. Bei dem Bundesdatenschutzgesetz und dem Betriebsverfassungsgesetz handelt es sich also um zwei sich überschneidende Kontrollsysteme mit gleicher Zielrichtung. Die Tatsache, daß im Bundesdatenschutzgesetz vor allem Personaldatenbanken den Gegenstand der Regelung bilden, kann nicht dazu führen, das zweite Kontrollsystem auszuschalten. Angesichts der - wie die Datenschutzpraxis zeigt - weitgehenden Ineffizienz der individuellen Datenkontrolle würde andernfalls gerade in einem gesellschaftspolitisch wichtigen Bereich jede wirksame Kontrolle fehlen. Es war zudem nie die Absicht des Gesetzgebers, mit dem Bundesdatenschutzgesetz die Regeln der betrieblichen Mitbestimmung zu beeinflussen oder gar außer Kraft zu setzen. Vielmehr spricht die Subsidiaritätsklausel im Bundesdatenschutzgesetz (§ 45) und die ausdrückliche Erwähnung von § 83 BetrVG als vorrangige Rechtsnorm (§ 45 Abs. 1 Nr. 5 BDSG) eher umgekehrt für den Vorrang des Betriebsverfassungsgesetzes. Allerdings ist stets die Vorfrage zu prüfen, ob das Betriebsverfassungsgesetz einen angemessenen Schutz des Arbeitnehmers verbürgt.

Das Betriebsverfassungsgesetz von 1972 schützt das informationelle Selbstbestimmungsrecht des Arbeitnehmers grundsätzlich durch kollektive Beteiligungs- und Abwehrrechte, um damit die mangelnde Einflußmöglichkeit des einzelnen Arbeitnehmers auf Handlungen des Arbeitgebers einigermaßen zu kompensieren[27]. Die Beteiligungsrechte können heute nicht mehr nur als Einschränkungen des Direktionsrechts qualifiziert werden; sie wirken sich vielmehr auf Planungs-, Leitungs- und Organisationsbefugnisse aus[28] und beeinflussen "zu einem nicht unwesentlichen Teil die Bedingungen, unter denen die Arbeitnehmer namentlich ihr Grundrecht auf Berufsfreiheit wahrnehmen"[29]. Daneben impliziert der technologisch erreichte Grad an Datenflüssen über Arbeitnehmer ein faktisches Modell der Selbstbestimmung, Mitbestimmung und Repräsentation, so daß rechtliche Aussagen über die Zulässigkeit dieser Datenverarbeitungsprozesse im Personalbereich notwendig auch ein bestimmtes Modell der Selbst- und Mitbestimmung verfestigen. Auch dies muß bei einer Interpretation des geltenden Rechts mit in Rechnung gestellt werden.

Den Ausgangspunkt für die betriebsverfassungsrechtliche Beurteilung der Planung, Einführung und Anwendung von Personalinformationssystemen bilden folgende Vorschriften des Betriebsverfassungsgesetzes:

§ 75: Grundsatz der Gleichbehandlung und des Persönlichkeitsschutzes

§ 80 Abs. 1 S. 1: Pflicht des Betriebsrats, die Anwendung arbeitsrechtlicher Vorschriften zu überwachen

§ 80 Abs. 2: Pflicht des Arbeitgebers, den Betriebsrat rechtzeitig und umfassend zu unterrichten

§ 87 Abs. 1 Ziff. 6, 7, 10: Mitbestimmungsrechte bei der Einführung technischer Einrichtungen zur Überwachung des Verhaltens oder der Leistung der Arbeitnehmer; Regelungen über den Gesundheitsschutz; Fragen der betrieblichen Lohngestaltung, insbesondere der Aufstellung von Entlohnungsgrundsätzen

---

27 Spiros Simitis, Datenschutz und Arbeitsrecht, in: AuR 1977, S. 97 (101). Auch Bernd Rüthers (Kollektives Arbeitsrecht und Wettbewerbsordnung, in: WuW 1980, S. 392) sieht als historische Gründe für die "Kollektivierung des Arbeitsmarktes" die mangelnde Möglichkeit des Einzelnen, die Menschenwürde und freie Persönlichkeitsentfaltung eigenverantwortlich zu sichern.

28 Peter Badura/Fritz Rittner/Bernd Rüthers, Mitbestimmungsgesetz 1976 und Grundgesetz (Kölner Gutachten zur Mitbestimmung), München 1977, S. 116, 230.

29 BVerfG NJW 1979, S. 699 (705) - Mitbestimmungsurteil.

§ 90 Nr. 2, 3, 4: Unterrichtungs- und Beratungsrechte des Betriebsrats über die Planung von technischen Anlagen, Arbeitsverfahren, Arbeitsabläufen und Arbeitsplätzen

§ 92 Abs. 1: Unterrichtung über Personalplanung

§ 92 Abs. 2: Vorschlagsrecht bezüglich Einführung und Durchführung der Personalplanung

§ 94: Zustimmungsvorbehalt für die Anwendung von Personalfragebogen und Beurteilungsgrundsätzen

§§ 95 Abs. 1, 99 Abs. 1, 102 Abs. 1: Mitwirkung bei Auswahlrichtlinien und personellen Einzelmaßnahmen

§ 98: Mitwirkung von Bildungsmaßnahmen

§§ 106, 107: Unterrichtung des Wirtschaftsausschusses über die Auswirkungen der wirtschaftlichen Situation auf die Personalplanung

Diese Vorschriften sind bezüglich ihrer Anwendbarkeit auf Personalinformationssysteme zu prüfen.

10.62 BETEILIGUNG DES BETRIEBSRATS BEI DER PLANUNG VON PERSONALINFORMATIONSSYSTEMEN

Die empirische Untersuchung hat gezeigt, daß 19,4 % der Probanden den Betriebsrat überhaupt nicht an der Planung des Personalinformationssystems beteiligt haben und die Art der Unterrichtung von mündlicher Beantwortung bestimmter ad hoc-Anfragen über mündliche und schriftliche Berichte bis hin zur Aushändigung von Originaldokumenten schwankt. Zwei Fragen sind also zu klären: Muß die Unternehmensleitung den Betriebsrat an der Planung beteiligen? Auf welche Weise ist er gegebenenfalls zu informieren?

Da es für diese Fragen keine direkt anwendbaren Rechtsvorschriften gibt, muß versucht werden, aus dem rechtlichen Systemzusammenhang heraus eine Antwort zu entwickeln.

Nach § 80 Abs. 1 Nr. 1 BetrVG hat der Betriebsrat darüber zu wachen, daß die zugunsten der Arbeitnehmer geltenden Gesetze, Verordnungen, Unfallverhütungsvorschriften, Tarifverträge und Betriebsvereinbarungen eingehalten werden. Zur Durchführung dieser Aufgaben "ist der Betriebsrat rechtzeitig und umfassend vom Arbeitgeber zu unterrichten" (§ 80 Abs. 2 S. 1 BetrVG). Es besteht kein Zweifel, daß die in einem Personalinformationssystem enthaltenen oft mehr als fünfzig Arbeitnehmerdaten persönliche Eigenschaften und Verhältnisse betreffen, die kein informierter Arbeitnehmer ohne weiteres jederzeit zu offenbaren bereit wäre. Die Verwendbarkeit der Daten für Lohn- und Gehaltszahlungen, soziale Sicherheit, Berufskarriere, Umgruppierungen, Berufsfortbildung oder Kündigung kennzeichnen sie als hinreichend wichtig. An diese Arbeitnehmerdaten knüpfen rechtlich gesehen Tarifverträge über Lohn- und Gehaltszahlungen, das Betriebsverfassungsgesetz, das Kündigungsschutzgesetz und zahlreiche andere arbeitsrechtliche Vorschriften an, über deren Einhaltung der Betriebsrat zu wachen hat. Da in der Planungsphase die Struktur und Reichweite der Datenbank, die Menge der zu verarbeitenden Arbeitnehmerdaten sowie Art und Umfang computergestützter Entscheidungsprozesse im Unternehmen festgelegt werden, ergeben sich bereits frühzeitig Kontrollpflichten des Betriebsrats. So könnten durch die Einrichtung von Teildateien bereits bei der Planung diskriminierende Differenzierungen zwischen Arbeitnehmergruppen (Ausländer, junge Frauen, ältere Personen, leistungsgewandelte Arbeitnehmer) eingeleitet oder nicht dem technischen Stand entsprechende Datensicherungsmaßnahmen festgelegt werden (§ 75 Abs. 1 BetrVG; Anlage zu § 6 BDSG). Ferner muß der Betriebsrat darauf achten, daß die Programmstrukturen für Datengruppen die Zulässigkeitsvoraussetzungen der §§ 94, 95 BetrVG und §§ 3, 23 BDSG berücksichtigen.

Die Beteiligung des Betriebsrats in der Planungsphase liegt auch im Unternehmensinteresse, da sie Entwicklungs- und Reorganisationskosten sparen hilft, die aufgrund von Beanstandungen oder Vorschlägen des Betriebsrats in einem späteren Stadium anfallen könnten. Es wäre ein nutzloses Verfahren, wenn Verarbeitungsprogramme für Fähigkeits- und Eignungsprofile entwickelt würden, deren Dimensionierung der Betriebsrat nach § 95 BetrVG später nicht zustimmen würde. Ebenso könnte der Betriebsrat über sein Mitbestimmungsrecht nach § 94 Abs. 1 BetrVG die Speicherung und Verarbeitung solcher Daten verhindern, die über die gesetzlich geforderten Angaben hinausgehen. Ein koordiniertes Vorgehen in der Planungsphase entspricht auch dem unterschiedlichen und praktisch nie identischen Entwicklungsstand der Personalinformationsssteme, die gegenwärtig vor allem hinsichtlich der Arbeitsplatzbewertungen und Leistungsbeurteilungen ständig verfeinert werden; insoweit haben sich überhaupt noch keine einheitlichen Beurteilungsstandards herausgebildet.

Neben der Ableitung von Beteiligungsrechten des Betriebsrats an der Planung eines Personalinformationssystems aus der allgemeinen Bestimmung des § 80 BetrVG kommt auch die Anwendung der §§ 90 Nr. 2 - 4, 87 Abs. 1 Nr. 6 BetrVG in Betracht.

§ 90 Nr. 2 - 4 BetrVG gibt dem Betriebsrat ein Unterrichtungs- und Beratungsrecht über die Planung von technischen Anlagen, von Arbeitsverfahren und Arbeitsabläufen oder von Arbeitsplätzen. Sinn dieser Vorschrift ist es, die durch technische Veränderungen der Arbeitsumgebung bedingten Auswirkungen durch den Betriebsrat mitverantworten zu lassen. Wie der Kontext der Bestimmung (insbesondere § 90 Nr. 1) ergibt, geht es in erster Linie um die Detailplanung bereits festumrissener Vorhaben und die sich daraus für die Arbeitnehmer ergebenden Anforderungen, weniger um die Grundsatzfrage der Notwendigkeit bestimmter Vorhaben. Letzteres ist freilich nicht ausgeschlossen. Personalinformationssysteme können als "technische Anlagen" angesehen werden, weil sie letztlich als Instrumente dienen. Sie haben allerdings wenig oder keine Auswirkungen auf die Arbeitsbedingungen der Arbeitnehmer im allgemeinen, sondern berühren lediglich diejenigen Arbeitnehmer, die mit der Datenbank arbeiten, also vor allem die Mitarbeiter der Personalabteilung. Deren Arbeitsverfahren und Arbeitsabläufe (§ 90 Nr. 3 BetrVG) werden allerdings tiefgreifend verändert (z. B. andere Informationsverwaltung, Bildschirmarbeitsplätze, exakt festgelegte Routinen, veränderte Zuständigkeiten und Zugriffsregelungen). Bei der Planung eines Personalinformationssystems bilden jedoch nicht diese Gesichtpunkte das Hauptproblem, sondern die Organisation und Struktur des Systems selbst. Deshalb deckt das Unterrichtungs- und Beratungsrecht nach § 90 Nr. 2 - 4 BetrVG nur die Beteiligung des Betriebsrats am arbeitsplatzbezogenen Teil einer Datenbankplanung ab[30].

Auch die Anwendung von § 87 Abs. 1 Nr. 6 BetrVG auf die Planungsphase ist zu erwägen. Er gibt dem Betriebsrat - unter zusätzlichen Bedingungen - ein Mitbestimmungsrecht bei der "Einführung und Anwendung von technischen Einrichtungen". Unsere empirische Untersuchung hat ermittelt, daß man bei dem Einsatz eines Personalinformationssystems eindeutig zeitliche Entwicklungsstufen zu unterscheiden hat, die oft Jahre auseinanderliegen. Da § 87 Abs. 1 Nr. 6 BetrVG von "Einführung und An-

---

30 Diese Einschränkung muß meiner früheren Meinung hinzugefügt werden, vgl. Wolfgang Kilian, Personalinformationssysteme und Mitbestimmung, in: DSWR 1975, S. 322-330; daran anschließend ebenso: Peter Gola (Anm. 7), S. 25 (26); Günter Schaub (Anm. 10), S. 782.

wendung", nicht aber von "Planung" spricht, in anderen Vorschriften des Betriebsverfassungsgesetzes aber die Planung ausdrücklich besonders erwähnt wird, läßt sich diese Mitbestimmungsregel nicht auf die Planungsphase analog anwenden. Nach der jetzigen Rechtslage besitzt deshalb der Betriebsrat kein Mitbestimmungsrecht bei der Planung eines Personalinformationssystems nach § 87 Abs. 1 Nr. 6, sondern nur Unterrichtungs- und Beratungsrechte nach §§ 80 Abs. 1 Nr. 1-7 und Abs. 2, 90 Nr. 2-4 BetrVG.

Konsequent wäre es freilich, durch eine Gesetzesänderung auch die Planungsphase der Mitbestimmung zu unterstellen, weil ein eventuelles späteres Veto des Betriebsrats bei der Einführung eines Systems nicht arbeitsökonomisch erscheint und zu hohe Kosten verursacht. Nach den von uns festgestellten eigenen Erfahrungen derjenigen Großunternehmen, die den Betriebsrat entweder im Planungsstab beteiligten oder umfassend unterrichteten, erfolgte in keinem einzigen Fall eine Blockade der Systementwicklung; dagegen akzeptierten drei Viertel aller eingeschalteten Betriebsräte das Konzept ohne Abstriche, und kein Betriebsrat erhob grundsätzliche Bedenken (Frage 109).

Rechtlich zweifelhaft erscheint die Praxis vieler Probanden, die Unterrichtung des Betriebsrats zu "dosieren" oder Informationen im Hinblick auf erwartete Reaktionen zu steuern. Ablesen läßt sich diese verbreitete Haltung an der Art und Weise, wie der Betriebsrat von der Planung unterrichtet wird. Geht man davon aus, daß die Unterrichtung die Funktion hat, entscheidungsrelevante Informationen zu vermitteln und Transparenz des Verfahrens zu erzeugen, dürften bei so komplexen und tiefgreifenden Vorgängen, wie sie die Planung eines Personalinformationssystems darstellt, mündliche Erläuterungen zu ausdrücklichen Fragen nicht ausreichen. Ebenso erscheinen mündliche oder schriftliche Berichte bedenklich, die nicht zwischen Fakten und Bewertungen von Fakten trennen. Die Verpflichtung zur "umfassenden" Unterrichtung (§ 80 Abs. 2 S. 1 BetrVG) und die Möglichkeit, die erforderlichen Unterlagen zur Verfügung gestellt zu bekommen (§ 80 Abs. 2 S. 2 BetrVG), kann angesichts der Bedeutung des Entscheidungsprozesses nur heißen, daß Originalunterlagen in Kopie übergeben werden, weil sie eine objektive Meinungsbildung ermöglichen und die Hinzuziehung eines Sachverständigen sinnvoll machen, die nach § 80 Abs. 3 S. 1 BetrVG stets zulässig ist. Das Bundesarbeitsgericht hat bereits im Jahr 1976 entschieden, daß "zur Verfügung stellen" von Unterlagen nach § 80 Abs. 2 S. 2 BetrVG die "Aushändigung" der Unterlagen bedeutet[31].

Bei einer künftigen Novellierung des Betriebsverfassungsgesetzes sollten die Anforderungen für eine "umfassende" Unterrichtung nach § 80 Abs. 2 S. 1 BetrVG klargestellt werden. Bis zu diesem Zeitpunkt könnten - ähnlich wie in Norwegen und Schweden[32] - Tarifverträge Einzelheiten der Beteiligung des Betriebsrats an der Systemplanung gemäß § 1 Abs. 1 TVG vorsehen.

10.63 BETEILIGUNG DES BETRIEBSRATS BEI DER EINFÜHRUNG VON PERSONALINFORMATIONSSYSTEMEN

Bei der Einführung des Personalinformationssystems beteiligten 16,4 % unserer Probanden den Betriebsrat überhaupt nicht, weitere 11,9 % setzten ihn zwar von der Einführung in Kenntnis, gaben aber keine detaillierte Beschreibung, und nur 10,5 % erbaten die förmliche Zustimmung. Obwohl die Quote der Probanden, die den Betriebsrat bei der Einführung des Systems beteiligten, höher lag als die bei der Planung, scheint doch in der Praxis eine große Unsicherheit über die Rechtslage zu herrschen. Insbesondere verneint man in den Unternehmen überwiegend ein Mitbestimmungsrecht des Betriebsrats. Selbst ein Unterrichtungs- und Beratungsrecht wird teilweise nicht anerkannt.

Als Rechtsgrundlage kommen auch hier die §§ 80 Abs. 1 und 3, 87 Abs. 1 Nr. 6, 90 Nr. 2 - 4 BetrVG in Betracht. Soweit sich das Personalinformationssystem auf die Gestaltung von Arbeitsplätzen auswirkt, gilt das bereits für die Planungsphase Gesagte: Der Betriebsrat ist rechtzeitig und umfassend zu unterrichten und besitzt unter bestimmten Bedingungen ein Beratungsrecht (§ 90 Nr. 2 - 4 BetrVG). So hat das Landesarbeitsge-

---

31 BAG BB 1976, S. 1223.

32 In Norwegen besteht seit 1976 ein Rahmenvertrag betreffend Rechnersysteme zwischen dem Dachverband der norwegischen Gewerkschaften und dem Arbeitgeberverband; in Schweden muß der Arbeitgeber nach dem Mitbestimmungsgesetz von 1977 schon vor Beginn einer Vorstudie zur Systemplanung die Gewerkschaft beteiligen und auf deren Verlangen in die späteren Entscheidungsphasen einschalten, vgl. Niels Bjørn-Andersen/Finn Borum (Anm. 3), S. 327 (339 f.).

richt Hamburg[33] ein Unterrichtungsrecht von Betriebsrat und Gesamtbetriebsrat sowie eine Beratungspflicht des Arbeitgebers im Hinblick auf die Auswirkungen der geplanten Maßnahmem bestätigt, wenn es um die Erprobung eines neuen Computersystems geht. Diese offensichtlich, aber nicht ausdrücklich auf § 90 Nr. 2 und 3 BetrVG gestützte Begründung läßt allerdings erkennen, wann die Unterrichtung und Beratung erfolgen muß, um "rechtzeitig" im Sinne dieser Vorschrift zu sein[34].

Auf § 80 BetrVG beruft sich das Landesarbeitsgericht Niedersachsen[35]: Es hat entschieden, daß die Speicherung von Personaldaten den Datenschutz berühre und das Bundesdatenschutzgesetz ein Arbeitnehmerschutzgesetz darstelle, dessen Einhaltung unter anderem der Betriebsrat nach § 80 Abs. 1 BetrVG zu überwachen habe.

Fraglich könnte allerdings sein, ob hinsichtlich der Einführung des Systems ein echtes Mitbestimmungsrecht besteht, der Betriebsrat also rechtlich die Einführung eines Personalinformationssystems verhindern könnte. Ein Mitbestimmungsrecht würde notwendig eine Information über das System voraussetzen. Mehrere Gerichte haben zu dieser Frage inzwischen auf der Grundlage von § 87 Abs. 1 Nr. 6 BetrVG mit unterschiedlichen Argumenten Stellung genommen. Bei dieser Vorschrift, die dem Betriebsrat ein Mitbestimmungsrecht bei der Einführung und Anwendung von technischen Einrichtungen gibt, die dazu bestimmt sind, das Verhalten oder die Leistung der Arbeitnehmer zu überwachen, bestehen hinsichtlich der Tatbestandsmerkmale "technische Einrichtung" und "überwachen" Auslegungsschwierigkeiten.

Zum Begriff der "technischen Einrichtung" im Sinne des § 87 Abs. 1 Nr. 6

---

33 Beschl. v. 2.12.1976 - 1 Ta BV 5/75 - unveröffentlicht.

34 Auf die der Erprobung vorgelagerten Phasen brauchte das Gericht nicht Stellung zu nehmen, da der für 2 Mio. DM angeschaffte Computer bereits im Einsatz war.

35 Beschl. v. 28.9.1979 - 3 Ta BV 3/79 - unveröffentlicht; vgl. dazu: Hans H. Wohlgemuth, "Erforderlichkeit" einer Betriebsratsschulung über Probleme des betrieblichen Datenschutzes, in: BlStSozArbR 1980, S. 209 ff.; schon Spiros Simitis (Anm. 22), S. 97 (104) hat auf die Bedeutung des Datenschutzes für das Arbeitsrecht im Zusammenhang mit § 80 BetrVG hingewiesen.

BetrVG hat das Landesarbeitsgericht Frankfurt[36] festgestellt, daß zwar Stechuhren, Produktographen und Kameras, nicht aber Datenverarbeitungsanlagen darunter fallen. Der Beschluß wird wie folgt begründet: Eine "Überwachung" der Arbeitnehmer brauche zwar nicht das erklärte Ziel, sondern könne auch als Nebeneffekt einer technischen Einrichtung auftreten. Die Überwachung müsse jedoch "unmittelbar" erfolgen. "Eine Datenverarbeitungs-Anlage, mit der Lochkarten-Belege ausgewertet werden sollen, kontrolliert selbst gar nicht", meint das Gericht. Dahinter dürfte die unzutreffende Ansicht stehen, Computer könnten nicht unmittelbare Ergebnisse produzieren, die sich für Überwachungszwecke eignen. Wie die inzwischen verfeinerte Darstellungstechnik beweist, ist es sehr wohl möglich, beispielsweise die Ergebnisse von Lochkartenauswertungen nach vorher festgelegten Programmen unmittelbar auf einen Bildschirm zu bringen. Die "Anonymität technischer Kontrolleinrichtugnen", der nach Auffassung des Gerichts durch die Mitbestimmung des Betriebsrats entgegengewirkt werden soll, unterscheidet sich bei einer EDV-Anlage nicht von einer Stechuhr oder einem Produktographen. Nicht selten werden heute Computer zur Transformation, Übermittlung und Darstellung der Informationen eingesetzt, die von Stechuhren oder Produktographen herrühren. Ob eine "Überwachung" vorliegt, hängt deshalb wohl weniger von der Konstruktion des Geräts als vom Zweck seiner Verwendung ab.

Zutreffend erscheint dagegen der Beschluß des Arbeitsgerichts Düsseldorf[37], wonach die Einführung eines datenschutzrechtlich erforderlichen Zugangkontrollsystems der Mitbestimmung nach § 87 Abs. 1 Nr. 6 BetrVG unterliegt. Bei dem nach der Anlage zu § 6 BDSG eingeführten System handelte es sich um einen Drucker, der die Nummer jeder von einem Sensor abgelesenen Code-Karte mit Zeitpunkt festhält. Das Gericht stellte auf die objektive Eignung des Systems zur Überwachung ab, an der sich nichts dadurch ändere, daß die Aufzeichnungen nur fallweise

---

36 Beschl. v. 7.9.1976 - 5 Ta BV 29/76 - unveröffentlicht. Ähnlich argumentiert das Verwaltungsgericht Berlin (Beschl. v. 12.9.1977 VG FK Bund 15.76, unveröffentlicht) hinsichtlich der Einführung eines Personaleinsatz-Planungssystems auf der Grundlage von § 75 Abs. 3 Nr. 17 BPersVG, der wörtlich mit § 87 Abs. 1 Nr. 6 BetrVG übereinstimmt.

37 Beschl. v. 9.1.1980 BB 1980, S. 468. Ähnlich die Entscheidung desselben Gerichts v. 21.11.1978 DB 1979, S. 459 betr. Zeitstempler in Verbindung mit Arbeitskarten.

bei Verdacht von Unregelmäßigkeiten ausgewertet würden. Das vom Landesarbeitsgericht Frankfurt betonte Kriterium der "unmittelbaren" Überwachung taucht überhaupt nicht auf.

In einem neueren Beschluß stellt das Arbeitsgericht Frankfurt[38] nicht mehr auf die "unmittelbare" Überwachung ab, sondern hält ein Verfahren dann schon für mitbestimmungspflichtig, wenn die angeordnete Leistungserfassung oder ihre Auswertung Rückschlüsse auf das Verhalten des Arbeitnehmers zuläßt oder dieses - sei es auch mittelbar - regelt". Zutreffend erscheint an diesem Beschluß, daß die scharfe Abgrenzung zwischen "unmittelbarer" und "mittelbarer" Überwachung nicht erst versucht wird. Vielmehr muß vom Zweck des Verfahrens her argumentiert werden, um die Kernfrage zu klären. Im konkreten Fall ging es um die Einführung eines computergestützten Programmsystems zur Planung, Überwachung und Steuerung von Projekten. Nach bestimmten Planvorgaben (Arbeitsaufwand in "Mannstunden") trugen die Arbeitnehmer in einem Zeitblatt wöchentlich projektbezogene und nicht-projektbezogene Tätigkeiten (wie: Ausbildungsphase, Urlaub, Krankheit, Besprechungen, Reisen, allgemeine Verwaltung usw.) ein; die Zeitmeldungen wurden wöchentlich mit Hilfe spezieller Programme ausgewertet und als Berichte (Projektbericht, Projektfortschrittsbericht, Arbeitsbericht, Mitarbeiterinformation, Zeitverbrauchsbericht, Tätigkeitsbericht, Abschlußanalyse) ausgedruckt. Auch wenn der primäre Zweck dieses Verfahrens die planmäßige Abwicklung von Projekten betrifft, so besteht doch kein Zweifel, daß die ausgedruckten Berichte Rückwirkungen auf die Einschätzung des Arbeitgebers über die Leistungsfähigkeit und Leistungsbereitschaft des Arbeitnehmers sowie auf das Verhalten des Arbeitnehmers haben, der in Kenntnis der Zusammenhänge die Formulare ausfüllt. Sein Bestreben wird zumindest sein, nicht negativ in Erscheinung zu treten.

Nicht überzeugend ist dagegen die Auffassung des Gerichts, die Mitbestimmungspflicht des Betriebsrats ergebe sich nicht aus § 87 Abs. 1 Nr. 6 BetrVG, sondern aus der allgemeinen Vorschrift des § 87 Abs. 1 Nr. 1 BetrVG, weil die EDV-Anlage nicht selbst das Verhalten kontrolliere. In

---

38 Beschl. v. 4.7.1979 - 6 BV 2/79 - unveröffentlicht. Zum gleichen Computersystem fällte das ArbG Hannover am 4.7.1979 eine im Ergebnis gleichlautende Entscheidung (vgl. Frankfurter Rundschau v. 24.4.1980).

der computermäßigen Auswertung aufgrund feststehender Programme, in denen die eingegebenen Daten zu Berichten verarbeitet werden, liegt bereits unmittelbar eine Kontrolle, weil die ausgedruckten Ergebnisse das Verhalten des Arbeitnehmers abbilden und die Abweichungen von den Planvorgaben für alle Beteiligten direkt erkennbar auch eine Bewertung enthalten.

Auch das Bundesarbeitsgericht stellt in der bekannten Produktographenentscheidung[39] nicht etwa auf eine subjektive Zielrichtung des Arbeitgebers ab, mit der technischen Einrichtung das Verhalten von Arbeitnehmern überwachen zu wollen, sondern läßt die objektive Möglichkeit einer Überwachung als Nebeneffekt genügen, um die Mitbestimmungspflicht nach § 87 Abs. 1 Nr. 6 BetrVG auszulösen.

Als Ergebnis ist festzustellen, daß die Entscheidung über die Einführung ein Personalinformationssystems der Mitbestimmung des Betriebsrats nach § 87 Abs. 1 Nr. 6 BetrVG unterliegt[40]. Eine gesetzliche Klarstellung der Anwendbarkeit auf Personalinformationssysteme wäre freilich sinnvoll.

10.64 BETEILIGUNG DES BETRIEBSRATS BEIM BETRIEB UND BEI DER IMPLEMENTIERUNG DES PERSONALINFORMATIONSSYSTEMS

Der Betrieb eines Personalinformationssystems setzt den Einsatz bestimmter Verarbeitungsprogramme voraus; erfahrungsgemäß wird ein großer Teil erst nach Einführung des Personalinformationssystems entwickelt. Aussagen über die Mitbestimmungsbedürftigkeit der Anwendung und Implementierung solcher Programme sind nicht generell möglich, sondern richten sich nach deren Funktionen.

Die wichtigste Grundlage für die Verarbeitung von Personaldaten bildet der zustimmungsbedüftige Personalfragebogen (§ 94 Abs. 1 BetrVG). Er

---

39 BAG DB 1975, S. 2233 = AP Nr. 1 zu § 87 BetrVG 1972.

40 A. A. Bernd Hentschel, Personaldaten, Behandlung durch den Arbeitgeber, in: der arbeitgeber Nr. 12/29/1977, S. 548 (550); Peter Gola (Anm. 7), S. 25 (26 f.).

ermöglicht es dem Betriebsrat, die arbeitsrechtliche Zulässigkeit und Notwendigkeit derjenigen Fragen zu kontrollieren, die zum Grundstock der Datenbank gehören. Die Klassifizierung als Personalfragebogen ändert sich nicht etwa dadurch, daß er von vornherein als computerfreundliches Formular mit Verschlüsselungsziffern und logischem Aufbau ausgestaltet ist. Bisher scheinen in der Praxis - mit Ausnahme des Problems der notwendigen Datenmenge - noch keine Divergenzen zu bestehen.

Anders sieht es dagegen bei den Verarbeitungsprogrammen aus, mit deren Hilfe Basisdaten für bestimmte Zwecke weiterverarbeitet werden. Gerade in der schnellen, nachträglich festlegbaren, multifunktionalen Verwendungs- und Auswertungsmöglichkeit des Datenbestandes liegt ja der entscheidene Vorteil einer automatisierten Verarbeitung von Personaldaten. Das Vorhandensein von Arbeitnehmerdaten im Personalinformationssystem - auch wenn sie mit Zustimmung des Betriebsrats in der Datenbank gespeichert worden sind - gibt keinen Freibrief für beliebige Auswertungen. Nicht nur die §§ 23, 25 BDSG, die dem einzelnen Arbeitnehmer gewisse Kontrollmöglichkeiten gegen Speicherung und Veränderung seiner Personaldaten gewähren, sondern auch die Vorschriften über die Beteiligung des Betriebsrats bei personellen Angelegenheiten (§§ 92 ff. BetrVG) setzen der Verfügbarkeit von Personaldaten bei der Personalplanung und bei personellen Einzelmaßnahmen Grenzen.

Betrachtet man die gegenwärtige Praxis der Großunternehmen, dann kommen beide Gesichtspunkte teilweise zu kurz. Obwohl nach dem Ergebnis unserer Befragung (Frage 126) bei mehr als zwei Dritteln aller Probanden Personalplanungsdaten automatisiert vorliegen, übergeben nur 7,5 % dem Betriebsrat entsprechende Computerausdrucke. Im übrigen kann der Betriebsrat auf Wunsch Einsicht nehmen (7,5 %) oder er wird mündlich oder schriftlich ohne Übergabe von Unterlagen informiert (29,9 %); 11,9 % aller Probanden machen dem Betriebsrat weder unmittelbar noch mittelbar Personalplanungsunterlagen zugänglich. Mit Ausnahme der letztgenannten Teilgruppe mag diese Praxis nach § 92 Abs. 1 S. 1 BetrVG zulässig sein, soweit es sich um allgemeine Überlegungen zum gegenwärtigen oder künftigen Personalbedarf handelt[41]. Soweit es jedoch um Planungsunterlagen

41 Bedenken ergeben sich hinsichtlich der Praxis derjenigen Probanden, die ein Einsichtsrecht verweigern, aus den Vorschriften über (Fortsetzung nächste Seite)

im Zusammenhang mit Einstellungen, Versetzungen, Umgruppierungen, Kündigungen oder der Teilnahme an Bildungsmaßnahmen geht, reicht die gegenwärtige Informationspraxis in den meisten Fällen nicht aus, um die Wahrnehmung der gesetzlich verankerten Mitbestimmungsrechte des Betriebsrats adäquat sicherzustellen. Dies soll anhand einiger Beispiele erläutert werden.

10.641 Einstellung von Arbeitnehmern

Nach § 99 Abs. 1 S. 1 BetrVG hat der Arbeitgeber den Betriebsrat von jeder Einstellung unter Vorlage der Bewerbungsunterlagen zu unterrichten und seine Zustimmung zu der geplanten Maßnahme einzuholen. Diese Zustimmung kann vom Betriebsrat unter bestimmten Umständen verweigert werden, so auch bei einem Verstoß gegen eine Richtlinie über die personelle Auswahl bei Einstellungen (§§ 99 Abs. 2 Nr. 2, 95 Abs. 1 S. 1 BetrVG).

Beim Einsatz von Personalinformationssystemen für die Entscheidung über die Einstellung ist es notwendig, die Bewerberdaten mit dem Anforderungsprofil des Arbeitsplatzes und unter Umständen mit Personaldaten vorhandener Arbeitnehmer zu vergleichen. Anforderungsprofile für Stellenbesetzungen unterliegen als Richtlinien der Mitbestimmung, auch wenn sie aufgrund nicht mitbestimmungspflichtiger Stellenbeschreibungen (Arbeitsplatzprofile) zustande gekommen sind[42]. Ohne Aushändigung der computergestützten Auswertung der Bewerberdaten könnte der Betriebsrat nicht zuverlässig prüfen, ob die vereinbarten Auswahlkriterien tatsäch-

---

den Wirtschaftsausschuß: Es ist wenig einsichtig, daß der Wirtschaftsausschuß in Originaldokumente zur Personalplanung Einsicht nehmen kann (§ 108 Abs. 3 BetrVG) und seine Kenntnisse an den Betriebsrat weitergeben muß (§ 106 Abs. 1 S. 2 BetrVG), der Betriebsrat selbst aber, der im Wirtschaftsausschuß vertreten ist (§ 107 Abs. 1 S. 1 BetrVG) und letztlich die Beteiligungsrechte ausübt, jedoch keine Einsicht in Originalunterlagen hätte. Einen unmittelbaren Zugang fordert auch Fritz Auffarth, Zur Bedeutung der Beteiligungsrechte des Betriebsrats nach dem Betriebsverfassungsgesetz 1972 für eine paritätische Mitbestimmung der Arbeitnehmer auf Unternehmensebene, in: RdA 1976, S. 2 (4).

42 Rolf Oswald, Erfahrungen mit der Einführung der Arbeitsplatzbewertung und Leistungsbeurteilung, in: Personal - Mensch und Arbeit 7/1977, S. 274 f.

lich berücksichtigt worden sind. Deshalb entspricht eine mündliche Unterrichtung oder ein schriftlicher Bericht über die Einstellungsentscheidung nicht der Verpflichtung "die erforderlichen Bewerbungsunterlagen" (§ 99 Abs. 1 S. 1 BetrVG) vorzulegen. Notwendig wäre hier, den Computerausdruck unmittelbar zu übergeben.

In der Aushändigung von dateimäßig erfaßten Personalangaben an den Betriebsrat für den Zweck, die Einhaltung von Auswahlkriterien und die Voraussetzungen für die Zustimmungsfähigkeit der Einstellungsentscheidung zu prüfen, könnte allerdings ein Verstoß gegen Individualrechte des Bewerbers gesehen werden. Er hat nämlich nach dem Bundesdatenschutzgesetz das Recht, grundsätzlich selbst über seine Daten verfügen zu können (vgl. § 3 BDSG). Wie bereits ausgeführt, liegt jedoch in der Ausübung von Kollektivrechten solange keine Verletzung von Individualrechten, wie man die Kollektivrechte als Interessenwahrnehmung für den Arbeitnehmer betrachten kann. Allerdings steht dem Bewerber das Recht zu, die Übergabe dateimäßig erfaßter Personaldaten an den Betriebsrat zu verbieten, denn kein Arbeitnehmer muß sich gegen seinen Willen durch den Betriebsrat unterstützen lassen. Nicht überzeugend erscheinen allerdings die Meinungen von Hörle[43] und Mayer-Maly[44], die stillschweigend von einem Interessengegensatz zwischen Arbeitnehmer und Betriebsrat ausgehen und deshalb prinzipiell den Individualrechten den Vorrang einräumen wollen. In der Konsequenz dieser Auffassung läge ein Verbot des Zugriffs auf Arbeitnehmerdaten bis zur ausdrücklichen individuellen Erlaubnis, was die gesetzlich festgelegte Mitwirkung des Betriebsrats bei der computergestützten Personalplanung erheblich erschweren würde, obwohl gerade hier der einzelne Arbeitnehmer die Zusammenhänge sehr viel weniger durchschaut.

10.642 Versetzungen und Umgruppierungen

Eine moderne Personalbedarfs-, Personaleinsatz- und Personalentwicklungsplanung setzt umfangreiche Informationen und ein gut funktionieren-

---

43 Ulrich Hörle, Bundesdatenschutzgesetz und Betriebsrat, in: WRP 1977, S. 628 (631).

44 Theo Mayer-Maly (Anm. 14), DB 1979, S. 985 (989 f.).

des betriebsinternes Ausbildungs-, Fortbildungs- und Beurteilungssystem voraus. Da zudem Stellenbesetzungen aus eigenen Reihen immer mehr zum "Motivationsinstrument zur Steigerung der Arbeitsleistung und zur Verringerung der Fluktuation"[45] werden, kommt den Personalinformationssystemen eine wachsende Bedeutung zu. Man kann sich leicht vorstellen, welche Tragweite computergestützte Entscheidungen beispielsweise über die Versetzung eines Arbeitnehmers, die Nichtversetzung aufgrund arbeitsmedizinischer Eignungseinschränkungen oder Umgruppierungen aufgrund automatisierter Leistungsbeurteilungen haben.

Nach geltendem Recht bedürfen Versetzungen und Umgruppierungen von Arbeitnehmern der Zustimmung des Betriebsrats (§ 99 Abs. 1 S. 1 BetrVG). Wenn die Zustimmung in einem rationalen und transparenten Verfahren erfolgen und nichtdiskriminierend (§ 75 Abs. 1 BetrVG) wirken soll, muß eine zuverlässige Informationsbasis bestehen. Mündliche oder schriftliche Berichte der Unternehmensleitung haben gegenüber Computerausdrucken einen geringeren Informationsgehalt, weil Berichte kaum alle maßgebenden Faktoren für Versetzungen und Umgruppierungen mit ihren Gewichtungen und Interdependenzen über eine Vielzahl von Fällen transparent machen können. Zur Rückverfolgung der Entscheidungen auf die in Auswahlrichtlinien festgelegten Prämissen sind vielmehr der Computerausdruck sowie Kenntnis des Steuerungsprogramms "erforderlich" im Sinne von § 99 Abs. 1 S. 1 BetrVG. Andere Formen der Unterrichtung bleiben notwendig lückenhaft.

10.643 Bildungsmaßnahmen

Großunternehmen führen in erheblichem Umfang Berufsbildungsmaßnahmen durch. Darüber hat der Arbeitgeber im Rahmen der Personalplanung den Betriebsrat anhand von Unterlagen "rechtzeitig und umfassend zu unterrichten" (§ 92 Abs. 1 S. 1 BetrVG). Der Betriebsrat kann für die Teilnahme an Berufsbildungsmaßnahmen Arbeitnehmer vorschlagen (§ 98 Abs. 3 BetrVG).

In der Praxis richtet sich die Auswahl von Arbeitnehmern für Berufsbil-

---

45 Rainer Förderreuther, Planung der Personalbeschaffung und des Personaleinsatzes, in: DSWR 1979, S. 267.

dungsmaßnahmen - insbesondere für Höherqualifizierungen - oft nach Entwicklungsprognosen, die zum Teil auf computergestützten Eignungs-, Fähigkeits- oder Persönlichkeitsprofilen beruhen. Unabhängig davon, daß die Profilmethode wissenschaftlich höchst umstritten[46] und nach dem französischen Datenschutzgesetz sogar verboten ist, unterliegt jedenfalls die Dimensionierung von Fähigkeits- und Eignungsprofilen der Zustimmung des Betriebsrats, denn die Bewertungskategorien entsprechen der Aufstellung allgemeiner Beurteilungsgrundsätze (§ 94 Abs. 2 BetrVG). Eine "umfassende Unterrichtung" hat deshalb darauf zu zielen, die Transparenz für die Förderungsentscheidung herzustellen. Es muß ersichtlich sein, daß keine Arbeitnehmer diskriminiert (§ 75 Abs. 1 BetrVG) und die besonderen Belange älterer Arbeitnehmer berücksichtigt werden (§ 96 Abs. 2 S. 2 BetrVG). Da ferner der Betriebsrat selbst sinnvolle Vorschläge für die Teilnahme an Bildungsmaßnahmen machen soll (§ 98 Abs. 3 BetrVG), bleibt ohne Vorlage der Computerausdrucke und ohne Kenntnis der zugehörigen Programme die Unterrichtung bei computergestützten Förderungsentscheidungen unvollständig.

10.644 Kündigung von Arbeitnehmern

Kündigungen bringen den Betroffenen in der gegenwärtigen Arbeitsmarktsituation schwerwiegende Nachteile. Deshalb hat der Gesetzgeber das Kündigungsverfahren stark verrechtlicht. Zwar bedürfen Kündigungen nur dann der Zustimmung des Betriebsrats, wenn entsprechende Betriebsvereinbarungen oder Tarifverträge vorliegen (vgl. § 102 Abs. 6 BetrVG). Dennoch ist der Betriebsrat wie folgt zwingend am Kündigungsverfahren beteiligt:

- Er muß der Richtlinie über die personelle Auswahl bei Kündigungen zustimmen (§ 95 Abs. 1 S. 1 BetrVG). Bei Personalinformationssystemen wirkt sich diese Richtlinie als Computerprogramm zur Selektion von Arbeitnehmern unter den festgelegten fachlichen, persönlichen und sozialen Gesichtspunkten (§ 95 Abs. 2 S. 1 BetrVG) aus.
- Der Betriebsrat ist vor jeder Kündigung zu hören (§ 102 Abs. 1 S. 1 BetrVG).

---

46 Nachweise bei Wolfgang Kilian (Anm. 16), S. 201 (206 Anm. 37); Peter Gola, Rechtliche Grenzen für Personalinformationssysteme, in: BB 1980, S. 584-587.

- Der Arbeitgeber hat ihm die Gründe für die Kündigung mitzuteilen (§ 102 Abs. 1 S. 2).
- Der Betriebsrat kann bei ordentlichen Kündigungen widersprechen, wenn (vgl. § 102 Abs. 3 Nr. 1 - 4)
  1. der Arbeitgeber bei der Auswahl des zu kündigenden Arbeitnehmers soziale Gesichtspunkte nicht oder nicht ausreichend berücksichtigt hat,
  2. die Kündigung gegen eine Richtlinie nach § 95 verstößt,
  3. der zu kündigende Arbeitnehmer an einem anderen Arbeitsplatz im selben Betrieb oder in einem anderen Betrieb des Unternehmens weiterbeschäftigt werden kann,
  4. die Weiterbeschäftigung des Arbeitnehmers nach zumutbaren Umschulungs- oder Fortbildungsmaßnahmen möglich ist.

Das Kündigungsschutzgesetz präzisiert die zuletzt genannten Widerspruchsgründe und erklärt die Kündigung bei ihrem Vorliegen für sozial ungerechtfertigt und damit rechtsunwirksam (§ 1 Abs. 1 KSchG).

Massenentlassungen in Großunternehmen, die mindestens 5 % der Arbeitnehmer betreffen, gelten als Betriebsänderungen im Sinne von § 111 S. 2 Nr. 1 BetrVG[47]). In diesen Fällen ist der Betriebsrat "rechtzeitig und umfassend zu unterrichten" (§ 111 S. 1 BetrVG). Nach dem im Jahre 1978 neu eingeführten § 17 KSchG besteht eine Anzeigepflicht des Arbeitgebers bei Massenentlassungen von mehr als 30 Arbeitnehmern und eine Beratungspflicht mit dem Betriebsrat mit dem Versuch, Einvernehmen mit dem Betriebsrat zu erreichen (§ 17 Abs. 3 KSchG).

Es liegt auf der Hand, daß die Mitteilung der Unternehmensleitung an den Betriebsrat über die Gründe einer Kündigung (§ 102 Abs. 1 S. 2 BetrVG) oder die rechtzeitige und umfassende Unterrichtung bei Massenentlassungen (§ 111 S. 1 BetrVG) bei Vorhandensein eines Personalinformationssystems darauf hinauslaufen, über Suchanfragen nach vorher entwickelten Kriterien (z. B. Richtlinien über die personelle Auswahl bei Kündigungen) entsprechende Listen von Arbeitnehmern zusammenzustellen, die unter die Kriterien fallen. Um dem Betriebsrat eine faire Möglichkeit zu geben

---

47 BAG NJW 1980, S. 2094.

- die unrichtige Anwendung einer Richtlinie nachzuweisen (§§ 95 Abs. 1 S. 1, 99 Abs. 2 Nr. 2 BetrVG),
- das Anhörungsrecht (§ 102 Abs. 1 S. 1 BetrVG) sachlich zu nutzen,
- ordentlichen Kündigungen zu widersprechen (§§ 1 KSchG, 102 Abs. 2 S. 1 BetrVG),
- eine Weiterbeschäftigungsmöglichkeit auf einem anderen Arbeitsplatz anzugeben (§§ 102 Abs. 3 Nr. 3 BetrVG, 1 Abs. 2 Nr. 1b KSchG),
- Einvernehmen bei Massenentlassungen herzustellen (§ 17 Abs. 3 KSchG),
- "unter Angabe von Gründen" dem Arbeitgeber schriftlich die Bedenken gegen eine ordentliche oder außerordentliche Kündigung mitzuteilen (§ 102 II)

benötigt der Betriebsrat letztlich dieselben Informationen, die der Arbeitgeber verwendet.

Bereits nach der bisherigen Rechtsprechung darf der Betriebsrat seine Zustimmungsverweigerung nicht formelhaft unter Verweis auf die Auswahlrichtlinien begründen, sondern muß einzelfallbezogen argumentieren[48]. Der Betriebsrat kann verlangen, daß der Arbeitgeber ihm - neben dem Arbeitnehmer (§ 1 Abs. 3 S. 1 KSchG) - die Umstände mitteilt, die zu der vorgenommenen sozialen Auswahl geführt haben[49].

Bis jetzt ist erst eine Gerichtsentscheidung veröffentlicht worden, die Mitteilungspflichten beim Vorhandensein einer Personaldatenbank betrifft: In einem Streit zwischen Betriebsrat und Arbeitgeber über die Mitteilung von Daten, die zur vorgenommenen sozialen Auswahl bei einer betriebsbedingten Kündigung geführt haben, nahm das Landesarbeitsgericht Baden-Württemberg[50] Stellung. Unter Bezugnahme auf § 24 BDSG hielt es eine Mitteilungspflicht des Arbeitgebers an den Betriebsrat hinsichtlich solcher Daten für gerechtfertigt, "welche dem Arbeitgeber auf Grund des Arbeitsverhältnisses in der Regel bekannt werden (z. B. Geburtsdatum, Dauer der Betriebszugehörigkeit, Familienstand, Kinderzahl sowie Umstände, welche dem Arbeitnehmer einen besonderen Schutz gewähren, wie z. B. Schwerbehinderten-Eigenschaft)". Nicht zu diesen Daten zählte das Gericht solche Daten, deren Weitergabe schutzwürdige Be-

---

48 BAG BB 1980, S. 104.

49 BAG DB 1978, S. 2367; BAG NJW 1979, S. 1672 (1674).

50 Urt. v. 31.1.1979 DB 1979, S. 897.

lange des betreffenden Arbeitnehmers entgegenstehen. Im konkreten Fall bedurfte es keiner weiteren Abgrenzung, weil das Gericht eine hinreichende Kenntnis der Daten durch ein Betriebsratsmitglied annahm und dessen Kenntnis dem gesamten Betriebsrat zurechnete.

In dieser allgemeinen Formulierung enthält das Urteil keine klare Abgrenzung zwischen erlaubter und verbotener Weitergabe von Personaldaten aus einem Personalinformationssystem. Die Zahl der mitteilungspflichtigen Daten, "welche dem Arbeitgeber auf Grund des Arbeitsverhältnisses in der Regel bekannt werden", schwankt erheblich, beträgt aber in der Praxis mindestens das Zehnfache der beispielhaft angeführten Daten[51]. Auch eine generelle Festlegung von Datenkategorien, die keinesfalls an den Betriebsrat weiterzugeben sind, dürfte äußerst schwierig sein: So können arbeitsmedizinische Eignungsaussagen oder Lohn- und Gehaltsabtretungen durchaus sehr die schutzwürdigen Belange des einzelnen Arbeitnehmers betreffen, andererseits im Kündigungsschutzprozeß als Argument gegen die Entlassung dienen, so daß wohl kein Arbeitnehmer etwas gegen die Weitergabe einzuwenden haben wird. Allerdings ist ein totaler Zugriff des Betriebsrats auf alle gespeicherten Arbeitnehmerdaten abzulehnen, da der Betriebsrat nach überwiegender Auffassung auch kein Einsichtsrecht in die Personalakte besitzt[52]. Die Festlegung der weiterzugebenden Daten hat sich deshalb nach dem konkreten Kündigungsgrund zu richten; der Betriebsrat kann alle Daten erhalten, die er im Hinblick auf einen bestimmten Kündigungsgrund zur Unterstützung des Arbeitnehmers benötigt. In Zweifelsfällen sollte der Betriebsrat die ausdrückliche Einwilligung des Arbeitnehmers nach § 3 BDSG einholen. Auf diese Weise würden sich informationelle Selbstbestimmung und kollektive Mitbestimmung zu einer informationellen Mitbestimmung sinnvoll ergänzen.

Insgesamt läßt sich also feststellen, daß der Betriebsrat zur Erfüllung seiner Pflichten im Kündigungsverfahren sowohl die Selektionsprogramme

---

51 Vgl. Wolfgang Kilian, Melde- und Auskunftspflichten des Arbeitgebers im Personalbereich, in: BB 1977, S. 1153-1159.

52 A. A. Heide Pfarr, Zum Recht des Betriebsrats auf Einsichtnahme in Personalakten, in: AuR 1976, S. 198-202 mit zahlreichen Nachweisen. Abzulehnen ist insbesondere die Auffassung von Däubler (Anm. 12), den Betriebsrat voll an das Personalinformationssystem anzuschließen und ihm praktisch Zugriff auf alle Informationen einzuräumen.

für die Generierung der gespeicherten Personaldaten als auch die einzelnen kündigungsgrundbezogenen Arbeitnehmerdaten kennen muß. Andernfalls würde die Versagung oder die Herstellung des Einvernehmens bei Kündigungen durch den Betriebsrat auf unzureichender und damit anfechtbarer Informationsbasis beruhen.

10.7 ZUSAMMENFASSUNG UND REFORMVORSCHLÄGE

Zwischen dem empirischen Befund, wie der Betriebsrat an der Verarbeitung von Personaldaten beteiligt wird und der Bewertung dieser Tatsachen auf der Grundlage des geltenden Rechts zeigen sich erhebliche Unklarheiten, Mängel und Regelungslücken. Sie hängen alle damit zusammen, daß trotz der weiten Verbreitung von Personalinformationssystemen in deutschen Großunternehmen die Veränderungen in der Personalverwaltung, der Personalplanung und bei sonstigen arbeitnehmerbezogenen Entscheidungsprozessen noch nicht in das Modell der betrieblichen Mitbestimmung nach dem Betriebsverfassungsgesetz integriert worden sind. Vorsichtige Analogien zu bestehenden Rechtsvorschriften ermöglichen es, einen Teil der Probleme zu lösen; bei anderen muß der Gesetzgeber eingreifen, wenn das bisherige Interessen- und Machtgleichgewicht zwischen den Sozialpartnern nicht nachhaltig zu Lasten des Betriebsrats verändert werden soll[53].

Im Vordergrund einer gesetzlichen Neuregelung muß die Zustimmung des Betriebsrats bei der Verwendung von Computerprogrammen für die personelle

---

53 Weder das empirische noch juristische Ergebnis steht in Widerspruch zu den Feststellungen von Eberhard Witte (Das Einflußpotential der Arbeitnehmer als Grundlage der Mitbestimmung, in: DBW 40 (1980), S. 3-26), wonach in deutschen konzernunabhängigen Aktiengesellschaften über die gesetzlich vorgeschriebene Beteiligung des Betriebsrats (Witte verwendet irrtümlich die engere Bezeichnung "Mitbestimmung") auf freiwilliger Basis hinausgegangen wird. Witte bezieht seine Ergebnisse auf völlig andere Kriterien, nämlich auf die Berufung eines Arbeitnehmervertreters in das Aufsichtsratspräsidium oder in Aufsichtsratsausschüsse und auf die einvernehmliche Bestellung eines Arbeitsdirektors. Unsere Ergebnisse decken sich insoweit mit den Feststellungen von Bo Hedberg, Computer Systems to support Industrial Democracy, in: Human Choice and Computers (paper IFIP Congress 1974), p. 13 ff.

Auswahl bei Einstellungen, Versetzungen, Umgruppierungen und Kündigungen stehen. Computerprogramme in diesem Bereich entsprechen den Richtlinien, die schon bisher nach § 95 Abs. 1 S. 1 BetrVG zustimmungbedürftig waren. Allerdings müssen mit den Entscheidungen über die einzusetzenden Computerprogramme zugleich die Dimensionierungen von Fähigkeits- und Eignungsprofilen ("Beurteilungsgrundsätze" nach § 94 Abs. 2 BetrVG) sowie die Klassen von zulässigen Dialogen mit dem Computer festgelegt werden. Hochentwickelten Computerprogrammen ist nämlich oft nicht mehr anzusehen, welche Informationen sie steuern; intelligente ("parametrisierte") Abfragesprachen können die tatsächlichen Informationsabläufe durch hierarchische Befehlsketten verdecken. Wenn Klassen von zulässigen Dialogen festgelegt würden, ließe sich auch relativ einfach die bisherige, durch das Bundesdatenschutzgesetz neu belebte Streitfrage erledigen, welche Personaldaten der Betriebsrat zur Erfüllung seiner Aufgaben bekommen darf. Ferner ermöglicht die Zustimmung des Betriebsrats zu den Computerprogrammen im Personalbereich eine Kontrolle der Verwendung von Arbeitnehmerdaten.

Personalplanung vollzieht sich sowohl auf der Ebene der Unternehmensleitung als auch auf der untergeordneten Ebene der Personalabteilung. Das Betriebsverfassungsgesetz differenziert insoweit die Beteiligungsrechte des Betriebsrats in den §§ 92-98 nicht näher. Bei den in Großunternehmen üblichen formalrationalen und zum Teil computergestützten Planungsverfahren und Planungsentscheidungen verschiedener Stufen und Reichweiten wird es in Zukunft stärker darauf ankommen, die Beteiligung des Betriebsrats und dessen Informationsrechte stufenspezifisch zu präzisieren.

Beteiligung an Entscheidungsprozessen im Unternehmen setzt Information über den Gegenstand der Beteiligung voraus. Der Informationsprozeß verläuft gegenwärtig in der Praxis sehr unterschiedlich. Eine gesetzliche Klarstellung und Koordinierung der Informationsformen ist dringend notwendig, wenn ein Personalinformationssystem die Basis für "rechtzeitige und umfassende Unterrichtung" (§§ 80 Abs. 2 S. 1, 92 Abs. 1 S. 1, 106 Abs. 2 S. 1 BetrVG), "Unterrichtung" (§§ 90 S. 1, 99 Abs. 1 S. 1 BetrVG), "Vorlage von Unterlagen" (§ 99 Abs. 1 S. 1 BetrVG), "Einblikke" (§ 80 Abs. 2 S. 2 BetrVG), "Mitteilungen" (§§ 99 Abs. 1 S. 2, 102 Abs. 1. S. 1 BetrVG), "Auskünfte" (§ 99 Abs. 1 S. 1 BetrVG), "Beratungen" (§§ 90 S. 1, 92 Abs. 1 S. 2, 97, 106 Abs. 1 S. 2 BetrVG) bilden soll. Mündliche oder schriftliche Berichte oder Zusammenfassungen der Unternehmensleitung auf der Grundlage des Personalinformationssystems sind sicher nützlich, jedoch nur dann im Hinblick auf festgelegte Beurteilungsgrundsätze oder Auswahlrichtlinien (§§ 94 Abs. 2, 95 Abs. 1 S. 1 BetrVG) überprüfbar, wenn Computerausdrucke zur Verfügung gestellt und das verwendete Computerprogramm zur Gewinnung der Basisdaten bezeichnet wird. Dies würde auch dem verbreiteten Verdacht entgegenwirken, der Betriebsrat erhielte nur solche Informationen, welche die Entscheidungen und Planungen der Unternehmensleitung als unumgänglich richtig begründen und deren leichterer Durchsetzung dienen[54].

Es wäre im übrigen wenig effizient, wenn die Produktion von Personalinformationen "industrialisiert", ihre Weitergabe und Verarbeitung jedoch "handwerklich" erfolgte.

Die Verwissenschaftlichung des Personalwesens mit ihren positiven Effekten wie Rationalisierung, Versachlichung, formaler Rationalität, Objektivität, Gleichbehandlung ist nicht mehr rückgängig zu machen. Andererseits schafft die Verwissenschaftlichung jedoch "durch die umfassende Instrumentalisierung beim Fehlen eines ausreichenden Gegengewichts von normativen Grundvorstellungen eine geeignete Basis für massive Manipulationen"[55].

Für die künftige Weiterentwicklung des betriebsverfassungsrechtlichen Kooperationsmodells zwischen Unternehmensleitung und Betriebsrat zu einem informationellen Kooperationsmodell wird es deshalb darauf ankommen, das Informationsverhalten der Beteiligten auf die technologischen Wandlungen bewußtseinsmäßig einzustellen. Dazu gehören nicht nur die

---

54 Norbert Trautwein/Hermann Unterhinninghofen, Gewerkschaftliche Politik im Unternehmen und Information: Von der Informationspolitik zur Betriebs- und Unternehmenspolitik, in: WSI-Mitteilungen 8/1979, S. 458 Anm. 15 m. Nachw. Zur tatsächlichen Erfolgsquote von Betriebsräten in Mitbestimmungsfragen zur Personalplanung vgl. Heribert Kohl, Personalplanung und Gewerkschaften. Bericht über eine empirische Untersuchung bei Betriebsräten und Gewerkschaften, in: WSI-Mitteilungen 1978, S. 222-231. - Über empirische Untersuchungen in der UdSSR berichtet V. A. Maslennikov, Die Rolle der Arbeitskollektive in der sozialrechtlichen Forschung, in: Beiträge zur Rechtsmethodologie und Rechtsmethodik, hrsg. von der Akademie der Wissenschaften der Deutschen Demokratischen Republik, Berlin 1980, S. 24 (34).

55 Hans Ryffel, Instrumentale Rationalität und praktische Vernunft im Personalwesen, in: Festschrift für Carl Hermann Ule zum 70. Geburtstag, hrsg. von Klaus König/Hans Werner Laubinger/Frido Wagener, Köln/Berlin/Bonn/München 1977, S. 159 (173).

inhaltlichen Konkretisierungen des innerbetrieblichen Informationsverkehrs, sondern auch organisatorische Regelungen. Sollte sich herausstellen, daß der Betriebsrat infolge Desinteresses oder Inkompetenz seine Aufgaben nicht wahrnimmt, müßte der Gesetzgeber die Mitbestimmungsfunktionen durch andere Techniken sicherstellen.

Nach dem erklärten Willen des Gesetzgebers soll die Beteiligung des Betriebsrats an der Personalplanung "eine besssere Objektivierung und bessere Durchschaubarkeit sowohl der allgemeinen Personalwirtschaft als auch der personellen Einzelentscheidungen" herbeiführen[56]. Wenn dies trotz faktischer Veränderungen der Entscheidungsverfahren durch Personalinformationssysteme Geltung haben soll und eine Radikallösung, wie etwa ein Verbot von Personalinformationssystemen[57], als unrealistisch abzulehnen ist, dann erscheinen folgende Klarstellungen und Neuregelungen[58] im Betriebsverfassungsgesetz erforderlich:

10.71 GESETZLICHE ÄNDERUNGEN HINSICHTLICH DER PLANUNG VON PERSONALINFORMATIONSSYSTEMEN

- § 87 Abs. 1 Nr. 6 BetrVG muß neu gefaßt werden, um die Planung von Personalinformationssystem zu berücksichtigen und neben der Verhaltens- oder Leistungsüberwachung auch die Auswertungen durch technische Einrichtungen der Mitbestimmung zu unterstellen.

- In § 90 BetrVG wird als Nr. 5 "Planung von Personalinformationssystemen" eingefügt und im folgenden Satz die Unterrichtung und Beratung auf die "Auswirkungen für die Vergabe von Arbeitsplätzen" ergänzt.

---

56 Begründung zum Regierungsentwurf des Betriebsverfassungsgesetzes 1972, Bundestags-Drucks. VI/1786, S. 50.

57 Der Republikanische Anwaltsverein fordert "das Verbot eines computergestützten Personalinformationssystems, das Personalinformation und Arbeitsplatzdaten verknüpft" (vgl. Datenschutz-Nachrichten 1/2/80, S. 5). Einen ähnlichen Beschluß hat die Gewerkschaft ÖTV gefaßt (vgl. unten Anhang B 10).

58 Bisherige Vorschläge (Peter Gola - Anm. 46 - S. 584 (587)) beziehen sich lediglich auf zwei Randfragen im Individualarbeitsrecht: Benachrichtigungspflicht statt Einsichtsrecht und förmliche statt stillschweigende Einwilligung zur Datenspeicherung.

- In § 92 Abs. 1 BetrVG ist klarzustellen, daß die Unterrichtung über Personalplanung auf jeder Planungsstufe zu erfolgen hat und die Übergabe von detaillierten Systembeschreibungen und von Kopien der Originalunterlagen umfaßt. Ferner sollte dem Betriebsrat die Möglichkeit gegeben werden, sich an der Systementwicklung innerhalb der Projektgruppe zu beteiligen.

10.72 GESETZLICHE ÄNDERUNGEN HINSICHTLICH DER EINFÜHRUNG VON PERSONALINFORMATIONSSYSTEMEN

- Durch eine neue Vorschrift § 87a BetrVG ist zu regeln, daß der Betriebsrat im Hinblick auf Personalinformationssysteme eine Darstellung erhält, die folgende Punkte umfaßt:
  - Ziele
  - Verarbeitungsprogramme und deren Struktur
  - Liste aller Datenkategorien, Variablen und Dimensionen
  - Codeplan der Verschlüsselungen
  - Datenorganisation und Datenverwaltung
  - Liste der regelmäßigen Datenlieferanten und Datenempfänger.

- Die unter 10.71 vorgeschlagene Änderung in § 87 Abs. 1 Nr. 6 BetrVG stellt auch die Mitbestimmung des Betriebsrats bei der Einführung von Personalinformationssystemen klar.

10.73 GESETZLICHE ÄNDERUNGEN HINSICHTLICH DES BETRIEBS UND DER IMPLEMENTIERUNG VON PERSONALINFORMATIONSSYSTEMEN

- § 95 Abs. 1 S. 1 BetrVG sollte deutlich machen, daß neben Auswahlrichtlinien auch Computerprogramme und zugehörige Datenkategorien der Mitbestimmung des Betriebsrats unterliegen.

- In § 99 Abs. 1 S. 1 BetrVG ist die Mitbestimmung bei personellen Einzelmaßnahmen auf die verwendeten Computerprogramme zu erstrecken.

- In § 99 Abs. 2 muß in Ziff. 2 das Zustimmungsverweigerungsrecht des Betriebsrats bei personellen Einzelmaßnahmen auch auf Computerprogramme bezogen werden, die weniger, mehr oder andere Auswahlkriterien als die vereinbarten berücksichtigen.

- Durch Ergänzung des § 92 BetrVG ist dem Betriebsrat ein direkter und unmittelbarer Zugang zu solchen (und nur zu solchen) Datenfeldern, Datensegmenten und Systemmodulen der Personaldatenbank zu eröffnen, die zur Erfüllung seiner Aufgaben bei personellen Angelegenheiten unabdingbar sind.

10.74 SONSTIGE EMPFEHLUNGEN

Neben den genannten Novellierungen wäre es sinnvoll, die Vielfalt der schwer differenzierbaren Informationskategorien des Betriebsverfassungsgesetzes (Unterrichtung, Einsichtnahme, Vorlage, Auskunft, Aushändigung von Unterlagen usw.) zu reduzieren und zu vereinheitlichen. Für den Informationsverkehr sollten Originaldokumente verwendet werden. Ferner könnte angesichts der wachsenden Arbeitsmarktprobleme überlegt werden, ob nicht in der Regel ein besonderer, vom Wirtschaftsausschuß unabhängiger Personalplanungsausschuß die komplexen Aufgaben der Personalplanung in den Großunternehmen wahrnehmen sollte. Bis zu den vorgeschlagenen Neuregelungen sind Betriebsvereinbarungen oder Tarifverträge als vorläufige Regelung zu empfehlen, die den hier entwickelten Grundsätzen entsprechen.

11 BETRIEBSVEREINBARUNGEN

Soweit der Gesetzgeber keine zwingenden Vorschriften für die Planung, die Einführung und den Betrieb von Personalinformationssystemen erläßt und auch die Tarifvertragsparteien keine Regelungen treffen, bieten sich Betriebsvereinbarungen zur Lösung von Problemen an. Solche Vereinbarungen sind grundsätzlich immer möglich; sie dürfen sich nur nicht auf "Arbeitsentgelte und sonstige Arbeitsbedingungen" beziehen, "die durch Tarifvertrag geregelt sind oder üblicherweise geregelt werden" (§ 77 Abs. 3 S. 1 BetrVG). Das Betriebsverfassungsgesetz nennt folgende Aufgaben für den Abschluß einer freiwilligen Betriebsvereinbarung ausdrücklich: Maßnahmen zur Verhütung von Arbeitsunfällen und Gesundheitsschädigungen, zur Errichtung von Sozialwohnungen und zur Förderung der Vermögensbildung (§ 88); die Einrichtung einer ständigen Einigungsstelle und deren Verfahren (§ 76 Abs. 1 S. 2 und Abs. 4); das Verfahren für Beschwerden von Arbeitnehmern (§ 86) sowie die Festlegung von Mitgliederzahlen des Gesamtbetriebsrats (§ 47 Abs. 4), des Konzenbetriebsrats (§ 55 Abs. 4) und der Gesamtjugendvertretung (§ 72 Abs. 4).

11.1 UNTERSUCHUNGSERGEBNISSE

In den Fragen 95 bis 102 interessierten wir uns für die Existenz, die Art und Weise des Zustandekommens, den Regelungsbereich und die Einschätzung von Betriebsvereinbarungen im Zusammenhang mit Personalinformationssystemen.

Frage 95 bezog sich auf den Abschluß oder die Planung entsprechender Vereinbarungen:

Gibt es in Ihrem Unternehmen über das Personalinformationssystem eine Betriebsvereinbarung?	
1. Ja, es ist eine Betriebsvereinbarung in Kraft	23,9 %
2. Es ist eine Betriebsvereinbarung in Vorbereitung	4,5 %
3. Nein, eine Betriebsvereinbarung ist nicht vorgesehen	64,2 %
4. Es besteht eine "Einführungserklärung", keine Betriebsvereinbarung	1,5 %
5. Keine Angabe	6,0 %

Wertet man die "Einführungserklärung" als quasi-Betriebsvereinbarung, dann haben bereits gut ein Viertel aller Probanden eine Betriebsvereinbarung abgeschlossen und weitere 4,5 % eine solche geplant. Ob die Zahl allerdings wesentlich zunehmen wird, erschien im Zeitpunkt der Befragung zweifelhaft, denn knapp zwei Drittel der Probanden verneinten entsprechende Absichten.

Mit der nächsten Frage (96) wurde der Gegenstand der abgeschlossenen oder geplanten Betriebsvereinbarung ermittelt (Mehrfachnennungen waren möglich):

Worauf bezieht sich die Betriebsvereinbarung?	
1. Einführung des Personalinformationssystems	19,4 %
2. Betrieb des Personalinformationssystems	16,5 %
3. Technische und organisatorische Maßnahmen zum Schutz von Personaldaten	13,4 %
4. Rechnergestützte Anwendung der Grundsätze zur Leistungsbeurteilung	4,5 %
5. Gehaltsabrechnungssystem	4,5 %
6. Weiß ich nicht	1,5 %

Von allen befragten Probanden hatten also 19, 4 % eine Betriebsvereinbarung über die Einführung des Personalinformationssystem abgeschlossen; die nächstwichtigsten Teilmengen bezogen sich auf den Betrieb des Systems (16,5 %), die Datensicherung (13,4 %) sowie die Leistungsbeurteilung und Gehaltsabrechnung (je 4,5 %). Darüber hinaus ergaben die Antworten zu dieser Frage die Existenz je einer Betriebsvereinbarung über die automatisierte Zeiterfassung, über die Zugriffsberechtigung zum System sowie über den Zugang des Betriebsrats. Die Korrelation von Frage 96 mit der vorangegangenen Frage 95 (nach der rund ein Viertel aller Probanden überhaupt Betriebsvereinbarungen abgeschlossen oder geplant hatten) zeigt an, daß Betriebsvereinbarungen oft mehr als einen Problemkreis regeln.

Für die Reichweite und Gesamteinschätzung der von 25,4 % aller Probanden abgeschlossenen Betriebsvereinbarungen war es von Interesse, noch nähere Umstände ihres Zustandekommens zu klären.

Zwischen wem ist die Betriebsvereinbarung abgeschlossen worden? (Frage 97)	
1. Vorstand/Gesamtbetriebsrat	17,9 %
2. Vorstand/Betriebsrat	3,0 %
3. Vorstand/Konzernbetriebsrat	4,5 %

4. Keine Angabe[1]	1,5 %

Dieses Ergebnis entspricht der Feststellung, wonach in hohem Maße Personalinformationssysteme auf Konzernebene oder im Verbund abhängiger Unternehmen organisiert werden. Einzelbetriebsräte haben also für ihren Bereich praktisch keine Regelungskompetenzen.

Frage 98 lautete:

Von wem ging die Initiative zum Abschluß einer Betriebsvereinbarung aus?	
1. Vorstand/Unternehmenleitung	14,9 %
2. Betriebsrat	3,0 %
3. Keine Angabe bzw. nicht befragt	7,5 %

Bemerkenswert erscheint die geringe Initiativfreudigkeit des Betriebsrats im Gegensatz zur Unternehmensleitung.

Sowohl Gewerkschaften als auch Arbeitgeberverbände haben Musterbetriebsvereinbarungen entworfen. Die nächste Frage (99) sollte deren Relevanz ermitteln:

Orientiert sich die Betriebsvereinbarung an einer Mustervereinbarung?	
1. Ja, an einer Musterbetriebsvereinbarung der Arbeitgeber	-
2. Ja, an einer Musterbetriebsvereinbarung der Gewerkschaft	-
3. Nein	20,9 %
4. Weiß ich nicht	4,5 %
5. Keine Angabe	1,5 %

Musterbetriebsvereinbarungen der Tarifpartner haben demnach in der Praxis - zumindest keine direkt meßbare - Relevanz. Vielmehr wurde durch die Folgefrage klar, daß die Auseinandersetzung mit dem konkreten

1 Wahrscheinlich ist bei dieser Frage und bei Frage 99 ein Proband, der keine Betriebsvereinbarung hatte oder plante, versehentlich in der Rubrik "keine Angabe" erfaßt worden; dadurch erklärt sich die Differenz zu 25,4 %.

System im Vordergrund steht und allgemeine Angst- und Unsicherheitsgefühle nicht durch Musterbetriebsvereinbarungen beseitigt werden können: Nach den Ergebnissen der offenen Frage (100) lagen bei den Verhandlungen die größten Schwierigkeiten in der Unsicherheit und der allgemeinen Angst vor der Datenverarbeitung oder deren Mißbrauch (9,0 %) sowie bei der Konzeption des Gesamtsystems (6,0 %). Dennoch brauchte in keinem einzigen Fall die Einigungsstelle angerufen zu werden (Frage 101). Die Gründe dafür lassen sich nur vermuten: Entweder wurden die Probleme im Wege des Kompromisses gelöst oder die Probleme nicht als mitbestimmungspflichtig eingestuft. Auf beides deuten die Antworten auf Frage 102 hin: Die Einschätzungen der Unternehmensleitungen derjenigen Probanden, die Betriebsvereinbarungen abgeschlossen oder geplant hatten, ob dem Betriebsrat mehr Rechte eingeräumt worden seien, als ihm nach dem Betriebsverfassungsgesetz zustände, hielten sich ziemlich genau die Waage; dabei war erneut das Bestreben erkennbar, zu pragmatischen Einigungen zu kommen.

11.2 RECHTLICHE BEWERTUNG

Die rechtliche Bewertung hat die Funktion abgeschlossener Betriebsvereinbarungen zu berücksichtigen. In einer Situation, in der das Betriebsverfassungsgesetz Personalinformationssysteme nicht ausdrücklich erwähnt, andererseits in großem Umfang entsprechende Systeme eingeführt oder geplant sind, müssen Wege zur Bewältigung der Probleme gefunden werden. Der Gesetzgeber bietet in § 77 BetrVG Betriebsvereinbarungen als flexibles Instrument an und nimmt nur den Bereich der Arbeitsentgelte und Arbeitsbedingungen davon grundsätzlich aus. Insofern bestehen keine Bedenken, die Planung, die Einführung und den Betrieb von Personalinformationssystemen in Betriebsvereinbarungen einverständlich zu regeln. Die vorliegenden Betriebsvereinbarungen, soweit sie im Wortlaut bekannt sind (vgl. Anhang B), beziehen sich auf die letztgenannten Bereiche.

Wenn in einer Betriebsvereinbarung den Arbeitnehmern oder dem Betriebsrat mehr Rechte eingeräumt werden, als ihnen nach Betriebsverfassungsgesetz oder nach anderen arbeitsrechtlichen Vorschriften zustehen, ist nach dem sogenannten "Günstigkeitsprinzip" (§ 4 Abs. 3 TVG) die günstigere Regelung maßgebend. Bedenken gegen eine analoge Anwendung des Grundsatzes aus dem Tarifvertragsrecht bestehen um so weniger, als es sich - wie die Befragung ergab - bei Betriebsvereinbarungen im Zusammenhang mit Personalinformationssystemen fast ausschließlich um Gesamtregelungen auf Konzernebene handelt. Hinsichtlich der Zahl der erfaßten Arbeitnehmer nähern sich hier also Betriebsvereinbarungen und Tarifverträge an. Den Einzelbetriebsräten konzernverbundener Unternehmen geht die Regelungskompetenz weitgehend verloren, weil in aller Regel die Obergesellschaft oder der Konzernverbund das Personalinformationssystem betreiben.

Schwieriger ist die Frage zu beurteilen, ob Betriebsvereinbarungen auch dann gelten, wenn sie im Einzelfall bestehende Rechte der Arbeitnehmer oder des Betriebsrats verringern oder wenn sie im Widerspruch zu zwingendem Recht stehen[2]. Da im Arbeitsrecht bisher klare Regelungen für Personalinformationssysteme fehlen, enthalten juristische Aussagen weitgehend subjektive Bewertungen der Rechtslage aufgrund von Analogien und Umkehrschlüssen. Immerhin gibt es in zahlreichen Gerichtsentscheidungen und in wissenschaftlichen Beiträgen Hinweise auf Problemlösungen.

Sicher trifft es zu, daß Betriebsvereinbarungen nicht mit Einwilligungen des Betroffenen zur Verarbeitung seiner Daten (§ 3 Nr. 2 BDSG) gleichzusetzen sind. Andererseits erscheint es sehr zweifelfahft, wenn Simitis[3] entgegen Reh[4] im gleichen Kommentar Betriebsvereinbarungen über die Verarbeitung personenbezogener Arbeitnehmerdaten auf "technisch-organisatorische Fragen" beschränken möchte und meint, solche Vereinbarungen könnten "niemals den Arbeitgeber von seiner Verpflichtung befreien, das Einverständnis des einzelnen Arbeitnehmers einzuholen". Dieses Problem hängt nämlich von der Rechtsnatur der Betriebsvereinbarung ab. Betrachtet man sie mit der heute wohl herrschenden Meinung als körperschaftliche Satzung[5], die nach den Formen des zivilrechtlichen Vertrages zustandekommt, dann stellt sie in ihrem normativen Teil

---

2 Dazu: Alfred Söllner, Arbeitsrecht, 6. A. Stuttgart/Berlin/Köln/München 1978, S. 170.

3 Simitis, in: Spiros Simitis/Ulrich Dammann/Otto Mallmann/Hans-Jaochim Reh, Kommentar zum Bundesdatenschutzgesetz, Baden-Baden 1978, § 3 Rdnr. 56.

4 Reh (Anm. 3), § 3 Rdnr. 5.

5 BAG AP Nr. 1 zu § 57 BetrVG 1952 sowie Klaus Adomeit, Rechtsquellenfragen im Arbeitsrecht, München 1969, S. 146 f. mit zahlreichen Nachweisen.

eine "Rechtsvorschrift" im Sinne von § 3 Nr. 1 BDSG dar[6] und erübrigt für ihren Geltungsbereich die individuelle Einwilligung nach § 3 Nr. 2 BDSG.

Betriebsvereinbarungen finden jedoch dort eine Grenze, wo zwingende Regeln zugunsten des einzelnen Arbeitnehmers oder des Betriebsrats entgegenstehen oder "schutzwürdige Belange" des Einzelnen (§§ 23 S. 1, 24 Abs. 1 S. 1 BDSG) verletzt würden, denn Arbeitgeber und Arbeitnehmer haben unter Beachtung der bestehenden Vorschriften vertrauensvoll zusammenzuarbeiten (§§ 2 Abs. 1, 80 Abs. 1 Nr. 1 BetrVG). Eine Grenze könnte insbesondere dann erreicht sein,

- wenn eine Betriebsvereinbarung gegen § 203 StGB verstößt, weil Absprachen zur Übermittlung arbeitsmedizinischer Daten des Betriebsarztes an die Personalabteilung getroffen werden, die über schlichte Ergebnisse von Eignungsaussagen hinausgehen oder wenn arbeitsmedizinische Daten an die Gewerkschaft übermittelt werden[7],
- wenn eine Betriebsvereinbarung die Konstruktion von Leistungsprofilen und deren automatische Umsetzung in Personalentscheidungen ohne nochmalige Zwischenschaltung einer verantwortlichen Person vorsieht,
- wenn eine Betriebsvereinbarung Fragen im Personalfragebogen zuläßt, die nach der Rechtsprechung der Arbeitsgerichte als unzulässig gelten,
- wenn eine Betriebsvereinbarung einem psychologischen Testverfahren zustimmt, dessen Leistungsfähigkeit wissenschaftlich umstritten ist.

Nicht völlig zweifelsfrei wäre auch eine Vereinbarung über die generelle Abführung der Mitgliedsbeiträge organisierter Arbeitnehmer an die Gewerkschaft durch den Arbeitgeber, weil sie gegen "schutzwürdige Belange" (§§ 23 S. 1, 24 Abs. 1 S. 1 BDSG) des Arbeitnehmers verstoßen könnte.

---

6 Reh (Anm. 3), § 3 Rdnr. 5 mit Nachweisen; Wolfgang Zöllner, Arbeitsrecht, 2. A. Tübingen 1979, S. 350 ff.

7 In der Druckindustrie der Bundesrepbulik Deutschland wurde 1978 ein Tarifvertrag über Einführung und Anwendung rechnergesteuerter Textsysteme abgeschlossen. Nach dessen § 12 sind augenärztliche Untersuchungen periodisch durchzuführen. Aufgrund eines von der IG Druck und Papier sowie der Deutschen Journalisten Union ausgearbeiteten "Sehpaß-Formulars" wird ein entsprechender Sehpaß ausgestellt, der personenbezogene Angaben enthält und "der IG Druck und Papier zur anonymen wissenschaftlichen Auswertung im Original oder als Kopie zu überlassen" ist.

Der Arbeitgeber erfährt nämlich auf diese Weise von der Mitgliedschaft, obwohl er danach bei der Einstellung des Arbeitnehmers nicht fragen darf. Andererseits ist zu bedenken, daß sich der organisierte Arbeitnehmer durch seinen freiwilligen Beitritt zur Gewerkschaft mit der Satzung und damit auch mit der Zahlung von Mitgliedsbeiträgen einverstanden erklärt hat. Die Lösung der Frage dürfte davon abhängen, ob die Gewerkschaftssatzung bestimmte Beitragseinzugsverfahren verbindlich vorschreibt.

11.3 ZUSAMMENFASSUNG UND VORSCHLÄGE

Sowohl nach der unsicheren gegenwärtigen Rechtslage als auch nach dem unabgeschlossenen Ausbaustand von Personalinformationssystemen sind Betriebsvereinbarungen ein geeignetes Mittel, um durch Aushandeln tragfähige Kompromisse zu erzielen. Da es Großunternehmen gibt, in denen Betriebsratsmitglieder nicht über die notwendigen Spezialkenntnisse verfügen, sollte verstärkt die Möglichkeit nach § 80 Abs. 3 S. 1 BetrVG genutzt werden, Sachverständige zu den Beratungen hinzuzuziehen. Besondere Aufmerksamkeit verdienen Gesamtbetriebsvereinbarungen auf Konzernebene, die 100 000 Arbeitnehmer betreffen können und sich daher fast wie Tarifverträge auswirken. Gesetzliche Regelungen über Betriebsvereinbarungen im Hinblick auf Personalinformationssysteme empfehlen sich gegenwärtig nicht.

12 BETRIEBLICHER DATENSCHUTZ-BEAUFTRAGTER

12.1 GEGENSTAND DER UNTERSUCHUNG

Zur Gewährleistung der Anwendung des Bundesdatenschutzgesetzes sowie anderer Rechtsvorschriften über den Datenschutz ist eine Datenschutzkontrolle als Selbstkontrolle durch die speichernde Stelle sowie eine Fremdkontrolle durch staatliche Organe vorgesehen.

Die nach Landesrecht zuständige Aufsichtsbehörde überprüft im Einzelfall und nur auf Anrufung eines Betroffenen (Anlaßaufsicht) die Ausführungen des Bundesdatenschutzgesetzes und anderer Vorschriften über den Datenschutz im Anwendungsbereich des 3. Abschnitts und unterstützt den Beauftragten für den Datenschutz, wenn er sich bei Zweifelsfällen an sie wendet. Neben der Kontrolle durch die Aufsichtsbehörden ist die speichernde Stelle selbst ab einer bestimmten Größe verpflichtet, durch die Bestellung eines betrieblichen Datenschutzbeauftragten die Durchführung des Datenschutzes in ihrem Bereich sicherzustellen.

Die Bestellung des betrieblichen Datenschutzbeauftragten regelt der § 28 BDSG; die Aufgaben des Beauftragten für den Datenschutz sind im § 29 festgelegt: Danach ist ein betrieblicher Datenschutzbeauftragter von der datenverarbeitenden Stelle innerhalb eines Monats nach Aufnahme ihrer Tätigkeit schriftlich zu bestellen, wenn personenbezogene Daten automatisiert verarbeitet werden und hierbei in der Regel mindestens 5 Arbeitnehmer ständig beschäftigt sind oder wenn bei der Verarbeitung personenbezogener Daten auf andere Weise in der Regel mindestens 20 Arbeitnehmer ständig beschäftigt sind. Der Beauftragte für den Datenschutz hat bei der Sicherstellung der Ausführungen der Vorschriften über den Datenschutz

- in einer Liste die Art der gespeicherten personenbezogenen Daten, die Geschäftszwecke und Ziele, zu deren Erfüllung die Kenntnis dieser Daten erforderlich ist, deren Empfänger sowie die Art der Datenverarbeitungsanlagen zu erfassen,
- die ordnungsgemäße Anwendung der Datenverarbeitungsprogramme, mit denen personenbezogene Daten verarbeitet werden sollen, zu überwachen,
- die bei der Verarbeitung personenbezogener Daten tätigen Personen mit

den Vorschriften über den Datenschutz vertraut zu machen und
- bei der Auswahl dieser Personen beratend mitzuwirken.

Die organisatorische Stellung des betrieblichen Datenschutzbeauftragten wird in folgenden Vorschriften des Bundesdatenschutzgesetzes geregelt: Der Beauftragte für den Datenschutz ist dem Inhaber, dem Vorstand, dem Geschäftsführer oder dem sonstigen gesetzlich oder verfassungsmäßig berufenen Leiter unmittelbar zu unterstellen (§ 28 Abs. 3 S. 1 BDSG); er ist bei der Anwendung seiner Fachkunde auf dem Gebiet des Datenschutzes weisungsfrei (§ 28 Abs. 3 S. 2 BDSG); er darf wegen der Erfüllung seiner Aufgabe nicht benachteiligt werden (§ 28 Abs. 3 S. 3 BDSG); er ist von den zu seiner Bestellung verpflichteten Personen, Gesellschaften oder anderen Personenvereinigungen bei der Erfüllung seiner Aufgaben zu unterstützen (§ 28 Abs. 4 BDSG).

Es ist der Entscheidung der Unternehmensleitung überlassen, ob sie einen externen Datenschutzbeauftragten beruft oder einen Angestellten des Unternehmens hauptamtlich oder zusätzlich mit den Aufgaben des Datenschutzes betraut. Auf die Schwierigkeit der Vereinbarkeit verschiedener Aufgaben in einer Person - etwa des Leiters des Rechenzentrums, der DV-Abteilung oder der Personalabteilung als Datenschutzbeauftragtem - wird in den Vorschriften nicht eingegangen.

Die personellen Entscheidungen aufgrund der genannten Vorschriften machen Anpassungen in der Aufbau- und Ablauforganisation der betroffenen Unternehmen notwendig: Bezüglich der Aufbauorganisation erfordert das Bundesdatenschutzgesetz die Einrichtung einer Stabstelle für den Datenschutzbeauftragen mit adäquater personeller und sachlicher Ausstattung (§ 28 Abs. 3 S. 1 BDSG). Der Datenschutzbeauftragte ist ferner in die Ablauforganisation so einzubetten, daß er in die Lage versetzt wird, seine Aufgaben zu erfüllen; die speichernde Stelle ist zur Unterstützung des betrieblichen Datenschutzbeauftragten verpflichtet (§ 28 Abs. 4 BDSG). Ferner hat er die Ausführung von Datenschutzvorschriften sicherzustellen (§ 29 Abs. 1 S. 1 BDSG).

12.2 U N T E R S U C H U N G S E R G E B N I S S E

Die Untersuchungesergebnisse im vorliegenden Forschungszusammenhang waren insbesondere die Rahmenbedingungen, unter denen der Beauftragte für den Datenschutz seine nach dem Gesetz zu übertragenden Aufgaben erfüllt, und seine Berufsrolle von empirischem Interesse. Die vorliegende Befragung wurde etwa kanpp ein Jahr, nachdem die Vorschrift über die Bestellung des betrieblichen Datenschutzbeauftragen in Kraft getreten war, durchgeführt. Ein Teil der Datenschutzbeauftragten war von der Geschäftsleitung schon während des Gesetzgebungsverfahrens "freiwillig" eingesetzt worden.

Ausgehend von der Einschätzung, daß eine Grundlage für die adäquate Erfüllung der Aufgaben des betrieblichen Datenschutzbeauftragten seine organisatorische Eingliederung ist, betrafen die Fragen
- die Bestellung
- die Stellung und Unabhängigkeit
- die Qualifikationsanforderungen
- die Aufgaben in Bezug auf Personaldaten
  und
- das Zusammenwirken mit dem Betriebsrat bei der Gewährleistung des Datenschutzes.

Zum Zeitpunkt der Untersuchung waren Funktionsbeschreibungen wenig bekannt; Personal-/DV-/Projektleiter wurden darum auch nach den individuellen Einstellungen zur Aufgabenstruktur, den notwendigen Qualifikationen, Konfliktpotentialen, Durchsetzungsbereitschaft und Möglichkeiten befragt.

Die im Hauptfragebogen zu diesem Bereich erzielten Ergebnisse wurden ferner durch Interviews mit den betrieblichen Datenschutzbeauftragten ergänzt.

12.21 BESTELLUNG DES DATENSCHUTZBEAUFTRAGTEN

Zum Zeitpunkt der Untersuchung war bei allen Probanden ein betrieblicher Datenschutzbeauftragter tätig.

Ein hauptamtlich mit den Aufgaben des Datenschutzes betrauter Datenschutzbeauftragter war bei	37,3 %	bestellt.
Ein nebenamtlicher Datenschutzbeauftragter war bei	58,2 %	tätig.
Einen Konzern-Datenschutzbeauftragten, der allein für mehrere Konzernunternehmen zuständig ist, hatten	1,5 %	bestellt.

Ein externer Datenschutzbeauftragter war nicht eingesetzt worden	0 %
Keine Angabe machten	3 %

In diesem Zusammenhang wurde ein Datenschutzbeauftragter dann als Konzern-Datenschutzbeauftragter bezeichnet, wenn zur Durchführung des Datenschutzes bei mehreren konzernverbundenen Unternehmen nur ein verantwortlich Beauftragter tätig war. Bei den Unternehmen, die zusätzlich einen Beauftragten für den Datenschutz mit Aufgaben der Koordination innerhalb des Konzerns ernannt hatten, soll der Informationsfluß von und zu diesen Beauftragten durch und über eine Kontaktstelle oder Kontaktperson (im allgemeinen der betriebliche Datenschutzbeauftragte der konzernverbundenen Unternehmen) sichergestellt werden.

Die Entscheidung für diese Form der Selbstkontrolle beruht auf der Einschätzung, daß ein direkter Ansprechpartner im jeweiligen Unternehmen dem Datenschutz förderlich ist; diese Bewertung der betrieblichen Verbundenheit wurde auch dadurch deutlich, daß bei keinem befragten Unternehmen ein externer Datenschutzbeauftragter bestellt worden war. Nur in Ausnahmefällen (Frage 145) war die Stelle des Datenschutzbeauftragten von außen durch Neueinstellung besetzt worden.

Weit über die Hälfte der bestellten Datenschutzbeauftragten führen die Aufgaben des Datenschutzes in Personalunion mit anderen betrieblichen Funktionen aus; als andere Aufgaben des Datenschutzbeauftragten wurden - in der Rangfolge ihrer Nennungen - angegeben (Frage 141):

Revision	48,7 %
Datenverarbeitung	38,4 %
Personalwesen (leitend)	2,6 %
Rechtsabteilung	2,6 %
Logistik, Planung, Organisation	2,6 %
Aus- und Fortbildung	2,6 %
Vorstandssekretariat	2,6 %

Bei zwei Drittel der Probanden ist der Datenschutzbeauftragte leitender Angestellter. Betriebsverfassungsrechtlich bedeutet dies, daß ein Mitwirkungsrecht des Betriebsrates bei der Bestellung des betrieblichen Datenschutzbeauftragten nicht vorgeschrieben ist (§ 45 Abs. 3 BetrVG). Bei 83 % dieser Unternehmen war die Ernennung auch nicht über die gesetzlichen Mitteilungsrechte hinaus mit dem Betriebsrat abgesprochen worden. Nur in Ausnahmefällen wurde die Entscheidung von der Zustimmung des Betriebsrates abhängig gemacht.

Allerdings sind (Frage 148)	
70,8 %	der Probanden der Auffassung, daß es sinnvoll ist, die Bestellung des Datenschutzbeauftragten mit dem Betriebsrat zu beraten.
24,6 %	vertreten die Auffassung, daß es nicht sinnvoll wäre, die Bestellung mit dem Betriebsrat zu beraten.
4,6 %	äußerten bei dieser Frage keine Meinung.

Die Auswertung der mit den betrieblichen Datenschutzbeauftragten durchgeführten Interviews ergab, daß von diesen nur gerade die Hälfte es für sinnvoll hält, daß ihre Bestellung mit dem Betriebsrat zu beraten ist.

12.22 STELLUNG DES DATENSCHUTZBEAUFTRAGTEN

Die Frage 141 ergab, daß über die Hälfte der Datenschutzbeauftragten neben der Gewährleistung des Datenschutzes andere Aufgaben zu erfüllen hatte. Von diesen nebenamtlich mit den Aufgaben des Datenschutzes betrauten Beauftragten wenden für die Tätigkeit des Datenschutzes von ihrer Arbeitszeit auf:

15,4 %	weniger als 20 %
15,4 %	zwischen 20 % und 40 %
10,2 %	ungefähr die Hälfte
5,1 %	mehr als die Hälfte
10,2 %	mehr als 80 %
35,9 %	konnten diese Frage noch nicht beantworten
7,7 %	machten keine Angaben

Die Frage nach den Gründen dafür, daß keine eigenständige Stelle geschaffen worden war, wurde von den Probanden folgendermaßen beantwortet:

Die Auslastung war noch nicht abschätzbar	10,0 %
Der zugewiesene Aufgabenumfang erfordert keine eigenständige Stelle	47,5 %
davon begründeten dies mit der dezentralen Organisation des Datenschutzes	25,0 %

Die Größe des Unternehmens erfordert keine ganze Stelle	15,0 %
Kostengründe	15,0 %
Eine Verankerung des betrieblichen Datenschutzbeauftragten im Unternehmen ist besser gewährleistet	7,5 %
Keine Angabe	5,0 %

Nach § 28 Abs. 1 BDSG ist die speichernde Stelle verpflichtet, die notwendige sachliche und personelle Ausstattung bereitzustellen. Die Umfrage bei den Datenschutzbeauftragten ergab, daß die Sachmittelausstattung ganz überwiegend als "gut", in keinem Fall als "schlecht" beurteilt wurde. Die Anzahl der zugeteilten Mitarbeiter wurde in wenigen Fällen als "nicht ausreichend" angesehen; durchweg bezeichneten die Beauftragten aber die Personalausstattung als "zufriedenstellend bis gut".

Die Frage nach der Normierung eines besonderen Kündigungsschutzes für den betrieblichen Datenschutzbeauftragten wurde im Hauptfragebogen folgendermaßen formuliert:

Frage 157: Sind Sie der Meinung, daß die Normierung eines Kündigungsschutzes für den betrieblichen Datenschutzbeauftragten (ähnlich dem Kündigungsschutz für Betriebsratsmitglieder) die Unabhängigkeit des Datenschutzbeauftragten erhöhen würde?	
1. Ja	44,8 %
2. Nein	50,7 %
3. Weiß ich nicht	3,0 %
4. Keine Angabe	1,5 %

Befürworter und Gegner eines besonderen Kündigungsschutzes halten sich etwa die Waage.

Das Bundesdatenschutzgesetz sucht in § 28 Abs. 3 durch Weisungsfreiheit und Benachteiligungsverbot die Unabhängigkeit des Datenschutzbeauftragten zu gewährleisten; inwieweit dem Beauftragten im Rahmen seiner Kompetenzen Entscheidungs- und Weisungsbefugnisse zuzugestehen sind, regelt das Gesetz nicht. Die Folgeinterviews mit dem Beauftragten für den Datenschutz ergaben, daß die Geschäftsleitung den Beauftragten in 50 % der Fälle für ihren Aufgabenbereich Weisungsbefugnisse gegenüber anderen Fachabteilungen übertragen hatte.

12.23 QUALIFIKATIONEN DES DATENSCHUTZBEAUFTRAGTEN

Die Forderung nach der Fachkunde des betrieblichen Datenschutzbeauftragten, die Komplexität der Aufgabe und der erforderlichen Qualifikationen führte zu der Frage (145), welche Funktion der jetzige Datenschutzbeauftragte vor seiner Bestellung innegehabt hatte. Nach der Häufigkeit der Nennungen wurden folgende ausgeübte Tätigkeiten angegeben:

Leiter Datenverarbeitung, Leiter EDV-Organisation, Leiter (oder qualifizierter Mitarbeiter) des Rechenzentums	33,8 %
Revision (auch Leiter Betriebswirtschaft, Rechnungswesen)	26,2 %
Werkschutz, Sicherheitsbeauftragter	7,7 %
Mitarbeiter der Fachabteilung, die bei der Entwicklung des Systems beteiligt war	6,2 %
Rechtsabteilung	4,6 %
Logistik, Planung, Organisation	3,1 %
Fortbildung	1,5 %
Der Datenschutzbeauftragte kam neu in das Unternehmen	3,1 %
Die frühere Tätigkeit war den Befragten nicht bekannt	12,3 %

Die Vorbereitung des Datenschutzbeauftragten auf seine neue Funktion erfolgte hauptsächlich durch externe Seminare und Schulungen, dabei handelt es sich vielfach um branchenbezogene Arbeitskreise. Bei einem Drittel der Beauftragten wird auch die Kompetenz aus der früheren oder gleichzeitig ausgeführten Tätigkeit abgeleitet und die innerbetriebliche interne Unterstützung bei der Einarbeitung hervorgehoben. Im zusätzlichen Eigenstudium entsprechender Literatur erwerben über die Hälfte der Datenschutzbeauftragten das erforderliche Fachwissen.

In der Frage 156 wurden durch neun Eignungsmerkmale die Anforderungen an den Beauftragten für den Datenschutz umrissen. Diese Kriterien wurden von den Probanden auf die Frage: Welche Qualifikation sollte der Datenschutzbeauftragte haben? in folgende Rangfolge gebracht:

Rang Merkmal	1	2	3	4	5	6	7	8	9
EDV-Kenntnisse	22,4	20,9	10,4	23,9	3,0	4,5	3,0	1,5	1,5
Jur.Kenntnisse	10,4	6,0	11,9	3,0	11,9	17,9	3,0	13,4	13,4
BWL Kenntnisse	1,5	6,0	7,5	7,5	22,4	6,0	7,5	17,9	14,9
Zuverlässigkeit	19,4	11,9	13,4	16,4	9,0	7,5	6,0	1,5	6,0
Einsatzbereitschaft	1,5	6,0	3,0	11,9	9,0	10,4	17,9	29,9	1,5
Engagement f.d. Interessen d. Arbeitnehmer	14,9	7,5	9,0	10,4	9,0	7,5	22,4	6,0	4,5
Konfliktbereitschaft	-	-	6,0	9,0	14,9	10,4	9,0	6,0	35,8
Kenntnisse über das Unternehmen	16,4	22,4	23,9	4,5	4,5	13,4	3,0	1,5	1,5
Engagement für die Interessen des Unternehmens	4,5	10,4	6,0	4,5	7,5	13,4	19,4	13,4	11,9
nicht beantw.	9,0	9,0	9,0	9,0	9,0	9,0	9,0	9,0	9,0

Auf den ersten drei Rängen am häufigsten genannt wurden die "internen Kenntnisse über das Unternehmen" (vgl. auch 12.31), die "EDV-Kenntnisse" und die in § 28 Abs. 2 BDSG geforderte "Zuverlässigkeit". Im Zusammenhang mit der Bewertung der Kenntnisse über den internen Ablauf im Unternehmen sind die Werte über die zusätzlich abgefragten "betriebswirtschaftlichen Kenntnisse" zu sehen.

Das Engagement für die Interessen der Arbeitnehmer halten etwa gleich viele für relativ notwendig wie weniger wichtig. Die Konfliktbereitschaft wurde relativ niedrig bewertet. Folgende Antworten erhielten wir auf die

Frage (153): Hat es schon Fälle gegeben, in denen anders entschieden wurde, als der Datenschutzbeauftragte vorschlug?	
10,4 %	Ja
71,6 %	Nein
16,4 %	Weiß ich nicht
1,5 %	Keine Angabe.

Die befragten Datenschutzbeauftragten beantworteten die Frage (153) zu 100 % mit Nein. Die Konfliktlösungspraxis wurde aus folgenden Angaben der Datenschutzbeauftragten im Nebeninterview deutlich:

Frage (152a): Wie würden Sie vermutlich reagieren, wenn die Geschäftsleitung Verarbeitungsverfahren verwendet, die Ihrer Meinung nach nicht im Einklang mit dem Bundesdatenschutzgesetz stehen?

Der überwiegende Teil dieser Datenschutzbeauftragten würde "einen Vermerk mit seiner, von der Meinung der Geschäftsleitung abweichenden Auffassung anfertigen"; knapp ein Drittel würde "von der Aufsichtsbehörde eine Stellungnahme zu den Streitfragen einholen und das Ergebnis der Geschäftsleitung mitteilen". "Die Entscheidung der Geschäftsleitung akzeptieren" würden noch weniger als "der Aufsichtsbehörde den konkreten Sachverhalt mitteilen und ihr ggf. Maßnahmen überlassen".

Bei der Bewertung der Eignungsmerkmale der Frage 156 durch die Datenschutzbeauftragten gehört "die Konflikbereitschaft" eher zu den weniger wichtigen Eigenschaften; entscheidender für ihren Beruf sehen sie die "Kenntnisse über das Unternehmen" und "EDV-Kenntnisse". "Engagement für die Interessen des Unternehmens" und "Einsatzbereitschaft" stehen hinter "Zuverlässigkeit" und "juristischen Kenntnissen", die jedoch nicht als vorrangig angesehen werden, zurück.

12.24 AUFGABEN DES DATENSCHUTZBEAUFTRAGTEN

In eine Rangfolge wurden auch - dem Probanden vorgelegte - acht vom Datenschutzbeauftragten zu erfüllende Aufgaben gebracht. Aus der

Frage (152): Worin sehen Sie die hauptsächlichen Aufgaben des Datenschutzbeauftragten in bezug auf Personaldaten?

ergab sich folgende Verteilung

Rang Aufgaben	1	2	3	4	5	6	7	8
Wahrung des Arbeitnehmer-Persönlichkeitsrechtes	64,2	6,0	6,0	6,0	4,5	1,5	3,0	1,5
Beratung des Betriebsrats in Datenschutzfragen	-	1,5	4,5	4,5	17,9	14,9	37,3	11,9
Einsetzen für die Belange des einzelnen Arbeitnehmers	-	25,4	10,4	4,5	17,9	20,9	6,0	7,5

Vertreten von Datenschutzforderungen gegenüber der Geschäftsleitung	6,0	13,4	26,9	9,0	7,5	13,4	3,0	13,4
Reibungsloser Ablauf der Datenverarbeitung	-	-	9,0	9,0	6,0	10,4	22,4	35,8
Entlastung des Arbeitgebers von Datenschutzproblemen	7,5	6,0	19,4	23,9	10,4	14,9	4,5	6,0
Beratung des Arbeitgebers in Datenschutzfragen	13,4	40,3	11,9	16,4	6,0	3,0	1,5	16,4
Zusammenarbeit mit internen, für Sachschutz, Sicherheitsschutz, Brandschutz und Dokumentation zuständigen Stellen	1,5	-	4,5	19,4	22,4	13,4	14,9	4,5
wurde nicht beantwortet	7,5	7,5	7,5	7,5	7,5	7,5	7,5	7,5

Ein Vergleich zwischen den Antworten im Hauptfragebogen und denen der Datenschutzbeauftragten selbst läßt eine weitgehende Übereinstimmung zwischen Erwartungen und Selbstverständnis erkennen: Sowohl die Personal-/DV- oder Projektleiter als auch die Beauftragten selber beurteilen die Aufgabe der "Wahrung des Arbeitnehmerpersönlichkeitsrechts" als vorrangig. Auf den ersten vier Rängen insgesamt findet sich diese Aufgabe ebenso häufig wie die "Beratung des Arbeitgebers in Datenschutzfragen". Auch bei den Datenschutzbeauftragten werden die "Beratung des Arbeitgebers" zusammen mit dem "Vertreten von Datenschutzforderungen gegenüber der Geschäftsleitung" in der Hierarchie höher eingesetzt als ein "Einsetzen für die Belange des einzelnen Arbeitnehmers", welches in den aus dem Hauptfragebogen entnehmbaren Erwartungen höher liegt. Die Beratung des Betriebsrates in Datenschutzfragen wird von über der Hälfte der Beauftragten auf Rang 7 und 8 verwiesen und auch insgesamt nicht als vorrangige Aufgabe betrachtet. Eine Zusammenarbeit mit internen, für Sachschutz, Sicherheitsschutz, Brandschutz und Dokumentation zuständigen Stellen wird sowohl von den Beauftragten als auch in den Hauptfragebogen als nachrangig beurteilt. Innerhalb des Konzerns stellt in den meisten Fällen der Datenschutzbeauftragte des konzernverbundenen Unternehmens den Informationsfluß von und zum Konzerndatenschutzbeauftragten sicher.

Zu den Aufgaben des Datenschutzbeauftragten gehört die Erstellung von Übersichten (§ 29 Nr. 1 BDSG) und Tätigkeitsberichten. Zum Zeitpunkt der Untersuchung waren nur von wenigen Beauftragten Tätigkeitsberichte erstellt; in diesen Fällen wurde nur ausnahmsweise ein Bericht übergeben; eine direkte Unterrichtung des Betriebsrates durch den Datenschutzbeauftragten war nicht erfolgt (vgl. 12.25).

Im Zusammenhang mit dem Regelungsprinzip und der organisatorischen Ausgestaltung des Zugriffs der Personalinformationssystembenutzer auf Personaldaten und Programme erhielten wir folgenden Überblick:

Frage (51):	Wird der Datenschutzbeauftragte bei der Zuteilung der Zugriffsberechtigung hinzugezogen?
Ja	57,6 %
Nein	40,7 %
Keine Angabe	1,7 %

Die Untersuchung ergab, daß der Datenschutzbeauftragte nur bei 12 % der Probanden Zugriff zu den Personaldaten hat; sämtliche Datenfelder unterliegen nur bei 7,5 % der Probanden der Kontrolle des Datenschutzbeauftragten, 4,5 % der Probanden ermöglichen dem Datenschutzbeauftragten den Zugriff zu einem Teil der Personaldaten. Bei nur 52,2 % der Probanden darf auch der betriebliche Datenschutzbeauftragte - neben dem DV-Leiter - die Protokolle einsehen.

Eine Form der Unterstützung des Beauftragten für den Datenschutz ist die Bildung und regelmäßige Einberufung eines Datenschutzausschusses, der sich aus den Leitern aller mit der Verarbeitung personenbezogener Daten befaßten Abteilungen und dem Datenschutzbeauftragten zusammensetzt. Datenschutzausschüsse waren zum Zeitpunkt der Untersuchung bei 62,7 % der Probanden eingerichtet worden. In allen diesen Unternehmen waren im Datenschutzausschuß neben dem Beauftragten die mit der Verarbeitung personenbezogener Daten befaßten Abteilungen und der Datenverarbeitungsabteilung vertreten, bei 38 % wurde zusätzlich ein Mitarbeiter der Rechtsabteilung hinzugezogen.

12.25 ZUSAMMENWIRKEN VON DATENSCHUTZBEAUFTRAGTEM UND BETRIEBSRAT BEI DER GEWÄHRLEISTUNG DES DATENSCHUTZES

Die Aufgabe des Datenschutzbeauftragten liegt nach der Konstruktion des Bundesdatenschutzgesetzes vor allem im vorbeugenden Datenschutz. Damit wird an Vorbilder angeknüpft, wie sie die institutionalisierte Selbstüberwachung von Unternehmen und Betrieben durch die Übertragung bestimmter betrieblicher Schutzfunktionen auf Sicherheitsbeauftragte ist. So ist für die Fachkräfte für Arbeitssicherheit und den Betriebsarzt eine enge Zusammenarbeit mit dem Betriebsrat gesetzlich vorgeschrieben. Auf die Frage, ob sich für den Beauftragten für den Datenschutz aus der Art seiner Aufgabenstellung ebenfalls eine enge Zusammenarbeit mit dem Betriebsrat ergibt, antworteten:

Ja	44,8 %
Nein	40,3 %
Unentschieden waren	7,5 %
Keine Angaben machten	7,5 %

Zu den bei 62,7 % der befragten Unternehmen gebildeten Datenschutzausschüssen - als Koordinationsgremium der mit der Verarbeitung personenbezogener Daten befaßten Abteilungen und dem Beauftragten für den Datenschutz - wurden die Betriebsräte nur bei 20 % hinzugezogen.

Der Hauptfragebogen ergab, daß 80,6 % der Befragten die Auffassung vertreten, daß "der Betriebsrat die Möglichkeit hat, den betrieblichen Datenschutzbeauftragten in bestimmten Fällen zum Tätigwerden oder zur Abgabe einer Stellungnahme aufzufordern".

Der Betriebsrat hat die Möglichkeit, den betrieblichen Datenschutzbeauftragten zur Abgabe einer Stellungnahme aufzufordern	80,6 %
Der Betriebsrat hat diese Möglichkeit nicht	7,5 %
Dieses ist nicht geregelt	3,0 %
Unternehmen hat keinen Betriebsrat	1,5 %
Konnte nicht beantwortet werden	1,5 %
Frage wurde nicht beantwortet	4,5 %

Die befragten Betriebsratsmitglieder gehen davon aus, daß sie die Möglichkeit haben, den betrieblichen Datenschutzbeauftragten in bestimmten Fällen zum Tätigwerden oder zur Abgabe einer Stellungnahme aufzufordern; in einigen Unternehmen wurde der Datenschutzbeauftragte vom Betriebsrat in Einzelpunkten (tatsächliche Speicherung von Krankheitsdaten, Weitergabe von Adressen) um Aufklärung gebeten. In einem Fall wurde der Beauftragte aufgefordert, einen Bericht auf einer Betriebsräteversammlung zu geben.

Ob dem Betriebsrat die Tätigkeitsberichte und Rechenschaftsberichte des Datenschutzbeauftragten mitgeteilt werden, ist generell noch nicht zu beantworten: In den Fällen, wo ein Tätigkeitsbericht vorlag, wurde dieser dem Betriebsrat nur in Ausnahmefällen übergeben; in einigen Unternehmen erfolgte eine mündliche Unterrichtung im Wirtschaftsausschuß.

12.3 BEWERTUNG DER UNTERSUCHUNGSERGEBNISSE

12.31 EINGLIEDERUNG DES DATENSCHUTZBEAUFTRAGTEN IN DAS UNTERNEHMEN

Das Prinzip der Selbstkontrolle bedingt bei organisatorischen Fragen eine Zurückhaltung des Gesetzgebers, die Voraussetzung für die flexible Anpassung an die konkrete Struktur der speichernden Stelle ist[1]. Es entspricht somit der Intention des Bundesdatenschutzgesetzes, daß es dem Unternehmer überlassen bleibt, durch die organisatorische Eingliederung des Datenschutzbeauftragten und die Ausstattung der Stelle die effektive Gewährleistung des Datenschutzes für alle Beteiligten zu ermöglichen. Die organisatorische Stellung und die Informations- und Entscheidungskompetenzen des betrieblichen Beauftragten für den Datenschutz sind die Basis für die effektive Wahrnehmung der Datenschutzerfordernisse. Die in der Untersuchung von den Probanden überwiegend geforderte Unternehmensverbundenheit macht eine Einbindung des Datenschutzbeauftragten erforderlich, die einen Informationsfluß gewährleistet, der Voraussetzung für eine effektive Kontrolle und Wahrnehmung der Datenschutzaufgaben ist. Zum Teil werden in den Unternehmen die organisatorischen Möglichkeiten hierzu genutzt: die Weisungsbefugnis verstärkt die Stellung des Datenschutzbeauftragten; die Bildung von Ausschüssen entspricht der vom Gesetz intendierten Position und den gesetzlich gegebenen Möglichkeiten. Bei der Bildung von Datenschutzausschüssen ist die Verantwortlichkeit des Betriebsrates für den Datenschutz allerdings stärker zu beachten, als der empirische Befund zeigt.

Auf die Regelung einer wichtigen Voraussetzung für Konfliktbereitschaft und Durchsetzungsmöglichkeit des Datenschutzbeauftragten hat der Gesetzgeber verzichtet: Statt der Sicherung der Position durch einen speziel-

---

1 Vgl. Spiros Simitis in: Simitis/Dammann/Mallmann/Reh, Kommentar zum Bundesdatenschutzgesetz, Baden-Baden 1979, § 28 Rdnr. 136.

len Kündigungsschutz sieht das Bundesdatenschutzgesetz nur ein Benachteiligungsverbot vor. Zum Zeitpunkt der Untersuchung waren nur etwa 50 % der Befragten der Meinung, daß ein spezieller Kündigungsschutz die Stellung des betrieblichen Datenschutzbeauftragten verbessern würde. Erfahrungen in den letzten Monaten haben jedoch verschiedentlich zu der Forderung geführt, die Stellung des betrieblichen Beauftragten für den Datenschutz durch einen Kündigungsschutz entsprechend § 15 KSchG und § 103 BetrVG zu stärken[2].

12.311 BESTELLUNGSVERFAHREN

Die Einstellung eines Arbeitnehmers als betrieblicher Datenschutzbeauftragter unterliegt der Mitbestimmung des Betriebsrates nach § 99 BetrVG. Bei einer Versetzung[3] hat der Betriebsrat ein Mitbestimmungsrecht nach § 95 Abs. 3 BetrVG. Die Übernahme der Funktion des Datenschutzbeauftragten verändert die Stellung des dadurch betroffenen Arbeitnehmers erheblich, so daß die Versetzung mit einer Änderungskündigung verbunden ist[4]: Datenschutzaufgaben und die damit verbundene Verantwortlichkeit können nicht einfach im Rahmen des Direktionsrechts übertragen werden, sondern müssen mit den sich möglicherweise ergebenden kündigungsschutzrechtlichen Konsequenzen abgelehnt werden können. Die befragten Datenschutzbeauftragten gaben in fast allen Fällen "den

---

2 So haben bei der Anhörung im Innenausschuß des Deutschen Bundestages zur Novellierung des Bundesdatenschutzgesetzes der Vertreter des Deutschen Gewerkschaftsbundes und auch die Deutsche Vereinigung für Datenschutz einen besonderen Kündigungsschutz gefordert; der im Entwurf eines Gesetzes zur Änderung des BDSG vom 27.2.1980 der SPD/FDP-Koalition zur Novellierung des BDSG vorgesehene Kündigungsschutz bezieht sich auf Arbeitnehmer (§ 5 des BetrVG), denen keine weiteren Aufgaben übertragen sind (vgl. BT-Drucks. 8/3803). Dagegen wenden sich die Gewerkschaften, die die Einbeziehung externer Datenschutzbeauftragter ohne Arbeitnehmereigenschaft und Datenschutzbeauftragter, die nicht nur und ausschließlich Datenschutzaufgaben zu erfüllen haben, in den Kündigungsschutz fordern, vgl. u. a. Karl-Heinz Janzen: Zwischenbilanz - Forderungen der Gewerkschaften, in: Datenschutzkongreß 1980, Tagungsunterlagen, S. 3 ff.

3 Vgl. LAG München, Beschluß vom 16.11.78 - 8 TA BV 6/78 -: Die Bestellung eines im Betrieb beschäftigten Arbeitnehmers zum Datenschutzbeauftragten stellt eine Versetzung nach § 95 Abs. 3 BetrVG dar und unterliegt dem Mitbestimmungsrecht des Betriebsrates nach § 99 Abs. 1 BetrVG.

4 Vgl. Simitis (Anm. 1), § 28 Rdnr. 100.

Wunsch der Geschäftsleitung" als Grund für die Übernahme der Datenschutzaufgaben an, nur die Hälfte definierte zusätzlich ein besonderes Interesse an der Aufgabe[5]. Dies deutet auf eine sehr schwache intrinsische Motivation hin, was Rückwirkungen für das Problemverständnis der betrieblichen Datenschutzbeauftragten haben muß.

Tatsächlich rekrutierte sich die erste Datenschutzbeauftragten-Generation aus bereits im Unternehmen tätigen, zum größten Teil leitenden Angestellten. Durch Neueinstellung wurde nur bei 3,1 % der Probanden der Datenschutzbeauftragte bestellt. Da das Betriebsverfassungsgesetz grundsätzlich auf leitende Angestellte keine Anwendung findet und auch für diesen Fall nicht ausdrücklich etwas anderes bestimmt, besteht bei der Bestellung von leitenden Angestellten kein Mitwirkungsrecht des Betriebsrats. Wegen der Übertragung von Aufgaben zur Gewährleistung des Arbeitnehmerschutzes wäre allerdings durchaus an eine besondere Einschaltung des Betriebsrates zu denken. Ähnlich der gesetzlichen Verpflichtung bei der Bestellung und Abberufung der Betriebsärzte und Fachkräfte für Arbeitssicherheit[6], ist die rechtliche Regelung der Zustimmungspflichtigkeit bei Bestellung und Abberufung der Datenschutzbeauftragten vorstellbar. Grundsätzlich entspricht die Bestellung von qualifizierten Arbeitnehmern aus dem Führungsbereich der Bedeutung des Datenschutzes. Die Untersuchung verdeutlichte jedoch die Relevanz folgender Nachteile:

1. Die Betrauung mit Datenschutzaufgaben wurde zusätzlich zu anderen Aufgaben übertragen.
2. Die Bestellung von verantwortlichen Führungskräften aus den Abteilungen Personal, Datenverarbeitung/Rechenzentrum führt zu Konflikten zwischen der Optimierung der Leitungsaufgaben und Kontrollfunktionen und Einschränkungen im Sinne der Anforderungen des Datenschutzes für die Bestellten selbst. Eine ausgewogene Stellungnahme

---

5 Andere Gründe wie "höheres Ansehen im Unternehmen", "höheres Gehalt", "Weisungsfreiheit", "Wunsch von Kollegen" spielten kaum, "Karrieregesichtspunkte" und "Arbeitsentlastung gegenüber der früheren Tätigkeit" gar keine Rolle.

6 Vgl. die §§ 9, 10 und 11 des Gesetzes über Betriebsärzte, Sicherheitsingenieure und andere Fachkräfte für Arbeitssicherheit (ASiG) vom 12.12.1973, die im Anhang aufgeführt sind.

zum erfüllbaren Maß an Datenschutz und Verbesserung der Transparenz wird dadurch erschwert.

3. Die Aufgabe der Gewährleistung des Datenschutzes wurde Angestellten in Leitungsfunktion übetragen.
4. Von einer freiwilligen Beteiligung des Betriebsrates wurde bei der ersten Datenschutzbeauftragtengeneration abgesehen.

12.312 Parttime-Regelungen

Bei knapp 60 % der Probanden sind nebenamtliche Datenschutzbeauftragte tätig. Von diesen wenden knapp die Hälfte weniger als 50 % ihrer Arbeitszeit für Datenschutzaufgaben auf; 10 % allerdings mehr als 80 % der Arbeitszeit.

Die Probanden gehören zu den größten deutschen Industrie- und Handelsunternehmen. Nach den Ergebnissen könnte vermutet werden, daß die hauptsächliche Belastung des Datenschutzbeauftragten in den Einführungsaufgaben zu sehen ist, die scheinbar zunehmend durch geeignete Sicherheitsvorkehrungen seitens der Hersteller abgebaut werden. Dies trifft jedoch nicht zu, sondern hängt mit dem Zeitpunkt der Untersuchung und der relativ frühen Bestellung der Datenschutzbeauftragten in Großunternehmen zum Teil noch während des Gesetzgebungsverfahrens zusammen. Die in der Umfrage genannten Gründe dafür, daß keine eigenständige Stelle geschaffen wurde, drücken eine Unsicherheit bezüglich des erforderlichen Aufgabenumfanges aus; so wurde der größte Teil des Zeitaufwands wohl für die Einführungsphase veranschlagt. Aufgaben des Datenschutzbeauftragten[7]) in der Anfangszeit waren die

- Einarbeitung in das Bundesdatenschutzgesetz und andere Vorschriften über den Datenschutz
- Konzipierung der Übersichten bezüglich Inhalt, Umfang und Zweck und

---

7 Funktionsbeschreibungen und Aufgabenkataloge finden sich u. a. bei Knut Möbius: Auswahl und Ausbildung des Datenschutzbeauftragten, in: H. Heilmann (Hrsg.): Handbuch des Datenschutzes, München 1977, S. 192 ff.; Peter Lindemann: Stellung und Aufgabe des betrieblichen Datenschutzbeauftragten nach dem BDSG. Aktuelle Beiträge über den Datenschutz, 1977, S. 97 ff.; AWV (Hrsg.): Funktionsbeschreibung des betrieblichen Datenschutzbeauftragten, AWV-Fachbericht, Frankfurt 1976; AWV (Hrsg.): Beiträge zum Bundesdatenschutzgesetz - Teil 1, Eschborn 1977.

organisatorische und technische Vorarbeiten zur Realisierung der Übersichten
- Übertragung von Kontrollpflichten an andere Stellen
- Breiteninformation in der Einführungsphase zur Aufklärung der Belegschaft und der neben dem Datenschutzbeauftragten betroffenen Stellen
- Erarbeitung von Schulungsmaterial und Vortragskonzeptionen
- Erarbeitung spezieller Durchführungsbestimmungen und Richtlinien über die grundsätzliche Regelung des Datenschutzes (Aufgabenverteilung, Verantwortlichkeit, Vorgehensplanung, Leitlinien zur Durchführung)
- Prüfung der Zulässigkeit der Datenverarbeitung entsprechend § 3
- Regelungen über Verfahren (Entgelt, Zeitpunkt, Häufigkeit) der Benachrichtigung und der Auskunftserteilung
- Festlegung allgemeiner Beratungen über den betroffenen Personenkreis und Form und Durchführung der Verpflichtung aus dem Datenschutzgesetz.

Die Einschätzung, daß nach einer gewissen Einarbeitungs- und Anlaufzeit dem Datenschutzbeauftragten hauptsächlich Kontrollaufgaben zufielen und damit nur noch ein geringer Prozentsatz der Arbeitszeit für Datenschutzaufgaben aufgebracht werden müßte, würde allerdings eine stärkere Verankerung des Datenschutzes in der Unternehmenspolitik und allen betroffenen Fachabteilungen und Stellen voraussetzen. Dies läßt sich jedoch keineswegs feststellen. Bei einem zunehmenden Automatisierungsgrad in den Unternehmen und wachsendem Informationsfluß auch mit externen Stellen sowie der größer werdenden Anzahl der am Informationsfluß beteiligten Personen werden die Überwachung der ordnungsgemäßen Anwendung der DV-Programme und der Datenübermittlungen, die Beratung bei Personalentscheidungen, die Schulungen und die Beurteilung der technischen und organisatorischen Maßnahmen zur Gewährleistung des Datenschutzes voraussichtlich zu einem größeren Arbeitsumfang führen.

Ein besonderes Problem ist darin zu sehen, daß bei jedem dritten Probanden Führungskräften aus der Datenverarbeitung die Aufgaben zur Gewährleistung des Datenschutzes zusätzlich übertragen wurden. Es ist davon auszugehen, daß die Bestellung von verantwortlichen Führungskräften aus den Bereichen und der Fachabteilung Personal für die Beauftragten selbst zu Rollenkonflikten zwischen der optimalen Erfüllung ihrer Funktion im betrieblichen Leistungsprozeß und den zusätzlich übertragenen Kontrollfunktionen führt. Auf die Unvereinbarkeit von bestimmten Tätigkeiten mit der Funktion des Datenschutzbeauftragten haben sich die Aufsichtsbehörden in den Verwaltungsvorschriften der Länder zum Bundesdatenschutzgesetz[8] inzwischen auch geeinigt: Danach muß besonders in kleineren Unternehmen der Datenschutzbeauftragte nicht ausschließlich mit diesen Funktionen betraut sein, sondern kann andere Tätigkeiten wahrnehmen, sofern das die Erfüllung seiner Aufgaben als Datenschutzbeauftragter nicht beeinträchtigt. Inhaber, Vorstände, Geschäftsführer und sonstige gesetzlich oder verfassungsmäßig berufene Leiter können nie zum Datenschutzbeauftragten ihres Unternehmens bestellt werden. Darüber hinaus sollen solche Personen nicht beauftragt werden, die in dieser Funktion in Interessenkonflikte geraten würden, die über das unvermeidliche Maß hinausgehen; das wäre in der Regel dann der Fall, wenn beispielsweise der Leiter der EDV, der Personalleiter oder bei Direktvertrieb der Vertriebsleiter zum Datenschutzbeauftragten bestellt werden soll (LänderVwV 9.3).

12.313 Bestellung von leitenden Angestellten

Die Untersuchung ergab, daß bei zwei Dritteln der Probanden der Datenschutzbeauftragte zur Gruppe der leitenden Angestellten zählt (Frage 146). Dies wird jedoch vom Bundesdatenschutzgesetz nicht vorausgesetzt. Auch bringt die Tätigkeit als Datenschutzbeauftragter nicht notwendig eine Eingruppierung als leitender Angestellter mit sich[9]. Aus der Sicht der betrieblichen Mitbestimmung führt das zu folgenden Konsequenzen: Wenn ein leitender Angestellter zugleich Datenschutzbeauftragter wird, ist der Betriebsrat lediglich rechtzeitig nach § 105 BetrVG zu informieren; weitergehende Rechte des Betriebsrates bestehen nicht.

Für die Beauftragung eines leitenden Angestellten sprechen tatsächlich verschiedene Gründe: Eine effektive Datenschutzkontrolle setzt die umfassende Kenntnis des Informationsverhaltens der einzelnen Instanzen, der verschiedenen Informationskanäle und deren Vernetzung im Unternehmen sowie Kenntnis externer Datenlieferanten und Empfänger voraus. Der

---

8 Vgl. auch Simitis (Anm. 1), § 28 Rdnr. 101 ff.; Jürgen Schwappach, in: Gallwas/Schneider/Schwappach/Schweinoch/Steinbrinck: Datenschutzrecht. Stuttgart/Berlin/Köln/Mainz, Sept. 1979, § 28 Rdnr. 34; Jürgen Garstka: Datenschutzrecht und betriebliches Personalwesen, in: ZRP 1978, S. 241.

9 Vgl. Fitting/Auffarth/Kaiser, Betriebsverfassungsgesetz - Kommentar, § 5, Rdnr. 21 m. w. N.

Datenschutzbeauftragte muß die Informationsbeschaffung und Zusammenarbeit mit den einzelnen betroffenen Fachabteilungen sicherstellen. Zur Verstärkung der Stellung des Datenschutzbeauftragten und um eine weitestgehende Verankerung der Datenschutzaufgaben im Unternehmen zu erreichen, sind einige Unternehmen dazu übergegangen, eine Führungskraft "zum unterzeichnenden" Datenschutzbeauftragten zu bestellen und diesem qualifizierte Mitarbeiter beizuordnen. Die Übertragung der Aufgaben zur Gewährleistung des Datenschutzes an Angestellte in Leitungsfunktionen verstärkt durch die Kopplung mit der vorher oder gleichzeitig ausgeführten Führungstätigkeit und den mit diesen Tätigkeiten verbundenen Weisungs- und Entscheidungsbefugnissen die Stellung des Datenschutzbeauftragten und seine Durchsetzungsmöglichkeiten insbesondere unmittelbar nach Neuschaffung der Stelle. Grundsätzlich empfiehlt sich die Bestellung von qualifizierten Arbeitnehmern aus dem Führungsbereich zum internen Datenschutzbeauftragten. Dabei sollte die Verankerung des Datenschutzes so erfolgen, daß Datenschutz selbstverständlicher Bestandteil des unternehmerischen Handelns und der Unternehmenspolitik wird.

Auf der anderen Seite ist eine stärkere Beteiligung des Betriebsrates aus folgenden Gründen empfehlenswert: Der betriebliche Datenschutzbeauftragte soll nach § 29 BDSG den Datenschutz im gesamten Unternehmensbereich, insbesondere auch im Interesse der betroffenen Arbeitnehmer gewährleisten. Er ist zwar dem Vorstand des Unternehmens zu unterstellen (§ 28 Abs. 3 S. 1 BDSG), jedoch bei Anwendung seiner Sachkunde auf dem Gebiet des Datenschutzes weisungsfrei (§ 28 Abs. 3 S. 2 BDSG). Die nach außen und innen dafür erforderliche Unabhängigkeit kann der Datenschutzbeauftragte nur gewinnen, wenn er seine Funktion auch durch Beteiligung der Arbeitnehmer oder deren Repräsentanten legitimiert. Anderenfalls wird er als "Mann des Vorstandes" betrachtet, was die Entwicklung von Vertrauensbeziehungen erheblich erschwert. Dies gilt insbesondere bei Wahrnehmung der in der Praxis vorherrschenden Doppelrolle als (abhängiger) leitender Angesteller mit Leitungskompetenzen und (unabhängiger) Datenschutzbeauftragter. Deshalb erscheint de lege ferenda ein Mitbestimmungsrecht des Betriebsrats bei der Bestellung des Datenschutzbeauftragten sinnvoll.

12.32 VERHÄLTNIS ZWISCHEN DATENSCHUTZBEAUFTRAGTEM UND BETRIEBSRAT

Der Verantwortlichkeit des Datenschutzbeauftragten im Personalbereich unterliegen personenbezogene Daten

- über persönliche oder sachliche Verhältnisse von im Betrieb tätigen oder tätig gewesenen Personen wie Auszubildenden, Arbeitern, tariflichen und außertariflichen Angestellten,
- von Betroffenen, auf die das Betriebsverfassungsgesetz nicht anzuwenden ist, wie leitende Angestellte, Mitglieder der gesetzlichen Vertretungsorgane, freie Mitarbeiter oder Pensionäre.

Für die erste Betroffenengruppe hat der Betriebsrat eine besondere Schutzfunktion wahrzunehmen. Nach dem Betriebsverfassungesetz besitzt der Betriebsrat einen eigenständigen Kontrollauftrag (vgl. Gliederungspunkt 10). Wegen der prinzipiellen Nachrangigkeit des Bundesdatenschutzgesetzes (§ 45 BDSG) bleiben diese betriebsverfassungsrechtlichen Kompetenten des Betriebsrats unberührt.

Neben der grundsätzlichen Überwachungsfunktion des Betriebsrates hinsichtlich der Einhaltung von Arbeitnehmerschutzgesetzen nach § 80 BetrVG berühren folgende Mitbestimmungsrechte die Kooperation zwischen Datenschutzbeauftragtem und Betriebsrat: Einerseits gehört es zu den Aufgaben des Datenschutzbeauftragten, die Schulung der an dem Datenverarbeitungsprozeß Beteiligten (§ 29 S. 3 Nr. 3 BDSG) vorzunehmen; andererseits hat der Betriebsrat bei der Durchführung der betrieblichen Berufsbildung mitzubestimmen (§ 98 Abs. 1 BetrVG). Aufgabe des Beauftragten für den Datenschutz ist ferner Sicherstellung und Kontrolle des Datenschutzes durch Maßnahmen der Datensicherung (vgl. § 29 S. 3 Nr. 2 BDSG); zumindest für einen Teil der Maßnahmen gilt ein Mitbestimmungsrecht des Betriebsrates nach § 87 Abs. 1 Nr. 6 BetrVG (vgl. Gliederungspunkt 10).

So hat das Arbeitsgericht Düsseldorf in einem Beschlußverfahren über die Einführung eines Zugangskontrollsystems festgestellt, daß der § 6 BDSG und Anlage dem Arbeitgeber rechtliche Gestaltungsmöglichkeiten beläßt und deshalb das Mitbestimmungsrecht des Betriebsrates bestehen bleibt. Selbst wenn der Arbeitgeber nur den Mindestanforderungen des Gesetzes nachkommt, hat der Betriebsrat mitzubestimmen, da es nicht auf die Minimalverpflichtung, sondern auf den rechtlichen Gestaltungsspielraum des Arbeitgebers ankomme. "Die Durchführung einer vom Gesetz zumindest gebotenen Maßnahme kann sich auf die vom Mitbestimmungsrecht geschützten Interessen der Belegschaft durchaus anders auswirken als die Durchführung einer rechtlich ebenfalls zulässigen weitergehenden Maßnahme. Welche Maßnahme im Hinblick auf die Interessen der Belegschaft günstig ist, kann dem Urteil des Betriebsrats überlassen bleiben."[10)]

Zum Schutz der Arbeitnehmerbelange bedarf es also einer engen Kooperation zwischen den beiden Kontrollinstanzen. Durch die gesetzliche Regelung über die Bestellung des Datenschutzbeauftragten und fehlender Normierung über die Unvereinbarkeit bestimmter Funktionen sowie der Zusammenarbeitspflichten ist für die Arbeitnehmervertretungen die Kooperation an sich erschwert. Gerade deshalb beeinflussen die Selbständigkeit und das tatsächliche Verhalten des Datenschutzbeauftragten sowie die organisatorischen Rahmenbedingungen die Möglichkeiten der Zusammenarbeit. Gelingt es nicht, einen Datenschutzbeauftragten zu bestellen, der das Vertrauen des Betriebsrates genießt, und organisatorische Rahmenbedingungen zu schaffen, die eine gute Zusammenarbeit ermöglichen, so wird auch eine wirksame Kontrolle durch den Beauftragten für den Datenschutz schwer möglich sein; der Betriebsrat wird bei zunehmendem Problembewußtsein dann um so mehr darauf angewiesen sein, sich sachkundig zu machen und externe Sachverständige hinzuzuziehen, um die Verarbeitungskonsequenzen und die Auswirkungen der neuen Arbeitsmittel und -abläufe für die Beschäftigten besser einschätzen sowie Schutzvorkehrungen präzisieren zu können. Die Konkretisierung der datenschutzrelevanten Bedürfnisse aus der sozialen Situation des Arbeitnehmers[11)] ist auch Aufgabe des Betriebsrats. Solange das Bundesdatenschutzgesetz Spielräume bietet, um den betrieblichen Beauftragten für den Datenschutz ausschließlich als Mann des Unternehmens einzusetzen, mag die feststellbare Tendenz der Arbeitnehmervertretungen nicht verwundern: Für die Gewerkschaften scheint aus der Beibehaltung der jetzigen gesetzlichen Konstruktion zu folgen, den gänzlichen Verzicht auf die interne Kontrolle durch den betrieblichen Datenschutzbeauftragten zu fordern und das Modell einer reinen staatlichen Datenschutzkontrolle voranzutreiben.[12)]

---

10 Beschluß v. 9.1.1980 - 10 BV 79/79 - S. 14.

11 Vgl. Simitis (Anm. 1), § 29 Rdnr. 17 ff.

12 So Janzen (Anm. 2), S. 7: "Sollte es nicht gelingen, den betrieblichen Datenschutzbeauftragten und die Aufsichtsbehörden zu echten Datenschutzinstanzen umzugestalten, so kann ich hier für die Industriegewerkschaft Metall erklären, daß wir das Prinzip der Selbstkontrolle total ablehnen und das Modell einer reinen staatlichen Datenschutzkontrolle vorantreiben werden."

Ein anderer Gesichtspunkt kommt hinzu: Die Kontrollfunktion des Beauftragten für den Datenschutz gilt gegenüber jeder Stelle, die personenbezogene Daten verarbeitet oder mit Daten aus dem Informationssystem in Berührung kommt. Hierzu gehört auch der Betriebsrat. Die Kontrolle des Datenschutzbeauftragten über den ordnungsgemäßen gesetzmäßigen Umgang mit personenbezogenen Daten durch den Betriebsrat ist insbesondere dann problematisch, wenn die Gefahr besteht, daß der Arbeitgeber auf dem Weg der Kontrolle durch den Datenchutzbeauftragten gegenüber dem Betriebsrat Informationen bekommt, die die Unabhängigkeit des Betriebsrates beeinträchtigen.Grundsätzlich unterliegt die Verarbeitung personenbezogener Daten durch den Betriebsrat als Teil der speichernden Stelle ebenso der Kontrolle durch den betrieblichen Beauftragten für den Datenschutz wie die Datenverarbeitung in den Fachabteilungen der Unternehmen. Allerdings ist die Kontrolle in diesem Fall zu auszugestalten, daß sie nicht zur Einschränkung der Unabhängigkeit des Betriebsrates führt[13]. Die Verpflichtung des Betriebsrates auf das Datengeheimnis (§ 5 BDSG) wäre Ausdruck einer Arbeitgeberkontrolle und wohl nur schwer mit der Unabhängigkeit des Betriebsrates in Einklang zu bringen.

Bereits erörterte jüngere Entscheidungen der Arbeitsgerichte verdeutlichen die Folgewirkungen des Bundesdatenschutzgesetzes im Hinblick auf die allgemeinen Aufgaben des Betriesbrates nach § 80 BetrVG[14], wonach der Betriebsrat die Durchführung der zugunsten der Arbeitnehmer geltenden Gesetze zu überwachen hat. Auswirkungen ergeben sich auf die Beteiligungsbefugnisse des Betriebsrates in den §§ 84 ff. BetrVG im Falle der Beschwerde eines einzelnen Arbeitnehmers, hinsichtlich der Aufgaben des Betriebsrates in sozialen Angelegenheiten - insbesondere auch bei Personalplanungsaufgaben i. S. d. §§ 92 ff. BetrVG - der Berufsbildungsmaßnahmen nach §§ 96 ff. BetrVG sowie der personellen Einzelmaßnahmen der §§ 95 ff., 102 BetrVG. Das Bundesdatenschutzgesetz ist auch als Arbeitnehmerschutzgesetz zu beurteilen. Der enge Zusammenhang zwischen dem nach § 75 Abs. 2 BetrVG zu überwachenden Arbeitnehmerpersönlichkeitsrecht und dem Datenschutz ist mehrfach dargelegt worden[15]. So hat das

---

13 Vgl. Simitis (Anm. 1), § 28 Rdnr. 144.

14 Vgl. insbesondere LAG Niedersachen, TaBV 5/78, Beschluß vom 28.9.79, abdruckt in EzA zu § 37 BetrVG 1972 Nr. 64 und vorinstanzlich: ArbG Hildesheim 2 BV 2/78 vom 4.7.1978.

15 Vgl. im einzelnen Gliederungspunkt 10.

LAG Niedersachen [16] in einer Entscheidung über die Erforderlichkeit[17] einer zweitägigen Schulungsveranstaltung für den Betriebsrat über Datenschutzfragen konstatiert; "daß zu den Gesetzen, deren Durchführung der Betriebsrat zu überwachen hat, das BDSG jedenfalls insoweit gehört, als es Rechte zu Gunsten der Arbeitnehmer aufweist. ... Hinzu kommt, daß sich auch über die §§ 83-88 BetrVG 1972 - eine Beschwerde kann sich beispielsweise auch gegen den betrieblichen Datenschutzbeauftragten richten - ein Berühren der Betriebsratsaufgaben ergeben kann."

Insgesamt macht die datenschutzrechtliche Zuständigkeit des Betriebsrats die direkte Zusammenarbeit mit dem Beauftragten für den Datenschutz erforderlich. Diese Zusammenarbeit wird in der Praxis ausgestaltet als

- Kontrolle des Beauftragten für den Datenschutz durch den Betriebsrat im Rahmen seiner Kompetenzen
- Kontrolle des Betriebsrates durch den Datenschutzbeauftragten
- Kooperation des Beauftragten und des Betriebsrates.

Der Vorschlag, die Personalabteilung in den Informationsfluß zwischen Betriebsrat und Datenschutzbeauftragten einzuschalten, erscheint deshalb kaum mit den Aufgaben des Datenschutzbeauftragten oder denen des Betriebsrats vereinbar. Eine indirekte Informationsweitergabe über eine betriebliche Fachabteilung wird mit dem "offiziellen Geschäftsverkehr zwischen Betriebsrat und Unternehmen" begründet: "Nur das Personalwesen ist autorisiert, Verhandlungen mit dem Betriebsrat aufzunehmen, durchzuführen und Vereinbarungen zu treffen. Es ist somit der alleinige Ansprech- und Verhandlungspartner gegenüber dem Betriebsrat"[18]. Die Schaffung einer entsprechenden Regelung für den Datenschutzbeauftragten

---

16 LAG Niedersachen (Anm. 14).

17 Entsprechend BAG EzA § 37 BetrVG Nr. 14, 16 und 33, § 40 BetrVG 1972 Nr. 17 gebietet die Voraussetzung der "Erforderlichkeit", daß die in der Schulungs- und Bildungsveranstaltung vermittelten Kenntnisse für die Betriebsratstätigkeit nicht nur verwertbar oder nützlich, sondern notwendig sind. "Erforderliche Kenntnisse sind nur solche Kenntnisse, die der Betriebsrat unter Berücksichtigung der konkreten Situation des einzelnen Betriebes sofort oder doch aufgrund einer typischen Fallgestaltung demnächst benötigt, um seine Aufgaben sachgemäß wahrnehmen zu können", LAG Niedersachsen (Anm. 14).

18 Bernd Hentschel, Datenschutzbeauftragter und Betriebsrat, in: der arbeitgeber Nr. 18 v. 23.9.77, S. 2.

wird mit den bei datenschutzrechtlichen Diskussionen und Entscheidungen zwangsläufig einzubeziehenden arbeitsrechtlichen und betriebspolitischen Problemen begründet, die "nicht nur die Kenntnis dieser Spezialmaterie voraussetzen, sondern auch rechtliche Positionen präjudizieren können"[19].

Diese Zwischenschaltung des Personalwesens würde der bei Simitis zum Ausdruck kommenden Wertung widersprechen, wonach die "vom BDSG verlangte Einbeziehung des Betriebsrates in den Aufgabenbereich des Beauftragten ....nicht zum Einfallstor für eine Versorgung des Arbeitgebers mit Informationen werden (darf), die ihm ansonsten unzugänglich bleiben"[20].

Das Verhältnis zwischen dem einzelnen Arbeitnehmer und dem Datenschutzbeauftragten ist an keiner Stelle explizit geregelt. Die Rechte nach dem Bundesdatenschutzgesetz (vor allem §§ 4, 26, 27 BDSG) sind gegenüber der speichernden Stelle geltend zu machen. Verschiedentlich ist auch hier vorgeschlagen worden, das Personalwesen als direkten Ansprechpartner für den Arbeitnehmer bei der Ausübung seiner Rechte nach dem Bundesdatenschutzgesetz festzulegen. Das Bundesdatenschutzgesetz sieht für den öffentlichen Bereich vor, daß jedermann sich an den Bundesbeauftragten für den Datenschutz wenden kann, wenn er meint, bei der Verarbeitung seiner personenbezogenen Daten durch Behörden oder sonstige öffentliche Stellen des Bundes in seinen Rechten verletzt worden zu sein (§ 21 BDSG). Im privatwirtschaftlichen Bereich gibt es eine entsprechende Vorschrift nicht. Das Verhältnis zwischen dem einzelnen Arbeitnehmer und dem betrieblichen Datenschutzbeauftragten ist deshalb innerhalb des Unternehmens festzulegen. Die Beteiligung des Betriebsrates bei Regelungen für den Ablauf der Umsetzung der im Bundesdatenschutzgesetz garantierten Arbeitnehmerrechte läßt sich aus § 80 Abs. 1 Nr. 1 BetrVG ableiten. Der Informationsfluß zwischen Arbeitnehmer, Datenschutzbeauftragtem, Personalabteilung und anderen Abteilungen kann in einer Betriebsvereinbarung zwischen Unternehmensleitung und Betriebsrat datenbezogen festgelegt werden.

---

19 Hentschel (Anm. 18), S. 2.

20 Simitis (Anm. 1), § 28 Rdnr. 144.

12.33 VERHÄLTNIS ZWISCHEN DATENSCHUTZBEAUFTRAGTEM UND AUFSICHTSBEHÖRDE

Das Bundesdatenschutzgesetz sieht ein zweigleisiges Kontrollsystem durch interne und externe Instanzen vor; dabei wird der Selbstkontrolle durch die speichernde Stelle der Vorrang gegeben. Die Kontrollmöglichkeit durch die Aufsichtsbehörde hängt von einer ausdrücklichen Einschaltung ab (§ 30 BDSG). Bis auf die regelmäßige Überwachung bei geschäftsmäßiger Verarbeitung für fremde Zwecke gilt das Prinzip der Anlaßaufsicht. Die Fremdkontrolle der Verarbeitung von Arbeitnehmerdaten ist damit relativ schwach ausgeprägt.

Der Beauftragte für den Datenschutz kann sich nach § 30 Abs. 1 S.2 BDSG in Zweifelsfällen an die Aufsichtsbehörde wenden, die ihn im Rahmen ihrer Möglichkeiten unterstützt und berät. Der Datenschutzbeauftragte ist <u>nicht</u> verpflichtet, Zuwiderhandlungen gegen die Bestimmungen des Bundesdatenschutzgesetzes der Aufsichtsbehörde mitzuteilen. Er ist lediglich berechtigt, sich in Zweifelsfällen an sie zu wenden. Die Reaktion der Aufsichtsbehörden wird eher in einer gutachterlichen Stellungnahme, nicht aber in einer Sanktion gegen die speichernde Stelle bestehen.

Eine eigene Überprüfungsaktivität darf die Aufsichtsbehörde nur im <u>Einzelfall</u> und auch nur dann entfalten, wenn ein Betroffener begründet darlegt, daß er bei der Verarbeitung seiner personenbezogenen Daten durch eine der im § 22 Abs. 1 und 2 genannten Personen, Gesellschaften oder anderen Personenvereinigungen in seinen Rechten verletzt worden ist.

Die Möglichkeit des betrieblichen Datenschutzbeauftragten, sich an die Aufsichtsbehörde zu wenden, ist wohl kaum als wirkungsvolle Überprüfungsmöglichkeit anzusehen. Nur knapp ein Drittel der befragten Datenschutzbeauftragten würde von der Möglichkeit Gebrauch machen, im Streitfall von der Aufsichtsbehörde eine Stellungnahme einzuholen und das Ergebnis der Geschäftsleitung mitzuteilen; kaum ein Datenschutzbeauftragter würde der Aufsichtsbehörde den konkreten Sachverhalt mitteilen und ihr die Maßnahmen überlassen. Das wiegt schwer, weil auch der internen Kontrolle des Datenschutzbeauftragten im Unternehmen durch seine Doppelfunktion und dem dadurch hervorgerufenen Rollenkonflikt Grenzen gesetzt sind. Eine wirksame externe Kontrolle von Arbeitnehmerdaten in den Unternehmen kann entweder durch die von den Gewerkschaften geforderte direkte Kontrollkompetenz der Aufsichtsbehörden oder durch indirekte Maßnahmen erreicht werden. Angesichts der Furcht vor einem neuen staatlichen Verwaltungsapparat, der damit verbundenen Kosten und der prinzipiellen Unabhängigkeit der Unternehmen wären folgende indirekten Vorkehrungen vorzuziehen:

- Meldung des Namens des zuständigen Datenschutzbeauftragten an die Aufsichtsbehörde
- periodische Berichtspflichten des Datenschutzbeauftragten an die Aufsichtsbehörde
- Pflicht des Datenschutzbeauftragten zur Meldung von Mißständen, denen die Unternehmensleitung innerhalb bestimmter Fristen nicht abhilft
- Möglichkeit der Aufsichtsbehörde, mit Unterstützung des Datenschutzbeauftragten Abhilfe zu schaffen.

12.4 ZUSAMMENFASSUNG UND VORSCHLÄGE

12.41 Die Bestellung und Abberufung des Datenschutzbeauftragten sollte der Mitbestimmung des Betriebsrats unterliegen.

12.42 Die zusätzliche Betrauung eines leitenden Angestellten mit den Aufgaben des Datenschutzes sollte nur dann zulässig sein, wenn dadurch kein Rollenkonflikt entsteht.

12.43 Die Stellung des betrieblichen Datenschutzbeauftragten ist durch einen Kündigungsschutz zu stärken, wie er nach den §§ 15, 16 KüSchG, 103 BetrVG für sonstige Funktionsträger im Betrieb gilt.

12.44 Der Informationsfluß über den Datenschutz im Unternehmen zwischen Datenschutzbeauftragtem, Unternehmensleitung, Betriebsrat und Arbeitnehmern sollte in einer Betriebsvereinbarung festgelegt werden; anzuraten ist die Einrichtung eines Datenschutzausschusses auf Betriebsebene.

12.45 Im Betriebsverfassungsgesetz empfiehlt sich eine Regelung darüber, in wieweit die Datennutzung durch den Betriebsrat der Kontrolle durch den betrieblichen Datenschutzbeauftragten unterliegt.

13 DATENSICHERUNG

13.1 TERMINOLOGIE

Unter "Datensicherung" werden in Übereinstimmung mit der amerikanischen Unterscheidung zwischen "data privacy" (Datenschutz) und "data security" (Datensicherung) die technischen Maßnahmen gegen Datenmißbrauch oder Datenfehlgebrauch verstanden. Abweichend von der Verwendung des Begriffes "Datum" in der Datenverarbeitung, der dort nur die Syntax (Struktur der Zeichenfolge) betrifft, umfaßt der juristische Sprachgebrauch von "Datum" auch die Semantik und Pragmatik, also auch die Bedeutung und Verwendung der Zeichen.

"Datensicherung" betrifft alle technischen und organisatorischen Maßnahmen zur Vermeidung von

- Fehlerhaftigkeit (hardware-, software- oder bedienungsmäßig verursachte Verarbeitungs- und Ablauffehler)
- Zerstörung, Verlust (durch Katastrophen, Diebstahl, Unachtsamkeit)
- Mißbrauch (unberechtigter Eingriff zum Lesen; Verändern, Eingeben, Löschen von Daten und Programmen).

Datensicherung hat zum Ziel, die Funktionsfähigkeit und Sicherheit des Instruments "Datenverarbeitung" für den Anwender zu unterstützen. Eine Komponente des Ziel- und Objektsystems der Datensicherung ist dabei neben der technischen Sicherung durch organisatorische und/oder technische Maßnahmen[1] die Gewährleistung des Datenschutzes. Unter dem Aspekt des Datenschutzes kommt einer Teilmenge der Datensicherungsmaßnahmen besondere Bedeutung zu. Es ist zu prüfen, welche technischen oder

---

1 Nach (Lehrgangs-) Angaben von IBM (vgl. Wilhelm Steinmüller/Leonhard Ermer/Wolfgang Schimmel, Datenschutz bei riskanten Systemen, Berlin 1978, S. 159) verteilen sich einzelne Gefahrenquellen prozentual wie folgt:

- Zerstörung durch Feuer und Wasser	ca. 15 %
- Verlust, Entstellung, Veränderung durch Fehler	ca. 50 %
- Mißbrauch durch betrügerische Bedienstete	ca. 15 %
- Sabotage enttäuschter Mitarbeiter	ca. 15 %
- Buster (Programmierer, die aus Neugier oder besonderem Ehrgeiz das Sicherungssystem "knacken")	ca. 5 %

organisatorischen Maßnahmen zur Realisierung der Datensicherung geeignet sind, die Anforderungen des Datenschutzes zu unterstützen. Daneben bedarf es verstärkter Anstregungen bei der Entwicklung und Einführung spezieller, die Hardware-, Software-, Ablauf- und/oder Aufbauorganisation betreffender Maßnahmen zum Schutz des Dateneigentümers. Bei diesen speziellen Sicherungsmaßnahmen wäre eine Beschränkung auf die Sicherung der Datenbestände unzureichend. Sicherungseinheit ist das gesamte EDV-System. Die ebenfalls als System zu konzipierenden Datensicherungsmaßnahmen sind den Elementen des Datenverarbeitungssystems, ihrem Inhalt (Betriebssystem, Daten, Programmen) und den zugrundeliegenden Beziehungen zwischen den Elementen (Funktionssicherheit, Lauffähigkeit) anzupassen. Der Datenschutz wird durch ein Datensicherungssystem letztlich vervollständigt.

13.2 DATENSICHERUNGSMASSNAHMEN IM SINNE DES BUNDESDATENSCHUTZGESETZES

Die Anlage zu § 6 Abs. 1 S. 1 BDSG beschreibt die durch technische und organisatorische Maßnahmen zu erfüllenden Anforderungen. Die Anforderungen sind von derjenigen Person oder Stelle zu treffen, die im Rahmen des § 1 Abs. 2 BDSG oder im Auftrag der dort genannten Person oder Stelle personenbezogene Daten verarbeitet. Jede einzelne Maßnahme zur Erfüllung der Anforderungen ist nur insoweit erforderlich, als ihr Aufwand in einem angemessenen Verhältnis zu dem angestrebten Schutzzweck steht (Verhältnismäßigkeitsgrundsatz, § 6 Abs. 1 S. 2 BDSG).

Vorgeschrieben werden folgende Klassen von Maßnahmen:

1. Maßnahmen der <u>Zugangskontrolle</u>, die geeignet sind, Unbefugten den Zugang zu Datenverarbeitungsanlagen, mit denen personenbezogene Daten verarbeitet werden, zu verwehren;
2. Maßnahmen der <u>Abgangskontrolle</u>, die verhindern, daß Personen, die in der Datenverarbeitung tätig sind, Datenträger unbefugt entfernen;
3. Maßnahmen der <u>Speicherkontrolle</u>, welche die unbefugte Eingabe in den Speicher sowie die unbefugte Kenntnisnahme, Veränderung oder Löschung gespeicherter personenbezogener Daten verhindern;
4. Maßnahmen der <u>Benutzerkontrolle</u>, welche die Benutzung von Datenverarbeitungssystemen im online-Verkehr durch unbefugte Personen

verhindern;

5. Maßnahmen der Zugriffskontrolle, die gewährleisten, daß die zur Benutzung eines Datenverarbeitungssystems Berechtigten nur auf die ihrer Zugriffsberechtigung unterliegenden personenbezogenen Daten zugreifen können;
6. Maßnahmen der Übermittlungskontrolle, die gewährleisten, daß geprüft und kontrolliert werden kann, an welchen Stellen personenbezogene Daten übermittelt werden können;
7. Maßnahmen der Eingabekontrolle, die gewährleisten, daß Inhalt und Zeitpunkt einer Eingabe in das Datenverarbeitungssystem und die eingebende Person nachträglich festgestellt werden können;
8. Maßnahmen der Auftragskontrolle, die gewährleisten, daß die ausschließliche und exakte Verarbeitung eines Auftrags bezüglich personenbezogener Daten einer Kontrolle unterliegt;
9. Maßnahmen der Transportkontrolle, die eine ungestörte, unveränderte Übermittlung personenbezogener Daten und den Transport entsprechender Datenträger garantieren;
10. Maßnahmen der Organisationskontrolle, mit denen die innerbehördliche oder innerbetriebliche Organisation so zu gestalten ist, daß sie den besonderen Anforderungen des Datenschutzes gerecht wird.

Die in der Anlage zu § 6 BDSG genannten Anforderungen können durch Rechtsverordnung nach dem jeweiligen Stand der Technik und Organisation fortgeschrieben werden (§ 6 Abs. 2 S. 1 BDSG). Damit wird auf eine rasche Anpassung an technische Entwicklungen und organisatorische Veränderungen abgestellt[2].

Aus der Formulierung "Maßnahmen ..., die je nach der Art der zu schützenden personenbezogenen Daten geeignet sind ..." (Anlage zu § 6 BDSG) leitet Schwappach ab, dieser Katalog sei "nicht zwingend"[3] und ordnet ihm Optionscharakter zu. Die angesprochene Variationsmöglichkeit bezieht sich jedoch auf die jeweils zur Erfüllung der Anforderungen zu ergreifenden Maßnahmen und Verfahren. Diese können je nach der Art der

---

2 Würden die in der Anlage zu § 6 genannten Anforderungen als konkrete Verhaltensanweisungen verstanden, ergäben sich rechtliche Bedenken, vgl. dazu Gallwas/Schneider/Schwappach/Schweinoch/Steinbrinck, Datenschutzrecht, § 6 Rdnr. 8.

3 Vgl. Schwappach (Anm. 2), § 6, Rdnr. 1.

Daten unterschiedlich sein, müssen aber in jedem Fall den Anforderungen (Zielvorgaben) genügen. Es wird allgemein die Ansicht vertreten, daß "die in der Anlage genannten Anforderungen für die zur Ausführung des BDSG erforderlichen technischen und organisatorischen Maßnahmen bei der automatischen Verarbeitung geschützter Daten ... im wesentlichen die als allgemein gültig und technisch erreichbar bekannten Ziele der Datensicherung (sind), soweit sie in den Dienst des Datenschutzes gestellt werden können"[4].

Diese Einschätzung ergibt sich auch aus den Beispielen für Maßnahmen, wie sie im nachfolgenden vom Bundesminister des Innern für den Deutschen Bundestag erstellten internen Arbeitspapier aufgeführt sind:

1. <u>Beispiele für Maßnahmen der Zugangskontrolle</u>

- Ermittlung der befugten Personen
- Spezielle Ausweise für befugte Personen (Ausweise zeitlich befristet)
- Ausweiskontrolle an den Eingängen
- Spezielle Regelungen für betriebsfremde Personen
- Protokollierung der eingetretenen Personen
- Sicherheitsschlösser an den Eingängen
- Einsatz von Wachmännern außerhalb der Arbeitszeit
- Einsatz von Detektoren gegen das Einschleusen von Magneten, Datenträgern, Sprengkörpern
- Bauliche Maßnahmen, wie Vergitterung der Fenster, Sicherung der Schächte und Filter der Klimaanlage.

2. <u>Beispiele für Maßnahmen der Abgangskontrolle</u>

- Festellung der befugten Personen
- Minimierung der Notwendigkeit des "Außer-Haus-Gehens"
- Protokollierung der autorisierten Weitergabe von Datenträgern, Programmen und Dokumentationen
- Maßnahmen gegen das unbefugte Entfernen von Datenträgern, Programmen und Dokumentationen wie:
  Bekanntgabe der Personen, deren Befugnisse aufgehoben werden,
  Verbot der Mitnahme von Gepäckstücken beim Betreten der datenverarbeitenden Stelle,
  · Kontrolle des Gepäcks (Aktentasche) der Personen, die die datenverarbeitende Stelle verlassen
- Verhinderung der Möglichkeit des Kopierens von Datenträgern, Programmen und Dokumentationen
- Abstimmung mit den Maßnahmen, die als Beispiele für Maßnahmen der Zugangskontrolle angeführt worden sind.

---

4 Herbert Auernhammer, Kommentar zum Bundesdatenschutzgesetz, Köln/Berlin 1977, S. 59.

3. Beispiele für Maßnahmen der Speicherkontrolle

- Festlegung und Kontrolle der Befugnisse
- Richtlinien für Eingabe, Veränderung und Löschung
- Closed-shop-Betrieb
- Zugangskontrolle zu den Archivräumen für Datenträger, Programme, Dokumentationen
- Einsatz von Benutzercodes für Dateien und Programme.

4. Beispiele für Maßnahmen der Benutzerkontrolle

- Festlegung und Kontrolle der Befugnisse
- Minimierung der Benutzerzahl
- Verschließbarkeit von Datenstationen
- Sicherung der Übertragungsleitungen
- Chiffrierung von zu übertragenden Daten
- Vergabe und Sicherung von Paßwörtern für den Zugang zu Dateien und Programmen, zu Teilen von Dateien.

5. Beispiele für Maßnahmen der Zugriffskontrolle

- Eindeutige Feststellung der Exklusivberechtigung
- Überprüfung der Berechtigung, maschinell z. B. durch Paßwörter; Arbeitsvorbereitung im Rechenzentrum
- Closed-shop-Betrieb mit Arbeitsvorbereitung, automatischer job-Ablauf-Steuerung
- Zugriffsbeschränkung bestimmter Personen auf bestimmte Programme.

6. Beispiele für Maßnahmen der Übermittlungskontrolle

- Programmdokumentation
- Protokollierung von Übermittlung, Abruf und Abrufversuch.

7. Beispiele für Maßnahmen der Eingabekontrolle

- Dokumentation der für die Dateneingabe einzusetzenden Programme
- Protollierung der Eingabe automatisch durch die DV-Anlage
- Auswertungsverfahren der durch die DV-Anlage erstellten Protokolle.

8. Beispiele für Maßnahmen der Auftragskontrolle

- Formalisierung der Auftragserteilung durch standardisierte Formulare; eindeutige Kompetenzabgrenzung
- Kontrolle der Auftragserfüllung durch regelmäßige Berichte, unerwartete Inspektionen
- Vereinbarung von Konventionalstrafen bei Nichteinhaltung der Weisungen des Auftraggebers.

9. Beispiele für Maßnahmen der Transportkontrolle

- Genaue Festlegung der Übermittlungs- bzw. Transportwege
- Sicherung der Übermittlungswege durch Verschlüsselungsgeräte, software-gesteuerte Verschlüsselung
- Sicherung der Transportwege durch Wertsendungen, gepanzerte Fahrzeuge, Sicherungspersonal
- Kontrolle des Sicherungssystems durch Routineüberprüfungen, überraschende Inspektionen.

10. Beispiele für Maßnahmen der Organisationskontrolle

- Funktionstrennung zwischen Fachabteilungen und DV-Abteilung
- Funktionstrennung innerhalb der DV-Abteilung in Organisation, Programmierung, Rechenzentrumsbetrieb
- Interner Datensicherungsbeauftragter (soweit nicht nach §§ 28, 29, 38 BDSG schon Pflicht)
- Erstellung einer Übersicht über die gespeicherten geschützten Daten, die Art ihrer Verarbeitung und deren rechtliche Beurteilung nach dem BDSG
- Richtlinien zur Auswahl der zum Zugang zu den geschützten Daten berechtigten Personen
- Richtlinien über die Dauer der Zugangs- und Zugriffsberechtigung
- Richtlinien über die Behandlung von Datenträgern mit geschützten Daten nach Erstellung im Rechenzentrum, nach Gebrauch durch die Fachabteilung
- Richtlinien zur Programmüberwachung
- Richtlinien über planmäßige und überraschende Inventuren in Archiv, Maschinenraum, Fachabteilungen
- Richtlinien zur Auswahl neu einzustellender Mitarbeiter
- Bewußtseinsbildung zur Datenschutzproblematik bei der obersten Führungsebene, den Fachabteilungen, der DV-Abteilung
- Schwachstellenanalyse (Ermittlung der Schutzbedürftigkeit der Daten, der bereits vorhandenen Schutzmaßnahmen, der möglichen Gefährdungen)
- Vorbeugende Vorkehrungen zur Abwehr von Katastrophen (Feuer, Wassereinbruch, Bombendrohung, allgemeine Unruhen etc.) durch
  Krisenstab mit klaren Aufgaben, Zuständigkeiten und Vollmachten,
  Katastrophenplan, der allgemein bekannt ist und regelmäßig überarbeitet wird,
  Archivierung der Datenbestände, Programme und Dokumentationen in mindestens doppelter Ausfertigung,
  räumlich getrennte Aufbewahrung von Original und Duplikaten,
  detaillierter Plan zur Wiederinbetriebnahme der Anlage
- Vorbeugende Vorkehrungen zur Verhinderung von Datenverlust und Datenverfälschung durch technische Pannen (Stromausfall, Systemzusammenbruch etc.) durch
  klare Festlegung der Zuständigkeiten,
  klare Festlegung der Vorgehensweise im Eventualfall,
  Notstromaggregat,
  doppelte Bestandsführung bei Daten, Programmen und Dokumentationen,
  Software-Sicherung zur Vermeidung von Datenzerstörung bei Systemzusammenbruch,
  Software-Methoden zur Rekonstruktion beschädigter Datenbestände
- Bauliche Maßnahmen zur Verhinderung von natürlichen und vorsätzlich verursachten Katastrophen:
  Installation der Anlagen in einem feuerbeständigen Gebäude,
  Einbau von feuerhemmenden Abtrennungen zu benachbarten Gebäudeteilen und Räumen,
  Einsatz und regelmäßige Überprüfung der Blitzschutzanlage
- Sicherungen gegen Überschwemmung, Wasserrohrbruch und sonstige Wasserschäden,
  Beachtung der behördlichen Bauvorschriften und der Brandschutzrichtlinien der Sachversicherer für EDV-Anlagen.

13.3 UNTERSUCHUNGSGEGENSTAND

Der Katalog von Beispielen für mögliche Maßnahmen geht nur in wenigen Punkten über einen Standard der DV-Sicherung hinaus, wie er zur ordnungsgemäßen Durchführung der Arbeiten im Rechenzentrum heute notwendig ist. Die zum Zwecke der Datensicherung angewendeten Methoden und Mittel werden grundsätzlich als technische Unterstützung des Datenschutzes angesehen. "Zur Frage der Kosten der nach § 6 BDSG zu treffenden Maßnahmen geht die herrschende Auffassung davon aus, daß diese zu einem erheblichen Teil aus anderen Gründen, insbesondere nach den Grundsätzen ordnungsgemäßer Datenverarbeitung und zum Schutze der Hardware und Software sowie der Datenbestände im eigenen Interesse ohnehin schon erbracht werden und daß deshalb diese Kosten insoweit nicht dem BDSG zugerechnet werden können"[5].

Auf diesem Hintergrund wurden für die vorliegende Untersuchung Fragen entwickelt, die darüber Auskunft geben sollten, ob und gegebenenfalls welche Datensicherungsmaßnahmen insbesondere für den Personalbereich eingeführt oder geplant waren. Darüber hinaus interessierte aufgrund der teilweise heftigen Reaktionen von Wirtschaftsunternehmen das Problem, wie die Datensicherungsmaßnahmen aufwands- und kostenmäßig (Vorkalkulation, Nachkalkulation) eingeschätzt werden.

Zur Zeit der Befragung war der § 6 BDSG und die Anlage noch nicht in Kraft. Im Rahmen der Untersuchung mußte deswegen besonders interessieren, ob und inwieweit eine Auseinandersetzung mit den Anforderungen und Maßnahmen stattgefunden hatte.

Der Fragenkatalog für die Feldforschung umfaßte somit folgende Punkte:

- Art und Umfang der aufgrund des Bundesdatenschutzgesetzes eingeführten Datensicherungsmaßnahmen;
- die Einschätzung, ob zur Verwirklichung bestimmter Anforderungen besondere Anstrengungen beim Einsatz entsprechender Datensicherungs-

---

5 Antwort der Bundesregierung auf eine Kleine Anfrage am 5.4.1977, BT-Drucks. 8/266.

verfahren notwendig und die Verfahren verfügbar sind;
- den zusätzlichen Einsatz "üblicher" technischer und organisatorischer Methoden zur Erfüllung der in der Anlage § 6 BDSG formulierten Anforderungen;
- die Einschätzung, ob die im Einzelfall zu ergreifenden Maßnahmen als aufwandsmäßig vertretbar gesehen werden;
- die tatsächliche oder geschätzte Größenordnung der verursachten Kosten;
- die zur Bewertung unter Wirtschaftlichkeitsgesichtspunkten angewendeten Verfahren.

Es erschien notwendig, die Antworten vor dem Hintergrund des schon realisierten Datensicherungsstandards zu relativieren: Um den vorhandenen Stand der Datensicherung im Einzelfall zu umreißen, wurde ein Katalog ausgewählter Indikatoren für die geeignet erscheinenden Maßnahmen vorgelegt sowie die Einführungszeitpunkte erfragt.

Die Aussagen zur Verbreitung bestimmter Gruppen von Datensicherungsmaßnahmen und definierter Einzelmaßnahmen beruhen auf einer subjektiven Einschätzung der Sicherungsstandards durch die Befragten. Insbesondere die Definition von Verfahrensgruppen läßt Interpretationen zu, so daß die Anwendung bestimmter Verfahren teilweise gesondert erfaßt werden mußte[6]. Die subjektive Einschätzung der Sicherungsstandards wurde den objektiven Anforderungen des Bundesdatenschutzgesetzes gegenübergestellt.

13.4 DARSTELLUNG DER UNTERSUCHUNGSERGEBNISSE

Eine besonders große Verbreitung ist bei strukturellen oder organisatorischen Maßnahmen feststellbar. So stuften jeweils über 80 % der Be-

---

6 So sind z. B. bei der Verfahrensgruppe "Autorisationsverfahren" unterschiedliche, sich in der Effektivität unterscheidende Verfahren denkbar. Zur Konkretisierung wurden vereinheitlichte Begriffe mit geringerer Interpretationsmöglichkeit verwendet. Eine Standardisierung konnte jedoch nicht erreicht werden.

fragten die in ihrem Unternehmen eingeführten sachbezogenen Orgware-Sicherungen der Aufbauorganisation wie

- eindeutige Zuständigkeitsabgrenzung innerhalb der Datenverarbeitungsabteilung,
- Funktionstrennung zwischen Organisationsabteilung, Programmierabteilung, Personalabteilung und Datenverarbeitungsabteilung

als Maßnahmen zur Datensicherung und zur Gewährleistung des Datenschutzes ein. Zum Teil wurden diese Maßnahmen durch entsprechende Richtlinien (bei 80,6 %) und Schulungen über die Notwendigkeit des Datenschutzes (bei 73,2 %) ergänzt.

Schon vor Diskussion und Inkrafttreten des Bundesdatenschutzgesetzes waren sachbezogene Orgware-Sicherungen der Ablauforganisation eingeführt.

Frage 158:

Welche technischen und organisatorischen Maßnahmen zur Datensicherung und zur Gewährleistung des Datenschutzes sind in Ihrem Unternehmen bereits vor Umstellung auf das Bundesdatenschutzgesetz ergriffen worden? (Antwortblatt (7) mit der Möglichkeit von Mehrfachnennungen).	
Kontrolle des Archiv-Handlings	73,1 %
Umfassende Dokumentation	68,7 %
Protokollierung der Aktivitäten	76,1 %
die Regelung der Weitergabe von Datenträgern	77,6 %

Art und Umfang des Einsatzes dieser Verfahren im Einzelfall wurden zur Gewährleistung der Anforderungen des § 6 BDSG nicht verändert (Frage 159).

Der Anteil der Unternehmen, bei denen Abstimmsumme und Prüfziffer softwaremäßig oder computerintern die Richtigkeit der Verarbeitung kontrollieren, lag bei 73,1 % bzw. 61,2 %. Im closed-shop-Betrieb arbeiten 79,1 % der befragten Unternehmen; dieser Prozentsatz wird durch die Einführung der sich z. Zt. noch im Planungsstadium befindlichen Informationssysteme nicht verändert. Der Stellenwert dieser Sicherungsmaßnahme wird jedoch mit zunehmender Datenfernverarbeitung relativ sinken.

Die Ermittlung der befugten Personen vollzieht sich wie folgt:

61,2 %	durch Verfahren zur Identifikation der Benutzer
40,3 %	durch maschinell lesbare Ausweise
4,5 %	durch Bildauswertung
50,7 %	durch Kontrollpersonal

Durch Stimmprofil oder Fingerabdrücke werden bei keinem befragten Unternehmen berechtigte Benutzer identifiziert. Auffallend gering ist die Verbreitung der Identifikation durch Bildauswertung. Eine Prüfung mit Autorisations- und Identifikationsverfahren führen 43,3 % der befragten Unternehmen durch.

Zur Aufbauorganisation des Rechenzentrums (Bauten, Datenübermittlung) ergab sich folgendes Bild:

Eigener Brandabschnitt für das Rechenzentrum	65,7 %
Selbsttätige Brandschutzklappen im Klimakanal	53,7 %
Datenstationen und die Leitungen zum Rechenzentrum sind zusätzlich gesichert	23,7 %
Die übermittelten Daten werden chiffriert	13,4 %

Während das Rechenzentrum also verhältnismäßig gut gesichert erscheint, trifft das für die Leitungen zum Rechenzentrum und die Übertragungswege nicht zu.

Von den Maßnahmen, mit denen eine Zugriffskontrolle verwirklicht werden könnte, sind die Verwendung benutzerspezifischer Codes oder Schlüsselwörter mit 56,7 % am weitesten verbreitet.

Wirksame Verfahren der Zugriffskontrolle, die eine Überprüfung der Berechtigung bis auf Feldebene ermöglichen, wurden nicht angetroffen. Der Zugriff Berechtigter auf die seiner Zugriffsberechtigung unterliegenden Daten soll bei dem überwiegenden Teil der Probanden entweder durch mitlaufende Protokollierung der definierten Anwendungen für einzelne Datenstationen und anschließende Kontrolle von Abweichungen, oder durch die Abschottung von Datenbanken untereinander kontrolliert werden.

Weiter interesssierte die Zugriffsregelung (Frage 47):

Wie ist der Zugriff der einzelnen Personalinformationssystem-Benutzer geregelt?	
1. Der Datenzugriff ist für einzelne Personen oder für Personalnummern gesperrt (Verbotsprinzip)	7,5 %

2. Es ist positiv festgelegt, welches Feld von welcher Funktion zur Erfüllung der betrieblichen Aufgaben angesprochen werden muß (Erlaubnisprinzip)	80,6 %
3. Keine Angaben	12,0 %

Darüber hinaus wurde nach dem Zugriff zu den Datenverarbeitungsprogrammen gefragt (Frage 54):

Wie haben Sie die Zugriffsmöglichkeiten zu den Programmen definiert?	
1. Die vorhandenen Programme können grundsätzlich von jedem Zugriffsberechtigten benutzt werden	31,3 %
2. Bestimmte Programme stehen nur bestimmten, zusätzlich legitimierten Benutzern zur Verfügung	10,4 %
3. Jeder Benutzer erhält von vornherein nur bestimmte, zur Erfüllung seiner Aufgaben notwendige Programme zugeteilt	46,3 %
4. Keine Angabe	12,0 %

Für jeweils 12 % der Probanden entfielen die Fragen 47 und 54 wegen fehlender technischer Möglichkeiten oder sie beantworteten die Fragen nicht.

Die Kontrolle der Zugriffsberechtigung sieht folgendermaßen aus:

Kontrolle der Zugriffsberechtigung zu einem Segment	31,3 %
Kontrolle der Zugriffsberechtigung zu einem Programm	58,2 %
Verfahren zur Identifikation der Benutzer, Programme und Datenstationen	52,2 %
Kettung definierter Transaktionen an bestimmte Bildschirme	29,9 %

13.5 ZUORDNUNG DER FESTGESTELLTEN SICHERUNGSMASSNAHMEN ZU DEN OBJEKTIVEN ANFORDERUNGEN

Die Befragung ergab, daß in zwei Dritteln der Unternehmen davon ausgegangen wird, daß die bereits entwickelten Sicherungen ausreichen. Es ist zu vermuten, daß sich der zum Zeitpunkt der Untersuchung realisierte Standard der Datensicherung nicht erheblich verändern wird. In der folgenden Übersicht sind die in der Befragung öfters festgestellten Datensicherungsmaßnahmen den gesetzlichen Anforderungen in der Anlage zu § 6 BDSG zugeordnet.

13.6 BEURTEILUNG DES IST-ZUSTANDES

Die sich insgesamt ergebende Rangfolge der ergriffenen Maßnahmen zeigt die relativ starke Verbreitung von Maßnahmen der Ablauforganisation sowie bestimmter Verfahren zur Benutzerauthentifikation. Das Ergebnis entspricht der in der Literatur dargestellten Angebotslage auf dem Markt für Datensicherungsmaßnahmen[7].

13.61 ABLAUFORGANISATION

Die Beurteilung der Effektivität organisatorischer Maßnahmen, insbesondere die Ermittlung des angestrebten und des tatsächlichen Sicherungsgrades sowie der damit verbundenen Fehlerwahrscheinlichkeit, sind nur äußerst vage möglich; für ihre Messung fehlen weitgehend geeignete Kriterien.

Die Kompensierung systemseitiger Maßnahmen durch organisatorische Vorkehrungen läßt sich durch die geringe Verfügbarkeit von Hardware- und Software-Sicherungen erklären. In bestehenden Systemen sind solche Sicherungen nur in geringem Umfang vorgesehen[8]. Der nachträgliche Einbau kann nur unter Schwierigkeiten durchgeführt werden und erhöht das Risiko der Betriebssicherheit. Datensicherungsmaßnahmen müssen deshalb bei der Konzipierung des Datenbanksystems berücksichtigt werden; Sicherungen, die erst im Nachhinein eingeführt werden, sind und bleiben

---

7 Vgl. Rudolf Bayer, Datenschutz und Datenverarbeitung, in: Informatik-Spektrum, 1 (1978), S. 17-24 und Lance Hoffmann, Modern Methods for Computer Security and Privacy, Englewood Cliffs 1977.

8 Das Problem aus der Sicht der Anwender von Minirechnern und Anlagen der mittleren Datentechnik ist darin zu sehen, daß Software- und Hardware-Hersteller des benutzten Rechners Sicherungsfunktionen systemseitig nicht vorsehen, eine Programmierung als normale Benutzerprogramme nicht sinnvoll wäre, die Einführung von Sicherungsroutinen in das Betriebssystem durch den Anwender aber dazu führen würde, daß ihm der Rechner- oder Software-Lieferant jegliche weitere Garantie für Fehlerfälle entziehen würde; vgl. dazu Thomas Barthel, Organisatorische und technische Möglichkeiten zur Datensicherung in Klein- und Mittelbetrieben, in: Gesellschaft für Datenschutz und Datensicherung e. V. (Hrsg.): Datenschutzfachtagung DAFTA '78, Tagungsband, Köln 1979, S. 81.

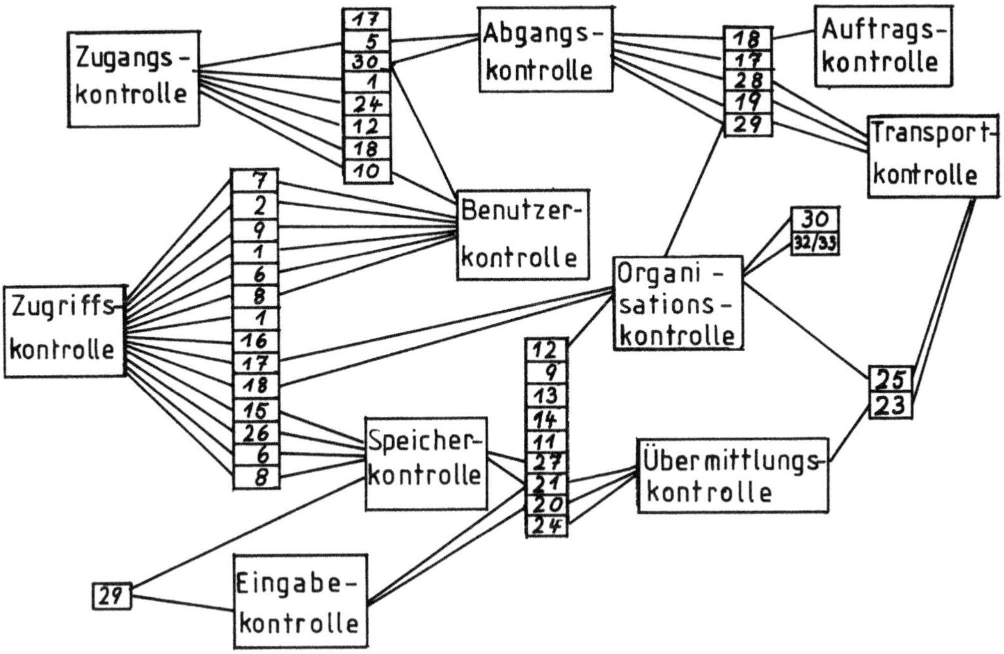

Abb. 5: Zuordnung von Datensicherungsmaßnahmen zu Datensicherungsanforderungen

1 Verfahren zur Identifikation der Benutzer
2 Maschinell lesbare Ausweise
5 Personalkontrolle durch Kontrollperson
6 Benutzerspezifische Codes oder Schlüsselwörter
7 Autorisationsverfahren und Identitätsverfahren
8 Verfahren zur Identifikation der Benutzer, Programme und Datenstationen
9 Transaktion an Bildschirm gekettet
10 Terminalschlüssel
11 Speicherschutzeinrichtungen
12 Closed-shop-Betrieb
13 Abstimmsumme
14 Prüfziffer oder Kennbuchstabenverfahren
15 Kontrolle der Zugriffsberechtigung zu einem Programm
16 Kontrolle der Zugriffsberechtigung zu einem Segment
17 Eindeutige Zuständigkeitsabgrenzung innerhalb der DV-Abteilung
18 Funktions- und Kompetenzentrennung Fachabteilung/DV
19 Kontrolle des Archiv-handlings
20 Umfassende Dokumentation
21 Protokollierung der Aktivitäten
23 Chiffrierungsprogramm
24 Zusätzliche Sicherung der Datenstationen und der Leitungen zum Rechenzentrum
25 Rücklaufkontrolle
26 Sperren/Entsperren
27 Imagecopy
28 Regelung der Weitergabe von Datenträgern
29 Richtlinien
30 Ausweiskontrolle
32/33 bauliche Kontrolle

Schwachstellen des Systems[9]).

13.62 BENUTZERAUTHENTIFIKATION

Relativ weit verbreitet sind Methoden zur Benutzer-Authentifizierung. Durch sie wird festgestellt, ob das Erkennungszeichen (Kennwort, Stimme, Fingerabdruck) einer Person authentisch ist und der Abgleich über das Erkennungszeichen die Kontaktaufnahme mit dem Datenbanksystem erlaubt.

Diesen Verfahren der Authentifikation durch Ausweise (40,3 % unserer Probanden), Bilder (4,5 %), Kennbuchstaben (61,2 %), Stimmprofile (0 %), Fingerabdrücke (0 %) ist gemeinsam, daß sie dem System vorgeschaltet werden und keine größeren Eingriffe in die Strukturierung des Datenbanksystems erforderlich machen. Systemseitige Benutzer-Identifikationen und Autorisierungsverfahren (im Sinne von Berechtigungsprüfung der angeforderten Nutzungsrechte) sind weniger verbreitet. Insgesamt ist davon auszugehen, daß technisch ausgereifte, zur Datensicherung geeignete Verfahren zum Untersuchungszeitpunkt nicht oder nur in trivialer Form auf dem Markt angeboten wurden. Darüber hinaus sind zur Gewährleistung einiger Anforderungen nach der Anlage zu § 6 BDSG die notwendigen Verfahren überhaupt noch nicht entwickelt.

Eingebaute Hardware- und Software-Sicherungen werden nur vereinzelt und nicht als effektives, in sich abgestimmtes Sicherungspaket angeboten[10]). Wenn auch generell von einer Substituierbarkeit technischer Datensicherungsmaßnahmen durch organisatorische Verfahren ausgegangen werden kann, so ist zu beachten, daß jede fehlende technische Sicherung mit wesentlich höherem Aufwand und niedrigerer Effektivität durch organisatorische Maßnahmen kompensiert werden muß. Außerdem sind die Nebeneffekte organisatorischer Maßnahmen zu berücksichtigen, die sich nur schwer kontrollieren lassen. Diese Gründe sollten zu einer umfassenden Implementierung kontrollierbarer und systemseitiger Hardware- oder Softwaremaßnahmen führen.

---

9 Vgl. Rüdiger Dierstein, Datensicherung in Datenbanksystemen, in: Gesellschaft für Datenschutz und Datensicherung e.V. (Anm. 8), S. 89.

10 Vgl. dazu die Ausführungen zu dem System CODASYL von Dierstein (Anm. 9), S. 88.

13.63 INSBESONDERE: SCHWACHSTELLEN DER BENUTZERKONTROLLE

Die Probleme der Erfüllung von gesetzlichen Anforderungen sollen am Beispiel der Benutzerkontrolle (Anlage zu § 6 BDSG, Nr. 4) dargestellt werden.

Ziel der Benutzerkontrolle ist es, "die Benutzung von Datenverarbeitungssystemen, aus denen oder in die personenbezogene Daten durch selbsttätige Einrichtungen übermittelt werden, durch unbefugte Personen zu verhindern" (Wortlaut von Nr. 4). Während im Rahmen der Zugriffskontrolle (Nr. 5) zu gewährleisten ist, daß jeder durch die Benutzerkontrolle autorisierte Benutzer eines Datenverarbeitungssystems ausschließlich auf die seiner Zugriffsberechtigung unterliegenden personenbezogenen Daten zugreifen kann, zielt die Benutzerkontrolle auf die Festlegung und Überprüfung des Kreises der Berechtigten ab.

Die Benutzerkontrolle umfaßt zwei Komponenten:

- Abgleich der Benutzer-Identifikation mit den angeforderten Nutzungsrechten (den Datenfeldern, Programmen und Anwendungen)
- Überprüfung, ob autorisierte Person und zugreifende Person identisch (authentisch) sind.

Als Verfahren zur Authentifizierung kommen in Betracht:

- Kenntwortabfragen (z. B. Kombination persönlicher Angaben)
- Abgleich der Fingerabdrücke
- Abgleich der Stimmprofile
- Messung der Bilder.

Unsere Befragung ergab, daß eine Authentifizierung bei weniger als der Hälfte der Probanden erfolgt, und zwar im allgemeinen hauptsächlich und lediglich durch Kennwortabfragen[11].

Darüber hinaus wird eine echte Zugriffskontrolle (ständige Überprüfung

---

11 Eine Änderung ist insbesondere bei Klein- und Mittelbetrieben nicht so bald zu erwarten, vgl. Barthel (Anm. 8), S. 81 ff.

bei jeder Datenbankoperation) nicht durchgeführt und wäre technisch auch noch nicht ausgereift. Wegen der interdependenten Beziehung zwischen der Benutzerkontrolle und den anderen Maßnahmen zur Datensicherung erscheint beides problematisch: Die Authentifizierung bildet die Grundlage für die Sicherungswirkung anderer Kontrollen, insbesondere der Zugriffskontrolle, Zugangskontrolle und Speicherkontrolle. Der Sicherungsgrad des (Gesamt-) Sicherungssystems kann in der Regel nicht höher sein als der Wirkungsgrad, der durch die Benutzerkontrolle garantiert wird[12].

Ein Abgleich der Benutzer-Identifikation mit den angeforderten Nutzungsrechten an den Personalinformationssystemen findet nur bei etwas mehr als der Hälfte der Probanden statt; dies geschieht

- mit Hilfe maschinell lesbarer Ausweise	40,3 %
- durch benutzerspezifische Code- oder Schlüsselwörter	56,7 %
- durch Verfahren zur kombinierten Identifikation von Benutzern, Programmen und Datenstationen	52,2 %.

Auch die zusätzliche Sicherung der Datenstation erfolgt relativ selten:

- Sicherung des Terminals durch Schlüssel und/oder	26,9 %
- Kettung bestimmter Transaktionen an einzelne Bildschirme	29,9 %.

Feststellbar ist dagegen der Versuch, einen gewünschten Sicherungsgrad durch den Einsatz organisatorischer Maßnahmen, wie Richtlinien über die Zuweisung von Benutzerzeiten, zu erfüllen; letztere haben aber ohne definierte Kontrolle nur eine psychologische und damit eher zufällige Sicherungsfunktion. Insgesamt ist also die Form der Benutzerkontrolle bei den untersuchten Datenbanken noch wenig entwickelt[13]. Angesichts der zentralen Benutzerkontrolle sind deshalb größere Anstrengungen erforderlich, um den gesetzlichen Datensicherungsanforderungen bezüglich der Implementierung geeigneter Verfahren und Maßnahmen zu genügen.

---

12 Dierstein (Anm. 9), S. 85.

13 Ähnliche Einschätzung bei Dierstein (Anm. 9), S. 89.

13.7 KOSTEN DES DATENSICHERUNGSSYSTEMS

Für die Untersuchung der Kosten, die durch das Datensicherungssystem entstehen, wurde der Untersuchungsgegenstand auf die Art und Höhe der Kosten beschränkt, die durch die Anforderungen der Anlage zu § 6 BDSG verursacht werden. Nicht einbezogen wurden also beispielsweise Kosten für Sperrungen aufgrund der Datensicherungsmaßnahmen oder die Berufung eines Datenschutzbeauftragten.

Die Ergebnisse der Vorkalkulationen und Schätzungen der zu erwartenden Kosten der Datensicherungsmaßnahmen waren zum Zeitpunkt der Untersuchung sehr unterschiedlich[14]. Während bei einigen Unternehmen "die Kosten für Sicherheitsmaßnahmen betrieblicher Datensicherung und der übrigen diversen Auflagen ... in die Millionen"[15] geschätzt wurden, ging die Bundesregierung davon aus, daß die nach § 6 BDSG zu treffenden Datensicherungsmaßnahmen zu einem erheblichen Teil aus anderen Gründen ohnehin schon erbracht werden und deshalb insoweit nicht dem Bundesdatenschutzgesetz zugerechnet werden können.

Da Datensicherungsmaßnahmen erst zum 1.1.1979 verpflichtend wurden (§ 47 S. 2 Nr. 3 BDSG), konnte die Frage nach der Höhe der Kosten überwiegend noch nicht beantwortet werden.

Frage 162: Wie hoch sind/schätzen Sie die Kosten für die zusätzlichen technischen und organisatorischen Maßnahmen, die aufgrund von § 6 BDSG eingeführt werden müssen? (offene Frage)	
1. Weiß ich nicht, keine Antwort	62,7 %
2. Weniger als 500.000-- (davon die Hälfte als "unerheblich bis null") DM	34,3 %
3. Etwa 1 - 3 Mio. DM	3,0 %

Zu den Angaben ist zu bemerken, daß die Höhe der erwarteten Kosten

---

14 Vgl. die öffentliche Anhörung zum Entwurf des BDSG durch den Innenausschuß und den Ausschuß für Wirtschaft des Deutschen Bundestages am 31.3.76.

15 So Horst Wittek, Über die Lufthansa, in: Manager Magazin 9/76, S. 62.

selbstverständlich abhängt vom gegebenen Datensicherungsstandard, von der Art der geplanten Sicherungsmaßnahmen (Hardware-, Software- oder Organisationsmaßnahmen), von der Konfiguration und Arbeitsweise des Datenverarbeitungssystems, von den Anwendungen und dem Datenbestand sowie vom Organisationsaufbau.

Eine weitere Frage bezog sich auf den Bedarf an neuen Sicherungsmaßnahmen (Frage 160):

Halten Sie es für notwendig, neue Orgware-Sicherungen oder technische Sicherungen zu entwickeln, um den im Bundesdatenschutzgesetz geforderten Schutz zu gewährleisten?	
1. Ja	16,3 %
2. Nein, die bereits entwickelten Sicherungen reichen aus	65,7 %
3. Keine Angaben	12,0 %
4. Weiß ich noch nicht	6,0 %

Es verwundert deshalb nicht, daß die meisten Probanden den Aufwand im wesentlichen akzeptieren (Frage 161):

Halten Sie die geforderten Datensicherungsmaßnahmen für vertretbar?	
1. Ja	74,6 %
2. Nein	4,5 %
3. Weiß ich nicht, keine Angabe	20,9 %

Schon bei Planung der Umfrage bestand das Hauptproblem in der Formulierung eines angemessenen Bündels von Datensicherungsmaßnahmen und dessen Bewertung. Es sollte durch Fragen zu den Determinanten für Risiken (Eintrittswahrscheinlichkeit eines bestimmten Schadens; Schadenshöhe; Risikobereiche) und Determinanten für Sicherungsmaßnahmen (Wert der Information; Angemessenheit; Schutzbedürfnis; Wirkungsgrade[16]; Kosten) ermittelt werden. Die Untersuchung ergab, daß im Untersuchungszeitpunkt

---

16 Vgl. den Lösungsvorschlag zur Bestimmung des Wirkungsgrades mit Hilfe von Punktbewertungsverfahren bei Kurt Nagel, Wirtschaftlichkeitsanalyse bei Datensicherungssystemen, in: IBM-Nachrichten Nr. 232 (1976), S. 296 ff.

derartige Überlegungen nicht angestellt wurden. So hatten nur drei Unternehmen zur Beurteilung der Datensicherungsmaßnahmen unter Wirtschaftlichkeitsaspekten eine Kosten-Nutzen-Analyse durchgeführt, zwei weitere Unternehmen beabsichtigten eine Kosten-Nutzen-Analyse zur Auswahl von Datensicherungsmaßnahmen.

Informelle Gespräche nach den Interviews zeigten allerdings, daß aus Gründen der längerfristigen Bindung des Unternehmens an ein einmal gewähltes Datensicherungspaket die Durchführung einer Wirtschaftlichkeitsanalyse als notwendig erachtet wurde. Insofern wird dann die Feststellung der zu erwartenden Kosten für leicht möglich gehalten[17]; Schwierigkeiten werden dagegen insbesondere gesehen

- in der Zuordnung der mit einer konkreten Maßnahme verbundenen Kosten
- in der Bestimmung der Eintrittswahrscheinlichkeit eines bestimmten Schadens
- in der Ermittlung des Wirksamkeitsgrades einer Maßnahme
- in der Bewertung des Wertes einer Information[18] sowie
- in der Quantifizierung des Nutzens einer Maßnahme.

In der Tat sind bei der Kombination von Maßnahmen in einem Sicherungspaket Aussagen über das Verhältnis der interdependenten Wirkungen schwierig zu treffen.

Die in der Literatur dargestellten Ansätze für eine Wirtschaftlichkeitsanalyse bei Datensicherungssystemen gehen im allgemeinen von der Analyse der Risiken und der Untersuchung der alternativen Möglichkeiten zur Sicherung aus, wobei die Entscheidungskriterien für die Auswahl der

---

17 Vgl. auch A. Angermann/R. Thomé, Ansätze für eine Kosten-Nutzen-Analyse des Datenschutzes, in: DATA Report 8 (1973), H. 4, S. 21.

18 Dieser kann mindestens drei verschiedene Werte annehmen:
- Wert für den Datenhalter
- Wert für denjenigen, dessen persönliche Daten gespeichert sind
- Wert für einen Dritten, der die Daten in Erfahrung bringen will.

Maßnahmen die Kosten und der erreichbare Sicherheitsgrad sind[19]. Es ist zu entscheiden, ob nicht in einer Kosten-Nutzen-Analyse im Sinne der Gegenüberstellung von Erträgen und Aufwendungen neben den quantifizierbaren Teilen (Haftung, Risikowahrscheinlichkeit) auch die nicht-monetären, schwer bewertbaren, sich auf den Persönlichkeitsschutz und die Ziele des Datenschutzes beziehenden individuellen Nutzenaspekte berücksichtigt werden müssen und ob diese Nutzenaspekte durch den verhinderten Schaden und Haftungsansprüche ausreichend quantifizierbar sind. Anstelle einer Einbeziehung der datenschutzfördernden Auswirkungen der gesetzlichen Vorschrift oder ihrer Nichterfüllung in eine Kosten-Nutzen-Analyse erscheint eine Betrachtung der Kostenseite und die Lösung des Optimierungsproblems als Minimierung sinnvoll.

13.8 ÜBERLEGUNGEN ZUM ENTWURF EINES DATENSICHERUNGSSYSTEMS

Nach dem Gesetzesauftrag hat die Gesamtheit der getroffenen Maßnahmen eine ausreichende Datensicherung zu bewirken. Dafür ist im Zweifelsfall der Anwender beweispflichtig. Das Datensicherungssystem muß die in der Anlage zu § 6 BDSG formulierten Anforderungen als Zielvorgaben durch entsprechende Maßnahmen ausfüllen. Die Maßnahmen müssen geeignet, erforderlich, angemessen und in ihrer Gesamtheit ausreichend sein.

Die Aufgabe besteht also darin, ein System von Datensicherungsmaßnahmen zu entwerfen, deren Kombination den erforderlichen Sicherungsgrad erreicht. Dabei sind folgende Realisierungsschritte zu durchlaufen:

---

19 So definiert B. Broermann (Computerüberwachung und Computersicherung, in: output 1 (1973), S. 20 ff.) den Risikofaktor durch das Produkt aus bewerteter relativer Schadenswahrscheinlichkeit für jedes Risiko und der bewerteten relativen Schadenshöhe und ermittelt den Sicherheitsindex durch das Produkt von Risikofaktor und relativer Schutzwirksamkeit, bezogen auf die Kosten. Anhand des so gebildeten Sicherheitsindexes wird die lohnendste Investition erkennbar; Angermann/Thomé (Anm. 17), S. 18 ff., gehen von möglichst datailliert zerlegten Täterstrategien aus, denen Schutzstrategien des Anwenders gegenübergestellt werden. Kriterien für die Auswahl von Maßnahmen und ihrer Kombination sind Konsequenz-Dominanz und Kosten; das Optimierungsproblem wollen sie mit Hilfe der Graphentheorie und eines Algorithmus zur Konstruktion minimaler Schnitte in Kapazitätsnetzen lösen.

- Problemanalyse
- Interpretation der Sicherheitsanforderungen nach der Anlage zu § 6 BDSG entsprechend dem aktuellen technologischen Entwicklungsstand und in Abhängigkeit von der Datenverarbeitungskonzeption, der Konfiguration, der Datenart, der Programme und Anwendungen sowie von den besonderen betrieblichen Rahmenbedingungen
- Auswahl der Maßnahmengruppe
- Auswahl der konkreten Maßnahmen.

Die Forderungen nach Wirtschaftlichkeit und Sicherheit sind als gleichberechtigte Konstruktionsprinzipien eines Sicherungssystems anzusehen.

Anhand dieser formalen Entscheidungsschritte ist zu überprüfen, inwieweit sich bei vorgegebenem Datensicherungsstandard Datensicherungsmaßnahmen substituieren lassen oder der Datensicherungsstandard durch unterschiedlich kombinierbare Maßnahmen erhöht werden kann.

13.9 VORSCHLÄGE

13.91 Die nach § 6 Abs. 2 S. 1 BDSG zu erlassende Rechtsverordnung über Datensicherungsmaßnahmen entsprechend dem jeweiligen Stand der Technik sollte den Nachdruck auf systemseitige Hardware- und Softwaremaßnahmen der Hersteller von Personalinformationssystemen legen. Nachträgliche organisatorische Maßnahmen seitens der Anwender lassen sich schlechter implementieren und schlechter in ihrer Wirkung kontrollieren.

13.92 Die Anwender von Personalinformationssystemen sollten vor allem die Maßnahmen der Benutzerkontrolle (Anlage zu § 6 BDSG, Nr. 4) verstärken.

14 QUALITATIVE AENDERUNGEN DURCH PERSONALINFORMATIONSSYSTEME

In den einzelnen Abschnitten dieser Untersuchung haben sich genügend Hinweise dafür ergeben, daß der Einsatz von Personalinformationssystemen nicht lediglich eine modernisierte Personalaktenführung darstellt, sondern ein qualitativ neues Verwaltungs- und Planungsinstrument[1].

Der Grund für diese Einschätzung liegt einmal in der Verwendung neuer Methoden, die vorher nicht entwickelt oder sinnvoll anwendbar waren (Beispiele: Verkaufsstatistiken, Simulation, Profilbildungsverfahren, Korrelationsrechnungen, ökonometrische Modelle); dadurch entlastet der Computer die Personalabteilung von Routinearbeit, dient der exakten und schnellen Entscheidungsvorbereitung und fördert die bessere Strukturierung von Informationen im Personalbereich. Darüber hinaus verändern die gegenwärtig computergestützt wahrgenommenen Funktionen bei der Personalverwaltung und Personalplanung nachhaltig die Informationsbeziehungen innerhalb und außerhalb des Unternehmens. Rechtliche Grundwerte, wie Freiheit, Eigentum, Vertrag, Persönlichkeitsrecht, Selbstbestimmung, Mitbestimmung, Machtkontrolle oder Humanisierung des Arbeitslebens müssen mit der neuen Entwicklung koordiniert werden. Somit geraten Personalinformationssysteme, die in der Bundesrepublik Deutschland mit Sicherheit eine dreistellige Zahl unter den größten Wirtschaftsunternehmen erreichen[2], auch in das Blickfeld der Gesellschafts-, Wirtschafts-, und Rechtspolitik: Nüchternheit und Stolz unter dem technischen Aspekt, Unsicherheit und Vorsicht unter dem Datenschutzaspekt, Ratlosigkeit unter dem Mitbestimmungsaspekt und Befürchtungen unter dem Arbeitsmarktaspekt kennzeichnen die gegenwärtige Lage.

---

1 So ausdrücklich jetzt: LAG Niedersachsen 3 Ta BV 3/79 v. 28.9.1979 (unveröffentlicht).

2 Unter Einbeziehung der Banken und Versicherungen; demgegenüber hält Spiros Simitis, Datenschutz im Arbeitsrecht, in: AuR 1977, S. 97 (102) "die Zahl der wirklich praktizierten Systeme für überaus gering".

14.1 BEURTEILUNGSEBENEN

Auswirkungen der Personalinformationssysteme lassen sich vor allem in den Relationen Arbeitgeber/Arbeitnehmer, Arbeitgeber/Betriebsrat, Unternehmen/Konzern und Unternehmen/Staat feststellen. Diese vier Ebenen sollen noch kurz skizziert werden.

14.11 ARBEITNEHMER

Personalinformationssysteme führen stets zu Teilabbildungen der Gesamtpersönlichkeit des Arbeitnehmers, weil Indikatorenlisten und Bewertungsskalierungen nur Ausschnitte der Persönlichkeit erfassen können. Für einen Arbeitnehmer wirkt die Steuerung des leistungsgerechten Arbeitseinsatzes zugleich als Steuerung seiner Qualifikationschancen und seines Leistungsverhaltens: Leistungsbeurteilungen - zum Teil durch Tarifverträge detailliert numerisch festgelegt und kalkulierbar gemacht - beeinflussen die Arbeitsmotivation, die Erwartungshaltung und das Leistungsverhalten. Zwar hilft das Personalinformationssystem leistungsgeminderten Arbeitnehmern, denen die Gefahr der Entlassung droht, vielleicht noch einen angemessenen Arbeitsplatz zu finden; andererseits wird gerade dadurch die Leistungseinschränkung ins Bewußtsein gehoben und zu einer künftig weiterverwertbaren Information in der Personaldatenbank.

Mit jeder automatisierten Funktion verändert sich zudem die Kommunikationsstruktur: An die Stelle des direkten Zugangs zur Personalabteilung, zum Sachbearbeiter oder zum Vorgesetzten tritt heute vielfach die rechnergestützte Abwicklung von Anfragen auf dem Bildschirm. Die Anonymität der indirekten Kommunikation scheint nicht für die höherqualifizierten, aber für die durchschnittlichen Arbeitnehmer die legalen Verhaltensspielräume zu verringern und die Ausübung von Rechten (§ 83 BetrVG) zu erschweren.

Kubicek schlägt deshalb aus organisationssoziologischer Sicht vor, den Einfluß von Arbeitnehmern auf den Prozeß der Systementwicklung und Systemeinführung möglichst frühzeitig und effektiv zu verbessern[3].

---

3 Herbert Kubicek, Informationstechnologie und Organisationsforschung, in: Hans Robert Hansen/Klaus Theo Schröder/Hermann Joachim Weihe (Hrsg.), Mensch und Computer, München/Wien 1979, S. 53 (71).

14.12 BETRIEBSRAT

Auch die Beteiligungsrechte des Betriebsrats hängen heute weitgehend von der Organisation der Informationsverwaltung im Unternehmen ab. Im Mitbestimmungsurteil von 1979 hat das Bundesverfassungsgericht zutreffend festgestellt, daß "mit dem Überschreiten einer bestimmten Unternehmensgröße die Probleme der Anonymisierung der Arbeitnehmer, der Bürokratisierung der Unternehmensleitung und damit der Entstehung von Dienstwegen auftreten, die eine Mitbestimmung der Arbeitnehmer nahelegen"[4].

Mitbestimmung setzt jedoch Kenntnis des Problems, der Lösungsalternativen und der Entscheidungsfolgen voraus. Alle diese Entscheidungsphasen werden in den technisch hochgerüsteten Großunternehmen durch aufbereitete Informationen mehr oder weniger geplant. Wenn also eine abgestufte Beteiligung an Unternehmensentscheidungen entsprechend den Regeln des Betriebsverfassungsgesetzes trotz technisch veränderter Informations- und Kommunikationsstrukturen stattfinden soll, werden die Einführung, der Betrieb und die Kontrolle eines Personalinformationssystems zu strategischen Operationen. Die heben sich qualitativ von Entscheidungen über den Einsatz einer "normalen" Produktionsmaschine ab[5].

Strategische Operationen lassen sich kaum auf der Individualebene, sondern wohl nur auf der institutionellen Ebene kontrollieren. Institutionelle Kontrollverfahren werden deshalb auch in den internationalen Diskussionen vorgeschlagen[6], aber bisher nur in den skandinavischen Ländern auf nationaler Grundlage zum Teil verwirklicht[7]. In der Bundesre-

---

4 BVerfG NJW 1979, S. 699 (711), vorletzter Satz.

5 In einer neueren Gerichtsentscheidung wird sogar die Einführung eines Bildschirmsystems als "Betriebsänderung" im Sinne von § 111 S. 2 Nr. 5 BetrVG angesehen: ArbG Hamburg 8 BV 7/79 v. 24.1.1980 (unveröffentlicht).

6 Jean Salmona, Information Systems, Development, and Structural Changes, in: Simon Lavington (ed.), Information Processing 80. Proceedings of IFIP Congress 1980, Amsterdam/New York/Oxford 1980, pp. 767 (777); Wolfgang Kilian/Gérard Rolloy/Sven Jonasson, Report of Working Group, in: Abbé Mowshowitz (ed.), Human Choice and Computers, 2. Amsterdam/New York/Oxford 1980, pp. 91-93.

7 Kristen Nygaard, Workers' Participation in System Development, in: Mowshowitz (Anm. 6), pp. 71-75; Niels Bjørn-Andersen/Finn Borum, Demokratisierung der Gestaltung von Informationssystemen, in: Hansen/Schröder/Weihe (Anm. 3), S. 327-347.

publik Deutschland bieten sich die abgestuften Beteiligungsformen des Betriebsverfassungsrechts an. Diese Formen müssen weiterentwickelt werden, wenn der bisherige Stand erhalten bleiben soll. Das bestehende Informationsgleichgewicht zwischen Unternehmensleitung und Betriebsrat würde gestört, wenn der Betriebsrat nicht die Verarbeitungsprogramme erführe oder verstünde, die zur Produktion der Informationen dienen. Entsprechende Defizite werden sich um so mehr bemerkbar machen, je stärker die Personalplanung computergestützt abläuft. Um angemessene juristische Lösungen zu finden, bedarf es einer Auseinandersetzung mit betriebswirtschaftlichen Personalplanungsverfahren, die den Informationsbedarf strukturieren.

14.13 UNTERNEHMEN

Träger aller wesentlichen informationsbezogenen Aktivitäten und strukturellen Wandlungen sind grundsätzlich die Unternehmen. Sie treffen die Investitionsentscheidungen und schaffen, verändern oder streichen Arbeitsplätze. Der Wert der Personalplanung ist um so höher einzuschätzen, je mehr sie einen Teil der Gesamtplanung des Unternehmens bildet. Nur durch Computerunterstützung sind heute kurz-, mittel- oder langfristige Planungen zuverlässig möglich. Davon haben die größeren Unternehmen offenbar einen größeren Nutzen als die kleineren, wie die abnehmende Zahl von Personalinformationssystemen in direkter Abhängigkeit vom Umsatz zeigt.

Personaldatenbanken verändern auch qualitativ die betrieblichen Organisations- und Entscheidungsstrukturen. Bessere Entscheidungsverfahren auf verbreiterter Grundlage verringern das Risiko von falschen Stellenbesetzungen, Förderungsmaßnahmen und Karriereplanungen; die Prognosezuverlässigkeit steigt, die Argumentationspositionen werden verbessert. In den meisten Fällen erfolgt eine Reorganisation der Personalverwaltung und eine präzisere Abgrenzung von Zuständigkeiten der Sachbearbeiter.

Neben der Rationalisierung der Personalarbeit kommt es durch den Einsatz von Personalinformationssystemen zu Sekundäreffekten, die sich im Unternehmen als Erweiterung von Handlungsspielräumen für das Management äußern, weil sich die Informationswege verkürzen und bisher verteiltes Wissen an einer Stelle verfügbar wird. Das begünstigt die Zentralisierung von Entscheidungskompetenzen bei der Unternehmensspitze und stärkt die Position der leitenden Angestellten. Andererseits tragen Personalinformationssysteme dadurch auch zu einer intensiveren Verflechtung juristisch selbständiger Unternehmen in einem Konzern bei. Die nach dem Aktiengesetz jährlich an die Obergesellschaft abzugebenden Informationen sind dort wegen der überwiegenden zentralen Installation meist direkt verfügbar. Zu der Leistungsabhängigkeit durch Beherrschungsverträge (§§ 291, 308 AktG) oder der Finanzabhängigkeit durch Gewinnabführungsverträge (§§ 291, 300 ff. AktG) kann eine Informationsabhängigkeit aufgrund von Konzerndatenbanken treten.

14.14 STAAT

Karl W. Deutsch hat kürzlich die technologisch bedingten Strukturveränderungen wie folgt beschrieben: "Wir erleben also eine gewaltige Verschiebung zu einer Gesellschaft hin, in der Information das Schwergewicht hat und die Produktion von Masse und Energie, obwohl sie sehr groß ist, dennoch eher einen geringeren Teil am Arbeitsaufwand der Gesellschaft darstellt. Zugleich bedeutet dies eine immense Zunahme an Informationsbedarf"[8].

In Gesellschaften, in denen Großunternehmen oft enge Oligopole in einem Industriezweig bilden, haben Personalinformationssysteme gesamtgesellschaftliche Relevanz: Nicht nur ihre Investitionen und die Planungsentscheidungen, sondern auch die interne Arbeitsmarktsteuerung wirken sich nachhaltig extern aus. Durch zunehmende Einbeziehung allgemeiner Marktdaten verstärkt sich die Vernetzung mit staatlichen Indikatoren- und Informationssystemen. Umgekehrt weckt die Ausweitung der Funktionen von Personalinformationssystemen Informationsansprüche des Staates nach dem Muster der Datenerfassungsverordnung oder der Datenübermittlungsverordnung. Die Frage wird sich stellen, ob und in welchem Umfang Rahmenvorschriften die Informationsverarbeitung im Bereich der Wirtschaft fördern, behindern oder unter Kontrolle bringen sollen. Die allgemeine Regelungskompetenz des Staates ergibt sich aus der Eingriffsfunktion jeder Informationsverarbeitung und der überragenden Bedeutung der Freiheits- und Partizipationsrechte des Einzelnen sowie der gesamtwirtschaftlichen

---

8 Karl W. Deutsch, Eine veränderte Menschheit? in: IBM-Nachrichten Nr. 248 (1980), S. 15 (22).

Stabilitätspolitik. Aus Gründen des nationalen und internationalen Wettbewerbs ist jedoch Zurückhaltung angebracht, da sich in den anderen Industrieländern dieselbe Entwicklung vollzieht und angesichts des Standes der internationalen Wirtschaftsbeziehungen und der grenzüberschreitenden Konzernverflechtungen eine restriktive nationale Politik die Informationsströme nur in "data havens" umlenken würde. Die sich abzeichnenden internationalen Abkommen der OECD und des Europarats über den zwischenstaatlichen Informationsverkehr scheinen hiergegen voraussichtlich nur eine äußerst schwache normative Wirkung zu entfalten. Nach dem jetzigen Stand werden sie den grenzüberschreitenden Informationsaustausch mit der Bundesrepublik eher erleichtern als erschweren. Zu bedenken ist auch, daß der persönlichkeitsrechtliche Datenschutz und die institutionelle betriebliche Mitbestimmung im Vergleich zu anderen hochindustrialisierten Ländern in der Bundesrepblik bereits gut ausgebaut sind und in der Welt als vorbildlich gelten.

Dieser Stand sollte allerdings gehalten und nicht verwässert werden.

14.2 CHANCEN UND GEFAHREN

Die empirisch festgestellten und die prognostizierten Chancen und Gefahren stehen in einem ambivalenten Verhältnis: Es hängt jeweils von der Interessenlage ab, ob bestimmte Eigenschaften und Möglichkeiten eines technischen Instruments positiv oder negativ eingeschätzt werden.

Ein erheblicher Teil der Probanden, nämlich 70,1 % (Frage 167), hat vor der Einführung des Systms eine Kosten-Nutzen-Analyse durchgeführt. Dabei wurden verschiedene Nutzenerwartungen zugrundegelegt (Frage 170):

Welche Nutzenargumente wurden berücksichtigt? (Mehrfachnennungen möglich)	
1. Schnelle, genaue, rechtzeitige, gleiche und aktuelle Informationen an dezentraler und zentraler Stelle	62,7 %
2. Erhöhung der Transparenz	59,7 %
3. Verbesserung der Entscheidungshilfen	64,2 %
4. Minderung des Fehlbesetzungsrisikos	9,0 %
5. Entfallen von Kartei- und Kontoführung	64,2 %
6. Einheitliches und reduziertes Formularwesen	59,7 %
7. Eindämmung der Papierflut	50,7 %
8. Strukturelle Kostenersparnis	34,3 %

9.	Eindeutige Abgrenzung der Zuständigkeiten bei Datenpflege	41,8 %
10.	Sofortige Auskunftsbereitschaft	49,3 %
11.	Beschleunigung der Arbeitsabläufe	59,7 %
12.	Vergleiche/Simulationen möglich	37,3 %
13.	Erhöhte Sicherheit und Vertraulichkeit für Personaldaten	44,8 %
14.	Auswahl für Förderung und Weiterbildung	13,4 %
15.	Kontinuität in der Beschäftigungslage (Linearisisierung)	13,4 %
16.	Dateneingabe und -anzeige am Schreibtisch des Sachbearbeiters	43,3 %
17.	Steigerung der Attraktivität des Arbeitsplatzes im Sinne einer Humanisierung der Arbeitswelt	10,4 %
18.	Größere Wirkungsbreite der Personalarbeit	3,0 %

Zusammen mit den verfolgten Zielsetzungen eines Personalinformationssystems (Frage 9, Gliederungspunkt 2.222) wird deutlich, daß Effizienz- und Rationsalisierungsgesichtspunkte bei den Unternehmen ganz im Vordergrund stehen und für die Einführung des Systems maßgebend waren.

Demgegenüber entspricht es der juristischen Vorgehensweise, bestehende oder antizipierte soziale Konflikte mit den Mitteln des Rechts zu lösen oder zu verhindern. Auf diesem Hintergrund müssen notwendig die Gefahren stärker hervortreten. Sie liegen in schlecht quantifizierbaren Faktoren, wie: Schutz der Persönlichkeit, humane Arbeitsverhältnisse, faire Konfliktsbereingigungsverfahren, Beteiligung des Arbeitnehmers und des Betriebsrats an Entscheidungsprozessen, Transparenz der Entscheidungen.

Die Mittel des Rechts bestehen entweder in einer Reinterpretation vorhandener Vorschriften auf der Grundlage der ermittelten Tatsachen oder in der Empfehlung neuer Vorschriften. Beide Wege wurden in diesem Forschungsprojekt gewählt.

Rechtswissenschaft, Rechtsprechung und Gesetzgebung haben damit eine zuverlässigere Grundlage für die Bewältigung der anstehenden Probleme.

15 ZUSAMMENFASSUNG UND VORSCHLAEGE

15.1 INFORMATIONSFLÜSSE IM UNTERNEHMEN

15.11 Aufgrund der Arbeitsweise eines Computers besteht ein Trend zur Entdeckung formalrationaler Entscheidungsverfahren in den Unternehmen. In zahlreichen Großunternehmen werden computergestützte Teilinformationssysteme für betriebliche Funktionen (Fertigungssteuerung, Lagerhaltung, Arbeitszeiterfassung, Telefonüberwachung) für das Personalinformationssystem genutzt und zum Teil direkt mit ihm verkoppelt. Die Einführung verkoppelter Personal- und Sachinformationssysteme ist nach § 87 Abs. 1 Nr. 6 BetrVG zu beurteilen.

15.12 Die Organisation der Informationsflüsse in den Unternehmen weist je nach der Unternehmensstruktur große Unterschiede auf; besondere gesetzliche Regeln für den Informationsfluß zwischen Teilinformationssystemen eines Unternehmens (beispielsweise Produktion, Einkauf, Verkauf, Lagerhaltung) und dem Personalinformationssystem empfehlen sich deshalb nicht. Vielmehr bieten Betriebsvereinbarungen ein flexibleres Instrument, um einen gerechten Interessenausgleich herbeizuführen.

Eine Ausnahme von diesem Grundsatz bildet das betriebsärztliche Informationssystem, das von allen anderen betrieblichen Teilsystemen abgeschottet sein muß.

15.13 Ad-hoc-Verknüpfungen von Personaldaten sollten nicht allen Mitarbeitern der Lohn- und Gehaltsabrechnung erlaubt sein, weil die Abrechnungsverfahren durch Tarifverträge, Betriebsvereinbarungen und Arbeitsverträge stets feststehen. Soweit die Geschäftsleitung, die Leiter von Fachabteilungen oder deren Stellvertreter Personaldaten ad hoc verknüpfen können, ist entweder eine Unterrichtung des Betriebsrats über bestehende Zugriffsberechtigungen zu empfehlen oder die Möglichkeit zu geben, auf Wunsch Einsicht in das Protokoll des Zugriffs nehmen zu dürfen.

15.14 Weil das Einsichtsrecht in die Personaldatenbank nach § 83 Abs. 1 BetrVG durch Arbeitnehmer praktisch nicht wahrgenommen wird und mindestens jedes dritte Großunternehmen den Arbeitnehmer nicht von sich aus über Datenübermittlungen unterrichtet, kann eine entsprechende Kenntnis des Arbeitnehmers nicht unterstellt werden. Eine Einwilligung des Arbeitnehmers nach § 3 S. 1 Nr. 2 BDSG schafft zwar eine formale Legitimation für Übermittlungen, eröffnet aber keine effektive Kontrollmöglichkeit. Deshalb ist rechtspolitisch zu überlegen, ob dem Betroffenen bei tatsächlich fehlender Kenntnis der Übermittlungsvorgänge Auszüge aus den Übermittlungsprotokollen, die aus Datensicherungsgründen in fast allen Unternehmen ohnehin anfallen, in gewissen zeitlichen Abständen zur Verfügung gestellt werden sollen.

15.15 Für den grenzüberschreitenden Austausch von personenbezogenen Daten, insbesondere bei konzernverbundenen Unternehmen, ist eine gesetzliche Regelung im Bundesdatenschutzgesetz erforderlich. Sie sollte an die bestehende Regelung für den öffentlichen Bereich und an die Vorschrift im österreichischen Datenschutzgesetz anknüpfen.

15.16 Nach gegenwärtigem deutschen Recht muß bei einem Export von nicht anonymisierten und anonymisierten Personaldaten durch Wirtschaftsunternehmen ins Ausland stets nach § 24 Abs. 1 S. 1 BDSG geprüft werden, ob die "schutzwürdigen Belange" des Betroffenen gewahrt sind. Eine Verletzung liegt regelmäßig dann nicht vor, wenn Arbeitnehmerdaten im Zusammenhang mit einem Arbeitsplatzwechsel ins Ausland innerhalb eines Konzerns nötig werden oder wenn es sich um Führungskräfte handelt.

15.2 ARBEITSMEDIZINISCHES SYSTEM

15.21 ÄNDERUNGEN DES ARBEITSSICHERHEITSGESETZES

Eine computerbezogene Reform des Arbeitssicherheitsgesetzes sollte die Stellung des Betriebsarztes neu definieren, Form, Gegentand und Verwendung seiner Auskünfte genauer festlegen und die Abschottung des betriebsärztlichen von anderen betrieblichen Informationssystemen sicherstellen. Die Produktion der Daten innerhalb eines Unternehmens oder im Zusammenhang mit einem Arbeitsplatz im Unternehmen verändert nicht die Geheimhaltungsbedürftigkeit arbeitsmedizinischer Daten. Der Rollenkonflikt des Betriebsarztes, der als Angestellter des Unternehmens Loyalitätspflichten gegenüber der Unternehmensleitung hat und als Arzt zur Wahrung des Arztgeheimnisses verpflichtet ist, muß durch eine funktionale Trennung arbeitsmedizinischer und sonstiger betrieblicher Aufgaben abgesichert werden. Daraus ergibt sich:

- Es ist eine neue Vorschrift einzuführen, wonach der Betriebsarzt das Recht hat, die von ihm erhobenen arbeitsmedizinischen Daten zu speichern und zu verarbeiten. Speicherung und Verarbeitung, auch zum Zweck der arbeitsmedizinischen Forschung, müssen innerhalb eines seiner ausschließlichen Verantwortung unterliegenden Informationssystems erfolgen und dürfen organisatorisch nicht mit einem betrieblichen Teilinformationssystem verkoppelt werden.

- § 3 Abs. 2 ASiG ist dahingehend zu ändern, daß Befund-, Diagnose- und Therapiedaten vom Betriebsarzt nicht an das Unternehmen weitergegeben werden dürfen. Ebenso wie für den Vertrauensarzt in § 369 b Abs. 3 S. 2 und 3 RVO vorgeschrieben, darf eine Mitteilung des Betriebsarztes an das Unternehmen weder direkt Angaben über Krankheiten enthalten noch indirekt Merkmale, die den Schluß auf Krankheiten zulassen. Nur auf konkrete Anfragen hin sind die Ergebnisse von Eignungsuntersuchungen in zweigliedriger Form ("geeignet"/"nicht geeignet") im Hinblick auf die Verwendung eines Arbeitnehmers auf einem bestimmten Arbeitsplatz an die Personalabteilung weiterzugeben. Eine Weitergabe arbeitsmedizinischer Daten an sonstige Stellen innerhalb oder außerhalb des Unternehmens ist nur zulässig, wenn dies in einer anonymisierten Form erfolgt, die Rückschlüsse auf die Person des Arbeitnehmers ausschließt oder wenn für konkrete Forschungsvorhaben der betroffene Arbeitnehmer in die Weitergabe einwilligt.

- Eine neue Vorschrift im Arbeitssicherheitsgesetz sollte sicherstellen, daß arbeitsmedizinische Eignungsaussagen innerhalb des Personalinformationssystems des Unternehmens als "riskante Daten" behandelt werden, die für die Personalabteilung nicht allgemein zugänglich sind. Über Vorkehrungen nach der Anlage zu § 6 BDSG läßt sich erreichen, daß nur bestimmte Personalsachbearbeiter Zugang haben. Als Kriterium für die Zuständigkeit könnte dienen, wer als Sachbearbeiter mit diesen Daten arbeiten und für deren Pflege sorgen muß.

- Eine weitere Vorschrift sollte die beschränkte Verwendbarkeit arbeitsmedizinischer Eignungsaussagen für Entscheidungen zum Schutz der Arbeitnehmer klarstellen.

- Bei Berücksichtigung der empfohlenen Änderung des Arbeitssicherheitsgesetzes ist es nicht erforderlich, die Weitergabe von arbeitsmedizinischen Eignungsaussagen durch den Betriebsarzt an die Personalabteilung zusätzlich - etwa in Analogie zu § 22 Abs. 3 AFG - von einer Einwilligung des Arbeitnehmers abhängig zu machen.

15.22 ÄNDERUNGEN DES JUGENDARBEITSSCHUTZGESETZES

Die Mitteilung des Betriebsarztes an den Arbeitgeber über Arbeiten, "durch deren Ausführung er die Gesundheit oder die Entwicklung des Jugendlichen für gefährdet hält" (§ 33 Abs. 2 JArbSchG), ist den vorgeschlagenen Regelungen für arbeitsmedizinische Eignungsaussagen nach dem Arbeitssicherheitsgesetz anzupassen. Andernfalls erhielte der Arbeitgeber ohne Einwilligung des Jugendlichen oder seiner Sorgeberechtigten medizinische Daten, die dem Arztgeheimnis unterfallen.

15.23 ÄNDERUNGEN DER ARBEITSSTOFFVERORDNUNG

Auch hier greift der Grundsatz einer funktionalen Trennung zwischen medizinischen und sonstigen Personaldaten ein. Deshalb ist § 19 Abs. 2 Nr. 5 ArbStoffVO ersatzlos zu streichen, der die Mitteilung aller Gefährdungsmöglichkeiten hinsichtlich eines Arbeitnehmers durch den Betriebsarzt an die Personalabteilung vorsieht. Aus der Art der Gefährdungsmöglichkeiten lassen sich nämlich zum

Teil auch die Krankheitsdispositionen und medizinischen Tauglichkeitseinschränkungen ableiten. Diese sind jedoch Bestandteil des Arztgeheimnisses. Der Betriebsarzt sollte daher nicht abstrakt, sondern nur im Hinblick für einen in Aussicht genommenen Arbeitsplatz die Eignung durch eine zweigliederige Aussage "geeignet"/ "nicht geeignet" feststellen.

Ferner ist § 17 Abs. 5 lit. a ArbStoffVO zu präzisieren, wonach der Betriebsarzt dem Arbeitgeber das Ergebnis der ärztlichen Vorsorgeuntersuchung mitteilt. Eignungsaussagen enthalten zugleich Krankheitsaussagen, wenn sie detailliert erfolgen. Das Arztgeheimnis wird auch hier nur gewahrt, wenn der Betriebsarzt im Hinblick auf einen konkreten Arbeitsplatz die Eignung bejaht oder verneint.

15.24 ÄNDERUNGEN DES BETRIEBSVERFASSUNGSGESETZES

In § 94 Abs. 1 S. 1 BetrVG sollte klargestellt werden, daß zu den mitbestimmungspflichtigen Personalfragebögen auch betriebsärztliche Fragebögen zählen, die für routinemäßige Einstellungs-, Reihen- und Vorsorgeuntersuchungen Verwendung finden. Die in § 87 Abs. 1 Nr. 7 BetrVG festgelegte Mitbestimmung des Betriebsrats bei Gesundheitsschutzmaßnahmen sollte auf den Fall einer automatisierten Verarbeitung arbeitsmedizinischer Eignungsaussagen erstreckt und durch eine Kontrolle der zweckbezogenen Datenverarbeitungsprogramme verwirklicht werden.

15.25 ÄNDERUNG DES SOZIALGESETZBUCHES

Durch eine Ergänzung des Sozialgesetzbuches -Verwaltungsverfahren- sollte klargestellt werden, daß Betriebskrankenkassen den zugehörigen Unternehmen keine Informationen über versicherte Arbeitnehmer geben dürfen. Die Weitergabe von Leistungsdaten wäre eine Durchbrechung des Sozialgeheimnisses, wie es § 35 SGB I schützt.

15.26 ÄNDERUNG DES ARBEITSFÖRDERUNGSGESETZES

Es muß sichergestellt werden, daß im zunehmend automatisierten Arbeitsvermittlungsverfahren der Bundesanstalt für Arbeit weder auf der Angebotsseite noch auf der Nachfrageseite medizinische Eignungsprofile Eingang finden. Dies würde nämlich zu einem unkontrollierbaren Kreislauf medizinischer Diagnosen führen und die Vermittlung Behinderter zusätzlich erschweren.

15.3 DATENPROFILE

Während die Herstellung von computergestützten Arbeitsplatzprofilen keinen Einschränkungen unterliegt, sollen für die Verwendung von Leistungsprofilen folgende Rahmenbedingungen in § 95 Abs. 1 BetrVG verankert werden:

- Die Festlegung von Profilmerkmalen, deren Gewichtungen sowie das Abgleichverfahren unterliegen - wie bisher schon die Richtlinien über die personelle Auswahl von Arbeitnehmern - der Zustimmung des Betriebsrats. Dabei ist auf die Gleichbehandlung vergleichbarer Arbeitnehmergruppen zu rechnen.

- Ergebnisse aus computergestützten Profilabgleichen dürfen nicht unmittelbar vollzogen werden, sondern bedürfen vorher der Überprüfung und Bestätigung durch den Personalleiter.

15.4 BETRIEBSJUSTIZ

Soweit Betriebsbußen und Abmahnungen im Personalinformationssystem oder in der Personalakte dokumentiert werden, sollten zugleich auch die Grün-de angegeben, Löschungsfristen vorgesehen und der Kreis der Zugriffsberechtigten durch Datensicherungsmaßnahmen festgelegt werden. Entsprechende Regelungen könnten - außer in Tarifverträgen und Betriebsvereinbarungen - entweder in das Betriebsverfassungsgesetz oder in das von Strafrechtswissenschaftlern bereits 1975 vorgeschlagene Gesetz zur Regelung der Betriebsjustiz eingehen.

15.5 BETEILIGUNG DES ARBEITNEHMERS AN DER VERARBEITUNG VON PERSONALDATEN

Da § 83 BetrVG lediglich auf manuell geführte Personalakten abstellt, ist er auf die heutige Problematik der Personalinformationssysteme zu erstrecken. Es empfiehlt sich eine Neufassung dieser Vorschrift. Dabei sollte das "Einsichtsrecht", das bei einer Datenbank im Gegensatz zu einer herkömmlichen Personalakte so nicht möglich ist, generell in ein "Informationsrecht" umbenannt werden. Die inhaltliche Durchsetzung des Informationsrechts hat sich an den Vollständigkeitsbegriff im Personalaktenrecht des öffentlichen Dienstes sowie an die Regelung in den §§ 26, 27 BDSG anzulehnen. Das bedeutet:

- Die Benachrichtigung über den Einsatz einer Datenbank erfolgt individuell im Arbeitsvertrag oder allgemein durch die Werkszeitung, einem Anschlag am Schwarzen Brett oder durch Bekanntgabe einer Betriebsvereinbarung.
- Um die Kontrolle der Richtigkeit des Datenbestandes auch bei Veränderungen und Erweiterungen der Datenbank zu ermöglichen, hat der Arbeitgeber mindestens einmal jährlich dem Arbeitnehmer einen vollständigen lesbaren Ausdruck der jeweiligen personenbezogenen Daten kostenlos auszuhändigen.
- Dem Arbeitnehmer sind die Dateien oder Datenbanksegmente (Datenfelder) zu nennen, in denen Personaldaten über ihn gespeichert werden.
- Die Mitteilungspflicht des Arbeitgebers hinsichtlich der regelmäßigen Datenempfänger entfällt, soweit diese aufgrund einer Betriebsvereinbarung oder einer sonstigen Rechtsvorschrift feststehen.
- Bei der Speicherung von Personalbeurteilungen sind Zeitpunkt, Geltungsdauer und Urheber der Beurteilung zu vermerken.
- Gegenerklärungen des Arbeitnehmers zum Inhalt einer Personaldatenbank müssen im Kontext der beanstandeten Personaldaten gespeichert und verknüpft werden.

15.6 BETEILIGUNG DES BETRIEBSRATS AN DER VERARBEITUNG VON PERSONALDATEN

15.61 PLANUNG VON PERSONALINFORMATIONSSYSTEMEN

- § 87 Abs. 1 Nr. 6 BetrVG muß neu gefaßt werden, um die Planung von Personalinformationssystem zu berücksichtigen und neben der Verhaltens- oder Leistungsüberwachung auch die Auswertungen durch technische Einrichtungen der Mitbestimmung zu unterstellen.

- In § 90 BetrVG wird als Nr. 5 "Planung von Personalinformationssystemen" eingefügt und im folgenden Satz die Unterrichtung und Beratung auf die "Auswirkungen für die Vergabe von Arbeitsplätzen" ergänzt.

- In § 92 Abs. 1 BetrVG ist klarzustellen, daß die Unterrichtung über Personalplanung auf jeder Planungsstufe zu erfolgen hat und die Übergabe von detaillierten Systembeschreibungen und von Kopien der Originalunterlagen umfaßt. Ferner sollte dem Betriebsrat die Möglichkeit gegeben werden, sich an der Systementwicklung innerhalb der Projektgruppe zu beteiligen.

15.62 EINFÜHRUNG VON PERSONALINFORMATIONSSYSTEMEN

- Durch eine neue Vorschrift § 87a BetrVG ist zu regeln, daß der Betriebsrat im Hinblick auf Personalinformationssysteme eine Darstellung erhält, die folgende Punkte umfaßt:
  - Ziele
  - Verarbeitungsprogramme und deren Struktur
  - Liste aller Datenkategorien, Variablen und Dimensionen
  - Codeplan der Verschlüsselungen
  - Datenorganisation und Datenverwaltung
  - Liste der regelmäßigen Datenlieferanten und Datenempfänger.

- Die unter 10.71 vorgeschlagene Änderung in § 87 Abs. 1 Nr. 6

BetrVG stellt auch die Mitbestimmung des Betriebsrats bei der Einführung von Personalinformationssystemen klar.

15.63 BETRIEB UND DER IMPLEMENTIERUNG VON PERSONALINFORMATIONSSYSTEMEN

- § 95 Abs. 1 S. 1 BetrVG sollte deutlich machen, daß neben Auswahlrichtlinien auch Computerprogramme und zugehörige Datenkategorien der Mitbestimmung des Betriebsrats unterliegen.

- In § 99 Abs. 1 S. 1 BetrVG ist die Mitbestimmung bei personellen Einzelmaßnahmen auf die verwendeten Computerprogramme zu erstrecken.

- In § 99 Abs. 2 muß in Ziff. 2 das Zustimmungsverweigerungsrecht des Betriebsrats bei personellen Einzelmaßnahmen auch auf Computerprogramme bezogen werden, die weniger, mehr oder andere Auswahlkriterien als die vereinbarten berücksichtigen.

- Durch Ergänzung des § 92 BetrVG ist dem Betriebsrat ein direkter und unmittelbarer Zugang zu solchen (und nur zu solchen) Datenfeldern, Datensegmenten und Systemmodulen der Personaldatenbank zu eröffnen, die zur Erfüllung seiner Aufgaben bei personellen Angelegenheiten unabdingbar sind.

15.64 SONSTIGE EMPFEHLUNGEN

Neben den genannten Novellierungen wäre es sinnvoll, die Vielfalt der schwer differenzierbaren Informationskategorien des Betriebsverfassungsgesetzes (Unterrichtung, Einsichtnahme, Vorlage, Auskunft, Aushändigung von Unterlagen usw.) zu reduzieren und zu vereinheitlichen. Für den Informationsverkehr sollten Originaldokumente verwendet werden. Ferner könnte angesichts der wachsenden Arbeitsmarktprobleme überlegt werden, ob nicht in der Regel ein besonderer, vom Wirtschaftsausschuß unabhängiger Personalplanungsausschuß die komplexen Aufgaben der Personalplanung in den Großunternehmen wahrnehmen sollte. Bis zu den vorgeschlagenen Neuregelungen sind Betriebsvereinbarungen oder Tarifverträge als vorläufige Regelung zu empfehlen, die den hier entwickelten Grundsätzen entsprechen.

15.7 BETRIEBSVEREINBARUNGEN

Sowohl nach der unsicheren gegenwärtigen Rechtslage als auch nach dem unabgeschlossenen Ausbaustand von Personalinformationssystemen sind Betriebsvereinbarungen ein geeignetes Mittel, um durch Aushandeln tragfähige Kompromisse zu erzielen. Da es Großunternehmen gibt, in denen Betriebsratsmitglieder nicht über die notwendigen Spezialkenntnisse verfügen, sollte verstärkt die Möglichkeit nach § 80 Abs. 3 S. 1 BetrVG genutzt werden, Sachverständige zu den Beratungen hinzuzuziehen. Besondere Aufmerksamkeit verdienen Gesamtbetriebsvereinbarungen auf Konzernebene, die 100 000 Arbeitnehmer betreffen können und sich daher fast wie Tarifverträge auswirken. Gesetzliche Regelungen über Betriebsvereinbarungen im Hinblick auf Personalinformationssysteme empfehlen sich gegenwärtig nicht.

15.8 BETRIEBLICHER DATENSCHUTZBEAUFTRAGTER

15.81 Die Bestellung und Abberufung des Datenschutzbeauftragten sollte der Mitbestimmung des Betriebsrats unterliegen.

15.82 Die zusätzliche Betrauung eines leitenden Angestellten mit den Aufgaben des Datenschutzes sollte nur dann zulässig sein, wenn dadurch kein Rollenkonflikt entsteht.

15.83 Die Stellung des betrieblichen Datenschutzbeauftragten ist durch einen Kündigungsschutz zu stärken, wie er nach den §§ 15, 16 KüSchG, 103 BetrVG für sonstige Funktionsträger im Betrieb gilt.

15.84 Der Informationsfluß über den Datenschutz im Unternehmen zwischen Datenschutzbeauftragtem, Unternehmensleitung, Betriebsrat und Arbeitnehmern sollte in einer Betriebsvereinbarung festgelegt werden; anzuraten ist die Einrichtung eines Datenschutzausschusses auf Betriebsebene.

15.85 Im Betriebsverfassungsgesetz empfiehlt sich eine Regelung darüber, in wieweit die Datennutzung durch den Betriebsrat der Kontrolle durch den betrieblichen Datenschutzbeauftragten unterliegt.

15.9 D A T E N S I C H E R U N G S M A S S N A H M E N

15.91 Die nach § 6 Abs. 2 S. 1 BDSG zu erlassende Rechtsverordnung über Datensicherungsmaßnahmen entsprechend dem jeweiligen Stand der Technik sollte den Nachdruck auf systemseitige Hardware- und Softwaremaßnahmen der Hersteller von Personalinformationssystemen legen. Nachträgliche organisatorische Maßnahmen seitens der Anwender lassen sich schlechter implementieren und schlechter in ihrer Wirkung kontrollieren.

15.92 Die Anwender von Personalinformationssystemen sollten vor allem die Maßnahmen der Benutzerkontrolle (Anlage zu § 6 BDSG, Nr. 4) verstärken.

16 SUMMARY

The book presents some results of an empirical investigation concerning the information systems in personnel within the 220 largest national and multinational German corporations. As in many industrialized countries computer assisted information systems in personnel have been set up since the beginning of the last decade. Governments, local authorities, insurances, hospitals, credit bureaus, and large enterprises use automated systems, containing data on persons. This technological development is due to three main reasons:

- the pressure to rationalize in order to save expenses or to obtain or safeguard competitive advantages
- the desire to have more comprehensive information available more quickly to improve internal administration and planning
- the demand for quick and accurate communication caused by the growing interdependance between private and state authorities.

Except for some case studies no well founded large scale investigation into the organizational forms and functions of existing information systems in personnel have been published. Encouraged by a two years grant by the Volkswagen Foundation (Stiftung Volkswagenwerk) a research group put forward the following classes of questions:

1. What functions do existing computer systems in personnel have?
   - How are the systems to be described?
   - What functions are taken over by computers?
   - What functions are expected to be computerized?

2. What data have been processed by computers and how?
   - What job related data exist?
   - What employee related data (qualifications, skills, health care) are used for what purposes?

3. What alterations of organizational structures are caused by computers?
   - What effects on the quantity and quality of personnel data management can be observed?
   - To what extend does the computer become an instrument of social control?

4. What measures to protect workers' rights and participation are taken into account?
   - What minimum conditions are set up with regard to computerization (data privacy, data security)?
   - What standard control mechanism does exist with respect to individual and collective rights?

As a result of our detailed questionnaire, which was successfully administered and introduced by interviews, we now have a considerable amount of knowledge of the present state of the art. This leads to well-considered proposals how to organize the industrial relationships by means of legal rules for design, use, and control of computerized information systems in personnel.

Our respondents using information systems in personnel chiefly belong to the following branches: iron and steel industry (32.9%), energy/oil (16.4 %), chemical industry (14.9 %), trade (16.4 %), food (10.5 %). The rest spreads on traffic, building, electrical engineering, and consumption. All respondents together have 2.2 million employees and a summarized annual turnover in Germany of 228 billion US-Dollars.

Many of our results may be found valid even for other countries. It appeared that despite the worldwide operating computer industry offering software packages there ist a strong tendency to design the information system in accordance with special purposes in the enterprise: 71.6 % of the respondents designed their own system, 11.9 % purchased the system completely, 14.9 % modified the purchased system and 1.5 % had their system designed by a software-house on special demand.

The answers to the question for the level of improvement of information systems in personnel reflect technological progress. It appeared that no respondent assessed his system as definitely installed, but 55.2 % described it as "partly in use" and 23.9 % intended further implementation.

Another question asked respondents to indicate the completely assisted functions in their enterprise: 44.8 % of the systems are part of the personnel planning process, 43.3 % used the system for personnel statistics and administration, 3 % used a payroll system and 9 % described most of the administrative and disposable functions. The important utilizations of an information system in personnel, classified out of a set of 10 possible aims, run in a preference list like this:

1. Improvement of the data base for company related planning,
2. application of rational methods,
3. acceleration of information flow for decision-making in personnel,
4. better and more comprehensive disposal for improvement of company related administration and planning.

As a result of our study we can say that to a great extent information systems in personnel fulfil administrative and disposable functions. Administrative functions serve to cope with the legal and business requirements such as payroll accounting, appointments, transfers, promotions and dismissals. Planning methods improve on the other hand above all the personnel planning, for they make it possible to calculate and organize the employee requirement, their procurement, placement, release, training and further education as well as to develop wage and salary codes or promotional and training programmes. In any case, the exchanges between administrative and planning methods are fluent. For the most part the information systems in personnel do not consist namely of one single data bank but of several self-contained but interlinked sub-data banks. Thus it is possible to link up data from the personnel data bank, e. g. data on education, advanced training, development, capabilities, achievements, performance ratings and medical fitness of an employee with the assistance of a method data bank not only with an accounting data bank but also with an employment data bank. The latter contains mainly data about work vacancies, job functions, job organization and security requirements.

Extremely interesting seems to be the fact that in order to have "the right man in the right place at the right time" 30 % of our respondents establish job profiles and ability profiles for each of the job/employee involved and additional 20 % are going to implement their information system in personnel toward profile methods. Sooner or later, every second enterprise of our sample will utilize job and employee profiles to identify positions which correspond to the individual development needs of selected employees. With respect to these facts we may argue that a computerized information system in personnel represents a qualitatively new means of organization which influences not only rationalization but also change accession processes, supervisory processes, decision processes, and co-management processes in business.

Many problems are connected with the information policy of the enterprises. In accordance with German laws a high degree of information disclosure was found: 71.6 % of our respondents allow their employee to demand for information in the data bank related to his person. But most employees will, however, not be in a position to actually exercise their rights. It may therefore well be argued that in the long run the development of organizational and social control instruments like participation of workers' representatives will prove to be more effective. The impact and repercussions of information systems in personnel on job conditions, training and selection processes stipulate collective safeguarding of interests. Those activities should be directed to the dimensioning of the data bank, the data framework, the methods of computing, the validity and reliability of data collected and the participation in the conception of new computer programmes.

Adequate legal protection of interests may be assured either by general regulations of by granting a bargaining process on plant or trade union level. The minimum standards should include the clarifying of the exact purposes of the information systems in personnel and a register of the computer programmes used.

Anhang A: LISTE DER 220 UMSATZSTÄRKSTEN UNTERNEHMEN AUS DEN BEREICHEN INDUSTRIE, HANDEL UND DIENSTLEISTUNGEN, DIE DER UNTERSUCHUNG ZUGRUNDEGELEGT WURDE

	Firma	Branche	1976
1	Veba, Düsseldorf	Energie/Chemie	36.154,0
2	Daimler-Benz AG, Stuttgart	Auto	23.503,0* W
3	Hoechst, Frankfurt	Chemie	23.485,0 W
4	BASF, Ludwigshafen	Chemie	23.157,0 W
5	Thyssen AG, Duisburg	Stahl	21.500,0 W (9)
6	Volkswagenwerk, Wolfsburg	Auto	21.423,0
7	Bayer, Leverkusen	Chemie	20.880,0 W
8	Siemens, München	Elektrotechnik	20.676,0 W (9)
9	RWE, Essen	Energie	14.713,0 (6)
10	Ruhrkohle, Essen	Bergbau	14.513,0
11	AEG-Telefunken, Frankfurt	Elektrotechnik	13.466,0 W
12	Esso, Hamburg	Mineralöl	12.015,0
13	Mannesmann, Düsseldorf	Stahl/Rohre	11.798,0 W
14	Deutsche Shell, Hamburg	Mineralöl	11.429,0
15	GHH, Oberhausen	Maschinenbau	11.073,0 (6)
16	Thyssen Handelsunion	Handel	10.102,0 W (9)
17	Stinnes, Mülheim/Ruhr	Handel/Verkehr	9.848,0
18	Krupp, Essen	Stahl	9.734,0 W
19	Veba-Chemie, Gelsenkirchen	Öl/Chemie	9.570,0
20	Aral, Bochum	Mineralöl	8.995,0
21	Salzgitter AG	Stahl/Schiffbau	8.859,4 (9)
22	Ford, Köln	Auto	8.657,2
23	Opel, Rüsselsheim	Auto	8.600,0 G
24	Bosch, Stuttgart	Elektrotechnik	8.318,5
25	Toepfer, Hamburg	Getreide/Handel	7.755,0 (7)
26	Hoesch, Dortmund	Stahl	7.576,0
27	Deutsche Unilever, Hamburg	Nahrungs-/Waschmittel	7.334,0
28	Deutsche Spar, Frankfurt	Nahrungsmittel	7.286,0
29	Karstadt, Essen	Warenhaus	7.255,0
30	VG Friedrich Flick, Düsseldorf	Holding	7.234,7
31	Raab Karcher, Essen	Handel	7.043,0
32	Selex-Gruppe, Offenburg	Nahrungsmittel	6.933,0
33	BP, Hamburg	Mineralöl	6.846,0
34	Metallgesellschaft, Frankfurt	Metallwirtschaft	6.800,0 W (9)
35	Klöckner & Co, Duisburg	Handel	6.770,0
36	Kaufhof, Köln	Warenhaus	6.351,0
37	Edeka Zentrale, Hamburg	Nahrungsmittel	6.300,0
38	Reemtsma, Hamburg	Tabak/Getränke	6.282,2 W
39	Quelle, Handelsgruppe Schickedanz, Fürth	Handel	6.243,0* W (1)

	Firma	Branche	1976
40	IBM, Stuttgart	Bürotechnik	5.960,0
41	Texaco, Hamburg	Mineralöl	5.798,0
42	Henkel, Düsseldorf	Chemie	5.726,0 W
43	Hertie, Frankfurt/Berlin	Handel	5.691,0
44	Neue Heimat, Hamburg	Wohnungsbau	5.369,0
45	Mobil Oil, Hamburg	Mineralöl	4.908,5
46	Aldi, Essen/Mülheim	Nahrungsmittel	4.900,0 G
47	VIAG, Berlin/Bonn	Energie	4.852,0
48	Kraftwerk Union, Mülheim	Kraftwerke	4.715,0
49	Rewe-Zentrale, Köln	Nahrungsmittel	4.710,9
50	BayWa, München	Agrarhandel	4.530,0
51	Thyssen Industrie, Essen	Investitionsgüter	4.425,0 (9)
52	Degussa, Frankfurt	Metall/Chemie	4.373,0 W (9)
53	BMW, München	Auto	4.287,0
54	co op Zentrale, Frankfurt	Nahrungsmittel	4.170,0
55	Mannesmannröhren-Werke, Düsseldorf	Rohre	3.991,0
56	Deutsche Lufthansa, Köln	Luftverkehr	3.936,0
57	Saarbergwerke, Saarbrücken	Energie	3.806,0
58	Deutsche Philips, Hamburg	Elektrotechnik	3.805,0 (4)
59	Ruhrgas, Essen	Energie	3.804,5
60	Mabanaft Gruppe, Hamburg	Oel/Handel	3.800,0 G
61	Gedelfi, Köln	Handel	3.670,0 W
62	MAN Augsburg	Maschinenbau	3.611,0 (6)
63	B-A-T, Hamburg	Cigaretten	3.590,0
64	C & A, Düsseldorf	Textil/Handel	3.577,3
65	KHD, Köln	Maschinenbau	3.554,0
66	Babcock, Oberhausen	Maschinenbau	3.516,0 (9)
67	BBC, Mannheim	Elektrotechnik	3.442,0 W
68	Neckermann, Frankfurt	Versand/Handel	3.374,0 W
69	Horten, Düsseldorf	Warenhaus	3.319,0
70	Oetker, Bielefeld	Nahrungsmittel	3.300,0 G
71	Agfa-Gevaert, Leverkusen	Fototechnik	3.218,0
72	Mannesmann-Export, Düsseldorf	Handel	3.140,0 W
73	VAW, Bonn	Aluminium	3.115,0
74	IFA, Osnabrück	Handelskette	3.100,0
75	Preussag, Hannover	Metall/Energie	3.065,0
76	AGIV, Frankfurt	Holding	3.050,0
77	Krupp Hüttenwerke, Essen	Stahl	3.048,0
78	Audi NSU, Ingolstadt	Auto	3.030,0
79	Otto Wolff, Köln	Handel/Stahl	2.987,6
80	Klöckner-Werke, Duisburg	Stahl	2.978,0 (9)
81	Wintershall, Kassel	Erdöl/Erdgas	2.932,0
82	Hochtief, Essen	Bauindustrie	2.850,0
83	Holzmann, Frankfurt	Bauindustrie	2.838,0
84	Henkel & Cie, Düsseldorf	Chemie	2.800,0
85	Thyssen Brennkraft, Duisburg	Handel/Mineralöl	2.783,0 (9)
86	Thyssen Stahlunion, Düsseldorf	Großhandel	2.741,0 (9)

	Firma	Branche	1976
87	VEW, Dortmund	Energie	2.707,0
88	SEL, Stuttgart	Elektrotechnik	2.696,0 (9)
89	Chemische Werke Hüls, Marl	Chemie	2.687,7
90	Brinkmann, Bremen	Tabakwaren	2.649,6 (3)
91	Haniel, Duisburg	Handel	2.632,0
92	Gelsenberg, Essen	Energie/Chemie	2.597,0
93	Für Sie-Discount, Köln	Nahrungsmittel	2.500,0
94	Salzgitter Stahl, Düsseldorf	Stahlhandel	2.412,0 (9)
95	Bertelsmann, Gütersloh	Verlagswesen	2.405,0 W (6)
96	Kampffmeyer, Hamburg	Großhandel	2.400,0
97	Ferrostaal, Essen	Handel/Export	2.398,0 (6)
98	Grundig, Fürth	Elektrotechnik	2.373,0 W (3)
99	Stahlwerke Peine-Salzgitter, Peine	Stahl	2.351,0
100	co op Handels- u. Produktions-AG, Hamburg	Nahrungsmittel	2.349,0
101	Deutsche Nestlé-Gruppe, Frankfurt	Nahrungsmittel	2.345,5
102	Unternehmensgruppe Mann, Karlsruhe	Handel	2.300,0 W
103	Boehringer, Ingelheim	Chemie/Pharma	2.214,0 W
104	Hoesch Handel, Dortmund	Handel	2.209,0
105	Union Rheinische Braunkohlen Kraftstoff, Wesseling	Oel/Chemie	2.185,0
106	Wilh. Werhahn, Neuss	Handel	2.181,0
107	Rütgerswerke, Frankfurt	Chemie	2.152,0
108	Getreide-Import, Duisburg	Handel	2.145,0
109	Demag, Duisburg	Maschinenbau	2.129,0 W
110	Varta, Bad Homburg	Elektrotechnik	2.108,1 W
111	Magirus-Deutz, Ulm	Fahrzeugbau	2.081,0
112	Thyssen Schulte, Dortmund	Großhandel	2.083,0 (9)
113	Enka Glanzstoff	Chemie	2.055,9
114	Hapag-Lloyd, Hamburg	Reederei	2.014,8
115	Südvieh/Südfleisch, München	Vieh/Fleisch	2.011,0
116	Bomin-Gruppe, Bochum	Mineralöl	2.010,0
117	Schering, Berlin	Chemie/Pharma	1.996,0
118	Schenker, Berlin/Frankfurt	Spedition	1.968,5
119	Dynamit Nobel, Troisdorf	Chemie	1.968,0
120	Thyssen Edelstahlw., Krefeld-Witten	Edelstahl	1.955,0 (9)
121	Deutsche Raiffeisen-Warenzentrale, Frankfurt	Großhandel	1.955,0 (6)
122	Stahlwerke Röchling-Burbach, Völklingen	Stahl	1.940,0 W
123	Bosch-Siemens Hausgeräte, München	Elektrotechnik	1.924,7
124	Otto Versand, Hamburg	Versand/Handel	1.913,0 (2)
125	Bilfinger + Berger, Mannheim	Bauindustrie	1.910,0 W
126	Stahlwerke Südwestfalen, Siegen	Edelstahl	1.900,0
127	Thyssen Niederrhein, Oberhausen	Eisen/Stahl	1.894,0 (9)
128	Continental, Hannover	Gummi	1.865,0 W
129	PWA, Raubling	Papier	1.858,4 W
130	ELF, Düsseldorf	Mineralöl	1.846,5

	Firma	Branche	1976
131	Tengelmann, Mülheim/Ruhr	Nahrungsmittel	1.824,0 (6)
132	PolyGram, Hamburg	Musik	1.818,0
133	Possehl-Gruppe, Lübeck	Handel	1.802,6
134	Deutsche Conti-Handelsges., Hamburg	Im/Export	1.800,0
135	Kontinent Möbel, Gelsenkirchen	Möbel	1.800,0
136	Linde, Wiesbaden	Anlagenbau	1.800,0 W
137	VFW-Fokker, Düsseldorf	Luft/Raumfahrt	1.767,4 W
138	Agip, München	Mineralöl	1.761,0
139	Rheinische Olefinwerke, Wesseling	Petrochemie	1.755,0
140	Kugelfischer Georg Schäfer, Schweinfurt	Metallverarbeitung	1.748,0 W
141	Freudenberg & Co, Weinheim	Leder/Kunststoff	1.711,0 W (6)
142	Deutsches Milch-Kontor, Hamburg	Nahrungsmittel	1.700,0 W
143	Carl-Zeiss-Stiftung, Oberkochen	Feinmechanik/Optik	1.697,7 W (9)
144	Bayernwerk, München	Energie	1.697,0 (9)
145	Feldmühle, Düsseldorf	Papier	1.680,4
146	Steag, Essen	Energie	1.679,0
147	Deutsche Marathon Petroleum, München	Mineralöl	1.667,0
148	Andreae-Noris Zahn, Frankfurt	Pharma	1.659,0
149	Massa GmbH, Alzey	Nahrungsmittel	1.650,0 W
150	MBB, München	Luft/Raumfahrt	1.634,7
151	Centralgenossenschaft für Viehverwertung, Hannover	Vieh/Fleisch	1.628,0
152	Adolf Schaper, Hannover	Nahrungsmittel	1.626,9* (9)
153	Strabag Bau, Köln	Bauindustrie	1.626,0
154	Eschweiler Bergwerks-Verein, Herzogenrath	Bergbau	1.624,0
155	Dyckerhoff & Widmann, München	Bauindustrie	1.616,0
156	Mannesmann-Handel, Düsseldorf	Handel	1.610,0 W
157	Preussenelektra, Hannover	Energie	1.596,3
158	Großeinkauf Europa-Möbel, Bonn	Möbel	1.560,0
159	Kabel- und Metallwerke Gutehoffnungshütte, Hannover	Kabel und Leitungen	1.560,0 W
160	Rheinische Braunkohlenwerke, Köln	Bergbau	1.551,0
161	Norddeutsche Affinerie, Hamburg	NE-Metallhütte	1.549,0 (9)
162	Coutinho, Caro & Co, Hamburg	Großhandel	1.530,0 W
163	ITT Gesellschaft für Beteiligungen, Frankfurt	Holding	1.508,0
164	Dillinger Hüttenwerke	Stahl	1.499,0
165	Energie-Versorgung Schwaben, Stuttgart	Energie	1.466,0
166	Lurgi, Frankfurt	Anlagenbau	1.430,0 W (9)
167	Springer Verlag, Berlin	Verlag	1.430,0 W
168	TUI, Hannover	Touristik	1.430,0 (10)
169	Merck, Darmstadt	Chemie/Pharma	1.427,1 W
170	Sachs, München	Maschinenbau	1.414,5 W
171	Kaisers's Kaffee, Viersen	Nahrungsmittel	1.412,0 (6)
172	Stadtwerke München	Energie	1.405,0

	Firma	Branche	1976
173	Coca-Cola, Essen	Getränke	1.400,0 G
174	Michelin, Karlsruhe	Gummi/Chemie	1.400,0 G
175	HEW, Hamburg	Energie	1.388,0
176	abz, Essen	Bekleidung	1.375,0
177	Conoco, Hamburg	Mineralöl	1.357,0
178	Kaufhalle, Köln	Warenhaus	1.340,0*
179	Karl O. Helm, Hamburg	Chemie/Handel	1.330,0 W
180	DER, Frankfurt	Touristik	1.329,0 W
181	NWK, Hamburg	Energie	1.324,0 (9)
182	Allkauf Schmitz, Mönchengladbach	Warenhaus	1.300,0
183	Deutsche Renault, Brühl	Auto	1.300,0
184	Melitta, Minden	Kaffee	1.300,0 W
185	Ratio-Gruppe, Münster	Großhandel	1.299,0
186	Schmalbach-Lubeca, Braunschweig	Verpackung	1.290,0
187	Woolworth, Frankfurt	Kaufhaus	1.290,0 (1)
188	Wacker-Chemie, München	Chemie	1.289,0 W
189	Kühne & Nagel, Bremen	Spedition	1.280,0 G
190	Badische Tabakmanufaktur, Lahr	Tabak	1.279,7
191	Howaldtswerke, Hamburg	Schiffbau	1.279,0 W (9)
192	Beton- und Monierbau, Düsseldorf	Bauindustrie	1.274,0
193	Nürnberger Bund, Essen	Einkaufsgen.	1.270,0
194	Chevron, Frankfurt	Mineralöl	1.261,0
195	Joh. Jacobs, Bremen	Nahrungsmittel	1.251,0
196	VEK, Essen/Hamburg	Nahrungsmittel	1.250,0
197	co op West, Mülheim	Nahrungsmittel	1.245,9
198	Bauknecht, Stuttgart	Elektrotechnik	1.245,0 W
199	Du Pont, Düsseldorf	Chemie	1.240,0
200	Carl Spaeter, Düsseldorf	Handel	1.239,1
201	Deutsche Continental-Gas-Gesellschaft, Düsseldorf	Energie	1.233,0
202	Badenwerk, Karlsruhe	Energie	1.222,0
203	Deutsche Fina, Frankfurt	Mineralöl	1.207,6
204	Beiersdorf, Hamburg	Chemie	1.196,0 W
205	ZF Friedrichshafen	Antriebstechnik	1.150,0 G
206	Liebherr, Biberach	Maschinenbau	1.148,0 W
207	Erdölchemie, Köln	Petrochemie	1.147,0 (3)
208	W. & O. Bergmann, Düsseldorf	Metall/Handel	1.140,0
209	Westfälische Centralgen., Münster	Agrarhandel	1.130,0
210	Veba Kraftwerke Ruhr, Gelsenkirchen	Energie	1.124,0
211	DUB, Dortmund	Getränke	1.122,0
212	Kaufring, Düsseldorf	Einkaufsgenossenschaft	1.120,0 (6)
213	Rasselstein, Neuwied	Stahl	1.110,0 (9)
214	Buderus'sche Eisenwerke, Wetzlar	Heizung/Bautechnik	1.109,7
215	VDO Schindling, Frankfurt	Autozubehör	1.106,4 W
216	Bewag, Berlin	Energie	1.106,0 (6)
217	Schleswig-Holst. Viehzentrale, Hbg.	Vieh/Fleisch	1.106,0
218	Diehl, Nürnberg	Datensysteme	1.100,0 W
219	Deutsche ICI, Frankfurt	Chemie	1.100,0
220	Uhde, Dortmund	Anlagenbau	1.078,0 W

Quelle: Ernst Schmacke: Die großen 500 und ihr Management, Neuwied 1977

Erläuterungen zur Liste vgl. Die Welt: Deutschlands "große 500", in: Die Welt Nr. 186, v.12.08.1977:

"Maßstab für die Reihenfolge ist der Umsatz im Geschäftsjahr 1976. In einigen Fällen waren Schätzungen nötig: Eine Reihe von Unternehmen veröffentlicht die Geschäftsberichte erst später im Jahr, und nach wie vor gibt es eine Anzahl gar nicht so kleiner Unternehmen, die jegliche Angabe zum Umsatz verweigern."

* = Bruttoumsatz
W = Weltumsatz
G = geschätzt
R = Rumpfgeschäftsjahr
Die überwiegende Zahl der Unternehmen bilanziert zum 31. Dezember. Andernfalls ist der Bilanzmonat in Klammern aufgeführt.

B 1: BETRIEBSVEREINBARUNG

Zwischen der

FLACHGLAS AKTIENGESELLSCHAFT

und dem

Gesamtbetriebsrat dieser Firma

wird folgende

Betriebsvereinbarung über die Verwaltung von Personaldaten

der Mitarbeiter der FLACHGLAS AG abgeschlossen:

I. Grundsatz

Unternehmensleitung und Gesamtbetriebsrat stimmen darin überein, daß die Verwaltung von Personaldaten nur mit den Mitteln der elektronischen Datenverarbeitung wirtschaftlich durchgeführt werden kann.

Dabei ist dem Schutz der persönlichen Daten der Mitarbeiter eine außerordentliche Bedeutung beizumessen.

II. Unter Beachtung dieser Grundsätze und der jeweils gültigen Vorschriften des BDSG und des BVG ist bei der Verwaltung von Personaldaten folgendes zu beachten:

1. Zuständigkeit

Für die Verwaltung von Personaldaten sind in der FLACHGLAS AG ausschließlich die ZENTRALABTEILUNG PERSONAL und die PERSONALABTEILUNGEN der Werke zuständig.

Außerhalb dieser Abteilungen dürfen grundsätzlich keine Personaldaten oder Karteien mit personenbezogenen Daten geführt werden. Ausnahmen davon sind von der ZAP zu genehmigen. Sie sind auf das unbedingt für den betrieblichen Ablauf notwendige Maß zu beschränken. Der Datenschutzbeauftragte sowie die örtlich zuständigen Betriebsräte sind von den Ausnahmen zu unterrichten.

2. Die Personalabteilungen bedienen sich bei der Personalverwaltung folgender Hilfsmittel:

2.1. Personalakten

Für die Dauer des Arbeitsverhältnisses wichtige Unterlagen wie Bewerbungsunterlagen, Arbeitsverträge, Zwischenzeugnisse etc. sind für jeden Mitarbeiter in der jeweils zuständigen Personalabteilung in einer Personalakte zusammengefaßt.

2.2. Sammelordner

Für die laufende Verwaltung notwendige Unterlagen, wie Krankenscheine, Urlaubsscheine etc. können in Sammelordnern aufbewahrt werden.

2.3. Personaldatei

Zur Verwaltung wird außerdem eine elektronische Personaldatei nach Maßgabe der folgenden Vorschriften verwendet:

2.3.1. Speicherung/Veränderung von Personaldaten

In die Personaldatei werden nur Daten aufgenommen, deren Verarbeitung im Rahmen der Zweckbestimmung der Arbeitsverhältnisse mit den Mitarbeitern notwendig ist oder, soweit sie zur Wahrung berechtigter Interessen der FLACHGLAS AG erforderlich sind und kein Grund zur Annahme besteht, daß dadurch schutzwürdige Interessen der Arbeitnehmer beeinträchtigt werden.

Zu diesen Daten gehören insbesondere solche, die zur Lohn-/Gehaltsabrechnung, zum Verkehr mit Sozialversicherungsträgern und sonstigen öffentlichrechtlichen Behörden, sowie zur sonstigen sinnvollen Abwicklung der Personalverwaltung notwendig sind.

Über die Art der gespeicherten personenbezogenen Daten und über die Geschäftszwecke und Ziele, zu deren Erfüllung die Kenntnisse dieser Daten erforderlich ist, sowie über deren regelmäßigen Empfänger werden sowohl der DATENSCHUTZBEAUFTRAGTE als auch der GESAMTBETRIEBSRAT der FLACHGLAS AG nach Maßgabe des § 80 I 1, II laufend unterrichtet.

2.3.2. Auskunft an betriebliche Stellen

An betriebliche Stellen, einschließlich der UNTERSTÜTZUNGSKASSE der FLACHGLAS AG, dürfen personenbezogene Daten nur in dem Umfang weitergegeben werden, der für die Erfüllung ihrer Aufgaben notwendig ist.

Der BETRIEBSRAT erhält Auskünfte über Personaldaten, soweit er sie zur Wahrnehmung seiner Mitwirkungsrechte im Rahmen der gesetzlichen Vorschriften benötigt.

Bei der Weitergabe von personenbezogenen Daten an die genannten betrieblichen Stellen ist ein strenger Maßstab anzulegen.

2.3.3. Übermittlung von Personaldaten an Stellen außerhalb der FLACHGLAS AG

Die Übermittlung personenbezogener Daten an Stellen außerhalb der FLACHGLAS AG ist zulässig im Rahmen der Zweckbestimmung der Arbeitsverhältnisse mit den Mitarbeitern oder soweit es zur Wahrung berechtigter Interessen der FLACHGLAS AG oder eines Dritten oder der Allgemeinheit erforderlich ist und dadurch schutzwürdige Belange der Mitarbeiter nicht beeinträchtigt werden. Für die Übermittlung von listenmäßig oder sonst zusammengefaßten Daten gilt § 24 BDSG.

2.3.4. Berichtigung und Löschung von personenbezogenen Daten

Personenbezogene Daten sind zu berichtigen, wenn sie unrichtig sind. Sie sind zu löschen, sobald ihre Speicherung oder Verarbeitung oder Übermittlung im Rahmen dieser Betriebsvereinbarung nicht mehr notwendig ist.

2.3.5. Verzeichnis über Auswertungen

Seitens der ZAP wird ein Verzeichnis über alle laufenden Auswertungen geschaffen, die aufgrund der Personaldatei erstellt werden. Andere als in diesem Verzeichnis aufgeführten Auswertungen dürfen nur nach Genehmigung durch die ZAP vorgenommen werden.

Der DATENSCHUTZBEAUFTRAGTE sowie der GESAMTBETRIEBSRAT der FLACHGLAS AG erhalten jeweils ein Exemplar dieses Verzeichnisses. Sie sind auch über die seitens der ZAP gem. Abs. I genehmigten Ausnahmen zu unterrichten.

2.4. Auskünfte an die Mitarbeiter

Jeder Mitarbeiter kann nach Maßgabe des § 83 BVG Einsicht in seine Personalunterlagen nehmen und entsprechend den Vorschriften des BDSG Auskunft über zu seiner Person gespeicherte Daten verlangen.

Im Rahmen des BDSG besteht außerdem das Recht zur Auskunft darüber, an wen personenbezogene Daten regelmäßig übermittelt werden, und zur Berichtigung unrichtiger Daten bzw. Löschung von Daten, deren Speicherung nicht zulässig war.

2.5. Datengeheimnis

Allen Mitarbeitern, die im Rahmen der Verwaltung von Personaldaten beschäftigt sind, ist es untersagt, geschätzte personenbezogene Daten unbefugt zu einem anderen als dem zur jeweiligen rechtmäßigen Aufgabenerfüllung gehörenden Zweck zu verarbeiten, bekanntzugeben, zugänglich zu machen oder sonst zu nutzen (§ 5 I, BDSG). Sie haben nach Aufklärung über ihre Pflichten durch den DATENSCHUTZBEAUFTRAGTEN die anliegende Verpflichtungserklärung zu unterzeichnen.

Allen Mitarbeitern, denen Personaldaten im Rahmen dieser Vereinbarung zugänglich gemacht werden, haben diese jederzeit und gegenüber jedermann vertraulich zu behandeln.

Die Betriebsräte dürfen durch diese Vereinbarung in ihren Rechten nicht beeinträchtigt werden. Für sie gilt die besondere Verpflichtung gemäß § 79 BVG.

III. Schlußbestimmungen

Diese Betriebsvereinbarung tritt am .... in Kraft. Sie kann unter Einhaltung einer Kündigungsfrist von drei Monaten jeweils zum Monatsende gekündigt werden.

Gelsenkirchen, Januar 1980

Verschwiegenheitspflicht

Wir möchten Sie darauf aufmerksam machen, daß Sie über die Ihnen aufgrund Ihrer Tätigkeit zur Kenntnis gelangenden Personalangelegenheiten strengste Verschwiegenheit jederzeit und gegenüber jedermann zu wahren haben. Die Verschwiegenheitspflicht gilt also auch gegenüber anderen Angehörigen der FLACHGLAS AG, soweit sie nicht durch ihre dienstliche Tätigkeit zur Entgegenahme derartiger Mitteilungen berechtigt sind.

Die FLACHGLAS AG ist berechtigt, bei Verletzung dieser Anweisung das Arbeitsverhältnis in jedem Fall fristlos aufzuheben und vollen Ersatz des durch die Verletzung entstandenen Schadens zu verlangen.

Wir möchten Sie bitten, die Fotokopie dieser Vorschrift nach Kenntnisnahme unterzeichnet zurückzugeben.

...................., ...

Verzeichnis

über im Personalbereich der FLAG bestehende Dateien, den jeweils betroffenen Personenkreis, die Arten der gespeicherten Daten und ihre Verwendung.

Speich. Stelle, Stand	Bez. der Datei	betroffener Personenkreis	Arten der gespeich. personenbezogenen Daten	Aufgaben, zu deren Erfüllung die Kenntnis dieser Daten erforderlich ist	Stellen, an die personenbezogene Daten regelmäßig übermittelt werden	Arten der zu übermittelnden Daten
1	2	3	4	5	6	7

B 2: BETRIEBSVEREINBARUNG ÜBER DIE EINFÜHRUNG EINES PERSONAL-ABRECHNUNGS- UND INFORMATIONS-SYSTEMS (PAIS)

Zwischen dem

Rheinisch-Westfälischen Elektrizitätswerk Aktiengesellschaft Essen (RWE), - vertreten durch den Vorstand -

und dem

Gesamtbetriebsrat des Rheinisch-Westfälischen Elektrizitätswerks Aktiengesellschaft, Essen,

wird folgende

Betriebsvereinbarung

geschlossen:

1. Die Parteien sind sich darüber einig, daß diese Betriebsvereinbarung zwischen den Parteien als freiwillige Betriebsvereinbarung abgeschlossen wird. Diese Betriebsvereinbarung betrifft die Einführung des Personal-Abrechnungs- und Informationssystems (PAIS).

2. Das System bezieht sich auf die Abrechnung
   - der Vergütung (einschließlich Zuschläge u. ä.)
   - des Ruhegeldes und Hinterbliebenengeldes
   - der vermögenswirksamen Leistungen
   - der Reisekosten

   sowie auf die damit zusammenhängenden Abzüge und Nebenleistungen.

   Es bezieht sich weiterhin auf die Berechnung der aus dem Arbeitsverhältnis entstehenden Nebenansprüche (wie Urlaub, Ausgleichstage, Freistellung, Strombezug usw.)

3. Zu diesem Zweck werden die aus der anliegenden Stammdatenübersicht ersichtlichen Daten maschinell gespeichert. (Anlage)

4. Soweit auf der Grundlage dieser Daten Maßnahmen durchgeführt werden sollten, die der Information, Mitwirkung oder Mitbestimmung des Betriebsrats unterliegen, werden diese Maßnahmen nur unter sorgfältiger Beachtung der Beteiligungsrechte des Betriebsrats erfolgen. Dies gilt insbesondere auch für eine etwaige Änderung oder Erweiterung des Systems.

5. Auf die Daten der jeweiligen Betriebsverwaltung ist die Geschäftsleitung dieser Betriebsverwaltung über ihre Personalabteilung und die Personalabteilung zugriffsberechtigt.
   Die Gesamtdaten sind dem Zugriff der Personalabteilung der Hauptverwaltung vorbehalten.

6. Diese Betriebsvereinbarung tritt mit Wirkung vom 1. Februar 1979 in Kraft.

Essen, den 14. März 1979

B 3: BETRIEBSVEREINBARUNG: PERSONENBEZOGENER DATENSCHUTZ

Zwischen Vorstand und Gesamtbetriebsrat der Volkswagenwerk AG wird vereinbart:

§ 1 Geltungsbereich

Diese Vereinbarung gilt für alle personenbezogenen Daten gegenwärtiger, ehemaliger oder in Betracht kommender künftiger Arbeitnehmer der Volkswagenwerk AG einschließlich ihrer Familienangehörigen, soweit diese Daten

- unter Anwendung von PEDATIS,
- unter Anwendung anderer automatisierter Informationssysteme oder
- durch nicht automatisierte Verfahren

verarbeitet, d. h. in Dateien gespeichert, verändert, gelöscht oder aus Dateien übermittelt werden.

Im vorstehenden Sinne ist

- Speichern: das Erfassen, Aufnehmen oder Aufbewahren von Daten auf einem Datenträger zwecks weiterer Verwendung,
- Verändern: das inhaltliche Umgestalten gespeicherter Daten (einschließlich des Verknüpfens mit anderen Daten),
- Löschen: das Unkenntlichmachen gespeicherter Daten,
- Übermitteln: das Bekanntgeben von Daten an Dritte.

Diese Vereinbarung gilt im vorstehend festgelegten Rahmen auch für

- personenbezogene Daten in als Sachdateien bezeichneten Datensammlungen einschließlich betrieblich ermittelter Sachinformationen, die sich auf bestimmte Personen beziehen,
- außerhalb des Unternehmens befindliche personenbezogene Daten, auf welche von der Volkswagenwerk AG direkt oder indirekt zugegriffen werden kann.

Diese Vereinbarung erstreckt sich nicht auf Daten, die von der Volkswagenwerk AG für fremde Zwecke im Auftrag verarbeitet werden und dem Zugriff der Volkswagenwerk AG entzogen sind.

§ 2 Systemdarstellung

Der Vorstand verpflichtet sich, dem Gesamtbetriebsrat vor Erweiterung von PEDATIS oder vor Einführung oder Erweiterung anderer Systeme zur Verarbeitung personenbezogener Daten rechtzeitig eine umfassende Darstellung zur Verfügung zu stellen und den Gesamtbetriebsrat über die Durchführung zu unterrichten.

Rechte des Betriebsrats zur Nutzung oder Auswertung von PEDATIS werden dadurch nicht ausgeschlossen.

§ 3 Verarbeitung personenbezogener Daten, Information und Auskunft

Die Verarbeitung personenbezogener Daten ist nur im Rahmen der Zweckbestimmung des Arbeitsverhältnisses zulässig. Soweit die Verarbeitung in der Übermittlung personenbezogener Daten an Dritte besteht, ist außerdem die Zustimmung des Betriebsrats erforderlich. Unberührt bleibt die Verarbeitung einschließlich der Übermittlung, soweit der Vorstand hierzu kraft Gesetzes verpflichtet ist oder der Betroffene eingewilligt hat.

Vorstand und Betriebsrat sind verpflichtet, den im § 1 bezeichneten Personenkreis vor Beeinträchtigungen und Gefährdungen aus der Verarbeitung personenbezogener Daten zu schützen und jede unzulässige Verarbeitung von personenbezogenen Daten zu unterlassen.

Dateien mit personenbezogenen Daten und die Arten der in PEDATIS enthaltenen personenbezogenen Daten werden in einem gesondert zu vereinbarenden Verzeichnis aufgeführt, das bei Bedarf vom Beauftragten für den Datenschutz nach Abstimmung mit der Kommission Datenschutz nach § 5 zu aktualisieren ist. Ausfertigungen dieses Verzeichnisses in der jeweils gültigen Fassung liegen bei den Personal- und Sozialwesen der Werke sowie bei den Betriebsräten zur Einsicht aus.

Angehörige des im § 1 bezeichneten Personenkreises können im Rahmen der gesetzlichen Bestimmungen Auskunft über die zu ihrer Person gespeicherten Daten verlangen. Werden die Daten automatisch verarbeitet, kann der Betroffene auch Auskunft über die Datenempfänger verlangen, an die seine Daten regelmäßig übermittelt werden. Auskünfte werden unentgeltlich erteilt.

Bei Verstößen finden die §§ 41, 42 BDSG und die einschlägigen Schadensersatzvorschriften Anwendung.

§ 4 Beauftragter für den Datenschutz

Bei Einstellung oder personellen Veränderungen des Beauftragten für den Datenschutz nach § 28 BDSG sind die Rechte des Betriebsrats zu wahren.

Der Beauftragte für den Datenschutz unterrichtet den Gesamtbetriebsrat im Auftrag des Vorstands über seine Tätigkeit.

§ 5 Kommission Datenschutz

Es wird eine "Kommission Datenschutz" gebildet.

Der Kommission gehören an:

- 7 vom Gesamtbetriebsrat zu benennende Mitglieder,
- der Beauftragte für den Datenschutz der Volkswagenwerk AG
- der Bereichsbeauftragte für Datenschutz des Geschäftsbereiche Personal- und Sozialwesen,
- der Leiter der Systemorganisation Personal,
- ein Vertreter des Zentralen Personal- und Sozialwesens.

Die Kommission berät unbeschadet der Informationsrechte des Gesamtbetriebsrats gemäß §§ 2 und 4 und unbeschadet der Verantwortung des Beauftragten für den Datenschutz folgende Themen:

- Fragen, die sich aus der Durchführung dieser Betriebsvereinbarung ergeben,
- Inhalt eventuell notwendiger Ergänzungen dieser Betriebsvereinbarung,
- Durchführung des Bundesdatenschutzgesetzes bei der Volkswagenwerk AG,
- Systemdarstellung und Vorinformation zu PEDATIS und anderen Systemen gemäß § 2,
- Datenschutz- und Datensicherungsmaßnahmen bezüglich personenbezogener Daten,
- sonstige Fragen des Datenschutzes.

§ 6 Schlußbestimmungen

Das Bundesdatenschutzgesetz findet Anwendung, soweit nicht diese Betriebsvereinbarung speziellere Bestimmungen enthält, die für den im § 1 bezeichneten Personenkreis günstiger sind.

Diese Vereinbarung tritt am 16.07.1979 in Kraft.

B 4: BETRIEBSVEREINBARUNG ZUR UNTERRICHTUNG UND BERATUNG ÜBER SYSTEMVORHABEN DER INFORMATIONSVERARBEITUNG IN DER VOLKSWAGENWERK AG

Zwischen Vorstand und Gesamtbetriebsrat der Volkswagenwerk AG wird das Verfahren der Unterrichtung über die Planung von Systemen der Informationsverarbeitung und der Beratung der sich daraus ergebenden Rationalisierungsmaßnahmen wie folgt vereinbart:

1. Der Betriebsrat wird über die Planung der Systeme rechtzeitig und umfassend anhand von Unterlagen unterrichtet.

2. Die Unterrichtung beginnt mit der Erläuterung der Vorhaben, die im Kalenderjahr begonnen werden (Rahmenplan). Sie wird fortgesetzt mit der Unterrichtung über das Grobkonzept als Ergebnis der Problemanalyse.

   Sind zu diesem Zeitpunkt die unter Ziffer 3 genannten Punkte noch nicht im vollen Umfang darstellbar oder ergeben sich dazu später Änderungen, so wird darüber in den folgenden Planungsphasen weiter unterrichtet. Unterrichtung und Beratung finden so rechtzeitig statt, daß Anregungen und Bedenken des Betriebsrates noch in der Planung berücksichtigt werden können. Der Betriebsrat teilt seine Stellungnahmen in einer angemessen Zeit mit.

3. Bei der Unterrichtung und Beratung muß erkennbar sein, welche arbeitstechnischen, organisatorischen und/oder personellen Veränderungen beabsichtigt sind und wie sie durchgeführt werden sollen.
   Die Unterlagen sollen insbesondere über folgendes Auskunft geben:

   - die Zielsetzung und den wirtschaftlichen Umfang des Systems
   - die sich aus dem System ergebenden direkten und indirekten Rationalisierungsmaßnahmen mit personellen Auswirkungen
   - das Ausmaß der Auswirkungen auf die bisherigen Aufgaben und Arbeitsplätze
   - die Veränderung der Arbeitsbedingungen (der Arbeitsqualität, des Arbeitsablaufes und der Arbeitsplatzgestaltung)
   - den arbeitsplatzbezogenen Sachmitteleinsatz
   - die betroffenen Werke, Abteilungen und Arbeitsplätze.

   Die entsprechenden Unterlagen werden dem Betriebsrat rechtzeitig übergeben.

4. Sind im Rahmen der Entwicklung eines Systems unternehmensseitig Tests zur Sammlung von Kenntnissen für die Gestaltung von Arbeitsablauf und Arbeitsplatz geplant, so werden Art und Weise sowie Ergebnisse des Tests mit dem Betriebsrat beraten. Ziffer 2 Abs. 2 Satz 2 und 3 gelten entsprechend.

5. Die Unterrichtung und Beratung über den Rahmenplan und über werksübergreifende Systemvorhaben werden mit dem Gesamtbetriebsrat, bei auf ein Werk bezogenen Systemen mit dem Betriebsrat des betreffenden Werkes durchgeführt.

6. Für die Unterrichtung und Beratung über alle Systemvorhaben ist die Organisation unter Beachtung der Zuständigkeiten des Personal- und Sozialwesens federführend. Die Unterrichtung über Systemvorhaben der Geschäftsbereiche erfolgt durch die zuständigen Systemanalysen, wobei die Organisation die Einordnung der Einzelvorhaben in den Unternehmenszusammenhang vertritt.

7. Die Betriebsvereinbarung tritt am 1. Juni 1980 in Kraft. Sie kann mit einer Frist von 3 Monaten zum Ende eines Kalenderjahres schriftlich gekündigt werden.

Wolfsburg, den 9. Juni 1980

B 5: BETRIEBSVEREINBARUNG ÜBER DEN SCHUTZ PERSONENBEZOGENER DATEN (MITARBEITERDATEN) IM RAHMEN DES INFORMATIONSSYSTEMS ARBEITSEINSATZ UND ARBEITSPLATZPLANUNG

1. Gegenstand und Geltungsbereich

Diese Vereinbarung gilt für die Verarbeitung personenbezogener Daten der in der Daimler-Benz AG beschäftigten gewerblichen Mitarbeiter innerhalb des Informationssystems Arbeitseinsatz und Arbeitsplatzplanung (ISA).

Verarbeitung von Daten ist das Speichern, Übermitteln, Verändern und Löschen im Sinne des § 2 Abs. 2 Bundesdatenschutzgesetz.

2. Systemdarstellung

Der Gesamtbetriebsrat wird über das System durch eine umfassende Systemdarstellung unterrichtet.

Diese Systemdarstellung umfaßt:

a) eine Beschreibung des Systems hinsichtlich Zielsetzung, Aufbau und Funktionsweise;

b) ein Verzeichnis aller zu erfassenden Daten mit entsprechenden Erläuterungen;

c) eine Erläuterung der vorgesehenen Auswertungsprogramme mit Angaben zum Verwendungszweck;

d) eine Übersicht über die zum Schutz der Daten vorgesehenen organisatorischen Maßnahmen.

Änderungsvorschläge des Gesamtbetriebsrats zur Ausgestaltung des Systems werden zwischen Unternehmensleitung und Gesamtbetriebsrat behandelt.

Die gilt auch für spätere Änderungen im Aufbau und in der Funktionsweise des Systems und bei Änderungen des Datenumfangs.

3. Verarbeitung der Mitarbeiterdaten

Die Daten werden nur im Rahmen der Zweckbestimmung des Arbeitsverhältnisses verarbeitet.

Es werden ausschließlich solche Auswertungsprogramme erstellt und eingesetzt, die mit der in der Systemdarstellung aufgeführten Zielsetzung vereinbar sind. Insbesondere werden keine Auswertungen erstellt, die durch programmgesteuerte Verknüpfung von Arbeitsplatzdaten mit Mitarbeiterdaten

- eine maschinelle Prüfung der Eignung eines Mitarbeiters für einen Arbeitsplatz

- einen maschinellen Vergleich der Eignung mehrerer Mitarbeiter

- eine Ermittlung zu versetzender oder freizusetzender Mitarbeiter

zum Gegenstand haben.

Daten über Einsatzeinschränkungen, die sich aufgrund einer werksärztlichen Untersuchung ergeben, werden nur mit Zustimmung des Mitarbeiters an die Personalabteilung weitergeleitet. Im Falle von Einstellungsuntersuchungen erfolgt die Weiterleitung des Formulars "Einsatzeinschränkungen" an die Personalabteilung erst 6 Monate nach der Arbeitsaufnahme. Die Mitteilung über das Ergebnis von Einstellungsuntersuchungen in der bisherigen Form bleibt hierdurch unberührt.

Die Daten über Einsatzeinschränkungen werden nur anonym für statistische Zwecke und für die Arbeitsplatzplanung ausgewertet, es erfolgt keine namentliche oder in sonstiger Form individualisierte Auswertung.

Die Daten werden nicht an Stellen außerhalb des Unternehmens übermittelt. Ausnahmen bedürfen der Zustimmung des Betriebsrats. Unberührt bleibt die Übermittlung von Daten, soweit eine gesetzliche Verpflichtung besteht bzw. der Betroffene eingewilligt hat.

Die Unternehmensleitung ist verpflichtet, jede unzulässige Verwendung der Daten zu unterlassen, um die Mitarbeiter vor Beeinträchtigungen und Gefährdungen zu schützen.

4. Auskunftserteilung an den Mitarbeiter

Dem einzelnen Mitarbeiter ist auf Verlangen bis zu zweimal im Jahr unentgeltlich eine vollständige Übersicht der über ihn im Rahmen von ISA gespeicherten Daten in entschlüsselter und lesbarer Form auszuhändigen.

5. Veränderung gespeicherter Daten auf Verlangen des Mitarbeiters

Die gespeicherten personenbezogenen Daten sind auf Verlangen des Mitarbeiters zu berichtigen bzw. zu ergänzen, wenn der Mitarbeiter ihre Unrichtigkeit bzw. Unvollständigkeit nachweist. Personenbezogene Daten, deren Richtigkeit vom Mitarbeiter bestritten wird und vom Unternehmen nicht nachgewiesen werden kann, sind zu löschen, soweit nicht gesetzliche Vorschriften entgegenstehen.

6. Einsichtnahme durch den Betriebsrat

Der Betriebsrat erhält auf Verlangen Einsicht in Ablauf und Funktionsweise des Systems und die hierzu geführten Unterlagen (Anwendungs- und Bedienungsvorschriften, Ablaufbeschreibungen, Programmdokumentation usw.).

Im Rahmen seines Mitwirkungsrechts bei personellen Einzelmaßnahmen (§ 99 Abs. 1 BetrVG) kann der Betriebsrat Einblick in die personenbezogenen Daten des betroffenen Mitarbeiters nehmen.

7. Schlußbestimmungen

Das Bundesdatenschutzgesetz und das Betriebsverfassungsgesetz finden Anwendung, soweit nicht diese Betriebsvereinbarung für die Mitarbeiter günstigere Bestimmungen enthält.

Diese Vereinbarung tritt am 1. 7. 1980 in Kraft.

B 6: RAHMENVEREINBARUNG

Zwischen

dem Vorstand

und

dem Konzernbetriebsrat
der Salzgitter AG

wird im Zusammenhang mit der Verpflichtung zum Schutz personenbezogener Daten folgende Vereinbarung getroffen:

§ 1 Geltungsbereich

Die Vereinbarung gilt für den Schutz personenbezogener Daten der Belegschaftsmitglieder, ausgenommen leitende Angestellte nach § 5 (3) Betriebsverfassungsgesetz (BetrVG), von Konzernunternehmen im Sinne § 18 AktG nach Maßgabe des Bundesdatenschutzgesetzes (BDSG).

§ 2 Gegenstand

Diese Vereinbarung regelt im wesentlichen

- die Bestellung und Aufgabe des Datenschutzbeauftragten,
- die Gliederung der Datenschutzbereiche,
- dem Grunde nach die Zusammenarbeit zwischen

  dem Datenschutzbeauftragten einerseits

  und

  dem Konzernbetriebsrat andererseits

  im Rahmen des BDSG und des BetrVG sowie nach Maßgabe sonstiger einschlägiger Rechtsvorschriften
- die Absichtserklärung für eine gemeinsame Empfehlungsvereinbarung.

§ 3 Bestellung des Datenschutzbeauftragten

Der Vorstand bestellt den Datenschutzbeauftragten für die Salzgitter AG nach Beratung mit dem Konzernbetriebsrat mit der Maßgabe seiner im Interesse einer konzerneinheitlichen Datenschutzregelung empfohlenen gleichzeitigen Bestellung zum Datenschutzbeauftragten für und durch die Konzernunternehmen.

§ 4 Aufgaben des Datenschutzbeauftragten

Die Aufgaben des Datenschutzbeauftragten sind im § 29 BDSG geregelt.

"Bei der Anwendung seiner Fachkunde auf dem Gebiet des Datenschutzes ist er weisungsfrei."

§ 5 Gliederung der Datenschutzbereiche

Die Konzerngesellschaften werden in folgende vier Datenschutzbereiche gegliedert:

- Stahlwerke Peine-Salzgitter AG mit den vom Rechenzentrum P+S betreuten Gesellschaften
- Howaldtswerke-Deutsche Werft AG und Tochtergesellschaften
- Deutsche Schachtbau- und Tiefbohrgesellschaft mbH und Tochtergesellschaften
- Luitpoldhütte AG

Ergeben sich aus veränderter Konzernstruktur Änderungen in der Gliederung der Datenschutzbereiche, werden diese nach vorheriger Abstimmung zwischen den Vereinbarungspartnern eingeführt, ohne daß es dazu einer Kündigung dieser Vereinbarung bedarf.

§ 6 Bestellung von Bereichsbeauftragten des Datenschutzbeauftragten

Für die Datenschutzbereiche nach § 5 dieser Vereinbarung bestellen die betroffenen Gesellschaften nach Beratung mit dem zuständigen Gesamtbetriebsrat/Betriebsrat und unter Beachtung der betriebsverfassungsrechtlichen Vorschriften im Einvernehmen mit dem Datenschutzbeauftragten jeweils einen Bereichsbeauftragten.
Der Bereichsbeauftragte wird auf dem Gebiet des Datenschutzes im Rahmen der Weisungen des Datenschutzbeauftragten tätig.

§ 7 Bestellung von Unterbeauftragten des Datenschutzbeauftragten

Die Konzerngesellschaften, die keine eigene automatisierte Datenverarbeitung betreiben, bestellen für den Schutz der im Unternehmen verarbeiteten Daten nach Beratung mit dem Gesamtbetriebsrat/Betriebsrat und unter Beachtung betriebsverfassungsrechtlicher Vorschriften im Einvernehmen mit dem Datenschutzbeauftragten einen Unterbeauftragten.
Der Unterbeauftragte wird auf dem Gebiet des Datenschutzes im Rahmen der Weisungen des Datenschutzbeauftragten tätig.

§ 8 Grundsätze der Zusammenarbeit zwischen Datenschutzbeauftragten und Konzernbetriebsrat

Der Datenschutzbeauftragte unterrichtet den Konzernbetriebsrat über die Grundsätze der Verarbeitung betriebsverfassungsrechtlich relevanter Arbeitnehmerdaten sowie über deren Änderungen, soweit sie datenschutzrechtliche Konsequenzen haben und berät mit ihm die Datenschutzmaßnahmen.

Datenverarbeitung im Sinne dieser Vereinbarung ist das Erfassen, Sammeln bzw. Speichern, Übermitteln, Verändern und Löschen.

Die Datenschutzmaßnahmen ergeben sich im einzelnen aus den Vorschriften des BDSG.

§ 9 Bildung eines Arbeitskreises "Datenverarbeitung und Datenschutz"

Für die Unterrichtung über die Grundsätze der Datenverarbeitung und die Beratung des Datenschutzes im Sinne des § 8 dieser Vereinbarung wird ein ständiger Arbeitskreis gebildet.

Dieser Arbeitskreis besteht aus

- dem Datenschutzbeauftragten und vier weiteren Unternehmensvertretern einerseits sowie
- fünf Vertretern des Konzernbetriebsrates andererseits.

Die einvernehmliche Beiziehung von Fachberatern ist zulässig.

Der Arbeitskreis tritt halbjährlich regelmäßig, darüber hinaus bei Bedarf auf Antrag einer Seite zusammen.

Der Arbeitskreis gibt sich eine Geschäftsordnung.

Die Mitglieder des Arbeitskreises, ebenso die Konzernbetriebsrats-/Konzernbetriebsausschußmitglieder sind, soweit ihnen personenbezogne Daten zugänglich sind, nach Maßgabe des § 5 BDSG zur Wahrung des Datengeheimnisses verpflichtet.

§ 10 Empfehlungsvereinbarung für die Konzernunternehmen

Vorstand und Konzernbetriebsrat sitmmen in der Absicht überein, den Vorständen/Geschäftsführungen und Gesamtbetriebsräten/Betriebsräten der Konzernunternehmen, soweit sie von dem Bundesdatenschutzgesetz betroffen sind, für die Regelung des Schutzes von Arbeitnehmerdaten eine hierneben zu treffende Empfehlungsvereinbarung vorzugeben.

§ 11 Beilegung von Meinungsverschiedenheiten

Kommt es bei der Anwendung dieser Rahmenvereinbarungen oder der Empfehlungsvereinbarung nach § 10 zu Meinungsverschiedenheiten, werden Konzernvorstand und Konzernbetriebsrat diese beizulegen versuchen.

§ 12 Inkrafttreten und Kündigung

Diese Vereinbarung tritt mit Wirkung vom .... in Kraft und kann mit einer Frist von 3 Monaten zum Quartalsende, frühestens zum ...., gekündigt werden.

......................., den Juni 79

B 7: BETRIEBSVEREINBARUNG[x)]

Zwischen

der N. N. AG
- vertreten durch den Vorstand

und

dem Gesamtbetriebsrat der N. N. AG
- vertreten durch die Vorsitzenden

wurde eine Rahmenregelung im Zusammenhang mit der Einführung des N. N. PERSONAL-SYSTEMS vereinbart:

1 Gegenstand der Regelung

1.1 Grundlage für die Entwicklung des Personalsystems ist das vom Vorstand NN verabschiedete Modellkonzept für ein N.N.-Personalsystem (NNPS) - das die Berücksichtigung spezifischer Wünsche einzelner Anwender zuläßt -, dem der Vorstand N.N. zugestimmt hat.

1.2 Da das N.N.-Personalsystem einer ständigen Entwicklung unterliegt, ist der Abschluß einer umfassenden Betriebsvereinbarung über die Durchführung des N.N.-Personalsystems nicht möglich. Die jeweilige Realisierung eines Teilbereiches von NNPS hat durch Betriebsvereinbarung zu erfolgen, sofern hiervon Mitbestimmungsrechte des Betriebsrates betroffen sind und/oder Datenschutz- oder Informationsrechte der Belegschaftsmitglieder berührt werden.

1.3 Die vorliegende Vereinbarung soll sicherstellen, daß bei der Vorbereitung und Durchführung des N.N.-Personalsystems dem Informationsbedürfnis der Betriebsräte zur Wahrnehmung ihrer Mitbestimmungsrechte Rechnung getragen wird.

2 Die Parteien gehen davon aus, daß die Mitbestimmungsrechte des Betriebsrates bei der Einführung des N.N.-Personalsystems grundsätzlich durch den Gesamtbetriebsrat wahrgenommen werden.

3 NNPS-Ausschuß des Vorstandes und des Gesamtbetriebsrates

3.1 Die Parteien bilden einen Ausschuß, in dem alle Fragen behandelt werden, die sich aus der weiteren Entwicklung des N.N.-Personalsystems ergeben.

3.2 Dem Ausschuß gehören Beauftragte des Vorstandes und des Gesamtbetriebsrates an. Die Hinzuhiehung von Fachberatern ist von Fall zu Fall möglich. Der Ausschuß gibt seine Empfehlungen einstimmig.

X) Es handelt sich um die geltende Betriebsvereinbarung eines Probanden, die auf Wunsch des Unternehmens ohne Firma wiedergegeben wird.

3.3 Im Ausschuß werden insbesondere folgende Probleme behandelt:

3.3.1 Verfahrens- und Vorgehensweisen, die zur Entwicklung von Systemteilen NNPS notwendig sind.

3.3.2 Abstimmung darüber, in welchen Fällen und wie Fachbereiche bzw. Betriebsräte bei der Durchführung von Untersuchungen sowie der Erfassung von Daten und Abläufen zu unterrichten sind.

3.3.4 Abstimmung über die notwendige Berichterstattung über den Stand der Arbeiten NNPS.

3.3.5 Behandlung von Fragen des Datenschutzes.

3.4 Der Ausschuß tagt monatlich einmal bzw. kurzfristiger nach Bedarf.

4 Auswirkungen von NNPS auf Aufgabenstellungen und Organisationsstrukturen

Soweit der Ausschuß Änderungen technischer oder organisatorischer Abläufe erkennt, wird er dem Vorstand und dem Gesamtbetriebsrat hierüber rechtzeitig Mitteilung machen. Daraus resultierende Maßnahmen können Bestandteil einer Betriebsvereinbarung werden (Ziffer 1.2).

5 Datenschutz, Datensicherung

5.1 Die Eingabe und der Abruf von Ausgaben von Daten einschließlich der Bestandsüberwachung der durch die N.N.-Datenverarbeitung betreuten Personalbestände obliegt wie bisher den Fachbereichen von N.N. Die jeweilige Zuständigkeit der Fachbereiche ist festgelegt; soweit Weiterentwicklungen von NNPS erfolgen, ist die Zuständigkeit zu regeln.

5.2 Von den jeweiligen zuständigen Fachabteilungen sind der Datenverarbeitung Vorgaben über die Berechtigung zur Eingabe aufzugeben und die Empfangsberechtigten zur Datenausgabe zu benennen.

5.3 Die Zugriffsmöglichkeit der verschiedenen Fachbereiche auf eine Datei ist durch DV-technische Maßnahmen auf die Daten zu beschränken, die für die Erfüllung der jeweiligen Aufgabenstellung sinnvoll und notwendig sind.

5.4 Die Datenverarbeitung hat sicherzustellen, daß durch entsprechende Maßnahmen die Datensicherungsvorschriften eingehalten werden. Sie trägt hierfür die volle Verantwortung.

6 Erweiterung von NNPS

Werden über den Rahmen des Modellkonzepts NNPS hinaus Systemteile entwickelt - z. B. N.N.-Betriebsärzte-Informationssystem (NNBIS) -, sind sie als integrierter Bestandteil NNPS zu behandeln.

B 8: MUSTER-BETRIEBSVEREINBARUNG ÜBER DEN DATENSCHUTZ BEI EINFÜHRUNG UND BETRIEB VON INFORMATIONSSYSTEMEN

Muster-Betriebsvereinbarung der IG Chemie-Papier-Keramik, abgedruckt in: Industriegewerkschaft Chemie-Papier-Keramik, Hauptvorstand (Hrsg.), Der Betriebsrat, Schriftenreihe für die Betriebsräte der IG Chemie-Papier-Keramik, 26. Jahrg. (1977), Heft 5, S. 194-205.

1. ABSCHNITT

ALLGEMEINE VORSCHRIFTEN

§ 1 Aufgabe der Vereinbarung

Aufgabe dieser Vereinbarung ist

1. die Anwendung der Beteiligungsrechte des Betriebsrats auf die Verwendung von Personalinformationen,
2. der Schutz der Arbeitnehmer und der Belegschaft als ganzer vor einer ungerechtfertigten Beeinträchtigung ihrer Interessen durch die Verwendung von Personalinformationen.

§ 2 Gegenstand der Vereinbarung

(1) Gegenstand dieser Vereinbarung ist die Verwendung aller Informationen, die auf gegenwärtige, ehemalige oder in Betracht kommende künftige Arbeitnehmer des Betriebs/Unternehmens (Firma) oder auf deren Angehörige bezogen sind oder bezogen werden können (Personalinformationen).

(2) Dieser Vereinbarung unterliegt die Verwendung aller Personalinformationen
1. unter Anwendung des computergestützten Personalinformationssystems...,
2. unter Anwendung anderer computergestützter Informationssysteme,
3. durch nicht automatisierte Verfahren,
4. einschließlich derjenigen, die in sogenannten Sachdateien enthalten sind,
5. einschließlich von Sachinformationen, die auf Arbeitnehmer i. S. von Absatz 1 bezogen werden können, insbesondere im Rahmen der Betriebsdatenerfassung,
6. einschließlich derjenigen außerhalb der Firma befindlichen Personalinformationen, auf welche die Firma direkt oder indirekt zugreifen kann.

(3) Verwendung ist die Ermittlung, Erfassung, Speicherung, Veränderung, Übermittlung und Löschung sowie jede andere Form des Gebrauchmachens von Personalinformationen, insbesondere für Planungen und Entscheidungen.

§ 3 Einführung des Personalinformationssystems

Der Betriebsrat stimmt der Einführung des in Anhang A beschriebenen Informationssystems (im folgenden auch "System" genannt) im Betrieb N. zum 1.1.1978 unter den in dieser Vereinbarung genannten Bedingungen zu. Systembestandteile oder Verwendungsarten, die nicht in der Systembeschreibung enthalten sind, sind unzulässig. Die Systembeschreibung muß mindestens die in Anhang A aufgeführten Bestandteile enthalten. Jede Erweiterung des Systems einschließlich nicht vereinbarter Verwendungsarten bedarf einer Ergänzung dieser Betriebsvereinbarung.

2. ABSCHNITT

ZULÄSSIGKEIT DER VERWENDUNG VON PERSONALINFORMATIONEN

§ 4 Diskriminierungsverbot und Persönlichkeitsschutz

Unzulässig ist jede Verwendung von Personalinformationen, die zur Diskriminierung oder zur Beeinträchtigung oder Gefährdung der Rechte oder berechtigten Interessen, insbesondere des Persönlichkeitsrechts von Arbeitnehmern geeignet ist. Eine Gefährdung liegt insbesondere vor, wenn Personalinformationen verwendet werden, auf die beeinträchtigende Maßnahmen gestützt werden können.

§ 5 Zweckbestimmung des Arbeitsverhältnisses

(1) Personalinformationen dürfen nur verwendet werden, soweit diese auf Grund einer Rechtsvorschrift zulässig und zur Erreichung der Zweckbestimmung des Arbeitsverhältnisses erforderlich ist. Insbesondere ist die Verwendung der in Anhang B aufgeführten Personalinformationen zulässig, jedoch ausschließlich zu den dort angebenen Zwecken.

(2) Unzulässig ist jede Übermittlung von Personalinformationen an Dritte, einschließlich späterer Arbeitgeber, sofern der betroffene Arbeitnehmer der Übermittlung nicht vorher zugestimmt hat oder die Firma kraft Gesetzes zur Auskunftserteilung verpflichtet ist.

§ 6 Unzulässige Verwendung

Unzulässig ist die Verwendung privater, medizinischer, psychologischer, ordnungs- und strafrechtlicher, gewerkschaftlicher und politischer, namentlich parteipolitischer Personalinformationen. Unzulässig ist insbesondere die Verwendung der in Anhang C aufgeführten Personalinformationen. Soweit durch Rechtsvorschrift von Satz 1 und 2 abweichendes bestimmt ist, darf die Verwendung der betreffenden Informationen nur im vorgeschriebenen Umfang und zum vorgeschriebenen Zweck erfolgen. Ausnahmen von Satz 1 - 3 sind nur zulässig

1. für Zwecke des Gesundheitsschutzes,
2. für Zwecke der Unfallverhütung,
3. für Auswertungen, die der Betriebsrat zur Verbesserung der Lage der Arbeitnehmer vornimmt,

und bedürfen einer besonderen Betriebsvereinbarung.
Personalinformationen, die nach Satz 4 zulässigerweise verwendet wurden, sind nach ihrer Verwendung zu löschen.

§ 7 Rationalisierungsschutz

Die Verwendung von Personalinformationen für Rationalisierungsmaßnahmen ist nur im Rahmen einer bis zum ... abzuschließenden Betriebsvereinbarung über den Rationalisierungsschutz zulässig. Dies gilt sowohl für die beim Betrieb von Informationssystemen Beschäftigten als auch für die von Personalinformationen betroffenen Arbeitnehmer.

§ 8 Unterlassungs- und Schutzpflichten

Betriebsrat und Firma sind verpflichtet, jede unzulässige Verwendung von Personalinformationen zu unterlassen und die Arbeitnehmer vor Beeinträchtigungen und Gefährdungen zu schützen, die aus der Verwendung von Personalinformationen folgen können.

§ 9 Schadensersatz

Ein Verstoß gegen die Verwendungsverbote der §§ 4 - 8 stellt einen rechtswidrigen Eingriff in das Persönlichkeitsrecht des betroffenen Arbeitnehmers dar und verpflichtet die Firma auch ohne Verschulden zum Schadensersatz in Höhe von pauschal 5000 DM. Die Geltendmachung eines weiteren Schadens ist nicht ausgeschlossen.

3. ABSCHNITT

INFORMATIONSRECHTE DER ARBEITNEHMER

§ 10 Benachrichtigung

Jeder Arbeitnehmer ist durch die Firma über alle Informationen, die über ihn ermittelt, erfaßt, gespeichert, verarbeitet, gelöscht oder übermittelt werden, über ihre sonstige Verwendung und den Zweck ihrer Verwendung vollständig und wahrheitsgemäß zu benachrichtigen. Die Benachrichtigung erstreckt sich auf das abstrakte Merkmal und dessen konkrete Ausfüllung. Sie erfolgt unentgeltlich zweimal im Jahr ohne besonderen Anlaß. Sämtliche Personalinformationen sind lesbar zu machen und dem Arbeitnehmer schriftlich zuzustellen.

§ 11 Auskunft

Jeder Arbeitnehmer kann von der Firma jederzeit unentgeltliche Auskunft über alle zu seiner Person gespeicherten oder sonst verwendeten Informationen, ihre Verwendung und den Zweck ihrer Verwendung verlangen. § 83 BetrVG bleibt unberührt.

§ 12 Berichtigung

Personalinformationen sind von der Firma zu berichtigen, wenn sie unrichtig sind. Steht die Unrichtigkeit von Personalinformationen fest, ohne daß sie berichtigt werden können, sind sie zu löschen. Wird die Richtigkeit von Personalinformationen vom Arbeitnehmer bestritten, und läßt sich weder die Richtigkeit noch die Unrichtigkeit feststellen, so sind sie zu löschen, wenn sie die Interessen des Arbeitnehmers beeinträchtigen können. In anderen Fällen ist auf Verlangen des Arbeitnehmers eine Gegendarstellung aufzunehmen. Satz 3 und 4 gelten auch für Beurteilungsdaten.

§ 13 Löschung

Personalinformationen sind von der Firma zu löschen, wenn sie für den Zweck, zu dem sie erfaßt wurden, nicht mehr erforderlich sind und aus der Löschung für den Betroffenen keine Nachteile entstehen. Dies gilt insbesondere für Informationen über ausgeschiedene Arbeitnehmer und nicht eingestellte Bewerber. Personalinformationen sind zu löschen, wenn ihre Erfassung unzulässig war.

§ 14 Personalakten

Unberührt bleiben die Vorschriften und Rechtsgrundsätze über die Führung von Personalakten.

4. ABSCHNITT

BETEILIGUNGSRECHTE DES BETRIEBSRATS

§ 15 Informationsrechte

(1) Die Firma hat den Betriebsrat über die Planung und den Betrieb des Systems sowie über die Verwendung der Personalinformationen rechtzeitig und umfassend zu unterrichten.

(2) Der Betriebsrat hat einen Anspruch auf schriftliche Vorlage aller regelmäßigen und unregelmäßigen Anfragen, Auswertungen und Übermittlungen, insbesondere deren Verwendungszwecke und Ergebnisse. Er hat das Recht, Stichproben zu machen, Räume zu betreten, in denen Personalinformationen verarbeitet werden, und Informationen, Datensammlungen und Programme auf die Einhaltung des Datenschutzes zu kontrollieren. Er hat das Recht, Arbeitnehmer, die mit der Verwendung von Personalinformationen beschäftigt werden, zum Zwecke des Datenschutzes zu befragen; sie sind gegenüber dem Betriebsrat zur Auskunft berechtigt und verpflichtet.

(3) Der Betriebsrat hat das Recht auf eigene Verwendung und Auswertung des Personalinformationssystems im Interesse der Belegschaft oder einzelner Arbeitnehmer. Die Firma hat hierzu Programmier- und Rechenkapazität zur Verfügung zu stellen.

(4) Die Mitglieder des Betriebsrats sind berechtigt, an Schulungen über Personalinformationssysteme und Datenschutz nach § 37 Absatz 6 BetrVG teilzunehmen.

§ 16 Mitbestimmungsrechte

Über die Verwendung der Personalinformationen und des Personalinformationssystems hat der Betriebsrat mitzubestimmen. § 87 Absatz 2 BetrVG findet Anwendung. Einzelanfragen und Sonderauswertungen sind über § 3 hinaus zulässig, soweit der Betriebsrat zugestimmt hat.

§ 17 Beratungsrechte

Die Firma ist verpflichtet, mit dem Betriebsrat über die Vermeidung von Härten zu beraten, die aus der Verwendung von Personalinformationen entstehen können. Unberührt bleiben die sonstigen Beteiligungsrechte des Betriebsrats.

§ 18 Unterstützung und Information der Arbeitnehmer

Der Betriebsrat ist berechtigt, die Arbeitnehmer bei der Wahrnehmung ihrer Rechte nach den §§ 4 - 13 zu beraten und zu unterstützen. Er ist berechtigt, im Tätigkeitsbericht nach § 43 Absatz 1 Satz 1 BetrVG die Betriebsversammlung rechtzeitig, umfassend und regelmäßig über die Verwendung des Systems und der Personalinformationen sowie über mögliche Gefährdungen von Rechten und berechtigten Interessen von Arbeitnehmern nach den §§ 4 - 8 zu unterrichten.

5. ABSCHNITT

DURCHFÜHRUNG

§ 19 Datensicherung

(1) Die Firma ist verpflichtet, Personalinformationen wirksam gegen Verlust, Zerstörung und den Zugriff Unbefugter zu sichern. Ziff. 1 - 10 der Anlage zu § 6 Absatz 1 Satz 1 BDSG finden Anwendung.

(2) Der Betriebsrat ist verpflichtet, ihm zur Kenntnis gelangte Personalinformationen wirksam gegen den Zugriff unbefugter Dritter zu sichern. Datensicherungsmaßnahmen dürfen nicht zur Behinderung des Betriebsrats oder anderer Arbeitnehmervertretungen bei der Wahrnehmung ihrer Aufgaben führen.

§ 20 Datenschutzbeauftragter

Die Bestellung und Abberufung des Beauftragen für den Datenschutz nach § 28 BDSG bedarf der Zustimmung des Betriebsrats. Durch die Bestellung wird die Zuständigkeit des Betriebsrats für den Datenschutz bei Personalinformationen nicht berührt. Der betriebliche Datenschutzbeauftragte ist verpflichtet, dem Betriebsrat alle Informationen zu geben, die dieser zur Wahrnehmung seiner Aufgaben nach dieser Betriebsvereinbarung benötigt.

Der Betriebsrat ist berechtigt, einen Ausschuß für den Datenschutz zu berufen.

§ 21 Gemeinsamer Ausschuß

Bei Bedarf kann ein gemeinsamer Ausschuß zur Beratung von Fragen gebildet werden, die sich aus dem Einsatz des Personalinformationssystems ergeben. Der Ausschuß wird von der Firma und vom Betriebsrat paritätisch besetzt.

§ 22 Sachverständige

Bei Bedarf kann der Betriebsrat zur Durchführung seiner Aufgaben nach dieser Vereinbarung Sachverständige hinzuziehen.

§ 23 Schlußvorschriften

Das Bundesdatenschutzgesetz findet Anwendung, soweit nicht das Betriebsverfassungsgesetz, andere Rechtsvorschriften, die arbeitsrechtliche Rechtsprechung oder diese Betriebsvereinbarung speziellere Bestimmungen enthalten, die den Arbeitnehmern günstiger sind.

Beide Seiten verpflichten sich, innerhalb von drei Monaten nach Unterzeichnung dieser Vereinbarung eine Betriebsvereinbarung über Beurteilungsgrundsätze und Auswahlrichtlinien abzuschließen.

Diese Vereinbarung tritt am 1.1.1978 in Kraft.

Für den Betriebsrat:	Für die Firma:
....	....
(Unterschrift)	(Unterschrift)

B 9: TARIFVERTRAG ZUR LEISTUNGSBEURTEILUNG VON ZEITLOHNARBEITERN*)

vom 7. September 1970
gemäß Lohnrahmenabkommen § 9 Ziffer 4 vom 15. April 1970
nach dem Stand vom 19. Februar 1975

§ 1 Allgemeine Bestimmungen

1. Für jeden Zeitlohnarbeiter wird eine Beurteilungskarte angelegt, auf der das Ergebnis der Beurteilung für den Beurteilungszeitraum einzutragen ist. Die Leistungsbeurteilung erfolgt durch Beauftragte des Arbeitgebers. Die Beauftragten des Arbeitgebers haben die Karte zu unterzeichnen.

2. Auf Verlangen ist dem Zeitlohnarbeiter und dem Betriebsrat Auskunft, ggf. Einblick in die Beurteilungskarte zu geben.

§ 2 Beurteilungsmerkmale

Bei Beurteilung der persönlichen Leistung ist von folgenden Beurteilungsmerkmalen auszugehen: Arbeitsergebnis
Leistungsverhalten durch Intensität und Wirksamkeit.

Arbeitsausführung
Güteleistung durch Einhaltung der vorgeschriebenen Qualität (Ausschuß), Arbeitsmethoden und Fertigungsvorschriften.

Arbeitseinsatz
Einsatz für verschieden Arbeitsaufgaben.

Arbeitssorgfalt
Sachgemäße Behandlung der Betriebsmittel, sparsamer Verbrauch von Werkzeugen, Energie, Werk- und Hilfsstoffen, Beachtung der Sicherheitsvorschriften.

§ 3 Beurteilungsverfahren

Beurteilungsmerkmale	Beurteilungsstufen	Punkte
Arbeitsergebnis	a) Leistungsverhalten umständlich	0
	b) Leistungsverhalten noch nicht ganz zweckmäßig	2
	c) Leistungsverhalten zweckmäßig	4
	d) Leistungsverhalten sehr zweckmäßig	6
	e) Leistungsverhalten vorzüglich	8
Arbeitsausführung	a) viele Beanstandungen	0
	b) noch häufig Beanstandungen	2
	c) gelegentliche Beanstandungen	4
	d) wenig Beanstandungen	6
	e) ohne nennenswerte Beanstandungen	8

* Ein ähnlicher Tarifvertrag besteht für die Angestellten der Metallindustrie in Nordrhein-Westfalen.

		Punkte
Arbeitseinsatz	a) eng begrenzt einsetzbar	0
	b) begrenzt einsetzbar	2
	c) verschiedenartig einsetzbar	4
	d) vielseitig einsetzbar	6
	e) überall einsetzbar	8
Arbeitssorgfalt	a) unsachgemäße Behandlung	0
	b) noch nicht sachgemäße Behandlung	2
	c) sachgemäße Behandlung	4
	d) sorgfältige und bedachte Behandlung	6
	e) vorbildliche Behandlung	8

§ 4 Ermittlung und Ausweisung der Leistungszulagen

1. Der Arbeitgeber ermittelt die Faktoren zur Umrechnung der Punkte in Prozent für die Lohngruppen 2 bis 6 und 7 bis 10. Die Faktoren sind bekanntzugeben.

Arbeitgeber und Betriebsrat prüfen gemeinsam, ob die tariflichen Mindestbestimmungen eingehalten sind; ggf. sind Korrekturen vorzunehmen.

2. Die Leistungszulage ist in Prozenten durch eine schriftliche Mitteilung an den Zeitlohnarbeiter auszuweisen. Dem Betriebsrat ist jeweils nach erfolgter Beurteilung eine Aufstellung über die ausgewiesenen Leistungszulagen aller Zeitlohnarbeiter auszuhändigen.

3. Die Beurteilung der Leistung von Zeitlohnarbeitern wird einmal im Jahr durchgeführt. Ergibt sich hierbei durch eine Steigerung der Gesamtpunktzahl je Lohngruppenbündel eine Verminderung des Geldbetrages je Punkt, so führt dies bei Zeitlohnarbeitern, deren Punktzahl nach der neuen Beurteilung gleich geblieben oder gestiegen ist, nicht zu einer Minderung des DM-Betrages ihrer Leistungszulage.

§ 5 Beanstandungsverfahren

1. Beanstandungen der Leistungsbeurteilung können innerhalb von zwei Wochen durch den Zeitlohnarbeiter und innerhalb von vier Wochen durch den Betriebsrat beim Arbeitgeber angebracht werden. Die Frist beginnt nach Mitteilung der Leistungszulage.

2. Die Behandlung der Beanstandungen hat unverzüglich in der paritätischen Kommission zu erfolgen. Die paritätische Kommission besteht aus je 2 vom Betriebsrat und Arbeitgeber benannten Betriebsangehörigen.

Die Beauftragten des Arbeitgebers, die nach § 1 Ziff. 1 tätig geworden sind, können nicht Mitglieder der paritätischen Kommission werden.

Kommt die paritätische Kommission zu keiner Entscheidung, so haben sich Arbeitgeber und Betriebsrat mit der Beanstandung zu befassen.

Kommen Arbeitgeber und Betriebsrat zu keinem Ergebnis, so entscheidet die Einigungsstelle nach § 87 Abs. 2 BetrVG.

3. Der Abrechnung ist die endgültig festgesetzte Leistungszulage zugrunde zu legen.

4. Die Leistung des Zeitlohnarbeiters darf wegen Meinungsverschiedenheiten über die Richtigkeit der Leistungsbeurteilung nicht verweigert werden.

§ 6 Öffnungsklausel

1. Zwischen Arbeitgeber und Betriebsrat kann ausnahmsweise ein anderes Beurteilungsverfahren (§§ 2 und 3) vereinbart werden.

Die Tarifvertragsparteien gehen davon aus, daß sich ein vom Tarifvertrag abweichendes Beurteilungsverfahren an der tariflichen Regelung zu orientieren hat. Arbeitgeber und Betriebsrat haben von Anfang an die für sie zuständige Tarifvertragspartei zu konsultieren. Das vom Tarifvertrag abweichende Beurteilungsverfahren ist in einer Betriebsvereinbarung niederzulegen. Diese Betriebsvereinbarung bedarf der schriftlichen Bestätigung durch die Tarifvertragsparteien.

Für eine etwaige Änderung der Betriebsvereinbarung ist ebenfalls die schriftliche Bestätigung der Tarifvertragsparteien einzuholen.

Die Tarifvertragsparteien sind von einer Kündigung der Betriebsvereinbarung zu unterrichten.

2. Betriebe, in denen bereits vor dem Inkrafttreten dieses Tarifvertrages ein von diesem Tarifvertrag abweichendes Verfahren zur Leistungsbeurteilung angewandt worden ist, und in denen Arbeitgeber und Betriebsrat dieses beibehalten wollen, haben nach Abschluß dieses Tarifvertrages ihre Absicht den für sie zuständigen Tarifvertragsparteien unter Beifügung der erforderlichen Unterlagen unverzüglich mitzuteilen. Die Betriebsvereinbarung bedarf unter Beachtung von Ziffer 1 Abs. 2 der schriftlichen Genehmigung der Tarifvertragsparteien.

§ 7 Inkrafttreten, Kündigung

Dieser Tarifvertrag wird mit Wirkung vom 1. Januar 1975 wieder in Kraft gesetzt. Er kann mit vierteljähriger Frist zum Monatsende, erstmals zum 31. Dezember 1978, gekündigt werden.

B 10: BESCHLÜSSE DES ÖTV-GEWERKSCHAFTSTAGES 1980

PERSONALINFORMATIONSSYSTEM

1. Die Einführung bzw. weitere Anwendung von Personalinformationssystemen wird abgelehnt.
2. Deshalb sind alle vorbereitenden Arbeiten zur Einführung von Personalinformationssystemen wie z. B. von automatisierbaren Beurteilungssystemen, Befähigungsprofilen, die Erarbeitung von automatisierbaren Stellenanforderungsprofilen, sowohl auf betrieblicher als auch auf überbetrieblicher Ebene zu verhindern.
3. Bereits bestehende Personalinformationssysteme bzw. Teile solcher Systeme sind abzuschaffen. Die Vernichtung dieser Daten ist von betrieblichen und gewerkschaftlichen Interessenvertretern zu überwachen.

BEGRÜNDUNG

In Betrieben und Verwaltungen wird seit einiger Zeit verstärkt die Einführung von Personalinformationssystemen durch die Arbeitgeber vorangetrieben. In Personalinformationssystemen werden sowohl arbeitnehmerbezogene Daten als auch z. B. Stellenanforderungsprofile automatisiert verarbeitet. Dabei können bis zu 500 Daten jedes einzelnen Mitarbeiters erfaßt werden.

Durch Personalinformationssysteme erfolgt:

- Die dauernde Kontrolle und Überwachung der Leistung und des persönlichen Verhaltens von Arbeitnehmern,
- die gezielte Auslese von Arbeitnehmern für Personalentscheidungen, wie z. B. Umsetzung, Höhergruppierung, Abgruppierung, Entlassung usw.,
- der Abbau von Freiräumen für Arbeitnehmer, erhöhter Leistungsdruck und Disziplinierung.

Ziel der Arbeitgeber ist es, über Personalinformationssysteme zur Einsparung von Personalkosten personalwirtschaftliche Maßnahmen zu treffen, die Arbeit zu intensivieren, Beschäftigte planbarer, kontrollierbarer und steuerbarer zu machen und damit die Arbeitsbedingungen von Arbeitnehmern entscheidend zu verschlechtern.

Die Vorbereitungen zur Einführung von umfassenden Personalinformationssystemen sind in vollem Gange. Beurteilungssysteme in automatisierbarer Form einschließlich der Regelbeurteilung sind bereits teilweise eingeführt bzw. in Vorbereitung. Es werden Versuche unternommen, Anforderungen an Arbeitsplätze in automatisierbarer Form zu erfassen. Daneben sind durch die weitgehende automatisierte Lohnzahlung bereits in großem Umfange Personaldaten gespeichert. Alle vorbereitenden Arbeiten zur Einführung von Personalinformationssystemen sind wegen den absehbaren Konsequenzen für Arbeitnehmer sowohl auf der betrieblichen Ebene als auch auf der überbetrieblichen Ebene mit allen zur Verfügung stehenden Mitteln von ÖTV-Mitgliedern zu verhindern. Der Versuch der Arbeitgeber, die Mitbestimmung von Betriebs- und Personalräten in jedem Einzelfall auszuschalten, muß unbedingt abgewehrt werden.

EDV-GERECHTE LEISTUNGS- UND VERWENDUNGSBEURTEILUNG

Die Gewerkschaft ÖTV tritt allen Versuchen zur Einführung einer formalisierten und/oder strukturierten EDV-gerechten Leistungs- und Verwendungsbeurteilung (LBV) und analytischen Dienstpostenbewertung (ADV) einmütig entgegen, um wenigstens für ihren Bereich der Einführung des "gläsernen Bürgers und Arbeitnehmers" nach Kräften entgegenzuwirken.

BEGRÜNDUNG

Die Einführung der formalisierten und/oder strukturierten Verfahren der LBV und ADV laufen, wie bei Pornschlegel und in der ÖTV-Stellungnahme zu den Empfehlungen des Sachverständigenkreises "Personal in Großforschungseinrichtungen" beim BMFT ausführlich dargelegt wurde, auf eine Entmachtung der Arbeitnehmervertretungen hinaus. Die Gewerkschaften werden zu Zaungästen formalisierter Verfahren degradiert und gehen der Einflußnahme der inhaltlichen Gestaltung von Tarifverträgen mehr und mehr verlustig.

B 11: ENTSCHLIESSUNG 17 DES 13. ORDENTLICHEN GEWERKSCHAFTSTAGES DER IG METALL 1980

Datenschutz

Auf dem Gebiet des Datenschutzes werden die Forderungen der Entschließung 17 des 12. ordentlichen Gewerkschaftstages bekräftigt. Die rasante Entwicklung im Bereich der Informationstechnologie hat dazu geführt, daß der Informationsvorsprung der Unternehmer weiter angewachsen und eine totale Kontrolle der Arbeitnehmer möglich geworden ist. Zum Schutze des Persönlichkeitsrechts der Arbeitnehmer und zur Gewährleistung einer effektiven Ausübung der Mitbestimmungs- und Mitwirkungsrechte der Betriebsräte wird der Bundesgesetzgeber aufgefordert, den Arbeitnehmerdatenschutz zu verbessern. Dabei müssen insbesondere folgende Grundsätze realisiert werden:

- Ausdrückliche Regelung der Mitbestimmung des Betriebsrats bei Planung und Betrieb von Personalinformationssystemen einschließlich solcher Datensammlungen, die sich nur mittelbar auf Arbeitnehmer beziehen lassen.

- Keine Kontrolle der Datennutzung des Betriebsrats durch den betrieblichen Datenschutzbeauftragten.

- Mitbestimmung des Betriebsrats bei Bestellung und Abberufung des betrieblichen Datenschutzbeauftragten, Zusammenarbeitspflicht mit dem Betriebsrat und Kündigungsschutz für den Datenschutzbeauftragten.

- Einschränkung und Transparenz der betrieblichen Datenverarbeitung und Stärkung der Rechte des Betroffenen.

- Verbot der nicht kraft ausdrücklicher gesetzlicher Vorschriften erforderlichen Verwendung besonders sensibler Persönlichkeitsdaten wie zum Beispiel politische oder religiöse Gesinnung und gesundheitliche Verhältnisse.

- Keine Bespitzelung von Betriebsräten und Vertrauensleuten durch Verfassungsschutzämter, Abschaffung des sogenannten personellen Sabotageschutzes und drastische Einschränkung des sogenannten personellen Geheimschutzes.

Die Erfahrungen mit dem Bundesdatenschutzgesetz haben deutlich werden lassen, daß das Prinzip der Selbstkontrolle durch die datenverarbeitende Stelle mittels des betrieblichen Datenschutzbeauftragten nicht funktioniert. Deshalb fordert die IG Metall eine erhebliche Verstärkung der staatlichen Aufsichtsbehörden. Insbesondere die personelle Ausstattung und die Eingriffs- und Kontrollkompetenzen müssen verbessert werden. Die Aufsichtsbehörden haben auch die Aufgabenerfüllung der betrieblichen Datenschutzbeauftragten zu überwachen.

LITERATURVERZEICHNIS

Das nachfolgende Verzeichnis enthält eine Auswahl grundlegender und spezieller Veröffentlichungen zu Personalinformationssystemen.

Angermann, Adolf/Thome, Rainer
Ansätze für eine Kosten-Nutzen-Analyse des Datenschutzes, in: data-report 8 (1973), S. 18-22

Arbeitskreis Team
Die Anwendung der EDV im Personalwesen, Teil 2: Personalplanung und Personalentwicklung mit Hilfe der EDV, Köln 1976

AWV (Hrsg.)
Funktionsbeschreibung des betrieblichen Datenschutzbeauftragten, Frankfurt 1976

Bächler, H. G.
Einführung eines Personal-Informationssystems bei der IBM Schweiz, in: DSWR 1974, S. 194 ff. und 234 ff.

Bächt, H. G./Gola, P.
Betriebliche Telefondatenerfassung und Datenschutz, in: Datenschutz und Datensicherung 1978, S. 74-80

Barthel, Thomas/Steinmüller, Wilhelm (Hrsg.)
Gefährdet die Informationstechnologie unsere Freiheit? München/Wien 1980

Bayer, Rudolf
Konsequenzen des Bundesdatenschutzgesetzes für die Datenverarbeitung, in: DB 1978, S. 145-147

Bayhill, J. E./Hersleb, A.
The development of electronic data processing in manpower areas, Paris 1973 (OECD)

Bechmann, Gotthard/Vahrenkamp, Richard/Wingert, Bernd
Mechanisierung geistiger Arbeit, Frankfurt/New York 1979

Bergmann, Lutz/Möhrle, Roland
Datensicherung in Rechenzentren: Leitfaden für Wirtschaft und öffentliche Verwaltung, Köln 1979

Bertz, Claus
Lohn- u. Gehaltsabrechnung unter Einbeziehung der EDV I u. II, in: Der Ausbilder 24, Bielefeld 1976, 10: S. 150-153; 11: S. 149-164

Bieding, F./Scholz, K.
Personalführungssysteme - Methoden und Auswirkungen, Köln 1971

Biesalski, Dieter
Bundesdatenschutz - Datenverarbeitung im Konzern, in: BB 1978, S. 67-69

Binder
Personalverwaltung mit EDV, München 1970

Bisani, Fritz
Das Personalwesen in der BRD, Teil 1: Ergebnisse einer empirischen Untersuchung, Köln 1976

Bisani, Fritz
Zur Lehre von betrieblichen Personalwesen als Teilgebiet der Betriebswirtschaftslehre, in DB 1976, S. 1489-1494

Bisani, Fritz
Personalwesen - Grundlagen, Organisation, Planung, Opladen 1976

Bisani, Fritz/Friedrichs, Hans (Hrsg.)
Das Personalwesen in Europa. Teil I: Länderberichte aus Anlaß eines internationalen Kolloquiums. Teil II: Ergebnisse einer vergleichenden empirischen Untersuchung. Köln 1978

Bjørn-Andersen, Niels (Hrsg.)
The Human Side of Information Processing. Amsterdam/New York/Oxford 1980

Bjørn-Andersen, Niels/Eason, K. D.
Myths and Realities of Information Systems Contributing to Organizational Rationality, in: Mowshowitz (a. a. O.), pp. 97-109

Blamisch, Friedrich u. a.
Personal-Verwaltungs-System (PVS). Ein EDV-gestütztes System zur Verwaltung des Personals und der Stellen der Hochschulen, Pullach b. München 1973

Blaser, Albrecht/Schmutz, Hermann
Datenbankforschung heute - Versuch einer Bestandsaufnahme, in: IBM-Nachrichten 232, S. 318 ff.

Bleher, Hans-Pierre
Die formalisierte Personalpolitik, Winterthur 1974

Bleil, J./Korb, H.
Der informierte Industriebetrieb. Das Personal-Daten-Informations-System PEDATIS im Hause Volkswagenwerk AG, IBM Deutschland GmbH (Hrsg.), Stuttgart 1980

Böhm, Kurt
Kostenimplikationen von Datenschutzregelungen, in: Dierstein/Fiedler/Schulz (a. a. O.), S. 216-226

Bostrom, R./Heinen, J.
MIS Problems and Failures: A Socio-Technical Perspective, University of Minnesota, Minneapolis 1976

Brandt, G./Kündig, W./Papadimitiou, Z./Thomae, J.
Computer und Arbeitsprozeß, Frankfurt/New York 1978

Braun, W./Kossbiel, H./Reber, G. (Hrsg.),
Grundfragen der betrieblichen Personalpolitik, Wiesbaden 1972

Breker, Klaus
Problematischer Datenschutz im Konzern, in: online-adl-nachrichten 9 (1978), S. 680 ff.

Breker, Klaus
Projektierung von Datensicherungsmaßnahmen, in: GDD (Hrsg.), Datenschutzfachtagung DAFTA '78. Tagungsband Bonn 1979, S. 141-149

Briefs, Ulrich/Küller, Hans-Detlev/Scheibe-Lange, Ingrid
Betriebliches Rechnungswesen und Mitbestimmungsinformationen, in: Koubek/Küller/Scheibe-Lange, Betriebswirtschaftliche Probleme der Mitbestimmung, Frankfurt a. M. 1974

Briefs, Ulrich
The Impact of Computerization on the Working Class and the Role of Trade Unions, in: Bjørn-Andersen (a. a. O.), pp. 53-65

Briefs, Ulrich
The Role of Information Processing Systems in Employee Participation in Managerial Decision-Making, in: Mumford/Sackmann (a. a. O.), pp. 169-182.

Brill, Werner
Betriebsrat und Datenschutz, in: Blätter für Steuerrecht, Sozialversicherung und Arbeitsrecht 1978, S. 163-167

Brockhoff, Klaus
Experimente zur Nutzung einer Datenbank, in: ZfB 1977, S. 509 ff.

Bruggemann, Agnes/Mohr, Annegret
Personalplanung in einem neu errichteten Betrieb, Opladen 1975

Bühner, Rolf
Organisationsgestaltung von Informationssystemen der Unternehmung, Betriebswirtschaftliche Schriften 80, Berlin 1975

Caruth, D.
Wie werden Totalsysteme die Unternehmung beeinflussen? in: D. H. Sanders (Hrsg.), Computer und Management, Berlin/New York 1972, S. 378-387

Cheek, Logan M.
Cost effectiveness comes to the personnel function, in: Harvard Business Review 1973 (May/June), pp. 96-105

Cheek, Logan M.
Personnel Computer Systems, in: Business Horizons 1971, S. 69-76

Child, John
Strategies of Control and Organizational Behavior, in: Administrative Science Quarterly, 18 (1973), S. 168-185

Chorafas, Dimitris N.
Management-Informations-Systeme, Planung, Entwurf und praktische Anwendung, München 1972

Christodoulopoulos, A. F./Mielentz, W./Werner, H.
Die Aufzeichnung und Verwaltung der Unternehmensstruktur als Voraussetzung für den Aufbau eines Informationssystems, in: Angewandte Informatik 1972, S. 69 ff.

Cleff, Samoel H.
Das Cleff-job-matching System. Entstehungsgeschichte und gegenwärtiger Entwicklungsstand, in: Reber (a. a. O.), S 372-396

Conn, J. J.
A Systems Approach to Personnel Assignment, in: Trappl, R./ de Hanika, F., Progress in Cybernetics and Systems Research, Vol. II, Toronto 1975, pp. 284-289

Control Data GmbH
Integriertes Personaldaten- und Abrechnungssystem, Einführungsinformation, Frankfurt a. M. o. J.

Däubler, Wolfgang
Freie Entfaltung der Arbeitnehmerpersönlichkeit im Betrieb, in: Posser, Dieter/Wassermann, Rudolf (Hrsg.), Freiheit in der sozialen Demokratie. Karlsruhe 1975, S. 219-224

Dahms, Hans J./Haberlandt, Karlheinz
Begriff und Elemente automatisierter Management-Informationssysteme, in: Industrielle Organisation 1970, S. 455 ff.

Dammann, Ulrich/Karhausen, Mark/Müller, Paul/Steinmüller, Wilhelm
Datenbanken und Datenschutz, Frankfurt 1973

Dammann, Ulrich
Strukturwandel der Informations- und Datentechnik, in: DVR 1974, S. 267-301

Damann, Ulrich
Die Kontrolle des Datenschutzes, Frankfurt am Main 1977

Dathe, H. M.
Systemoptimierung im Netzwerk zur Unterstützung der Personalplanung, in: Zeitschrift für Operations Research 19 (1975), S. B91-B101

Davis, G.
Management Information Systems - Conceptual Foundations, Structure, and Development, New York 1974

Dedering, Heinz
Personalplanung und Mitbestimmung, Opladen 1972

Deppe, Frank
Das Bewußtsein der Arbeiter, Köln 1971

Deutsche Gesellschaft für Personalführung e. V.,
Die Anwendung der EDV im Personalwesen. Band 2: Personalplanung und Personalentwicklung mit Hilfe der EDV, Köln 1976

Deutsche Sektion der internationalen Juristen-Kommission (Hrsg.)
Datenschutz und Datensicherung, Vorträge, Karlsruhe 1975

Deutsches Institut für Betriebswirtschaft e. V.
Datenschutz im Betrieb, Frankfurt/Main 1977

Deutsches Institut für Normung (DIN) e. V. (Hrsg.)
Informationsverarbeitung 2, Berlin 1978

Dickson, G./Barkin, S.
An Investigation of Data Selection and Cognitive Style, University of Minnesota, Minneapolis 1976

Diedenhofen, Horst
Personalauskünfte auf Abruf, in: data report 5 (1973), S. 56-62

Dierstein, R./Fiedler, H./Schulz, A. (Hrsg.)
Datenschutz und Datensicherung, Köln 1976

Dill/Gaver/Weber
Models and Modelling for Manpower Planning, in: Management Science, Vol. 13 (1966), pp. B142-B167

Docherty, Peter
User Participation in and Influence on Systems Design in Norway and Sweden in the Light of Union Involvement, New Legislation, and Joint Agreements, in: Bjorn-Andersen (a. a. O.), pp. 109-125

Domsch, Michel/Gabelin, Thomas
Der Aufbau eines Systems zur Personaleinsatzplanung, in: ZfB 1971, S. 59-76

Domsch, Michel
Betriebliche Personalplanung, in: DSWR 1972, S. 139 ff., 205 ff.

Domsch, Michel
Das Problem der Kosten-Nutzen-Analyse bei Personal-Informationssystemen, in: Reber (a. a. O.), S. 337-370

Domsch, Michel
Personal-Informationssysteme. Instrumente der Personalführung und Personalverwaltung, 2. A., Hamburg 1973

Domsch, Michel
Personaleinsatzplanung mit Hilfe eines Personal-Informationssystems, Bochum 1974

Domsch, Michel
Personal-Informationssysteme im Dienste der Personalplanung, in: Jacob, H., Personalplanung 1974, S. 55-74

Domsch, Michel
Personal-Informationssysteme, Führungsinstrumente zukunftsorientierter Personalarbeit, in: Schmidt, H./Hagenbruck, H./Sämann, W. (Hrsg.): Handbuch der Personalplanung, Frankfurt/New York 1975, S. 106-121

Domsch, Michel
Kosten-Analyse für Aufbau und Betrieb von Personal-Informationssystemen, in: ZfB 1975, S. 428-448

Domsch, Michel
Personalarbeit mit Hilfe eines Personal- und Arbeitsplatzinformationssystems, in: Personalwirtschaft 1976, S. XXI-XXXI

Domsch, Michel
Personal-Informationssysteme, in: SCS Schriftenreihe Bd. 6 (1977)

Domsch, Michel
Probleme der Einführung und Implementierung von Personaldatensystemen (PDS) unter Berücksichtigung von Datenschutzpflichten, in: GDD (Hrsg.), Datenschutzfachtagung DAFTA '78. Tagungsband Bonn 1979, S. 169-174

Dreger, W.
Management-Informationssysteme, Systemanalyse und Führungsprozeß, Wiesbaden 1973

Drinkuth, Andreas
Personalinformationssysteme: Erfassen - kontrollieren - manipulieren, in: Der Gewerkschaftler 1 (1977), S. 44 ff.

Drinkuth, Andreas
Computergestützte Personalinformationssysteme - Datenmißbrauch vorprogrammiert? in: Veröffentlichung der IGM, Frankfurt 1977

Drukarczyk, Jochen
Zum Problem der Bestimmung des Wertes von Informationen, in: ZfB 1974, S. 1-18

Dworatschek, S./Donike, H.
Wirtschaftlichkeitsanalyse von Informationssystemen, Berlin 1972

Eckardstein, Dudo v./Schnellinger, Franz
Betriebliche Personalpolitik, München 1975

Edlinger, Werner/Gross, Ursula/Hoch, Peter/Manowsky, Gerhard/Prediger, Wilhelm
Computerunterstützte Planungsverfahren und Entscheidungshilfen - Lineare Planungsrechnung, Simulation, Netzplantechnik und Statistik, Stuttgart 1973

Ellison, James R.
Where next for data security? - An appraisal of the current situation and future needs, in: Dierstein/Fiedler/Schulz (a. a. O.), S. 187-214

Elm, Winfried A.
Das Management-Informationssystem als Mittel der Unternehmensführung, Berlin/New York 1972

Espenhorst, Jürgen
Erfassung von Personaldaten bei Unternehmen der Eisen- und Stahlindustrie auf Grund gesetzlicher Vorschriften, in: Personal- und Arbeitsplatzinformationssysteme, AWV-Schrift Nr. 126 (1974), S. 53 ff.

Esser, Werner-Michael/Kirsch, Werner
Die Einführung von Planungs- und Informationssystemen, München 1979

Etzioni, Amitai
Soziologie der Organisationen, Grundfragen der Soziologie, 4. Auflage, München 1973

Fiedler, Herbert/Dierstein, Rüdiger/Schulz, Arno (Hrsg.)
Datenschutz und Datensicherung, in: Referate der gemeinsamen Fachtagung der ÖGI und der GI, Berlin/Heidelberg/New York 1976

Fischer, Guido
Organisationsablauf im Rahmen der betrieblichen Personalplanung, in: Personal 27, München 1975, S. 172-174

Ford Werke AG (Hrsg.)
IPIS. Begründung, Darstellung und Ausblick, Köln 1969

Franke, Günter
Stellen- und Personalbedarfsplanung, Opladen 1977

Fricke, Werner
Arbeitsorganisation und Qualifikation, Bonn-Bad Godesberg 1975

Friederichs, Hans
Moderne Personalführung, München 1973

Friedrichs, Hans
Personalplanung, in: Personal 27, München 1975, Beilage Personal-Stichworte, S. 13-16

Frieling, Ekkehart
Der Fragebogen zur Arbeitsplatzanalyse (SAA) und seine Anwendungsmöglichkeiten zur Gestaltung von Personalinformationssystemen, in: Reber (a. a. O.), S. 163-177.

Frotz, Hans
Zur Ableitung von Grundsätzen ordnungsmäßigen Datenschutzes - dargestellt am Beispiel der Dateiinventur, in: Die Wirtschaftsprüfung 9 (1978), S. 267-272

Futh, Horst
Ein einfaches Verfahren zur Abschätzung von Kosten und Risiken der Datenschutz- und Datensicherungsmaßnahmen, in: Dierstein/Fiedler/Schulz (a. a. O.), S. 227

Futh, Horst
Rationalisierung der Datenverarbeitung, Band VI, München/Wien 1976

Futh, Horst
Rationalisierung der Datenverarbeitung, Datenschutz und Datensicherung, München/Wien 1977

Gärtner, Josef H.
Privatrechtliche Fragen des Datenschutzes, in: Dierstein/Fiedler/Schulz (a. a. O.), S. 70-82

Gaitanides, Michael
Industrielle Arbeitsorganisation und technische Entwicklung, Berlin/New York 1976

Gallagher, Charles A.
Perceptions of the value of a management information system, Academy of management journal, Atlanta 17 (1974), S. 46-55

Garstka, Hansjürgen
Datenschutzrecht und betriebliches Personalwesen, in: ZRP 1978, S. 237-242

Gassmann, Hans-Peter
Probleme bei internationalen Datenflüssen und Gemeinsamkeiten des Datenschutzes in Europa, in: Dierstein/Fiedler/Schulz (a. a. O.), S. 11-26

Gaugler, Eduard u. a.
Betriebliche Personalplanung, Göttingen 1974

Gebert, Harry
Das integrierte Personalinformationssystem (IPIS) der Ford Werke AG, Köln, in: IBM-Nachrichten 1969, S. 919 ff.

Geiger, Hansjörg
Der Datenschutzbeauftragte im Betrieb, DSWR 1978, S. 67 f., 116 ff.

Gelder, Erich
Zur Mitbestimmung des Betriebsrats beim Einsatz von Personalinformationssystemen, in: DSWR 1974, S. 282-286

Genkinger, Peter F.
Zielplanung für computerunterstützte Informationssysteme (CIS), in: Output 4 (1975) 5, S. 14-17

Gernert, Dieter
Die Stellung der EDV-Abteilung im Gesamtunternehmen, in: DSWR 1975, S. 162-165

Gesellschaft für Datenschutz und Datensicherung (Hrsg.)
Datenschutzfachtagung DAFTA '78, Köln/Bonn 1979

Gesellschaft für Mathematik und Datenverarbeitung (GMD)
Zum Einsatz der elektronischen Datenverarbeitung im Personalwesen. Darstellung des modularen Personalstatistiksystems (MOPSS) der GMD, St. Augustin 1975

Gliss, Hans/Hentschel, Bernd
Lohnkonto, in: Personalführung 10/1975, S. 228 ff.

Gliss, Hans
Personalplanung als Beitrag zur Humanisierung der Arbeitswelt, Konsequenzen und Probleme einer Automation im Personalwesen, in: Personalführung 1976, S. 250 ff.

Gliss, Hans
Automation in der Personalplanung, Datenschutz bei der Gestaltung von Personaldatensystemen, in: Datenschutz und Datensicherung 2/1978, S. 70-73

Gliss, Hans/Hentschel, Bernd (Hrsg.)
Datenschutzfachtagung DAFTA '79, Köln 1980

Gola, Peter
Der arbeitsrechtliche Schutz von Personaldaten, in: DSWR 1974, S. 186 ff.

Gola, Peter
Zur Mitbestimmung des Betriebsrats beim Einsatz von Personalinformationssystemen, in: DSWR 1974, S. 282-286

Gola, Peter
Der Datenschutzbeauftragte. Aufgaben und Anforderungsprofil, in: DB 1975, S. 1569 ff.

Gola, Peter/Hümmerich, Klaus
Personaldatenrecht im Arbeitsverhältnis, Heidelberg 1975

Gola, Peter
Datenschutz im Betrieb; wann Weitergabe von Personaldaten an Fremde? in: online 1976, S. 139 ff.

Gola, Peter
Personalinformationssysteme nach dem BDSG, in: online 1977, S. 811-816

Gola, Peter
Datenschutzbeauftragter: Die Praxis hat begonnen, in: DSWR 1977, S. 227-230

Gola, Peter
Der Geltungsbereich des BDSG bei der Verarbeitung von Personaldaten, in: Blätter für Steuerrecht, Sozialversicherung und Arbeitsrecht 1978, S. 209-212

Gola, Peter
Datenschutz und Betriebsrat, in: Datenschutz und Datensicherung 1978, S. 25 f.

Gola, Peter
Anforderungen des Datenschutzes an die Personalpolitik, in: DSWR 1978, S. 13-15

Gola, Peter
Die Mitwirkung des Datenschutzbeauftragten bei der Personalauswahl, Durchführung und rechtliche Konsequenzen, in: BB 1979, S. 581-583

Grochla, Erwin (Hrsg.)
Computer-gestützte Entscheidungen in Unternehmungen, Wiesbaden 1971

Grochla, Erwin
Forschung und Entwicklung auf dem Gebiet der Informationssysteme als Aufgabe der Betriebswirtschaftslehre, in: ZfB 1971, S. 564 ff.

Grochla, Erwin/Szyperski, Norbert (Hrsg.)
Management-Informationssysteme, Eine Herausforderung an Forschung und Entwicklung, Wiesbaden 1971

Grochla, Erwin
Computer-gestützte Gestaltung von Informationssystemen, in: Angewandte Informatik 1973, S. 507 ff.

Grochla, Erwin/Garbe, Helmut/Gillner, Reinhard
Gestaltungskriterien für den Aufbau von Datenbanken, in: Forschungsberichte des Landes Nordrhein-Westfalen Nr. 2292, Opladen 1973

Grochla, Erwin u. a.
Integrierte Gesamtmodelle der Datenverarbeitung, Entwicklung und Anwendung des Kölner Integrationsmodells (KIM), München/Wien 1974

Grochla, Erwin
Betriebliche Planung und Informationssysteme, Reinbek b. Hamburg 1975

Grochla, Erwin
Entwicklung und gegenwärtiger Stand der Organisationstheorie, in: Grochla (Hrsg.), Organisationstherorie; 1. Teilband, Stuttgart 1975

Grochla, Erwin
Praxeologische Organisationstheorie durch sachliche und methodische Integration, in: ZfbF 28 (1976), S. 617-637

Grossmann, Hartmut G.
Hat der Betriebsrat Mitwirkungsrechte bei der Bestellung des Datenschutzbeauftragten? in: DB 1978, S. 985-986

Grünefeld, Hans-Günther/Sperling, Burkhard
Zentrale Datenbank für Personaldaten der Siemens AG, in: Siemens (Hrsg.), Schriftenreihe data praxis, München o. J.

Hackman, Suttle/Lloyd, J.
Improving Life at Work: Behavioral Science Approaches to Organizational Change, Santa Monica, California 1977

Hackstein, R. u. a.
Personaleinsatz im System Personalwesen, in: Fortschrittliche Betriebsführung 1972, S. 141-161

Hackstein, R. u. a.
Ein Analyse-Instrumentarium zur Erfassung und zum Vergleich von Arbeitsplatz-Anforderungs- und Personalfähigkeitsdaten, Hrsg. Forschungsinstitut für Rationalisierung, Aachen 1975

Händel, Konrad
Einsichtnahme in Werkarztakten, in: BB 1977, S. 797 ff.

Hansen, Hans Robert/Schröder, Klaus Theo/Weihe, Herrmann Joachim
Mensch und Computer - Zur Kontroverse über die ökonomischen und gesellschaftlichen Auswirkungen der EDV, München/Wien 1979

Hauff, Hans Joachim P.
Zur Praxis der Personalplanung, in: Personal 27 (1975) 3, S. 114-116

Hedberg, Bo
Computer Systems to Support Industrial Democracy, in: Mumford/Sackman (a.a.O.), pp. 211-230.

Hefner, Rolf/Weideneder, Franz
Realisierung eines EDV-Kontroll- und Sicherheitssystems, in: IBM-Beiträge zur Datenverarbeitung. Methoden und Techniken 6, Datenschutz und Datensicherung - Organisationsprobleme, 1975, S. 26-33

Heibey, Hans W./Lutterbeck, Bernd/Rohlfs, Sabine/Töpel, Michael
Zusammenhang von Computereinsatz, Innovation und Gesellschaft, in: Dierstein/Fiedler/Schulz (a. a. O.), S. 298 ff.

Heibey, Hans W./Lutterbeck, Bernd/Rohlfs, Sabine/Töpel, Michael
Theoretische Betrachtungen zu den Auswirkungen der Datenverarbeitung, in: Mitteilung Nr. 26 des Instituts für Informatik, Hamburg 1976

Heilmann, Joachim/Thelen, Wolfgang
Der werksärztliche Fragebogen - ein Mitbestimmungsproblem, in: BB 1977, S. 1556 ff.

Heinen, Edmund
Grundlagen betriebswirtschaftlicher Entscheidungen, Das Zielsystem der Unternehmung, 2. A. Wiesbaden 1971

Heinrich, Lutz J.
Zum wissenschaftlichen Standort einer Betriebs- und Verwaltungsinformatik, in: Angewandte Informatik 1975, S. 265-268

Heinrich, Lutz J./Pils, Manfred
Arbeitsbericht Nr. 4: Personalinformationssysteme: Anspruch, Realität, Konzepte. Linz-Auhof 1976

Heinrich, Lutz J./Pils, Manfred
Personalinformationssysteme - Stand der Forschung und Anwendung, in: DBW 73 (1977), S. 259 ff.

Heinrich, Lutz J./Pils, Manfred
Personalinformationssysteme - Stand der Forschung und Anwendung, in: Chmielewicz, K. u. a. (Hrsg.), Die Betriebswirtschaftslehre, Stuttgart 1977, S. 259 ff.

Heinrichsbauer, Jürgen
Datenaskese, in: Der Arbeitgeber 1976, S. 918 ff.

Hentschel, Bernd/Gliss, Hans/Bayer, R./Dierstein, Rüdiger
Datenschutzfibel unter besonderer Berücksichtigung des Personalwesens, 3. Auflage Köln 1974

Hentschel, Bernd
Einrichtung von Personalinformationssystemen, in: Personal, München 5/1975, S. 191-193

Hentschel, Bernd
Informationsprobleme der Personalplanung, in: Personal, Mensch und Arbeit im Betrieb, 1976, S. 213-216

Hentschel, Bernd
Datenschutzbeauftragter im Unternehmen - Überlegungen und Erfordernisse -, in: Der Arbeitgeber 1976, S. 970 ff.

Hentschel, Bernd
Eine neue Aufgabe: Betrieblicher Datenschutz, in: Personalführung 10 (1976), S. 237 ff.

Hentschel, Bernd
Personaldaten - Behandlung durch den Arbeitgeber, in: Der Arbeitgeber 1977, S. 548 ff.

Herrmann, Günter/Kraus, W./Lindemann, Peter/Nagel, Kurt
Checkliste zur Datensicherung, in: IBM-Beiträge zur Datenverarbeitung. Methoden und Techniken 6 (1975), S. 53-71

Hettinger, Theodor
Belastung am Arbeitsplatz und Leistungsfähigkeit des Menschen, in: Personalführung 2 (1977), S. 28 ff.

Heufors, Sven/Seiz, Manfred
Praxis betrieblicher Datensicherung. Datenschutz und Datensicherung durch personelle, organisatorische und technische Maßnahmen, Berlin 1977

Hörle, Ulrich
BDSG und Betriebsrat, in: WRP 1977, S. 268 ff.

Hoffmann, Gerd E.
Computer, Macht und Menschenwürde, München/Zürich 1976

Hoss, Willi
Über Personal-Informationssysteme im Betrieb, in: Barthel/Steinmüller (a.a.O.), S. 65-81

Hülsmann, J.
Personalinformationssysteme. Hilfsmittel der Personalführung-, -planung und -verwaltung, in: Fortschrittliche Betriebsführung und Industrial Engineering, Darmstadt/Berlin 1975, S. 99-104

Hümmerich, Klaus
Der Schutz des Beschäftigten vor Aufnahme ärztlicher Gutachten in Personalakten und Datenbanken, in: DB 1975, S. 1894 ff.

Hümmerich, Klaus/Gola, Peter
Personaldatenrecht im Arbeitsverhältnis, Heidelberg 1975

Hümmerich, Klaus/Gola, Peter
Auswirkungen des BDSG auf das Personalwesen, in: BB 1977, S. 146-150

Hümmerich, Klaus
Nochmals: Einsichtnahme in Werksarztakten, in BB 1977, S. 996 ff.

Hümmerich, Klaus
Erfassungsschutz im arbeitsvertraglichen Anbahnungsverhältnis unter besonderer Berücksichtigung des vorvertraglichen Rechts der Datenerfassung bei Personalinformationssystemen, Diss. Bonn 1977

Hümmerich, Klaus
Kriterien für die Speicherung personenbezogener Daten bei der Einstellung eines Bewerbers, in: DSWR 1977, S. 222 f.

Hümmerich, Klaus
Streitfragen um Personalakten in der Privatwirtschaft, in: DB 1977, S. 541 ff.

Hümmerich, Klaus
Betriebsverfassungsrechtliche Anforderungen an Personalinformationssysteme, in: DB 1978, S. 1932 ff.

IBM Deutschland GmbH (Hrsg.)
Personal-Informationssystem. Ein modulares Anwendungskonzept, Stuttgart 1972

IBM-Deutschland GmbH (Hrsg.)
EDV-Anwendungen im Personalbereich - das Personalsystem der Deutschen TEXACO AG (DTA), o. O. 1975

IBM Deutschland GmbH (Hrsg.)
PERSIS II. Personal-Kommunikationssystem unter IMS/VS (IBM Form SB 10-6316-1), Stuttgart 1976

IBM Deutschland GmbH (Hrsg.)
Neues Personaldatensystem vorgestellt, in: IBM-Report 1 (1979), S. 16

Institut für Systemtechnik und Innovationsforschung der Fraunhofer-Gesellschaft (Hrsg.)
Der Einfluß neuer Techniken auf die Arbeitsplätze. Forschungsbericht NT 0701, Karlsruhe 1977

Jaggi, B. L./Gorlitz, R.
Handbuch der betrieblichen Informationssysteme, München 1975

Janzen, Karl-Heinz
Report: Personalinformationssysteme. Der Computer wird zum Herrschaftsinstrument, in: Der Gewerkschafter 27 (1979), S. 6-7

Janzen, Karl-Heinz
Datenschutz im Arbeitsverhältnis - Gewerkschaftspolitische Forderungen, in: Barthel, Thomas/Steinmüller, Wilhelm (Hrsg.), Gefährdet die Informationstechnologie unsere Freiheit? München/Wien 1970, S. 65-81

Jaster, Fred
Möglichkeiten und Grenzen der Datensicherung durch Verschlüsselung, in: Dierstein/Fiedler/Schulz (a. a. O.), S. 126-137

Jonasson, Sven
Computerization and Human and Social Requirements, in: Mowshowitz (a. a. O.), pp. 53-69.

Justen, Robert
Mitarbeiterbeurteilung. Objektivere Beurteilung nach analytischer Methode, Stuttgart 1971

Kador, F.-J./Pornschlegel, H.
Handlungsanleitung zur betrieblichen Personalplanung, Frankfurt/M. 1977

Kaiser, Gunther/Metzger-Pregizer, Gerhard (Hrsg.)
Betriebsjustiz, Untersuchungen über die soziale Kontrolle abweichenden Verhaltens in Industriebetrieben, Berlin 1976

Karad, Jürgen
Datenschutz - Aufgaben des Datenschutzbeauftragten, in: Der Arbeitgeber 29 (1977), S. 51 ff.

Karad, Jürgen
BDSG - Die Stellung des Betriebsrates, in: Der Arbeitgeber 30 (1978), S. 656 ff.

Kierski, Werner S.
Die Schweigepflicht und die Haftung des Werksarztes, in: BB 1964, S. 395 ff.

Kierski, Werner S.
Zur Frage der Schweigepflicht des Betriebsarztes, in: BB 1976, S. 842 ff.

Kilian, Wolfgang
Datenschutz im Wirtschaftsunternehmen, in: Wolfgang Kilian/Klaus Lenk/Wilhelm Steinmüller (Hrsg.), Datenschutz, Frankfurt a. M. 1973, S. 289-309

Kilian, Wolfgang
Juristische Entscheidung und elektronische Datenverarbeitung. Methodenorientierte Vorstudie, Frankfurt a. M. 1973

Kilian, Wolfgang
Integrierte Personalinformationssysteme und Mitbestimmung, in: DSWR 1975, S. 322 ff.

Kilian, Wolfgang
Arbeitsrechtliche Probleme automatisierter Personalinformationssysteme, in: JZ 1977, S. 481-486

Kilian, Wolfgang
Melde- und Auskunftspflichten des Arbeitgebers im Personalbereich, in BB 1977, S. 1153-1159

Kilian, Wolfgang
Auswirkungen des Bundesdatenschutzgesetzes auf das Betriebsverfassungsrecht, in: RdA 1978, S. 201-209

Kilian, Wolfgang
Rechtliche Beurteilung von Personaldatensystemen, in: GDD (Hrsg.), Datenschutzfachtagung DAFTA '78. (Tagungsband), S. 155-165

Kieser/Alfred/Kubicek, Herbert
Organisation, Berlin/New York 1977

Kirsch, Werner
Entscheidungsprozesse, Bd. 1-3, Wiesbaden 1970/71

Kirsch, Werner/Klein, Heinz K.
Management-Informationssysteme II - Auf dem Weg zu einem neuen Taylorismus? Stuttgart 1977

Klahs, Josef
EDV-Systeme als Hilfsmittel moderner Personalführung, in: Zeitschrift für Datenverarbeitung 10 (1972), S. 106-109

Klein, Rolf
Ausforschung von Stellenbewerbern durch Fragebogen und psychologische Tests, in: AuR 1978, S. 266-273

Klingelhöfer, Lutz
Personaleinsatzplanung durch ein computergestütztes Informationssystem, Frankfurt/Zürich 1975

Knabben, Walter
Der Datenschutzbeauftragte in verbundenen Unternehmen, in: DB 1978, S. 148-149

Knabben, Walter
Datenschutz in verbunden Unternehmen, in DB 1978, S. 333-335

Koch, Günter A./Luxem, E./Meyer, F. W.
Die Arbeitsplatz-Analyse als Grundlage für eine zweckmäßige Personaleinsatzplanung unter Berücksichtigung arbeitswissenschaftlicher Erkenntnisse, in: Arbeit und Leistung 1972, S. 185-188, 211-215, 242-245

Koch, Wilfried
Personaldatensysteme und medizinische Daten am Beispiel eines betriebsärztlichen Informationssystems, in: GDD (Hrsg.), Datenschutzfachtagung. DAFTA '78. Tagungsband, Köln/Bonn 1979, S. 175-186

Köhler, Richard
Informationssysteme für die Unternehmensführung, in: ZfB 1971, S. 27-58

Koenne, Werner
Theoretische Überlegungen zu Datenschutz und Datensicherung, in: Dierstein/Fiedler/Schulz (a. a. O.), S. 285-297

Kohl, Heribert
Betriebliche Beschäftigungspolitik, Personalplanung und Mitbestimmung, in: Gewerkschaftliche Monatshefte (1976), S. 36 ff.

Kohl, Heribert
Personalplanung und Gewerkschaften, Bericht über eine empirische Untersuchung bei Betriebsräten und Gewerkschaften, in: WSI-Mitteilungen 1978, S. 222 ff.

Kommunale Gemeinschaftsstelle für Verwaltungsvereinfachung
Automation im Personalwesen, Köln 1970

Koreimann, Dieter S.
Methoden und Organisationen von Management-Informations-Systemen, Berlin/New York 1971

Koreimann, Dieter S.
Methoden der Informationsbedarfsanalyse, Berlin 1976

Kratzer, J.
Einsatz der kryptographischen Codierung zur Datensicherung bei Datenbanken, in: Deutsche Forschungs- und Versuchsanstalt für Luft- und Raumfahrt. Forschungsbericht 77-44, Oberpfaffenhofen 1974

Kriependorf, Peter
Datenschutz und Betriebsverfassung, in: Datenschutz und Datensicherung, 1979, S. 17-21

Kroppenberg, Ulrich
Dezentralisierungstendenzen der Datenverarbeitung durch neue Informationstechnologien, Frankfurt 1979

Kubicek, Herbert
Informationstechnologie und organisatorische Regeln, Berlin 1975

Kubicek, Herbert
Interessenberücksichtigung beim Technik-Einsatz im Büro- und Verwaltungsbereich, München/Wien 1979

Kuhlmann, Götz J.
Betriebsjustiz und Werkschutz, in: ZRP 1977, S. 298 ff.

Kupsch, P./Marr, Rainer
Personalwirtschaft, in: Heinen, E. (Hrsg.): Industriebetriebslehre, Entscheidungen im Industriebetrieb, 5. Aufl. Wiesbaden 1976, S. 529-659

Läufer, Helmut
Zusammenarbeit zwischen dem Beauftragten für den Datenschutz und der EDV-Revision, in: DSWR 1979, S. 41-43

Lehmann, Peter Klaus Wolfgang
PDS: Das Personal-Informations-System in der Standard Elektric Lorenz AG (SEL), in: Reber (a. a. O.), S. 422-443

Leib, Hans-Jürgen
Kosten des Datenschutzes, in: ÖVD 1978, S. 3 ff.

Leibrock, D./Gutmann, W.
Maßnahmen zur Datensicherung in der Praxis, in: IBM-Beiträge zur Datenverarbeitung. Methoden und Techniken 6, Stuttgart 1975, S. 34-40

Lenk, Klaus
Partizipationsfördernde Technologien? in: Lenk, K. (Hrsg.), Informationsrechte und Informationspolitik, Darmstadt 1976, S. 111-123

Li, David H.
Design and Management of Information Systemes, Chicago 1972

Lindemann, Peter/Nagel, Kurt (Hrsg.)
Management-Informationssysteme, Beiträge aus der Praxis, Neuwied 1972

Lindemann, Peter/Nagel, Kurt/Herrmann, Günther
Organisation des Datenschutzes, Neuwied/Berlin 1973

Lindemann, Peter/Nagel, Kurt/Herrmann, Günther
Auswirkungen des Bundesdatenschutzgesetzes auf die Wirtschaft, Neuwied 1977

Linnenkohl, Karl
Der betriebliche Beauftragte für den Datenschutz - Rechtsfragen im Zusammenhang mit der Bestellung, in: NJW 1979, S. 1190-1194

Lockemann, Peter C./Mayr, Heinrich
Rechnergestützte Informationssysteme, Berlin/Heidelberg/New York 1978

Losbichler, Bruno
Zugriff zu schutzbedüftigen Objekten in Programmen, in: Dierstein/Fiedler/Schulz (a. a. O.), S. 138-168

Lutterbeck, Bernd
Persönlichkeitsentfaltung in der industriellen Demokratie - Wirkungen der Informationstechnologie auf die Arbeits- und Lebenswelt -, in: Barthel/Steinmüller (a. a. O.), S. 111-142

Lutz, Heinrich J.
Systemplanung, Berlin/New York 1975

Maase, Mira/Mendius, Hans Gerhard
Zur Verbreitung von Personalplanungsausschüssen unter Beteiligung des Betriebsrates, in: WSI-Mitteilungen 1976, S. 523-529

Mackaay, Evert Johannes Pieter
Economics of Information and Law, Montreal 1980

Marks, Cecil
Balance between Provision and Restriction of Information within a Personal Record, in: Mumford/Sackman (a. a. O.), pp. 135-156

Marr, Rainer
Implikationen der Datenschutzdiskussion für die betriebliche Personalplanung, in: GDD (Hrsg.) Datenschutzfachtagung DAFTA '78. Tagungsband, Bonn 1979, S. 166-168

Marr, Rainer
Leistungsbereitschaftsbezogene Indikatoren in EDV-gestützten Personalplanungssystemen, in: Reber (a. a. O.), S. 96-124

Marth, Karlheinz
Technologische Entwicklungen und ihre Auswirkungen auf die Beschäftigung, in: WSI-Mitteilungen 1980, S. 426-436

Maschmann-Schulz, Brigitte
Möglichkeiten des Ausgleichs qualitativer Veränderungen beim Einsatz eines computergestützten Personalinformationssystems, in: Barthel/Steinmüller (a.a.O.), S. 143-163

Meister, Herbert
Datenschutz und Privatrechtsordnung, in: BB 1976, S. 1584-1588

Merten, H.
Datenbankorganisation, 2. Auflage Köln-Braunsfeld 1974

Mertens, Peter
Industrielle Datenverarbeitung, Bd. 1, Wiesbaden 1972

Mertens, Peter
Datenverarbeitung im Personalwesen, in: Bierfelder, Wilhelm (Hrsg.), Handwörterbuch des öffentlichen Dienstes, Band: Das Personalwesen, Berlin 1976, Sp. 570-578

Meyer, Friedrich W.
Entwicklung einer rechnergestützten Methode zum Verlgeich von Anforderungs- und Fähigkeitsprofilen, Diss. 1975

Mittler, H.
Veränderung von Arbeitsstrukturen durch Automation, in: Soziale Welt 1 (1979), S. 33-49

Möhr, J. R./Köhler, C. O.
Betriebsärztliche Informationssysteme, Berlin/Heidelberg/New York 1980

Mohr, Annegret
Personalplanung und Betriebsverfassungsgesetz, Beteiligungsmöglichkeiten des Betriebsrats, Köln 1977

Mowshowitz, Abbe (Hrsg.)
Human Choice and Computers, 2., Amsterdam/New York/Oxford 1980

Müller-Böling, Detlef
Arbeitszufriedenheit bei automatischer Datenverarbeitung, München 1978

Mumford, Enid/Sackman, Harold (Hrsg.)
Human Choice and Computers, Amsterdam/Oxford/New York 1975

Mumford, Enid
Industrial Democracy and Systems Design, 1976

Nagel, Kurt
Datenschutz und Datensicherung (Bibliographie), Neuwied/Berlin 1974

Nagel, Kurt
Wirtschaftlichkeitsanalyse bei Datensicherungssystemen, in: IBM-Nachrichten 232 (1976), S. 295-299

Nagel, Kurt
Was sollte der Datenschutzbeauftragte über die Ordnungsmäßigkeit wissen? in: GDD (Hrsg.), Datenschutzfachtagung DAFTA '78, Tagungsband, S. 25-40

Neuberger, Oswald
Erfahrungen bei der Einführung eines neuen Personalbeurteilungssystems in einem Industriebetrieb, in: Zeitschrift für Arbeitswissenschaft, 33 (1979), S. 209-215

Niehaus, Richard J.
Computerunterstützte Personalzuordnungsmodelle: gegenwärtiger Stand und Entwicklungstendenzen, in: Reber (a. a. O.), S. 265-279

Nüßgens, Karl-Heinz
Führungsaufgabe Personalwesen. Analyse und Maßnahmen zur Gestaltung eines Personalinformationssystems, Berlin/New York 1975

Nygaard, Kristen
Workers' Participation in System Development, in: Mowshowitz (a. a. O.), pp. 71-75

Obelode, G./Windfuhr, M.
Methoden zur Datensicherung - vorgestellt an einem praktischen Beispiel, in: IBM-Beiträge zur Datenverarbeitung. Methoden und Techniken 6, (1975), S. 41-46

Ordemann, Hans-Joachim
Grenzüberschreitender Datentransport - internationales Datenschutzübereinkommen, in: ÖVD 1977, S. 3 ff.

Parisi, Dominic G.
The Impact of a Change in Information Technology on Management Organization Structur, Decision Making and Interpersonal Relations in a Large Insurance Company, Diss. Northwestern University (USA) 1966

Peters, Falk-Eckhard
Mangelnder Datenschutz für Arbeitnehmer, in: Die Quelle 1 (1977), S. 13 ff.

Pfarr, Heide M.
Zum Recht des Betriebsrats auf Einsichtnahme in Personalakten, in: AuR 1976, S. 198-202

Pfeffer, Jeffrey/Salancik, Gerald R.
The External Control of Organizations, New York 1978

Pfohl, Christian/Rürup, Bert (Hrsg.)
Anwendungsprobleme moderner Planungs- und Entscheidungstechniken, Köln 1978

Plötzeneder, H. D. (Hrsg.)
Computergestützte Unternehmensplanung, Stuttgart 1977

Plötzeneder, H. D.
Ziele des EDV-Einsatzes in der Unternehmung, in: Hansen, H. R./Schröder, K. T./Weihe, H. J. (Hrsg.), Mensch und Computer, München/Wien 1979, S. 227-241

Podlech, Adalbert
Gesellschaftstheoretische Grundlagen des Datenschutzes, in: Dierstein/Fiedler/Schulz (a. a. O.), S. 311 ff.

Podlech, Adalbert
Aufgaben und Problematik des Datenschutzes, in: DVR 1976, S. 23 ff.

Podlech, Adalbert
Die personenbezogene Information und die Datenspeicherung als Probleme des Rechts, in: Universitas 10 (1978), S. 1059-1065

Pohl, Hans-Joachim
Unternehmensführung und Mitbestimmung bei technologischem Wandel. Ergebnisse einer empirischen Untersuchung, München 1978

Privacy Protection Study Commission (Hrsg.)
Personal Privacy in an Information Society, Washington 1977

Raabe, Klaus
Leistungsbeurteilung für Angestellte, in: Personalführung 12 (1975), S. 270 ff.

Reber, Gerhard (Hrsg.)
Personalinformationssysteme, Stuttgart 1979

Reese, Jürgen/Kubicek, Herbert/Lange, Bernd-Peter/Lutterbeck, Bernd/Reese, Uwe
Gefahren in der informationstechnologischen Entwicklung - Perspektiven der Wirkungsforschung, Frankfurt/New York 1979

Rehhahn, Hans
Die Personalplanung nach dem Betriebsverfassungsgesetz 1972, in: AuR 1974, S. 65 ff.

Rische, Klaus/Schaedel, Volker
CASCADE - ein System zur computergestützten Beschreibung und Analyse betrieblicher Informationssysteme, BIFOA-Forschungsbericht 76/3, Köln 1977

Römheld, Dieter
Informationssysteme und Management-Funktionen, Wiesbaden 1973

Rösner, Andreas
Die Wettbewerbsverhältnisse auf dem Markt für Elektronische Datenverarbeitungsanlagen in der Bundesrepublik Deutschland, Berlin 1978

Rumpff, Klaus
Mitbestimmung in wirtschaftlichen Angelegenheiten und bei der Unternehmensplanung und Personalplanung, 2. Auflage Heidelberg 1978

Sackman, Harold
Computers and Social Options, in: Mumford/Sackman (a. a. O.), pp. 73-90

Sämann, Werner
Entwicklungsstand EDV-gestützter Arbeitsplatz- und Personal-Informationssysteme (APIS), in: Personal, Mensch und Arbeit im Betrieb 1975, S. 314-317

Sämann, W./Schulte, B./Weertz, K.
Struktureller Aufbau und Leistungsbreite bestehender Personalinformationssysteme, Frankfurt 1976

Sanders, Donald H.
Computer und Management, Berlin 1972

Schäfer, Walter
Erfahrungen beim Einsatz von PERSIS (Personal-Informations-Systemen), in: Reber (a. a. O.), S. 397-421

Scheer, August-Wilhelm
Wirtschafts- und Betriebsinformatik, München 1978

Schimmel, Wolfgang
Arbeitsrecht und Datenschutzrecht, in: Barthel/Steinmüller (a. a. O.), S. 83-111

Schlörer, Jan
Anfrageverbote als Dialogsicherung für statistische Datenbanken - Voraussetzungen und Schwierigkeiten, in: Dierstein/Fiedler/Schulz (a. a. O.), S. 155 ff.

Schmid, Karlheinz
Psychologische Testverfahren im Personalbereich, Köln 1971

Schmidt, Herbert/Karr, Werner/Stoß, Friedemann/Ulrich, Erhard/Espenhorst, Jürgen/Hentschel, Bernd/Sämann, Werner
Personal- und Arbeitsplatzinformationssysteme, AWV-Schrift Nr. 126, Frankfurt 1974

Schmidt, Herbert/Hagenbruck, Hasso/Sämann, Werner
Handbuch der Personalplanung, Frankfurt/New York 1975

Schramm, Herbert F. W.
EDV-Case-Study: Integriertes Informationssystem in einem Produktionsbetrieb, in: online 13 (1975), S. 558-561

Schütze, Peter
Verfahren für Kosten-Nutzen-Analysen von Datenverarbeitungsprojekten, in: ÖVD 1976, S. 217 ff.

Schultz-Wild, Rainer/Behr, Marhild v.
Zur Verbreitung betrieblicher Personalplanung, in: Personal 1976, S. 188-191

Senatsamt für den Verwaltungsdienst (Hrsg.)
Materialband zum Bericht über die Untersuchung des Informationsbedarfs für ein Informationssystem Personalwesen, Hamburg 1973

Siemens AG (Hrsg.)
Integriertes Verarbeitungs- und Informationssystem für Personaldaten - IVIP, o. O. und o. J.

Silber, G.
EDV-unterstützte Mitarbeiterkontrolle als Instrument einer effizienten Unternehmensführung, in: DB 1975, S. 3 ff.

Simitis, Spiros
Chancen und Gefahren der elektronischen Datenverarbeitung, in: NJW 1971, S. 673-682

Simitis, Spiros
Bundesdatenschutzgesetz - Ende der Diskussion oder Neubeginn, in: NJW 1977, S. 729-737

Simitis, Spiros
Datenschutz und Arbeitsrecht, in: AuR 1977, S. 97-108

Simon, Harald
Systemorientierte Gestaltung der funktionalen und informationellen Struktur des betrieblichen Personalwesens, (Diss. Karlsruhe, 1975), Berghausen 1975

Softmark (Hrsg.)
Personal-Abrechnungs- und Informationssystem PAISY, o. O., o. J.

Sokolowski, Zbynek
Integriertes Personalinformationssystem - Basisteil eines MIS, in: online 11 (1973), S. 18 ff.

Splettstößer, Dietrich
Grobprojektierung von Informationssystemen, Methodenanalyse und Grundkonzeption einer Dialog-Projektierung, Würzburg/Wien 1977

Stadler, Gerhard
Internationaler Datenschutz 1978, in: ÖVD online/adl 1-2 (1979), S. 3 ff.

Steinmüller, Wilhelm/Lutterbeck, Bernd/Mallmann, C./u. a.
Grundfragen des Datenschutzes, Gutachten im Auftrag des Bundesministeriums des Innern, Bonn 1971, in: Deutscher Bundestag, Drucksache VI/3826, S. 5 ff.

Steinmüller, Wilhelm
Automationsunterstützte Informationssysteme in privaten und öffentlichen Verwaltungen, in: Leviathan 4 (1975), S. 508 ff.

Steinmüller, Wilhelm (Hrsg.)
Informationsrecht und Informationspolitik, München/Wien 1976

Steinmüller, Wilhelm/Ermer, Leonhard/Schimmel, Wolfgang
Datenschutz bei riskanten Systemen, Berlin 1978

Steinmüller, Wilhelm
Soziale Auswirkungen und Gestaltungen der Informationstechnologie, in: Ludwig-Erhard-Stiftung e. V. (Hrsg.), Informationstechnik und Liberalität, Stuttgart/New York 1980, S. 87-128

Stooß, Friedemann
Probleme der Erfassung von Arbeitsplatzmerkmalen und -anforderungen, in: Reber (a. a. O.), S. 180-202

Strutz, H.
Langfristige Personalplanung auf der Grundlage von Investitionsmodellen, Wiesbaden 1976

Szyperski, Norbert/Nathusins, Klaus
Informationstechnologie und die Effizienz von Wirtschaftssystemen, 1975

Teichmann, H.
Zum Wert und Preis von Information, in: ZfB 1973, S. 373-390

Tenckhoff, Philipp
Analytische Stellenbewertung und Leistungsbeurteilung - zum Problem der Auswahl und Gewichtung der Kriterien in einem Gesamtsystem, in: Stellenbewertung, analytische Zeitschrift für Organisation, Wiesbaden 44 (1975), S. 343-350

Teraskai, Minuro
Personaldatenbank im Computer, in: Industrielle Organisation 40 (1971) S. 569-571

Tomeski, Edwar A./et al.
Computer-Related Challenges für Personnel Administrators, in: Personnel Journal 55 (1976), pp. 300-308

Voltz, Hartmut
Personalinformationssysteme. PDI-Personaldaten-Informationssysteme Telefunken, in: Personalführung 4 (1976), S. 87 ff.

Wächter, Hartmut
Neue Anforderungen an das Personalwesen durch den Einsatz von Computern, in: Personal, Mensch und Arbeit im Betrieb 23 (1971), S. 53-56

Wächter, Hartmut
Praxis der Personalplanung, Herne/Berlin 1974

Walter, Helmut R./Fischer, Rolf A. (Hrsg.)
Informationssysteme in Wirtschaft und Verwaltung, Berlin 1971

Ware, Willis H.
Computer, Personal Privacy and Human Choice, in: Mumford/Sackman (a. a. O.), pp. 287-298

Weber, W.
Personalplanung, Stuttgart 1975

Weiermair, Klaus
Wirtschaftlichkeit von Personalinformationssystemen (PIS), in: Reber (a. a. O), S. 326-336

Weihe, Joachim/Blesgen, Gregor
Kostenmäßige Auswirkungen des Bundesdatenschutzgesetzes für die Wirtschaft, in: DB 1977, S. 433 ff.

Weinmann, Joachim:
Strategische Personalplanung. Theoretische Grundlegung und Versuch der Simulation eines integrierten Personalplanungsmodells, Köln 1978

Weizenbaum, Joseph
Computer Power and Human Reason, San Francisco 1976

Werckmeister, Georg
Datenschutz im Betrieb, in: Der Betriebsrat 1977, S. 187 ff.

Werckmeister, Georg
Wirksamer Schutz nicht ohne organisierte Gegenwehr, in: Der Gewerkschafter 1979, H. 12, S. 16-18

Whisler, Thomas L.
The Impact of Computers on Organizations, New York/Washington/London 1970

Wild, Jürgen
Zur Problematik der Nutzenbewertung von Information, in: ZfB 1971, S. 315-334

Wohlgemuth, Hans H.
Möglichkeiten des Betriebsrates im Bereich des Datenschutzes, in: Das Mitbestimmungsgespräch 6 (1980), S. 128-133

Wohlgemuth, Hans H.
"Erforderlichkeit" einer Betriebsratsschulung über Probleme des betrieblichen Datenschutzes, in: Blätter für Steuerrecht, Sozialversicherung und Arbeitsrecht 1980, S. 209-211

Wolf, K./Kummer, W./J. M. Voith GmbH/Nägele, G.
Erfahrungen bei der Einführung des IBM-Personalinformationssystems PERSIS in einem Maschinenbauunternehmen, in IBM-Nachrichten 236 (1977), S. 169 ff.

Wundram, Robert
Datenschutz im Betrieb, Berlin 1978

Zuberbühler, Hans
Elektronische Datenverarbeitung in der Industrie. Ergebnisse einer empirischen Untersuchung, Bern/Stuttgart 1972